高职高专财务会计类专业精品教材

财务会计实务
（微课版）

管玲芳 主　编
何义山　程养林 副主编

清华大学出版社
北　京

内 容 简 介

本教材基于会计岗位工作流程而编写，内容选取以职业能力为核心，采用"岗位—项目—任务"的结构模式，理论教学与实务操作同步，真正实现"教、学、做一体化"。本教材内容以财务会计工作业务流程为主线，全书分为会计基本理论(项目一)和分岗位会计核算及流程(项目二～项目十)两个部分，并细分为10个项目。目的是让学生掌握财务会计核算和账务处理的基本理论，学会基本的岗位操作技能，为今后从事财务会计实务工作打下坚实的基础。本教材为浙江省普通高校"十三五"新形态教材，依托院校资源共享课"财务会计实务"的建设成果，提供集纸质主教材及丰富的网络学习资源等为一体的立体化教材。本教材另配有二维码资源，可使用智能移动终端设备进行扫码学习。

本教材可作为高等职业院校、成人高校、本科院校举办的二级职业学院财务会计类、财政金融类、经济贸易类等相关专业的教材，也可作为从事相关会计工作人员的业务学习、岗位培训用书。

本书封面贴有清华大学出版社防伪标签，无标签者不得销售。
版权所有，侵权必究。举报：010-62782989，beiqinquan@tup.tsinghua.edu.cn。

图书在版编目(CIP)数据

财务会计实务：微课版/管玲芳主编. —北京：清华大学出版社，2020.5(2024.2重印)
高职高专财务会计类专业精品教材
ISBN 978-7-302-55036-5

Ⅰ.①财… Ⅱ.①管… Ⅲ.①财务会计—高等职业教育—教材 Ⅳ.①F234.4

中国版本图书馆 CIP 数据核字(2020)第 039986 号

责任编辑：左卫霞
封面设计：傅瑞学
责任校对：刘　静
责任印制：丛怀宇

出版发行：清华大学出版社
网　　址：https://www.tup.com.cn, https://www.wqxuetang.com
地　　址：北京清华大学学研大厦 A 座　　邮　编：100084
社 总 机：010-83470000　　邮　购：010-62786544
投稿与读者服务：010-62776969，c-service@tup.tsinghua.edu.cn
质量反馈：010-62772015，zhiliang@tup.tsinghua.edu.cn
课件下载：https://www.tup.com.cn，010-83470410

印 装 者：天津鑫丰华印务有限公司
经　　销：全国新华书店
开　　本：185mm×260mm　　印　张：22.75　　字　数：553 千字
版　　次：2020 年 6 月第 1 版　　印　次：2024 年 2 月第 3 次印刷
定　　价：59.00 元

产品编号：086690-01

前言

1. 关于本教材

（1）新准则：本教材采用了新金融准则、新收入准则、新租赁准则。

（2）两条主线，结构清晰：一是基于企业生产工作过程，以供应、生产、销售为主线，在筹集资金业务的基础上，通过采购、生产、销售、利润和财务成果业务的发生，完成企业的再生产过程；二是以企业生产工作过程中资金的循环和周转为依据，设计了会计职业的工作过程和工作岗位群，突破了以六大会计要素为主线的财务会计理论教学模式。

（3）内容呈现形式：设置教学情境，形成围绕知识点展开、清晰表达知识框架的各模块集；碎片化组织教学内容及资源，针对各模块知识点或专题设置内嵌随堂测试、实务技能、法规库、知识拓展等，以帮助学生掌握学习内容或测试学习效果。

（4）格式标准，内容规范：本教材以最新的法律、法规为依据，同时对企业目前大量使用的支付宝、微信等结算方式的处理也进行了介绍，所涉及的单、表、账、册全部都是企业当前正在使用的标准格式，学生可身临其境地分析和处理有关经济业务。同时，本教材编写人员具有注册会计师资格和高级会计师职称，企业实践经验和高职教学经验丰富，有效保证了本教材的编写质量。

2. 如何使用本教材

本教材可按照120个课时、两个学期安排教学。推荐学时分配如下：项目一4学时，项目二4学时，项目三6学时，项目四18学时，项目五18学时，项目六4学时，项目七36学时，项目八10学时，项目九12学时，项目十8学时。

3. 本教材配套资源

本教材配有教学资源，含15个微课讲解视频及配套课件。

4. 本教材编写队伍

本教材主编由台州科技职业学院管玲芳担任，负责全书的编写和统稿工作，浙江商业技师学院何义山老师参与了部分章节的编写，江门职业技术学院程养林老师参与了会计

基本理论、存货岗位核算章节的编写。符茜、陈安、项海苹、段霄、胡敏、屈单婷和张婷婷参与了视频拍摄。

由于编者水平有限,编写时间仓促,书中难免存在不足之处,敬请广大读者批评、指正。您的宝贵意见请发送到邮箱237894805@qq.com。

编 者

2020 年 1 月

目录

1 项目一　会计基本理论
　　基础知识一　会计的概念、分类和职能 ……………………………………… 1
　　基础知识二　会计的目标和基本前提 ………………………………………… 3
　　基础知识三　会计确认、计量和报告的基础 ………………………………… 4
　　基础知识四　会计信息质量要求 ……………………………………………… 5
　　基础知识五　会计要素及确认与计量 ………………………………………… 7
　　基础知识六　财务会计规范体系 ……………………………………………… 11
　　课后练习题 ……………………………………………………………………… 13

16 项目二　出纳岗位核算
　　任务准备　出纳岗位的核算任务与工作要点 ………………………………… 16
　　任务　出纳岗位的核算业务 …………………………………………………… 18
　　　　学习情境一　库存现金的核算 …………………………………………… 18
　　　　学习情境二　银行结算办法及核算 ……………………………………… 23
　　课后练习题 ……………………………………………………………………… 36

42 项目三　往来结算岗位核算
　　任务准备　往来结算岗位的核算任务 ………………………………………… 42
　　任务一　应收及预付款项的核算 ……………………………………………… 43
　　　　学习情境一　应收票据的核算业务 ……………………………………… 43
　　　　学习情境二　应收账款的核算业务 ……………………………………… 47
　　　　学习情境三　其他应收款的核算业务 …………………………………… 49
　　　　学习情境四　预付账款的核算业务 ……………………………………… 50
　　　　学习情境五　应收股利和应收利息的核算业务 ………………………… 51
　　　　学习情境六　应收款项减值的核算业务 ………………………………… 51
　　任务二　应付及预收款项的核算 ……………………………………………… 55
　　　　学习情境一　应付票据的核算业务 ……………………………………… 55
　　　　学习情境二　应付账款的核算业务 ……………………………………… 57
　　　　学习情境三　预收账款的核算业务 ……………………………………… 59
　　　　学习情境四　其他应付款的核算业务 …………………………………… 61

　　　　　学习情境五　应付股利和应付利息的核算业务………………………………… 62
　　　课后练习题……………………………………………………………………………… 63

项目四　存货岗位核算
　　任务准备　存货岗位的核算任务及业务流程………………………………………… 68
　　任务一　存货的确认与计量…………………………………………………………… 73
　　　　学习情境一　存货的确认与分类………………………………………………… 73
　　　　学习情境二　存货的初始计量…………………………………………………… 74
　　　　学习情境三　存货的领用、发出计量…………………………………………… 76
　　　　学习情境四　存货的期末计量…………………………………………………… 80
　　任务二　原材料的核算………………………………………………………………… 84
　　　　学习情境一　原材料按实际成本计价核算……………………………………… 85
　　　　学习情境二　原材料按计划成本计价核算……………………………………… 90
　　任务三　其他存货的核算……………………………………………………………… 98
　　　　学习情境一　委托加工物资的核算……………………………………………… 98
　　　　学习情境二　库存商品的核算…………………………………………………… 100
　　　　学习情境三　周转材料的核算…………………………………………………… 102
　　任务四　存货的清查…………………………………………………………………… 107
　　课后练习题……………………………………………………………………………… 109

项目五　资产岗位核算
　　任务准备　资产岗位的核算任务与业务流程………………………………………… 116
　　任务一　固定资产的确认与初始计量………………………………………………… 119
　　　　学习情境一　固定资产的确认…………………………………………………… 119
　　　　学习情境二　固定资产的初始计量……………………………………………… 122
　　　　学习情境三　固定资产增加的核算……………………………………………… 123
　　任务二　固定资产的折旧核算………………………………………………………… 131
　　　　学习情境一　固定资产折旧及影响因素………………………………………… 131
　　　　学习情境二　固定资产折旧的方法及核算……………………………………… 132
　　任务三　固定资产的后续支出………………………………………………………… 136
　　任务四　固定资产的处置和减值……………………………………………………… 138
　　任务五　无形资产的确认与核算……………………………………………………… 142
　　　　学习情境一　无形资产概述……………………………………………………… 142
　　　　学习情境二　无形资产的核算…………………………………………………… 144
　　任务六　投资性房地产的确认与核算………………………………………………… 149
　　　　学习情境一　投资性房地产概述………………………………………………… 149
　　　　学习情境二　投资性房地产的确认和初始计量………………………………… 150
　　　　学习情境三　投资性房地产的后续计量………………………………………… 152

　　　　学习情境四　投资性房地产的处置 ··· 154
　　　任务七　其他资产的核算 ··· 155
　　课后练习题 ·· 156

项目六　职工薪酬岗位核算　162

　　任务准备　职工薪酬岗位核算任务与业务流程 ······························· 162
　　任务一　职工薪酬的内容 ··· 164
　　任务二　应付职工薪酬的会计处理 ··· 166
　　任务三　个人所得税的计算和代扣 ··· 171
　　课后练习题 ·· 175

项目七　资金岗位核算　180

　　任务准备　资金岗位的核算任务 ··· 180
　　任务一　债务资金筹集的核算 ··· 181
　　　　学习情境一　短期借款的核算 ··· 182
　　　　学习情境二　长期借款的核算 ··· 183
　　　　学习情境三　应付债券的核算 ··· 185
　　　　学习情境四　长期应付款的核算 ······································· 188
　　任务二　所有者权益的核算 ··· 188
　　　　学习情境一　实收资本的核算 ··· 189
　　　　学习情境二　资本公积的核算 ··· 194
　　　　学习情境三　留存收益的核算 ··· 195
　　任务三　金融资产的核算 ··· 198
　　　　学习情境一　债权投资的核算 ··· 198
　　　　学习情境二　其他债权投资的核算 ····································· 202
　　　　学习情境三　其他权益工具投资的核算 ································· 205
　　　　学习情境四　交易性金融资产的核算 ··································· 208
　　　　学习情境五　金融资产减值的核算 ····································· 211
　　任务四　长期股权投资的核算 ··· 213
　　　　学习情境一　长期股权投资概述 ······································· 213
　　　　学习情境二　长期股权投资的核算方法 ································· 214
　　　　学习情境三　长期股权投资的减值 ····································· 222
　　课后练习题 ·· 223

项目八　税务岗位核算　230

　　任务准备　税务岗位的核算任务与工作流程 ································· 230
　　任务一　流转税会计实务 ··· 231
　　　　学习情境一　应交增值税 ··· 232

· V ·

　　　　学习情境二　应交消费税 …………………………………… 241
　　任务二　所得税会计实务 …………………………………………… 243
　　　　学习情境一　企业所得税 …………………………………… 243
　　　　学习情境二　个人所得税 …………………………………… 245
　　任务三　其他应交税费会计实务 …………………………………… 246
　　课后练习题 ………………………………………………………… 248

项目九　财务成果岗位核算　254

　　任务准备　财务成果岗位的核算任务 ……………………………… 254
　　任务一　收入的确认与核算 ………………………………………… 255
　　　　学习情境一　收入的确认和计量 …………………………… 255
　　　　学习情境二　在某一时点履行履约义务的收入账务处理 …… 258
　　　　学习情境三　在某一时段内履行履约义务的收入账务处理 … 269
　　　　学习情境四　合同成本 ……………………………………… 272
　　　　学习情境五　政府补助收入的确认与核算 ………………… 274
　　任务二　费用的确认与核算 ………………………………………… 279
　　　　学习情境一　费用的概念与分类 …………………………… 279
　　　　学习情境二　营业成本的核算 ……………………………… 281
　　　　学习情境三　税金及附加的核算 …………………………… 282
　　　　学习情境四　期间费用的核算 ……………………………… 283
　　任务三　利润和利润分配的核算 …………………………………… 285
　　　　学习情境一　利润的核算 …………………………………… 285
　　　　学习情境二　利润分配的核算 ……………………………… 291
　　课后练习题 ………………………………………………………… 294

项目十　会计主管岗位核算　300

　　任务准备　会计主管岗位的核算任务 ……………………………… 300
　　任务一　会计科目设置原则、账户的开设和启用、总账登记技术 …… 301
　　任务二　会计稽核 …………………………………………………… 303
　　任务三　会计报表的编制 …………………………………………… 305
　　　　学习情境一　财务会计报告概述 …………………………… 305
　　　　学习情境二　资产负债表的编制 …………………………… 308
　　　　学习情境三　利润表的编制 ………………………………… 322
　　　　学习情境四　现金流量表的主要内容 ……………………… 330
　　　　学习情境五　所有者权益变动表的主要内容 ……………… 339
　　　　学习情境六　附注的主要内容 ……………………………… 342
　　课后练习题 ………………………………………………………… 344

参考文献　356

会计基本理论

基础知识一 会计的概念、分类和职能

一、会计的概念

会计是以货币为主要计量单位,采用专门方法和程序,对企业和行政、事业单位的经济活动进行完整的、连续的、系统的核算和监督,以提供经济信息和反映受托责任履行情况为主要目的的经济管理活动。[①]

会计的特点体现在以下几个方面。

(1) 会计是一项经济管理活动。会计的最终目的是提供有关方面的会计信息,以便其做出正确的决策。

(2) 会计对经济活动具有核算与监督职能。即对发生的经济业务以会计语言进行描述,并在此过程中对经济业务的合法性和合理性进行审查。

(3) 以货币为主要计量单位。会计以货币为主要计量单位,计量和记录各单位的经济活动过程和结果。在核算时,有时还需要辅之以其他计量单位,如采用实物量度(如kg、件)反映材料物资的数量、用劳动量度(如工时)计量劳动报酬,以便更全面、更准确地反映经济业务活动内容。

(4) 核算的连续性、系统性、全面性、综合性。会计有其专门的核算程序和方法。它是按照会计主体经济活动发生的时间顺序,连续、全面记录,系统、综合反映,并定期进行归类整理,以便随时提供关于企业经营管理方面的各种信息资料。

二、会计的分类

会计分为预算会计和企业会计。

---

① 本书未特别说明时,均以企业会计为对象进行介绍。

(1) 预算会计。预算会计是以预算管理为中心、以预算收支核算为重点,用于核算各级政府部门、行政单位、非营利组织预算执行情况的专门会计。

(2) 企业会计。企业会计是对企业的经济活动进行连续、系统、全面、综合的反映和监督的专门会计。企业会计可分为财务会计与管理会计。

① 财务会计(也称对外会计)。财务会计是依据企业会计制度、法规、企业会计准则,确认、计量、记录和报告企业资产、负债、所有者权益的增减变动,反映企业收入的取得、费用的发生、利润的形成及分配,并定期报告企业的财务状况、经营成果和现金流量。

② 管理会计(也称对内会计)。管理会计是针对企业内部管理的需要,记录和分析经济业务,提供信息,并直接参与决策过程。由于只供企业内部使用,管理会计不受企业会计制度、准则的限制或约束,其方法、内容、报告形式等根据企业管理者的需要而定。

三、会计的职能

会计职能是指会计在经济管理过程中所具有的功能。作为"过程的控制和观念总结"的会计,具有会计核算和会计监督两项基本职能,还具有预测经济前景、参与经济决策、评价经营业绩等拓展职能。

1. 基本职能

(1) 核算职能。会计核算职能贯穿于经济活动的全过程,是会计最基本的、首要的职能,也称会计反映职能,是指会计以货币为主要计量单位,对特定主体的经济活动连续、系统、全面地确认、计量、记录、计算和报告,客观反映其经济活动过程及结果,为有关各方提供会计信息的功能。

(2) 监督职能。会计监督职能也称控制职能,是指对特定主体经济活动和相关会计核算的真实性、合法性和合理性进行审查的功能。

会计监督主要通过价值指标,对其经济活动的全过程进行监督。包括:监督经济业务的真实性;监督财务收支的合法性;监督公共财产的完整性。

会计监督合法性的依据是国家颁布的法令、法规,合理性的依据是客观经济规律及经营管理方面的要求。

会计核算职能与会计监督职能是相辅相成、辩证统一的关系。会计核算是会计监督的基础,没有会计核算提供的信息,会计监督就失去依据;而会计监督又是会计核算质量的保障,只有核算没有监督就难以保证核算所提供信息的真实性、可靠性。

2. 拓展职能

(1) 预测经济前景。预测经济前景是指根据财务报告等提供的信息,定量或者定性地判断和推测经济活动的发展变化规律,以指导和调节经济活动,提高经济效益。

(2) 参与经济决策。参与经济决策是指根据财务报告等提供的信息,运用定量分析和定性分析方法,对备选方案进行经济可行性分析,为企业经营管理等提供与决策相关的信息。

(3) 评价经营业绩。评价经营业绩是指利用财务报告等提供的信息,采用适当的方法,对企业一定经营期间的资产运营、经济效益等经营成果,对照相应的评价标准,进行定量及定性对比分析,做出真实、客观、公正的综合评判。

基础知识二 会计的目标和基本前提

一、会计的目标

会计目标是要求会计工作完成的任务或达到的标准,即向财务报告使用者提供与企业财务状况、经营成果和现金流量等有关的会计信息,反映企业管理层受托责任履行情况,有助于财务报告使用者做出经济决策。

财务报告外部使用者主要包括投资者、债权人、政府及有关部门和社会公众。满足投资者的信息需要是企业财务报告编制的首要出发点,企业编制财务报告、提供会计信息必须与投资者的决策密切相关。因此,财务报告提供的信息应当如实反映企业所拥有或者控制的经济资源、对经济资源的要求权,以及经济资源及其要求权的变化情况;如实反映企业的各项收入、费用和利润的金额及其变动情况;如实反映企业各项经营活动、投资活动和筹资活动等所形成的现金流入和现金流出情况等,从而有助于现在的或者潜在的投资者正确、合理地评价企业的资产质量、偿债能力、盈利能力和营运效率等;有助于投资者根据相关会计信息做出理性的投资决策;有助于投资者评估与投资有关的未来现金流量的金额、时间和风险等。除投资者以外,企业财务报告的外部使用者还有债权人、政府及有关部门、社会公众等。由于投资者是企业资本的主要提供者,如果财务报告能够满足这一群体的会计信息需求,通常情况下也可以满足其他使用者的大部分信息需求。

二、会计基本假设

会计基本假设是会计确认、计量和报告的前提,是对会计核算所处的时间、空间环境等所做出的合理假定。会计基本假设包括会计主体、持续经营、会计分期和货币计量。

1. 会计主体

会计主体是指会计工作所服务的特定单位,它规定了会计核算的空间范围。

明确会计主体,才能划定会计所要处理的各项交易、事项的范围;才能将会计主体的交易或事项与会计主体所有者的交易或事项及其他会计主体的交易或事项区分开。例如,在进行会计核算时,企业投资者所发生的与企业生产经营活动不相关的个人开支不能作为企业的费用处理。

会计主体不同于法律主体,一般而言,凡是法人单位必为会计主体,但会计主体不一

定是法人。例如,企业集团公司是以合并主体(会计主体)而非法律主体的身份编制合并报表的。

2. 持续经营

持续经营是假设企业在可预见的未来不会破产被清算,即假设企业的经营活动处于一个正常运行状态。持续经营提供了会计核算的时间范围和正常的业务背景。

例如,固定资产可以在一个较长的时期发挥作用,在持续经营前提下,固定资产才可以按历史成本进行记录,并采用折旧的方法,将历史成本分摊到各个会计期间或相关产品的成本中。

当有确凿证据(通常是破产公告的发布)证明企业已经不能再持续经营下去的,该假设会自动失效,此时企业将由清算小组接管,会计核算方法随即改为破产清算会计。

3. 会计分期

会计分期是指把企业持续不断的生产经营过程,划分为较短的等距会计期间,以便分期结算账目、编制会计报表,以达到实时反映和监督企业资金运动的目的。会计分期是对持续经营假设的补充,确定了会计信息的时间段落。

会计期间分为年度和中期。中期是指短于一个完整的会计年度的报告期间。会计期间均按公历起讫日期确定,半年度、季度、月度均称为会计中期。

4. 货币计量

货币计量是指会计主体在财务会计确认、计量和报告时以货币计量,反映会计主体的生产经营活动。

首先,会计仅反映那些能以货币表达的信息。如果一个信息本应纳入会计核算体系,但不能用货币表达,则不能进行会计核算。例如,人力资源是企业的一个关键资产,但人力资源的货币计量尚无法广泛地达到实践的可操作性,因此大部分企业不能核算人力资源。

其次,币值稳定假设。

为了会计信息的稳定性,还要假定币值不变。当货币币值发生显著变动,企业的经济发展受之影响较大时,就要考虑价值的变动。当发生严重的通货膨胀时,该假设不成立,应改用物价变动会计或通货膨胀会计。

我国以人民币为记账本位币,业务收支以外币为主的也可选择某种外币为记账本位币,境外中国企业向国内报送的财务会计报告,应当折算为人民币。

基础知识三 会计确认、计量和报告的基础

会计基础是指会计确认、计量和报告的基础,具体包括权责发生制和收付实现制。

权责发生制(或称应收应付制、应计制)是指以取得收取款项的权利或支付款项的义

务为标志来确定本期收入和费用的会计核算基础。

凡是经确认实现的且归属于本期的收入和费用,无论其是否实际收到或付出款项,在会计上均作为本期的收入和费用处理;相反如果不归属于本期的收入和费用,实际已经收到或付出了款项,也不确认为本期的收入和费用。

企业应当以权责发生制为基础进行会计确认、计量和报告。

与权责发生制相对应的概念是收付实现制(或称现收现付制、现金制),它是以现金的实际收付为标志来确定本期收入和支出的会计核算基础。凡是在本期收到的现金或支付的现金,不论其是否属于本期,都应作为本期的收入或费用;反之,凡是本期未收到的现金和未支付的费用,即使应归属本期,也不作为本期的收入和费用处理。

在我国,政府会计由预算会计和财务会计构成。其中,预算会计采用收付实现制,国务院另有规定的,依照其规定;财务会计采用权责发生制。

【做中学 1-1】 在权责发生制下,下列款项中应列作本期收入或者本期费用的是( )。

A. 发出产品,款已预收　　B. 预收财产保险费
C. 摊销固定资产修理费　　D. 计提短期借款利息
E. 预收货款,存入银行

本题答案选 A、C、D。

基础知识四　会计信息质量要求

会计信息质量要求是进行会计核算、保证会计信息质量的指导思想,也是会计核算必须遵循的基本规则和要求。会计信息质量要求有八项:客观性原则、相关性原则、明晰性原则、可比性原则、实质重于形式原则、重要性原则、谨慎性原则和及时性原则。

1. 客观性原则

客观性原则(或真实性原则、可靠性原则)是指企业应当以实际发生的交易或者事项为依据进行会计确认、计量和报告,如实反映符合确认和计量要求的各项会计要素及其他相关信息,保证会计信息真实可靠、内容完整。

客观性原则包括真实性和可靠性两个方面的含义。

真实性要求每一项会计记录都要有合法的凭据,不弄虚作假,应保证账证、账账、账实、账表相符。可靠性要求对于经济业务的记录和报告应没有偏差,反映客观事实。

客观性原则主要取决于三个因素:反映真实、可验证性和中立性。

2. 相关性原则

相关性原则(或有用性原则)是指企业提供的会计信息应当与财务会计报告使用者的

经济决策需要相关,有助于财务会计报告使用者对企业过去、现在或者未来的情况做出评价或者预测。

会计信息要有助于会计信息使用者进行决策,如果会计信息不能满足会计信息使用者的需要,对其决策不具有作用,就不具有价值。因此,会计人员在收集、加工、处理和提供会计信息的过程中,应充分考虑会计信息使用者的信息需求。

相关性原则主要取决于三个因素:预测价值、反馈价值和及时性。

3. 明晰性原则

明晰性原则(或可理解性原则)是指企业提供的会计信息应当清晰明了,便于财务会计报告使用者理解和使用。

会计信息能否对信息的使用者有用,取决于使用者能否理解会计信息。所以要求会计人员尽可能使会计信息易于理解,企业会计记录和财务报表应当清晰明了,便于理解和使用。

4. 可比性原则

企业提供的会计信息应当具有可比性。

(1) 同一企业不同时期发生的相同或者相似的交易或者事项,应当采用一致的会计政策,不得随意变更。

同一企业所发生的交易或事项具有复杂性和多样性,对于某些交易或事项可以有多种会计核算方法。例如,固定资产折旧可以采用年限平均法、工作量法、年数总和法、双倍余额递减法等。如果企业在不同的会计期间采用不同的会计核算方法,往往会造成不同会计期间成本、收入、利润等指标计算口径不一致,不具有可比性。因此,可比性原则要求同一企业在不同会计期间的会计核算方法前后一致,不得随意变更,从而可以保证会计指标前后各期口径一致,便于纵向比较。

(2) 不同企业在相同期间发生的相同或者相似的交易或者事项,应当采用国家统一规定的会计政策,确保会计信息口径一致,相互可比。

为了比较不同企业的财务状况、经营成果和现金流量,满足决策者或相关机构统计、汇总的需要,对企业相同或者相似的交易或事项,应当采用规定的会计政策,使不同企业会计信息口径一致、相互可比。

应当注意的是,可比性原则并不是要求企业采用的会计政策绝对不变。如果原来采用的会计核算程序和方法已不符合客观性与相关性的要求,可以进行合理的变更。如果变更了会计政策,应将变更的内容和理由、变更的累积影响数,或累积影响数不能合理确定的理由等,在会计报表附注中予以说明。

5. 实质重于形式原则

实质重于形式原则是指企业应当按照交易或者事项的经济实质进行会计确认、计量和报告,不应仅以交易或者事项的法律形式为依据。

有时交易或事项的法律形式并不能真实反映其实质内容,此时,为了真实反映企业的财务状况和经营成果,就应当反映其经济实质。

例如,融资租赁方式租入的固定资产,从法律形式上看,其所有权不属于承租方,但从经济实质讲,承租方可以对其实施实际控制。因此,应将该固定资产作为承租方的资产(使用权资产)进行管理和核算,包括对其计提折旧。

6. 重要性原则

重要性原则是指企业提供的会计信息应当反映与企业的财务状况、经营成果和现金流量等有关的所有重要交易或者事项。

重要性原则要求应根据一项交易或事项是否对会计信息使用者的决策产生重大影响来决定对其反映的精确程度,以及是否需要对其在会计报表上单独反映。对资产、负债、损益等有较大影响的交易或事项,应作为会计确认、计量和报告的重点。对于次要的交易或事项,应适当简化处理。

知识拓展:重要性原则的应用

7. 谨慎性原则

谨慎性原则是指企业对交易或者事项进行确认、计量和报告应当保持应有的谨慎,不得高估资产或收益、低估负债或费用。

谨慎性原则要求当会计人员对某一会计事项存在不同的会计处理方法可供选择时,要保持谨慎小心的态度,充分估计到可能发生的风险,尽可能选择既不高估资产或收益,也不低估负债或费用的方法。

例如,对存货、应收款项、长期资产等进行减值测试,对固定资产加速折旧等,都充分体现了谨慎性原则。

8. 及时性原则

及时性原则是指企业对已经发生的交易或者事项,应当及时进行会计确认、计量和报告,不得提前或者延后。

会计信息具有时效性,如不及时提供,失去时效性,对使用者的效用会大大降低。及时性原则应贯穿于会计确认、计量和报告的整个过程,要求及时收集会计信息,及时处理会计信息,及时提供和传递会计信息。

基础知识五　会计要素及确认与计量

一、会计的对象

会计的对象是指会计核算和监督的具体内容,即会计工作的客体。企业会计的对象就是企业的资金运动。企业的资金运动包括资金的投入、资金的循环和周转(即资金的运

用)及资金的退出三个基本环节,既有一定时期内的显著运动状态(表现为收入、费用、利润等),又有一定时期的相对静止状态(表现为资产与负债及所有者权益之间的恒等关系)。所以,企业会计的对象具体表现为资产、负债、所有者权益、收入、费用、利润六大会计要素。

二、会计要素的确认

会计要素是对会计对象按经济特征所做的最基本分类,是会计核算对象(内容)的具体化,也是会计报表的基本构件。包括资产、负债、所有者权益、收入、费用和利润,其中资产、负债及所有者权益是反映财务状况的会计要素,收入、费用及利润是反映经营成果的会计要素。

1. 资产

资产是企业过去的交易或者事项形成的、由企业拥有或者控制的、预期会给企业带来经济利益的资源。

企业过去的交易或者事项,包括购买、生产、建造行为或其他交易或事项。预期在未来发生的交易或者事项不形成资产。

由企业拥有或者控制,是指企业拥有资产的所有权或者能够控制资产的利益和风险。

预期会给企业带来经济利益,是指直接或间接导致现金和现金等价物流入企业的潜力。

符合资产定义及特点的资源,在同时满足以下条件时,确认为资产:①与该资产有关的经济利益很可能流入企业;②该资产的成本能可靠计量。

资产按照其流动性,分为流动资产和非流动资产。流动资产包括库存现金、银行存款、其他货币资金、交易性金融资产、应收及预付款项、存货等,非流动资产包括固定资产、长期股权投资、无形资产和其他资产。

2. 负债

负债是指过去交易或者事项形成的、预期会导致经济利益流出企业的现时义务。现时义务是指企业在现行条件下已承担的义务。

【做中学 1-2】 某企业向供应商购入了 100 万元某种原材料,即属于过去的交易或事项;同时还与该供应商达成了下个季度的订货意向,但该交易尚未形成,故不能确认为负债。

负债预期会导致经济利益流出企业。

【做中学 1-3】 承做中学 1-2,所购原材料 100 万元,由于资金周转困难,延期支付货款,形成了应付账款 100 万元,到期偿还就会使 100 万元流出企业,应确认为负债。

符合负债定义的义务,在同时满足以下条件时,确认为负债:①与该义务有关的经济利益很可能流出企业;②未来流出的经济利益的金额能可靠计量。

负债按照其流动性,分为流动负债和非流动负债。流动负债包括短期借款、交易性金融负债、应付及预收款项、应付职工薪酬、应交税费、应付利息、应付股利等；长期负债包括长期借款、应付债券、长期应付款等。

3. 所有者权益

所有者权益是指企业资产扣除负债后由所有者享有的剩余权益。公司的所有者权益又称为股东权益。

所有者权益的来源包括所有者投入的资本、其他权益工具、直接计入所有者权益的利得和损失、留存收益。

直接计入所有者权益的利得和损失是指不计入当期损益、会导致所有者权益发生增减变动的、与所有者投入资本或向所有者分配利润无关的利得或损失。

利得包括两种：一是形成当期损益的利得，如取得罚款带来的净收益；二是直接计入所有者权益的利得，如其他权益工具投资的增值。

损失包括两种：一是形成当期损益的损失，如报废固定资产的净损失；二是直接计入所有者权益的损失，如其他权益工具投资的减值（公允价值下降）。

留存收益包括盈余公积和未分配利润。

所有者权益金额取决于资产和负债的金额。

4. 收入

收入是指企业在日常活动中形成的、会导致所有者权益增加的、与所有者投入资本无关的经济利益的总流入。

日常活动包括销售商品、提供劳务及让渡资产使用权等活动。

收入确认的原则：企业应当在履行了合同中的履约义务，即在客户取得相关商品控制权时确认收入。

当企业与客户之间的合同同时满足下列条件时，企业应当在客户取得相关商品控制权时确认收入。

（1）合同各方已批准该合同并承诺将履行各自义务。

（2）该合同明确了合同各方与所转让商品相关的权利和义务。

（3）该合同有明确的与所转让商品相关的支付条款。

（4）该合同具有商业实质，即履行该合同将改变企业未来现金流量的风险、时间分布或金额。

（5）企业因向客户转让商品而有权取得的对价很可能收回。

5. 费用

费用是指企业在日常活动中发生的、会导致所有者权益减少的、与向所有者分配利润无关的经济利益的总流出。

费用只有在经济利益很可能流出从而导致所有者权益减少或者负债增加且经济利益流出额能够可靠计量时才能予以确认。

费用按经济用途进行分类，可以分为生产成本和期间费用。生产成本由直接材料、直接人工、制造费用组成；期间费用包括管理费用、财务费用、销售费用。

6. 利润

利润是指企业一定会计期间的经营成果，包括收入减去费用后的净额、直接计入当期利润的利得和损失等。直接计入当期利润的利得和损失，是指应当计入当期损益、会导致所有者权益发生增减变动的、与所有者投入资本或向所有者分配利润无关的利得或损失。

利润金额取决于收入和费用、直接计入当期利润的利得和损失金额的计量。

利润按构成层次分为营业利润、利润总额和净利润。

【做中学 1-4】 企业出售和出租固定资产、无形资产取得的收入及出售不需要的原材料取得的收入是否应确认为企业的收入？

答：是。出售固定资产、无形资产业务，在确定处置时点以及计量处置损益时，执行收入准则。

出租固定资产、无形资产实质上属于让渡资产使用权，出售不需要的原材料取得的收入，均属于企业日常活动中的收入，应确认为企业的收入，具体来说应该确认为其他业务收入。

三、会计要素的计量

会计计量是指企业在将符合确认条件的会计要素登记入账并列报于财务报表及其附注时，应当按照规定的会计计量属性进行计量，确定其金额。

会计计量属性反映的是会计要素金额的确定基础，主要包括历史成本、重置成本、可变现净值、现值和公允价值等。

1. 历史成本

历史成本又称实际成本，是指取得或制造某项资产时实际支付的现金或者现金等价物。

在历史成本计量下，资产按照购置时支付的现金或者现金等价物的金额，或者按照购置资产时所付出的对价的公允价值计量；负债按照其因承担现时义务而实际收到的款项或者资产的金额，或者承担现时义务的合同金额，或者按照日常活动中未偿还负债与其需要支付的现金或者现金等价物的金额计量。

2. 重置成本

重置成本又称现行成本，是指按照当前市场条件，重新取得同样一项资产所需要支付的现金或现金等价物。

在重置成本计量下，资产按照现在购买相同或者相似资产所需支付的现金或者现金等价物的金额计量；负债按照现在偿付该项债务所需支付的现金或者现金等价物的金额计量。

3. 可变现净值

可变现净值是指在日常活动中，资产的估计售价减去至完工时估计将要发生的成本、估计的销售费用及相关税费后的金额。

在可变现净值计量下，资产按照其正常对外销售所能收到现金或者现金等价物的金额扣减该资产至完工时估计将要发生的成本、估计的销售费用及相关税金后的金额计量。

4. 现值

现值是指资产或负债形成的未来现金流量的折现价值。

在现值计量下，资产将按照预计从其持续使用和最终处置中所产生的未来净现金流入量的折现金额计量；负债按照预计期限内需要偿还的未来净现金流出量的折现金额计量。

5. 公允价值

公允价值是指资产和负债按照市场参与者在计量日发生的有序交易中，出售资产所能收到或者转移负债所需支付的价格计量。有序交易是指在计量日前一段时期内相关资产或负债具有惯常市场活动的交易。清算等被迫交易不属于有序交易。

知识拓展：计量属性的适用范围

基础知识六　财务会计规范体系

财务会计规范体系是会计人员正确处理会计工作所要遵循的行为标准，是制约财务会计操作的法律、法规、准则和制度的总称。我国的会计规范体系主要包括《中华人民共和国会计法》《企业会计准则》《小企业会计准则》《企业会计制度》《会计基础工作规范》。

一、《会计法》

《中华人民共和国会计法》（以下简称《会计法》），是我国会计工作的基本法规，也是对会计工作的一般要求。现行《会计法》于 2000 年 7 月 1 日起施行。

《会计法》的内容共七章 52 条，包括：第一章　总则；第二章　会计核算；第三章　公司、企业会计核算的特别规定；第四章　会计监督；第五章　会计机构和会计人员；第六章　法律责任；第七章　附则。

制定《会计法》，是为了规范会计行为，保证会计资料真实、完整，加强经济管理和财务管理，提高经济效益，维护社会主义市场经济秩序。

国家机关、社会团体、公司、企业、事业单位和其他组织必须严格执行《会计法》。

二、《企业会计准则》

《企业会计准则》是为了规范企业会计确认、计量和报告行为,保证会计信息质量,根据《会计法》和其他有关法律、行政法规制定的会计核算工作的基本规范,它为会计制度的制定提供了依据。本准则适用于在中华人民共和国境内设立的企业(包括公司)。

《企业会计准则》包括基本准则和具体准则。

1. 基本准则

《企业会计准则——基本准则》于1993年7月1日起在全国所有企业施行。随着我国经济的发展和对外开放的深入,我国会计准则与国际会计准则趋同,财政部于2006年2月正式发布新的会计准则体系,于2007年1月1日起施行。2014年7月23日根据财政部令第76号,对基本准则做了条款修改。

2. 具体准则

具体准则是根据基本准则的要求,就经济业务的会计处理及程序做出的具体规定。财政部在颁布新企业会计准则的同时,要求执行该具体准则的企业不再执行现行准则、《企业会计制度》和《金融企业会计制度》。新颁布的企业会计准则目录如下。

(1) 新企业会计准则体系概述
(2) 企业会计准则——基本准则
(3) 企业会计准则第1号——存货
(4) 企业会计准则第2号——长期股权投资
(5) 企业会计准则第3号——投资性房地产
(6) 企业会计准则第4号——固定资产
(7) 企业会计准则第5号——生物资产
(8) 企业会计准则第6号——无形资产
(9) 企业会计准则第7号——非货币性资产交换
(10) 企业会计准则第8号——资产减值
(11) 企业会计准则第9号——职工薪酬
(12) 企业会计准则第10号——企业年金基金
(13) 企业会计准则第11号——股份支付
(14) 企业会计准则第12号——债务重组
(15) 企业会计准则第13号——或有事项
(16) 企业会计准则第14号——收入
(17) 企业会计准则第15号——建造合同
(18) 企业会计准则第16号——政府补助
(19) 企业会计准则第17号——借款费用
(20) 企业会计准则第18号——所得税
(21) 企业会计准则第19号——外币折算

(22) 企业会计准则第 20 号——企业合并
(23) 企业会计准则第 21 号——租赁
(24) 企业会计准则第 22 号——金融工具确认和计量
(25) 企业会计准则第 23 号——金融资产转移
(26) 企业会计准则第 24 号——套期保值
(27) 企业会计准则第 25 号——原保险合同
(28) 企业会计准则第 26 号——再保险合同
(29) 企业会计准则第 27 号——石油天然气开采
(30) 企业会计准则第 28 号——会计政策、会计估计变更和差错更正
(31) 企业会计准则第 29 号——资产负债表日后事项
(32) 企业会计准则第 30 号——财务报表列报
(33) 企业会计准则第 31 号——现金流量表
(34) 企业会计准则第 32 号——中期财务报告
(35) 企业会计准则第 33 号——合并财务报表
(36) 企业会计准则第 34 号——每股收益
(37) 企业会计准则第 35 号——分部报告
(38) 企业会计准则第 36 号——关联方披露
(39) 企业会计准则第 37 号——金融工具列报
(40) 企业会计准则第 38 号——首次执行企业会计准则
(41) 企业会计准则第 39 号——公允价值计量
(42) 企业会计准则第 40 号——合营安排

三、企业会计制度

《企业会计制度》旨在贯彻执行《会计法》和《企业财务会计报告条例》,规范企业的会计核算工作,提高会计信息质量。2001 年 1 月 1 日起暂在股份有限公司范围内施行,外商投资企业于 2002 年 1 月 1 日起开始实施,不久推行到所有企业。

《企业会计制度》由财政部制定,内容共 14 章 160 条。

课后练习题

一、单选题

1. 在会计核算中产生权责发生制和收付实现制两种记账基础的会计基本假设是(   )。
   A. 会计分期假设　B. 会计主体假设　C. 货币计量假设　D. 持续经营假设
2. 下列对会计基本假设的表述中恰当的是(   )。
   A. 持续经营和会计分期确定了会计核算的空间范围
   B. 一个会计主体必然是一个法律主体

C. 货币计量为确认、计量和报告提供了必要的手段
D. 会计主体确立了会计核算的时间范围
3. 下列各项中,不属于会计信息质量要求的有(　　)。
   A. 重要性　　　B. 可靠性　　　C. 持续经营　　　D. 实质重于形式
4. "企业的会计信息应当具备可比性"指的是(　　)。
   A. 一切交易和事项都应当相互可比
   B. 不同企业发生的相同或者相似的交易和事项应当相互可比
   C. 同一企业不同时期或不同企业所发生的相同、相似的交易和事项应当相互可比
   D. 同一企业不同时期发生的相同或相似的交易和事项应当采用一致的会计政策,一经采用,不得变更
5. 企业按购入时支付的不含增值税价款作为设备的入账价值,采用的会计计量属性是(　　)。
   A. 重置成本　　　B. 历史成本　　　C. 可变现净值　　　D. 公允价值
6. A公司对B公司的投资只占B公司的10%,B公司生产产品完全依靠A公司提供技术支持,确认A公司对B公司具有重大影响符合(　　)原则。
   A. 重要性　　　B. 谨慎性　　　C. 相关性　　　D. 实质重于形式
7. 下列各项中,不属于企业收入要素范畴的是(　　)。
   A. 主营业务收入　　　　　　B. 报废无形资产取得的收益
   C. 提供劳务取得的收入　　　D. 销售材料取得的收入
8. 下列各项中,符合资产会计要素定义的是(　　)。
   A. 计划购买的原材料　　　　B. 待处理财产损失
   C. 委托加工物资　　　　　　D. 预收款项
9. 下列账户中,属于资产类账户的是(　　)。
   A. 利润分配　　　B. 实收资本　　　C. 累计折旧　　　D. 主要营业成本
10. 下列项目中,不属于会计核算方法的是(　　)。
    A. 复式记账　　　B. 成本计算　　　C. 财产清查　　　D. 编制财务预算

二、多选题

1. 会计信息的质量要求包括(　　)。
   A. 谨慎性　　　B. 可理解性　　　C. 可靠性　　　D. 权责发生制
2. 为了体现权责发生制原则,需要开设(　　)账户。
   A. 管理费用　　　B. 预收账款　　　C. 财务费用　　　D. 应收账款
3. 下列组织中,可能作为一个会计主体进行会计核算的是(　　)。
   A. 独资企业　　　B. 企业集团　　　C. 企业生产车间　　　D. 行政单位
4. 下列各项中,按"重要性原则"要求处理的是(　　)。
   A. 将购入的办公用品直接计入管理费用
   B. 计提存货跌价准备
   C. 流动负债一般按经济业务发生时的金额计价
   D. 融资租入的设备应视同自有设备进行管理

5. 下列各项中,( )是会计要素。
   A. 应交税费   B. 收入   C. 利润分配   D. 资产和负债
6. 下列各项中,属于财务会计计量属性的是( )。
   A. 历史成本   B. 可变现净值   C. 现值   D. 公允价值
7. 关于费用会计要素,下列说法中正确的有( )。
   A. 支付管理人员工资属于费用
   B. 费用可能表现为资产的减少,或负债的增加,或二者兼而有之
   C. 费用会导致企业所有者权益的减少
   D. 出售固定资产发生的净损失属于费用
8. 下列公式中,属于会计等式的是( )。
   A. 资产－负债＝所有者权益
   B. 收入－费用＝利润
   C. 本期借方发生额＝本期贷方发生额
   D. 期末余额＝期初余额＋本期增加额－本期减少额
9. 以下表述错误的是( )。
   A. 费用的发生会导致所有者权益减少
   B. 损失导致经济利益流出,属于会计准则定义的"费用"
   C. 费用是企业日常经营活动中所形成的经济利益流出
   D. 营业成本、营业外支出属于费用,期间费用属于损失
10. 下列事项中,可能引起所有者权益减少的有( )。
    A. 以低于成本价销售商品   B. 用资本公积转增资本
    C. 宣布发放股票股利   D. 宣告分配利润

三、判断题

1. 会计只能以货币为计量单位。( )
2. 负债是过去的交易或事项所引起的潜在义务。( )
3. 法律主体一定是会计主体,但会计主体不一定是法律主体。( )
4. 为了满足管理的需要,企业会计科目的设置越细越好。( )
5. 账户的简单格式分为左、右两方,左方表示增加,右方表示减少。( )
6. 实质重于形式不属于我国会计信息质量要求的内容。( )
7. 谨慎性要求企业对交易或者事项进行会计确认、计量和报告时保持应有的谨慎,不应低估资产或者收益、高估负债或者费用。( )
8. 向企业内部的使用者提供的会计信息,绝大部分是属于"强制性的"或"必需的"。( )。
9. 财务会计对象是指财务会计所核算和报告的内容。( )
10. 我国2006年最新基本准则明确了五个会计假设,即会计主体、持续经营、会计分期、货币计量和实质重于形式。( )

项目一试题库

项目二 出纳岗位核算

Xiangmu 2

知识目标

1. 熟悉出纳岗位职责和核算任务。
2. 掌握库存现金、银行存款的管理规定及会计核算。
3. 掌握其他货币资金的种类、适用情况和具体账务处理。

能力目标

1. 掌握出纳岗位对企业的库存现金、银行存款和其他货币资金的使用和会计核算。
2. 能根据相关资料登记日记账。

学习重难点

1. 重点是库存现金、银行存款和其他货币资金的管理规定和会计核算。
2. 难点是银行结算方式。

任务准备　出纳岗位的核算任务与工作要点

准备一　出纳岗位的核算任务

出纳的日常工作主要是货币资金核算任务。

出纳岗位的职责一般包括以下内容。

(1) 办理现金收付和结算业务,办理银行结算,规范使用支票,负责银行之间的各种往来业务。

(2) 登记现金和银行存款日记账,保证日清月结。

(3) 保管库存现金和各种有价证券,保证有价证券的安全与完整。

(4) 保管有关印章、空白收据和空白支票,登记注销支票。

(5) 定期取得对账单,核对银行存款,编制银行存款余额调节表。

(6) 复核收入、支出凭证,办理结算。

准备二　出纳岗位工作要点

1. 现金收付业务

现金收付业务需要注意以下几点。

(1) 原则上只有收到现金才能开具收据,在收到银行存款或记账时需开具收据的,核实收据上已写有"转账"字样后,加盖"转账"图章和财务结算章,并登记票据传递登记本后传给相应会计岗位。

(2) 随工资发放时代收代扣的款项,由工资及固定资产岗开具收据,可以没有交款人签字。

(3) 每日业务终了后,现金库存应在限额内。

(4) 从银行提取现金及将现金送存银行时都须通知保安人员随从,注意保密,确保资金安全。

(5) 管理现金日记账,做到日清月结,并及时与微机账核对余额。

2. 银行存款收付业务

企业收付银行存款是企业比较频繁发生的业务,作为出纳人员要严格按照有关结算制度办理,以防差错和漏洞给企业造成重大经济损失。

银行存款收付业务要注意以下几点。

(1) 开出的支票应填写完整,禁止签发空白金额、空白收款单位的支票。

(2) 开出的支票(汇票、电汇)收款单位名称应与合同、发票一致。

(3) 有前期未报账款项的个人及所在部门,一律不办理付款业务。

(4) 每月根据工资发放时间提前两天将工资所需款调入银行,并按时从基本开户行将工资款划入工资代发银行。

(5) 打卡工资的支票须于工资发放日前1天连同工资盘送达工资代发银行。

此外,出纳还要及时将各银行对账单交内审岗编制银行调节表,对调节表上挂账及时进行清理和查询,责成相关岗位进行下账处理。根据银行收付情况统计各银行资金余额,随时掌握各银行存款余额,避免空头。熟练掌握公司各银行户头(单位名称、开户银行名称、银行账号)。

任务　出纳岗位的核算业务

货币资金是指企业生产过程中处于货币形态的资产,包括库存现金、银行存款和其他货币资金。

学习情境一　库存现金的核算

微课:货币资金

一、库存现金的概念

库存现金是指存放于企业财会部门由出纳人员经管的货币,它是企业流动性最强的一项资产。本节所说的现金是指库存现金,属于狭义的现金概念。

二、现金管理制度

(一)现金的使用范围和限额

1. 现金的使用范围

根据国务院颁发的《现金管理暂行条例》的规定,现金的使用范围主要有以下几方面。
(1) 职工工资、各种工资性津贴。
(2) 个人劳务报酬。
(3) 根据国家规定颁发给个人的科学技术、文化艺术、体育等各种奖金。
(4) 各种劳保、福利费用以及国家规定的对个人的支出。
(5) 收购单位向个人收购农副产品和其他物资的价款。
(6) 出差人员必须随身携带的差旅费。
(7) 结算起点以下的零星支出;按规定结算起点为 1 000 元,超过结算起点的,应使用银行转账结算。
(8) 中国人民银行确定需要支付现金的其他支出。
凡不属于现金结算范围的支出,均应通过银行办理转账结算。

2. 现金限额

现金限额是指为保证企业日常零星支付,按规定允许留存的库存现金的最高数额。现金限额由银行核定,核定的依据一般是企业 3~5 天的正常开支需要量,远离银行机构或交通不便的企业可以依据情况适当放宽,但最高不超过 15 天的日常零星开支需求量。

企业每日结存的库存现金不能超过核定的库存限额,超过部分,应按规定期限及时送存银行。

(二)现金收支的规定

(1)企业现金收入应于当日送存开户银行,当日送存如有困难,由开户银行确定送存时间。

(2)企业支付现金,可从本企业库存现金限额中支付或从开户银行中提取,不得从本企业的现金收入中直接支付(即"坐支"现金);因特殊情况需要坐支现金,应事先提出限额和用途,报请开户银行核定,并在核定的限额和范围内进行,同时,收支的现金必须入账。

(3)企业从开户银行提取现金时,应当如实写明用途,由本企业会计部门负责人签字盖章,开出现金支票,经银行审核后予以支付。

(4)企业因采购地点不固定、交通不便以及其他特殊情况必须使用现金的,应向银行提出申请,经银行审核后,予以支付。

(5)各单位购买国家规定的专控商品一律采用转账方式支付,不得以现金方式支付。

(三)现金管理的内部控制制度

为加强库存现金的管理,必须建立健全严密的现金内部控制制度,其基本内容如下。

(1)钱账分管制度。企业应配备专职的出纳员,办理现金收付和结算业务,登记现金和银行存款日记账,保管库存现金和各种有价证券,保存好有关印章、空白收据和空白支票;出纳员不得兼管稽核、会计档案保存和收入、费用、债权债务账目的登记工作。

(2)现金开支审批制度。①明确企业现金开支范围;②明确各种报销凭证,规定各种现金支付业务的报销手续和办法;③明确各种现金支出的审批权限。

(3)现金日清月结制度。

(4)现金保管制度。

(四)备用金的管理

备用金是企业财会部门为了便于日常零星开支(如差旅费、零星采购等)的需要,预付给企业内部各单位或职工个人备用的款项。

备用金的管理可采用非定额(一次性)管理和定额管理两种方式。非定额管理是根据临时需要一次付给现金,使用后持有关原始凭证报销,报销时进行清算,多退少补;定额管理是财会部门对经常使用备用金的部门核定定额,按定额拨付备用金,月底报销时补足现金,不清算,只要需要,可以长期保留此定额。

三、现金的核算

(一)现金的总分类核算

现金的总分类核算应设置"库存现金"账户,该账户为资产类账户,借方登记库存现金

的增加数,贷方登记库存现金的减少数,期末余额在借方,反映期末库存现金的实有数。如果企业收付的现金中有外币,还应在"库存现金"账户下设置外币库存现金专户进行核算。

1. 现金收入的核算

现金收入是企业在其生产经营和非生产经营业务中取得的库存现金。现金收入的核算以现金收入原始凭证为依据,包括发票、行政事业性专用收据、内部收据等。

【做中学2-1】 开出一张现金支票从银行提取现金3 000元。

借:库存现金　　　　　　　　　　　　　　　　3 000
　　贷:银行存款　　　　　　　　　　　　　　　　　　3 000

【做中学2-2】 出售边角料,取得现金收入100元。

借:库存现金　　　　　　　　　　　　　　　　100
　　贷:其他业务收入　　　　　　　　　　　　　　　　100

【做中学2-3】 收回职工赵刚暂借款500元。

借:库存现金　　　　　　　　　　　　　　　　500
　　贷:其他应收款——赵刚　　　　　　　　　　　　500

2. 现金支出的核算

现金支出是指企业在生产经营和非生产经营业务中向外支付的现金。现金支出的核算以现金支出原始凭证为依据,分为外来原始凭证和自制原始凭证两部分。常见的现金支出原始凭证包括以下几种。

(1) 借据,企业内部机构为购买零星办公用品或职工出差借款等时使用。

(2) 工资结算单,企业向职工支付工资时使用。

(3) 报销单(支出凭证),企业内部有关人员为单位内部购买零星物品,接受外单位或个人劳务、服务而办理报销业务,以及单位职工向单位办理托补费、医疗费、统筹医药费等报销时使用。

(4) 差旅费报销单,企业出差人员办理差旅费报销和出差补贴时使用。

(5) 领款收据,企业职工向企业领取各种非工资性奖金、津贴、补贴、劳务费和其他各种现金款项,其他单位或个人向本企业领取各种劳务费、服务费时使用。

【做中学2-4】 用现金400元支付购买办公用品的费用。

借:管理费用　　　　　　　　　　　　　　　　400
　　贷:库存现金　　　　　　　　　　　　　　　　　　400

【做中学2-5】 以现金50 000元发放职工工资。

借:应付职工薪酬　　　　　　　　　　　　　　50 000
　　贷:库存现金　　　　　　　　　　　　　　　　　　50 000

【做中学2-6】 将多余现金2 000元存入银行。

借:银行存款　　　　　　　　　　　　　　　　2 000
　　贷:库存现金　　　　　　　　　　　　　　　　　　2 000

发生现金支出业务时，应根据审核无误的原始凭证，编制付款凭证。

3. 备用金的核算

（1）对定额备用金应通过"其他应收款——备用金"账户或单独设置"备用金"账户进行核算。

① 拨出备用金。

借：其他应收款——备用金
　　贷：库存现金

② 使用备用金。

借：管理费用等
　　贷：库存现金

③ 取消备用金。

借：库存现金
　　贷：其他应收款——备用金

【做中学 2-7】　某企业采购部门实行定额备用金制度，定额 1 000 元。

第一次领取备用金时编制会计分录如下。

借：其他应收款——备用金　　　　　　　　　　　　1 000
　　贷：库存现金　　　　　　　　　　　　　　　　　　　1 000

【做中学 2-8】　月末，该采购部门的备用金保管人员凭办公用品采购单据向会计部门报销，金额为 800 元，会计部门经审核准予报销，并以现金补足定额。

借：管理费用　　　　　　　　　　　　　　　　　　800
　　贷：库存现金　　　　　　　　　　　　　　　　　　　800

（2）非定额情况下的备用金。

【做中学 2-9】　员工李远，经审批同意后，报销差旅费 856 元，冲销上月预支款 900 元，余款 44 元交回现金。账务处理如下。

借：库存现金　　　　　　　　　　　　　　　　　　44
　　管理费用——差旅费　　　　　　　　　　　　　856
　　贷：其他应收款——李远　　　　　　　　　　　　　900

如果实际发生差旅费 920 元，账务处理如下。

借：管理费用——差旅费　　　　　　　　　　　　920
　　贷：其他应收款——李远　　　　　　　　　　　　　900
　　　　库存现金　　　　　　　　　　　　　　　　　　 20

在非定额管理方式下，报销时进行清算，多退少补。

（二）现金的序时核算

为了及时核算现金的收付和结存情况，加强对现金的管理，企业除进行现金总分类核算外，还要设置"现金日记账"进行序时核算。现金日记账为订本式账簿，三栏式账页，由出纳人员根据涉及现金收、付的记账凭证按业务发生顺序逐日逐笔登记。每日业务终了应结出余额,与实存现金进行核对,做到"日清月结",保证账款相符、账账相符。

现金日记账的格式如表 2-1 所示。

表 2-1　　　　　　　　　　　现金日记账　　　　　　　　　　单位:元

2×19年		凭证号	摘　要	对方科目	借方	贷方	结余
月	日						
5	1		期初余额				2 000
	1	现收1	零售	主营业务收入	1 170		
	1	现付1	存现	银行存款		1 170	2 000
	2	现付1	提现	银行存款	5 000		7 000
	8	现付2	借差旅费	其他应收款		3 000	4 000
	26	现付3	购买办公用品	管理费用		800	3 200
	31	现收2	收回借款	其他应收款	500		3 700
	31		本月合计		6 670	4 970	

四、现金清查的核算

(一)查明原因前的处理

现金清查中发现的待查明原因的现金短缺或溢余,应通过"待处理财产损溢"账户核算。

(1)现金短缺。

借:待处理财产损溢——待处理流动资产损溢
　　贷:库存现金

(2)现金溢余。

借:库存现金
　　贷:待处理财产损溢——待处理流动资产损溢

(二)查明原因后的处理

(1)现金短缺。

借:其他应收款
　　管理费用
　　贷:待处理财产损溢——待处理流动资产损溢

(2)现金溢余。

借:待处理财产损溢——待处理流动资产损溢
　　贷:其他应付款
　　　　营业外收入

【做中学 2-10】 现金清查中,发现实存数大于账面余额 200 元。

借:库存现金　　　　　　　　　　　　　　　　200
　　贷:待处理财产损溢——待处理流动资产损溢　　　200

如果核实后属于应支付给其他单位,则按下述处理。

借:待处理财产损溢——待处理流动资产损溢　　　200
　　贷:其他应付款——××单位　　　　　　　　　200

如果核实后原因不明,经批准作为营业外收入。

借:待处理财产损溢——待处理流动资产损溢　　　200
　　贷:营业外收入　　　　　　　　　　　　　　200

实务技能:现金长短款的会计处理

学习情境二　银行结算办法及核算

一、银行存款开户管理

根据中国人民银行制定的《人民币银行结算账户管理办法》的规定,企业一般应在注册地或住所地开立银行结算账户,以办理存款、取款和转账等结算,符合规定条件的,也可以在异地开立银行结算账户。企业在银行开立的存款账户分为基本存款账户、一般存款账户、专用存款账户和临时存款账户。

1. 基本存款账户

基本存款账户是企业因办理日常转账结算和现金收付需要而开立的银行结算账户,它是企业的主办账户,企业日常经营活动的资金收付及工资、奖金和现金的支取,应通过该账户办理。

2. 一般存款账户

一般存款账户是企业因借款或其他结算需要,在基本存款账户开户银行以外的银行营业机构开立的银行结算账户,用于办理借款转存、借款归还和其他结算的资金收付,该账户可以办理现金缴存,但不得办理现金支取。

3. 专用存款账户

专用存款账户是企业按照法律、行政法规和规章,对其特定用途资金进行专项管理和使用而开立的银行结算账户,用于办理各项专用资金的收付。

4. 临时存款账户

临时存款账户是企业因临时需要并在规定期限内使用而开立的银行结算账户,用于办理临时机构以及企业临时经营活动发生的资金收付。企业可以通过本账户办理转账结算和根据国家现金管理的规定办理现金收付。

一个企业只能选择一家银行的一个营业机构开立一个基本存款账户,不得在多家银行机构开立基本存款账户;不得在同一家银行的几个分支机构开立一般存款账户。

企业开立基本存款账户、临时存款账户,实行开户备案制度。不得为还贷、还债和套取现金而多头开立基本存款账户;不得出租、出借账户;不得违反规定在异地开立存款和贷款账户。任何单位和个人不得将单位资金以个人名义开立账户存储。

二、银行结算方式

银行结算方式主要有支票、银行本票、银行汇票、商业汇票、汇兑、托收承付、委托收款、信用卡和信用证等。

1. 支票

支票是出票人签发、委托办理支票存款业务的银行在见票时无条件支付确定的金额给收款人或者持票人的票据。支票分为现金支票和转账支票,现金支票印有"现金"字样,只可以提取现金,不可以办理转账;转账支票印有"转账"字样,只能用于转账,不能支取现金;未印有"现金"或"转账"字样的为普通支票,普通支票既可以用于支取现金,也可以用于转账。在普通支票左上角划两条平行线,为划线支票,划线支票只能用于转账,不得支取现金。单位和个人在同一票据交换区域的各种款项结算,均可以使用支票。支票的提示付款期限为10天,超过提示付款期限提示付款的,持票人开户银行不予受理,付款人不予付款。

在签发支票时内容要齐全,大小写金额要相符;签发现金支票必须符合现金管理的规定;不得签发空头支票;不得出租、出借支票。签发空头支票,银行除退票外,还按照票面金额处以5%但不低于1 000元的罚款。持票人有权要求出票人支付支票金额2%的赔偿金。

签发、收取支票的业务,通过"银行存款"科目核算。

2. 银行本票

银行本票是银行签发的,承诺自己在见票时无条件支付确定的金额给收款人或持票人的票据。银行本票可以用于转账,注明"现金"字样的银行本票可以用于支取现金,适用于在同一票据交换区域需要支付各种款项的单位和个人。

银行本票按照其金额是否固定可分为不定额和定额两种。定额银行本票的固定面额分别为1 000元、5 000元、10 000元和50 000元。不定额银行本票用压数机压印出票金额。申请人和收款人均为个人需要支取现金的,应在"支付金额"栏先填写"现金"字样,后填写支付金额。申请人或收款人为单位的,银行不得为其签发现金银行本票。银行本票在票据交换区域内可以背书转让。银行本票的提示付款期限自出票日起最长不得超过两个月。

申请人申请签发银行本票的业务,通过"其他货币资金——银行本票存款"科目核算。

银行本票结算一般程序见图 2-1。

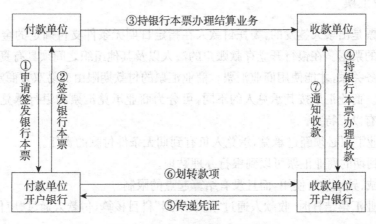

图 2-1　银行本票结算一般程序

3. 银行汇票

银行汇票是出票银行签发的,由其在见票时按照实际结算金额无条件支付给收款人或者持票人的票据。银行汇票具有使用灵活,票随人到,兑现性强等特点。单位和个人各种款项结算均可使用银行汇票。

银行汇票可以用于转账,填明"现金"字样的银行汇票也可以用于支取现金。银行汇票的提示付款期限自出票日起 1 个月。银行汇票可以背书转让。

申请人申请签发、使用银行汇票的业务,通过"其他货币资金——银行汇票存款"科目核算。

银行汇票结算的基本程序大致可分为两种情况(图 2-2)。

(1) 持票人直接支取现金的结算程序。

(2) 持票人直接到兑付银行办理转账结算的程序。

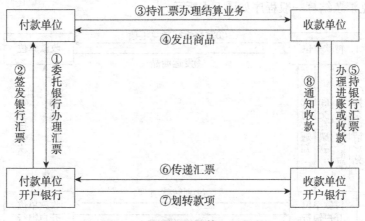

图 2-2　银行汇票结算一般程序

4. 商业汇票

商业汇票是出票人签发的,委托付款人在指定日期无条件支付确定的金额给收款人或者持票人的票据。在银行开立存款账户的法人以及其他组织之间须具有真实的交易关系或债权债务关系,才能使用商业汇票。商业汇票的付款期限由交易双方商定,但最长不超过 6 个月。商业汇票按其承兑人的不同,可分为商业承兑汇票和银行承兑汇票。商业汇票结算具有以下特点。

(1) 商业汇票必须经过承兑,承兑人负有到期无条件付款的责任。

(2) 未到期的商业汇票可以到银行办理贴现。

(3) 同城、异地均可使用,而且没有结算起点的限制。

采用商业汇票结算时,收款人通过"应收票据"科目核算,付款人通过"应付票据"科目核算。

商业承兑汇票结算一般程序如图 2-3 所示。

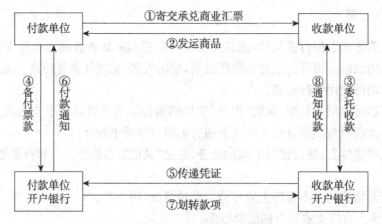

图 2-3　商业承兑汇票结算一般程序

银行承兑汇票结算一般程序如图 2-4 所示。

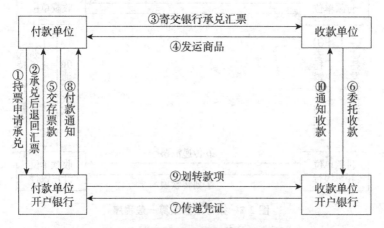

图 2-4　银行承兑汇票结算一般程序

5. 汇兑

汇兑是汇款单位委托银行将款项支付给收款人的结算方式。汇兑分为信汇和电汇两种,信汇费用较低,但速度较慢;电汇速度快,但费用比较高。单位和个人的各种款项的结算,均可使用汇兑结算方式。

6. 托收承付

托收承付是根据购销合同由收款人发货后委托银行向异地付款人收取款项,由付款人向银行承认付款的结算方式。

托收承付的款项划回方式分为邮寄和电报两种。办理托收承付结算的款项,必须是商品交易以及因商品交易而产生的劳务供应款项。代销、寄销、赊销商品的款项,不得办理托收承付结算。托收承付结算每笔的金额起点一般为 10 000 元;但新华书店系统,每笔结算的金额起点为 1 000 元。承付货款分为验单付款和验货付款两种,承付期分别为3 天和 10 天。对于符合规定的情况,付款人可以部分或全部拒付,但不能无理拒付。

企业采用托收承付结算方式的业务,收款方通过"应收账款"科目核算,付款方通过"应付账款""银行存款"科目核算。

托收承付结算一般程序如图 2-5 所示。

图 2-5 托收承付结算一般程序

7. 委托收款

委托收款是收款人委托银行向付款人收取款项的一种结算方式。委托收款可分为邮寄和电报划回两种。单位或个人都可以通过委托收款结算方式办理同城或异地的款项收取。委托收款用于收取电费等付款人众多、分散的公用事业费等有关款项,不受金额起点限制。付款单位开户行收到相关凭证应通知付款单位,付款单位应在 3 天内审查,并通知银行付款或出具拒付理由书通知开户行拒付。委托收款结算一般程序如图 2-6 所示。

图 2-6 委托收款结算一般程序

8. 信用卡

信用卡是指商业银行向个人和单位发行的,凭以向特约单位购物、消费和向银行存取现金,且具有消费信用的特制载体卡片。

信用卡按使用对象分为单位卡和个人卡,按信誉等级分为金卡和普通卡。凡在中国境内金融机构开立基本存款账户的单位均可申领单位卡。单位卡账户的资金一律从其基本存款账户转账存入。在使用过程中,不得交存现金;不得将销货收入的款项存入其账户;不得用于10万元以上的商品交易、劳务供应款项的结算;不得支取现金;不得出租或转借信用卡;不得将单位的款项存入个人账户。

采用信用卡办理结算业务的企业,通过"其他货币资金——信用卡存款"科目核算。

9. 信用证

信用证结算方式是国际结算的一种主要方式。信用证是指开证行依据申请人的申请开出的,凭符合信用证条款的单据支付的付款承诺。我国信用证为不可撤销、不可转让的跟单信用证。

经中国人民银行批准经营结算业务的商业银行总行,以及经商业银行总行批准开办信用证结算业务的分支机构,也可以办理国内企业之间商品交易的信用证结算业务。

信用证保证金存款通过"其他货币资金——信用证保证金存款"科目核算。

上述各种结算方式的运用,必须严格遵守银行的结算纪律。

三、银行存款的日常管理

企业应由出纳人员负责办理银行存款的收、付业务;票据及各种付款凭证应指定专人保管、专人负责审批;审批和具体签发付款凭证的工作应分别由两个或两个以上的人员办理,不能由一人兼管。

企业应严格按照《支付结算办法》的规定办理银行支付结算业务,不得违反规定开立和使用银行账户;不得出租出借银行账户;不得签发空头支票和远期支票;不得弄虚作假,套取银行信用。

四、银行存款的核算

(一)银行存款的总分类核算

银行存款的总分类核算,应设置"银行存款"账户。该账户为资产类账户,借方登记银行存款的增加数,贷方登记银行存款的减少数。期末余额在借方,反映银行存款的实际结存数。"银行存款"账户可按银行和其他金融机构的名称和存款的种类进行明细核算。

1. 收入银行存款的核算

【做中学 2-11】 企业销售产品,价款 50 000 元,增值税 6 500 元,款项存入银行。

借:银行存款　　　　　　　　　　　　　　56 500
　　贷:主营业务收入　　　　　　　　　　　　50 000
　　　　应交税费——应交增值税(销项税额)　　6 500

2. 支出银行存款的核算

【做中学 2-12】 企业从外地采购材料,价款 300 000 元,增值税 39 000 元,以银行存款支付,材料尚未入库。

借:材料采购　　　　　　　　　　　　　　300 000
　　应交税费——应交增值税(进项税额)　　 39 000
　　贷:银行存款　　　　　　　　　　　　　339 000

【做中学 2-13】 用汇兑方式偿还应付账款 100 000 元。

借:应付账款　　　　　　　　　　　　　　100 000
　　贷:银行存款　　　　　　　　　　　　　100 000

(二)银行存款的明细分类核算

银行存款的序时核算就是银行存款的明细分类核算,应设置"银行存款日记账"。"银行存款日记账"采用订本式账簿,三栏式账页(表 2-2),出纳人员按照业务发生的先后顺序逐日逐笔登记,每日终了时结出余额,并定期(一般是每月月末)同银行对账单核对相符。企业如有外币业务,还应分别按人民币和外币进行明细核算。

表2-2　　　　　　　　　　　银行存款日记账　　　　　　　　　　单位：元

2×19年		凭证号	摘　　要	结算凭证		对方科目	借方	贷方	余额
月	日			种类	号数				
5	1		期初余额						600 000
	3	银收1	销售	转支	1246	主营业务收入	11 300		611 300
	10	银付1	购材料	转支	1584	材料采购		22 600	588 700
	26	银收2	收回货款	电汇		应收账款	100 000		688 700
	29	银付2	付水电费	转支	1585	管理费用		1 200	687 500
	31		本月合计				111 300	23 800	687 500

五、银行存款的清查

为了防止银行存款账目发生差错，确保其账目正确无误，准确掌握银行存款的实际余额，企业应对银行存款进行清查。

银行存款的清查一般采取存款单位与其开户银行核对账目的方法进行。企业每月至少应将银行存款与银行存款对账单核对一次。在核对双方账目前，存款单位应事先检查银行存款账户记录是否完整正确，即逐一核对银行存款的收款凭证和付款凭证是否全部记入日记账，以保证账证相符。

在收到银行的对账单后，应将银行存款账户上的每笔业务与银行对账单逐笔勾对。当发现双方账面余额不一致时，如果是双方账簿记录发生错记或漏记，应及时查清更正；如果是由于双方凭证传递时间上的差异，而发生未达账项所致，则应编制"银行存款余额调节表"进行调整。所谓未达账项，是指由于收、付款的结算凭证在传递、接收时间上不一致而导致的一方已经入账，另一方没有接到凭证尚未入账的收付款项。

未达账项具体有以下四种情况。

(1) 存款单位已经收款入账，银行尚未收款入账。

(2) 存款单位已经付款入账，银行尚未付款入账。

(3) 银行已经收款入账，存款单位尚未收款入账。

(4) 银行已经付款入账，存款单位尚未付款入账。

上述(1)、(4)两种情况出现会使存款单位银行存款账面余额大于开户银行对账单所列示的存款余额；(2)、(3)两种情况出现会使存款单位银行存款账面余额小于开户银行对账单所列示的存款余额。存款单位银行存款日记账、银行对账单余额和未达账项的关系为

　　　　企业银行存款日记账余额＋银行已收而企业未收的款项
　　　　－银行已付而企业未付的款项
　　　＝银行对账单余额＋企业已收而银行未收的款项
　　　　－企业已付而银行未付的款项

【做中学 2-14】 某企业 2×19 年 12 月 31 日银行存款日记账账面余额 183 600 元，开户银行提交的对账单所列示的余额为 193 200 元，经逐笔核对，发现未达账项如下。

(1) 12 月 29 日，企业收到购货单位转账支票 6 000 元，已记入企业银行存款账，但支票尚未送存银行，因而银行尚未记账。

(2) 12 月 30 日，企业开出现金支票支付职工差旅费，计 2 400 元，企业已记账，持票人尚未到银行取款，故银行尚未记账。

(3) 12 月 30 日，银行收到企业委托代收销货款 15 000 元，已收存银行，企业因未收到收款通知而未入账。

(4) 12 月 31 日，银行计算企业应付银行借款利息 1 800 元，银行已划账，企业因未收到付款通知而未入账。

编制银行存款余额调节表，如表 2-3 所示。

表 2-3　　　　　　　　　　　　银行存款余额调节表
2×19 年 12 月 31 日　　　　　　　　　　　　　　　　单位：元

项　目	金　额	项　目	金　额
企业银行存款账面余额	183 600	银行对账单存款余额	193 200
加：银行已收企业未收	15 000	加：企业已收银行未收	6 000
减：银行已付企业未付	1 800	减：企业已付银行未付	2 400
调整后银行存款余额	196 800	调整后银行存款余额	196 800

调整后的银行存款余额，只能说明存款单位可以动用的银行存款实有数，不能作为调整账户的依据。对于银行已经入账，存款单位尚未入账的未达账项，应该在收到有关凭证后，再进行账务处理。

上述银行存款的清查方法，也适用于对银行借款的清查。

六、其他货币资金的核算

其他货币资金是指除现金、银行存款以外的各种货币资金，包括外埠存款、银行本票存款、银行汇票存款、信用卡存款、信用证保证金和存出投资款等。为了核算其他货币资金的收支和结存情况，应设置"其他货币资金"账户，借方登记其他货币资金的增加数，贷方登记其他货币资金的减少数，余额在借方，表示其他货币资金的结存数额。

随堂测：银行存款的核算

1. 外埠存款的核算

外埠存款是指企业到外地进行临时或零星采购时，采用汇兑结算方式汇往采购地银行开立采购专户的款项。采购资金存款不计利息，除采购员差旅费可以支取少量现金外，一律转账。采购专户只付不收，付完结清账户。

(1) 企业将款项汇往采购地开立专户时,根据汇出款项的凭证,账务处理如下。

借:其他货币资金——外埠存款
　　贷:银行存款

(2) 采购人员报销用外埠存款支付的材料采购货款等时,根据报销凭证,账务处理如下。

借:材料采购(或在途物资)
　　应交税费——应交增值税(进项税额)
　　贷:其他货币资金——外埠存款

(3) 完成采购任务,将多余的外埠存款转回当地银行时,账务处理如下。

借:银行存款
　　贷:其他货币资金——外埠存款

【做中学 2-15】 某公司汇往上海 50 000 元开立采购物资专户。

借:其他货币资金——外埠存款　　　　　　50 000
　　贷:银行存款　　　　　　　　　　　　　　　50 000

【做中学 2-16】 在上海采购,支付材料价款 40 000 元,增值税 5 200 元。

借:在途物资　　　　　　　　　　　　　　　　40 000
　　应交税费——应交增值税(进项税额)　　　5 200
　　贷:其他货币资金——外埠存款　　　　　　　45 200

【做中学 2-17】 将多余的外埠存款 4 800 元转回北京开户银行。

借:银行存款　　　　　　　　　　　　　　　　4 800
　　贷:其他货币资金——外埠存款　　　　　　　4 800

2. 银行本票存款的核算

银行本票存款是指企业为取得银行本票,按照规定存入银行的款项。

(1) 企业取得银行本票时,账务处理如下。

借:其他货币资金——银行本票
　　贷:银行存款

(2) 用银行本票支付购货款等后,根据发票账单等有关凭证,账务处理如下。

借:材料采购(或在途物资)
　　应交税费——应交增值税(进项税额)
　　贷:其他货币资金——银行本票

(3) 如企业因本票超过付款期等原因未曾使用而要求银行退款时,应填制进账单一式两联,连同本票一并交给银行,然后根据银行收回本票时盖章退回的一联进账单,账务处理如下。

借:银行存款
　　贷:其他货币资金——银行本票

【做中学 2-18】 甲公司以银行存款 5 000 元支付银行本票存款。

借:其他货币资金——银行本票　　　　　　5 000

贷：银行存款　　　　　　　　　　　　　　　　　　　　　5 000

【做中学2-19】 甲公司采购材料一批，货款4 000元，增值税520元，以银行本票支付各项款项。

　　借：在途物资　　　　　　　　　　　　　　　　　　　　　4 000
　　　　应交税费——应交增值税（进项税额）　　　　　　　　　520
　　　贷：其他货币资金——银行本票　　　　　　　　　　　　4 520

【做中学2-20】 承做中学2-18，若企业未使用该银行本票购买货物，要求银行退款。

　　借：银行存款　　　　　　　　　　　　　　　　　　　　　5 000
　　　贷：其他货币资金——银行本票　　　　　　　　　　　　5 000

3. 银行汇票存款的核算

银行汇票存款是指企业为取得银行汇票，按照规定存入银行的款项。

（1）企业从银行取得汇票后，账务处理如下。

　　借：其他货币资金——银行汇票
　　　贷：银行存款

（2）企业使用银行汇票支付款项后，账务处理如下。

　　借：材料采购（或在途物资）
　　　　应交税费——应交增值税（进项税额）
　　　贷：其他货币资金——银行汇票

（3）银行汇票使用完毕，应转销"其他货币资金——银行汇票"账户。

如实际采购支出小于银行汇票面额，多余部分账务处理如下。

　　借：银行存款
　　　贷：其他货币资金——银行汇票

（4）汇票因超过付款期限或其他原因未曾使用而退还款项。

　　借：银行存款
　　　贷：其他货币资金——银行汇票

（5）销货企业收到银行汇票，到开户银行办理款项入账手续。

　　借：银行存款
　　　贷：主营业务收入
　　　　　应交税费——应交增值税（销项税额）

【做中学2-21】 某公司以银行存款支付银行汇票存款15 000元。

　　借：其他货币资金——银行汇票　　　　　　　　　　　　15 000
　　　贷：银行存款　　　　　　　　　　　　　　　　　　　15 000

【做中学2-22】 以银行汇票支付采购材料价款12 000元，增值税1 560元。

　　借：在途物资　　　　　　　　　　　　　　　　　　　　12 000
　　　　应交税费——应交增值税（进项税额）　　　　　　　 1 560
　　　贷：其他货币资金——银行汇票存款　　　　　　　　　13 560

【做中学2-23】 将银行汇票余额1 440元转销。

借：银行存款　　　　　　　　　　　　　　　　　　　1 440
　　贷：其他货币资金——银行汇票存款　　　　　　　　　　　1 440

【做中学2-24】 乙公司销售商品一批，开出的增值税专用发票上的价款为200 000元，增值税税额为26 000元，采用银行汇票办理结算，公司已收到开户银行转来的收账通知。

借：银行存款　　　　　　　　　　　　　　　　　　226 000
　　贷：主营业务收入　　　　　　　　　　　　　　　　　200 000
　　　　应交税费——应交增值税（销项税额）　　　　　　　26 000

4. 信用卡存款的核算

企业按规定填制信用卡申请表，连同支票和有关资料送交发卡银行，银行受理后，为企业开立信用卡存款账户并签发信用卡。

（1）企业从银行取得信用卡后，按交存备用金的进账单，账务处理如下。

借：其他货币资金——信用卡
　　贷：银行存款

（2）企业使用信用卡在特约单位购物或消费时，账务处理如下。

借：材料采购（或在途物资）
　　应交税费——应交增值税（进项税额）
　　贷：其他货币资金——信用卡

【做中学2-25】 明远公司10月10日经中国银行台州分行审核同意后开立信用卡专户，并从其基本存款账户开出转账支票100 000元，转入信用卡专户。11月1日，公司经理招待客户，在新荣记酒店刷卡消费4 000元。

（1）10月10日，根据支票存根和银行盖章退回的进账单第一联，编制会计分录如下。

借：其他货币资金——信用卡　　　　　　　　　　　100 000
　　贷：银行存款　　　　　　　　　　　　　　　　　　100 000

（2）11月1日，根据发票、信用卡签购单、银行转来的付款通知等，编制会计分录如下。

借：管理费用　　　　　　　　　　　　　　　　　　　4 000
　　贷：其他货币资金——信用卡　　　　　　　　　　　　4 000

5. 信用证保证金的核算

企业向银行申请开出信用证，应按规定向银行提交开证申请书、信用证申请人承诺书和购销合同。

（1）企业向银行缴纳保证金，根据银行盖章退回的进账单第一联，账务处理如下。

借：其他货币资金——信用证保证金
　　贷：银行存款

（2）根据开证行交来的信用证来单通知书及有关购货凭证等，账务处理如下。

借：材料采购（或在途物资）

应交税费——应交增值税（进项税额）
　　贷：其他货币资金——信用证保证金

【做中学 2-26】 捷克股份公司 10 月 3 日缴纳信用证保证金 500 000 元，向银行申请开立信用证；10 月 29 日收到开证行交来的信用证来单通知书及相关购货凭证，货款 460 000 元，增值税 59 800 元，总计 519 800 元，超出部分银行转账支付。材料已验收入库。

(1) 10 月 3 日，根据支票存根和银行盖章退回的进账单第一联，编制会计分录如下。

　　借：其他货币资金——信用证保证金　　　　　500 000
　　　　贷：银行存款　　　　　　　　　　　　　　　　500 000

(2) 10 月 29 日，根据信用证来单通知及相关购货发票等，编制会计分录如下。

　　借：在途物资　　　　　　　　　　　　　　　460 000
　　　　应交税费——应交增值税（进项税额）　　　59 800
　　　　贷：其他货币资金——信用证保证金　　　　　500 000
　　　　　　银行存款　　　　　　　　　　　　　　　　19 800

6. 存出投资款的核算

存出投资款是指企业存入证券公司准备用于购买股票、债券等投资的款项。

【做中学 2-27】 甲公司根据发生的有关存出投资款的业务，账务处理如下。

(1) 该公司将银行存款 1 000 000 元存入证券公司，以备购买有价证券。

　　借：其他货币资金——存出投资款　　　　　1 000 000
　　　　贷：银行存款　　　　　　　　　　　　　　　1 000 000

(2) 用存出投资款 1 000 000 元购入股票作为交易性金融资产。

　　借：交易性金融资产　　　　　　　　　　　1 000 000
　　　　贷：其他货币资金——存出投资款　　　　　1 000 000

7. 采用支付宝、微信进行收付款的核算

企业采用支付宝、微信等方式进行款项收付时，可以记入其他货币资金科目，下设支付宝和微信二级明细。

具体账务处理如下。

(1) 转入支付宝、微信余额（充值）。

　　借：其他货币资金——支付宝/微信
　　　　贷：银行存款

(2) 支付宝和微信转账购买办公用品等。

　　借：管理费用
　　　　贷：其他货币资金——支付宝/微信

(3) 支付宝和微信收到销售款。

　　借：其他货币资金——支付宝/微信
　　　　贷：主营业务收入
　　　　　　应交税费——应交增值税（销项税额）

(4) 提现。

借：银行存款

　　贷：其他货币资金——支付宝/微信

【做中学2-28】 某公司向客户开具了3 000元的货物销售发票，实际到账2 997元，支付宝扣除手续费3元。

　　借：应收账款　　　　　　　　　　　　　　　　3 000
　　　　贷：主营业务收入　　　　　　　　　　　　　　2 654.87
　　　　　　应交税费——应交增值税(销项税额)　　　　345.13
　　借：其他货币资金——支付宝　　　　　　　　　　2 997
　　　　财务费用——手续费　　　　　　　　　　　　3
　　　　贷：应收账款　　　　　　　　　　　　　　　　3 000

随堂测：其他货币资金的核算

课后练习题

一、单选题

1. 银行承兑汇票承兑人是（　　）。
　　A. 购货单位　　　　　　　　　　　B. 购货单位的开户银行
　　C. 销货单位　　　　　　　　　　　D. 销货单位的开户银行

2. 下列支付结算方式中，需要签订购销合同才能使用的是（　　）。
　　A. 银行汇票　　B. 银行本票　　C. 托收承付　　D. 支票

3. 下列（　　）项目不通过"其他货币资金"科目核算。
　　A. 银行汇票存款　　B. 银行本票存款　　C. 备用金　　D. 存出投资款

4. 下列结算方式中，只能用于同城结算的是（　　）结算方式。
　　A. 银行汇票　　B. 本票　　C. 委托收款　　D. 托收承付

5. 现金日记账是一种（　　）。
　　A. 明细分类账　　B. 总分类账　　C. 序时明细账　　D. 备查账

6. 对于银行已入账而企业尚未入账的未达账款，企业应当（　　）。
　　A. 根据"银行对账单"入账
　　B. 根据"银行存款余额调节表"入账
　　C. 根据对账单和调节表自制凭证入账
　　D. 待有关结算凭证到达后入账

7. 根据《现金管理暂行条例》的要求，结算起点为（　　）。
　　A. 1 000元以下　　B. 1 000元　　C. 2 000元以下　　D. 2 000元

8. 定额备用金管理与核算的特点是（　　）。
　　A. 根据企业内部某部门或个人实际需要，一次付给现金

B. 使用后持有关原始凭证报销,余款交回
C. 使用后报销时,财会部门按照核准报销的金额付给现金,补足备用金定额
D. 一般用于临时性差旅费报销业务

9. 在清查中发现的现金短缺,应贷记( )。
   A. "待处理财产损溢" B. "库存现金"
   C. "其他应收款" D. "管理费用"

10. 在清查中发现的现金溢余,经过批准处理时应贷记( )。
    A. "营业外支出" B. "营业外收入" C. "其他应收款" D. "管理费用"

11. 下列各项中不会引起其他货币资金发生变动的是( )。
    A. 企业销售商品收到商业汇票
    B. 企业用银行本票购买办公用品
    C. 企业将款项汇往外地开立采购专用账户
    D. 企业为购买基金将资金存入在证券公司指定银行开立账户

12. 企业将款项汇往异地银行开立采购专户,编制该业务的会计分录时应当( )。
    A. 借记"应收账款"科目,贷记"银行存款"科目
    B. 借记"其他货币资金"科目,贷记"银行存款"科目
    C. 借记"其他应收款"科目,贷记"银行存款"科目
    D. 借记"材料采购"科目,贷记"其他货币资金"科目

13. 甲公司2×19年12月31日的银行存款日记账的余额为300万元,银行对账单的余额为303万元,经逐笔核对,发现如下未达账项:银行代扣水电费3万元,甲公司尚未接到通知;银行已经收到甲公司销售货物的货款8万元,甲公司尚未接到通知;甲公司已经向丙公司开出现金支票6万元,但丙公司尚未到银行兑换;甲公司送存转账支票8万元,并已登记银行存款增加,但银行尚未记账。则经调整后,甲公司银行存款日记账的余额为( )万元。
    A. 304 B. 303 C. 305 D. 302

二、多选题

1. 下列存款中,应在"其他货币资金"科目核算的有( )。
   A. 外埠存款 B. 银行汇票存款 C. 信用卡存款 D. 存出投资款
   E. 一般存款账户存款

2. 下列结算方式中,可用于同城结算的方式有( )。
   A. 支票结算方式 B. 汇兑结算方式
   C. 银行本票结算方式 D. 委托收款结算方式
   E. 托收承付结算方式

3. 下列行为中,不符合结算有关规定的有( )。
   A. 用现金支付出差人员的差旅费
   B. 用现金支付向供销社采购的农副产品款
   C. 用信用卡结算10万元以上的商品交易款项

D. 签发的支票金额超过企业的银行存款余额
E. 从基本存款账户支取现金发放职工工资

4. 商业汇票的签发人可以是（   ）。
   A. 收款人　　　B. 付款人　　　C. 承兑申请人　　　D. 承兑银行

5. 下列项目中,通过"其他货币资金"科目核算的有（   ）。
   A. 取得由本企业开户银行签发的银行本票
   B. 本企业签发并由开户银行承兑的商业汇票
   C. 取得由本企业开户银行签发的银行汇票
   D. 取得由购货单位签发并承兑的商业汇票
   E. 开出转账支票

6. 下列票据可以背书转让的有（   ）。
   A. 现金支票　　　B. 转账支票　　　C. 银行汇票　　　D. 银行本票
   E. 商业汇票

7. 以下不符合企业会计制度的做法是（   ）。
   A. 属于无法查明的其他原因导致现金溢余,经批准处理后冲减管理费用
   B. 属于无法查明的其他原因导致现金短缺,经批准处理后计入管理费用
   C. 现金短缺属于责任人赔偿的部分,计入其他应收款
   D. 购买股票或债券的银行存款,计入存出投资款

8. 根据内部控制制度的要求,出纳人员不得经办的是（   ）。
   A. 现金收付业务　　　　　　　　B. 收入、费用类账目的登记
   C. 债权、债务类账目的登记　　　D. 各项业务的稽核

9. 按照现金保管制度的要求,出纳人员应该（   ）。
   A. 超过库存限额以外的现金应在下班前送存银行
   B. 限额内的现金当日核对清楚后,一律放入保险柜内,不得放在办公桌内过夜
   C. 单位的现金不准以个人名义存入银行
   D. 库存的纸币和铸币应实行分类保管

10. 办理银行存款收付业务的凭证有（   ）。
    A. 送款回单　　　B. 现金支票　　　C. 进账单　　　D. 转账支票

11. 采购员报销差旅费涉及的账户有（   ）。
    A. 其他应收款　　　B. 库存现金　　　C. 其他应付款　　　D. 管理费用

12. 备用金的管理方式有（   ）。
    A. 定额管理　　　B. 专人管理　　　C. 预算管理　　　D. 非定额管理

13. 下列未达账项中,会导致企业银行存款日记账的账面余额大于银行对账单余额的有（   ）。
    A. 企业送存支票,银行尚未入账
    B. 企业开出支票,银行尚未支付
    C. 银行代付的电话费,企业尚未接到付款通知
    D. 银行代收货款,企业尚未接到收款通知

14. 下列关于现金清查的相关表述中,正确的有( )。
   A. 对于现金的短缺,应由责任人赔偿的部分,计入其他应收款
   B. 对于现金的短缺,无法查明原因的,计入营业外支出
   C. 对于现金的盘盈,应支付给有关人员的,计入其他应付款
   D. 对于现金的盘盈,无法查明原因的,计入营业外收入
15. 下列各项中,属于其他货币资金的有( )。
   A. 银行本票存款 B. 商业承兑汇票 C. 信用卡存款 D. 外埠存款

三、判断题

1. 企业采用汇兑结算时,汇往外地的款项要先通过"其他货币资金——外埠存款"科目核算。( )
2. 银行规定的限额以下的零星支出可以使用现金。( )
3. 普通支票左上角划两条平行线的,只能用于转账,不得支取现金。( )
4. 收款单位收到付款单位交来的银行汇票可以不送交银行办理转账结算,而是背书转让给另一单位用于购买材料。( )
5. 委托收款和托收承付结算方式,都受结算金额起点的限制。( )
6. 商业承兑汇票到期日付款人账户不足支付时,其开户银行应代为付款。( )
7. 采用托收承付结算方式办理结算的款项必须是商品交易,以及因商品交易而产生的劳务供应的款项,包括代销、寄销、赊销商品的款项。( )
8. 空头支票就是空白支票。( )
9. 企业需要到外地临时或零星采购,可以将款项通过银行汇入采购地银行。汇入采购地银行的这部分资金应通过"银行存款"账户核算。( )
10. 对实行定额备用金制度的企业,在账务处理上需设置"其他应收款——备用金"账户进行核算,也可单独设置"备用金"账户核算。( )
11. 对库存现金进行日清月结是出纳员办理现金出纳工作的基本原则和要求,也是避免出现长短款的重要措施。( )
12. 出现现金短缺时,属于应由责任人赔偿的部分,应借记"其他应收款"。( )
13. 企业在日常经营活动中现金结算的起点不能超过1 000元,对于支付起点大于1 000元的支出,应该采用银行转账结算。( )
14. 企业内部各部门周转使用的备用金,可以单独设置"备用金"科目进行核算。( )
15. 企业银行存款账面余额与银行对账单余额之间如有差额,应该编制"银行存款余额调节表"调节,"银行存款余额调节表"不但能够核对账目,而且能够作为调整银行存款账面余额的记账依据。( )

四、实务题

1. 对下列业务进行会计处理。
(1) 签发现金支票,向银行提取现金6 000元。
(2) 采购员李林出差,预借差旅费3 000元。

(3) 出售废旧报纸,收到现金 100 元。
(4) 报销员工市内交通费 50 元。
(5) 发放职工工资奖金 10 000 元。
(6) 支付厂部购买办公用品费用 500 元。
(7) 采购员李林出差回来,报销差旅费 2 500 元,剩余款项退回财务部门。
要求:根据上述资料逐笔编制会计分录。

2. 对下列发生的银行存款的相关业务进行会计处理。
甲公司 2×19 年 11 月发生的经济业务如下。
(1) 公司向银行提交"银行汇票委托书",同时将 50 000 元交存银行,取得了银行汇票,交给采购人员赵飞持往异地办理材料采购业务。
(2) 采购人员赵飞完成采购任务,提交的有关单据表明材料的买价 40 000 元,增值税税额 5 200 元,同日,收到银行的多余款收账通知。
(3) 销售产品一批,货款总计 100 000 元,增值税税额 13 000 元,另以银行存款 1 000 元代垫运杂费,采用托收承付结算方式,已向银行办理托收手续。
(4) 采购人员赵飞到北京采购材料,企业汇往北京工商银行 100 000 元,开立采购专户。
(5) 以银行存款 90 000 元向银行申请签发银行本票,银行已受理。
(6) 企业收到乙单位交来的银行汇票一张计 88 000 元,支付其所欠货款。企业已填制进账单,送交开户银行转账。
(7) 采购人员赵飞购买材料计 80 000 元,增值税税额 10 400 元,材料尚未到达企业,多余的外埠存款(采购专户存款)已转回企业存款。
(8) 企业办理信用卡(单位卡)申领手续,从其基本存款账户中转账 200 000 元存入信用卡账户。
(9) 使用信用卡的经办人员以相关单据报销,以信用卡支付的业务招待费共计 48 000 元。
要求:根据上述资料逐笔编制会计分录。

3. A 公司 2×19 年 12 月 31 日银行存款日记账的余额为 80 000 元,银行对账单的余额为 107 000 元,银行对账单和银行存款日记账的有关记录见表 2-4 和表 2-5。

表 2-4　　　　　　　　×××银行对账单　　　　　　　　单位:元

2×19年		摘要	结算凭证		贷方	借方	结余	复核
月	日		种类	号数				
12	30	承前页					39 000	
	31	销售商品	转账支票	略	45 000			
	31	借款存款	进账通知		50 000			
	31	电汇	汇款单		15 000			
	31	提取现金	现金支票			30 000		
	31	支付材料款	托收单据			12 000		
12	31	本月合计					107 000	

表 2-5　　　　　　　　　　　银行存款日记账　　　　　　　　　　单位：元

2×19年		凭证		摘要	结算凭证		借方	贷方	结余
月	日	字	号		种类	号数			
12	30			本日合计					39 000
	31	银收	97	销售商品	转账支票	略	45 000		
	31	银付	56	支付材料款	转账支票			27 000	
	31	银收	98	短期借款	收账通知		50 000		
	31	银收	99	销售商品	转账支票		3 000		
	31	银付	57	提取现金	现金支票			30 000	
	31			本日合计			98 000	57 000	80 000
	31			本月合计					80 000

要求：根据资料，编制"银行存款余额调节表"。

项目二试题库

往来结算岗位核算

项目三
Xiangmu 3

知识目标

1. 掌握往来结算岗位的核算任务,掌握应收票据、应收账款、其他应收款、预付账款、应付票据、应付账款、其他应付款、预收账款的核算方法。
2. 掌握坏账准备的确认与处理方法。

能力目标

1. 能正确处理企业的应收款项、预付账款、应付款项、预收款项等经济业务。
2. 能根据有关资料登记总账和明细账簿。

学习重难点

1. 重点是应收票据、应收账款、应付票据、应付账款、坏账准备的核算。
2. 难点是票据的贴现和坏账准备的核算。

任务准备 往来结算岗位的核算任务

往来结算岗位主要与外部供应商、销售客户及材料供应部门、销售部及其他有关部门之间发生联系。

（1）会同有关部门制定本企业的信用政策,建立、健全往来款项结算与核对的程序和制度,明确应收款项管理责任,防止坏账损失；制订企业的现金流计划,对相关供应商的信用进行评级或分析,为有关部门供应商的决策提供依据。

（2）负责与供货单位、销售客户和其他单位、个人的购销业务的结算和明细核算。按照债权债务种类、应收应付对象的具体单位和个人分类设置明细账。根据审核后的记账凭证逐笔登记明细账并结出余额。

(3) 负责对购销业务以外的暂收、暂付、应收、应付、备用金、保证金、押金等债权债务及往来款项进行核对和清算。

(4) 督促有关方面及时进行往来款项的结算。对于购销业务产生的应收、应付款,应协同购销部门核对,确实无法收回的应收账款和无法支付的应付账款,应查明原因,按照规定经批准后处理。对于购销业务以外的暂收、暂付等往来款项,应定期抄列清单、核对。对于长期呆滞的往来款项,特别是长期不能收回的债权,应会同有关部门及时调查并向上级报告,做好往来款项的清收及核销工作,以提高企业资金的利用效率。

(5) 负责办理企业应收票据贴现业务、期末应收票据利息的计提、分配长期应收应付款融资收益或费用,并计提长期坏账准备、应收款项抵债等债务重组的结算和相关明细核算工作。

任务一　应收及预付款项的核算

应收及预付款项是指企业在日常生产经营过程中发生的各项债权,包括应收款项和预付账款。其中应收款项包括应收票据、应收账款、其他应收款、应收股利和应收利息等。

学习情境一　应收票据的核算业务

一、应收票据的概念与分类

应收票据是指企业因销售商品、提供劳务等而收到的商业汇票。商业汇票是一种由出票人签发的,委托付款人在指定日期无条件支付确定金额给收款人或者持票人的票据。

应收票据可以按不同的标准进行分类。按照票据承兑人的不同,分为银行承兑汇票和商业承兑汇票。承兑是指汇票付款人承诺在汇票到期日支付汇票金额的票据行为。商业承兑汇票是指由付款人签发并承兑,或由收款人签发交由付款人承兑的汇票;银行承兑汇票是指由在承兑银行开立账户的存款人(也即出票人)签发,由承兑银行承兑的票据。

按照票据是否带息,分为带息商业汇票和不带息商业汇票。不带息商业汇票是指商业汇票到期时,承兑人仅按票据面值支付款项;而带息商业汇票是指承兑人在票据到期时,应按照票据面值及其按面值、票面利率、票据期限计算的利息支付款项。

按照票据是否带有追索权分类,商业汇票可分为带追索权的商业汇票和不带追索权的商业汇票。在我国,商业汇票允许背书转让。由于银行承兑汇票的承兑人是银行,信用度高,一般不存在到期收不回款项的风险,所以企业应将银行承兑汇票贴现视为不带追索权的商业汇票贴现业务。

二、应收票据的计价

对应收票据金额的确认和计价,我国一般采用按照应收票据的账面价值计价。当企业收到应收票据时,应按照票据的面值入账。如果带息的应收票据是跨期票据,应于期末(中期期末或年度终了)按照票据的票面价值和确定的利率计提利息,计提的利息应增加应收票据的账面价值。到期不能收回的应收票据,应将其账面余额转入应收账款,并不再计提利息。

知识拓展:了解应收票据

商业汇票的付款期限,纸质的最长不得超过 6 个月,电子的最长不得超过 1 年。汇票提示付款期限,自到期日起 10 日。商业汇票的承兑人于到期日兑付票款。汇票的到期日根据出票日及票据的期限来确定。

商业汇票的期限有按月表示和按日表示两种。按月表示的汇票自出票日起按月计算,不考虑各月实际天数的多少,统一按次月对应日为整月计算,即以到期月份中与出票日相同的那一天为到期日。例如,1 月 28 日签发的、期限为 1 个月的汇票,到期日为 2 月 28 日。在月末签发的汇票,若到期月为小月的,以到期月最后一天为到期日。例如,1 月 29 日、30 日、31 日签发的,期限为 1 个月的汇票,到期日均为 2 月 28 日(闰月为 2 月 29 日)。此时计算利息使用的利率,要换算成月利率(即年利率/12)。按日表示的票据,自出票日起按实际天数计算,并在汇票上记载具体到期日。一般来说,出票日和到期日只能计算其中的一天,即"算头不算尾"或"算尾不算头"。如 3 月 1 日签发的票据,期限为 90 天,则到期日为 5 月 30 日,此时计算利息使用的利率,要换算成日利率(即年利率/360)。

不带息票据的到期值就是票据的面值。带息票据的到期值是面值加上利息,计算公式为

$$带息票据的到期值=面值×(1+票面利率×票据期限)$$

三、应收票据的核算

为了反映和监督应收票据的取得、收回、转让、贴现等业务,企业应当设置"应收票据"账户。该账户为资产类账户,借方登记收到的商业汇票面值和计提的利息,贷方登记到期收回票据或到期前向银行进行贴现的票据账面余额,期末余额在借方,反映企业持有的未到期商业汇票面值和计提的利息。该账户可按照商业汇票的种类设置明细账,并可以设置"应收票据备查簿",逐笔登记每一张应收票据的种类、号数、签发日期、票面金额等事项。

1. 取得应收票据

企业因销售商品、提供劳务而收到承兑的商业汇票时,按商业汇票的票面金额入账,借记"应收票据"科目,按确认的收入,贷记"主营业务收入"等科目,按应交的增值税,贷记"应交税费——应交增值税(销项税额)"等科目。

【做中学 3-1】 甲公司发生下列有关应收票据业务。

(1) 1月3日,甲公司向A公司销售产品一批,价款100 000元,增值税13 000元。收到A公司签发并承兑的不带息商业汇票一张,面值113 000元,期限3个月。

  借:应收票据——A公司(商业承兑汇票)   113 000
   贷:主营业务收入   100 000
     应交税费——应交增值税(销项税额)   13 000

(2) 1月5日,甲公司上月向B公司销售产品的应收货款为56 500元,现B公司开来票面金额为56 500元、年利率为6%、期限3个月的银行承兑汇票进行结算。

  借:应收票据——B公司(银行承兑汇票)   56 500
   贷:应收账款——B公司   56 500

2. 应收票据到期处理

  商业汇票到期时,按实际收到的本息合计金额(到期值),借记"银行存款"科目,按账面余额,贷记"应收票据"科目,按其差额(未计提利息部分),贷记"财务费用"科目。

【做中学3-2】 承做中学3-1,A公司签发的、面值为113 000元的不带息商业汇票到期,收回到期票款。

  借:银行存款   113 000
   贷:应收票据——A公司(商业承兑汇票)   113 000

【做中学3-3】 承做中学3-1,B公司签发的、面值为56 500元的带息银行承兑汇票到期,收回到期票款。

    应收票据利息 = 56 500 × 6% ÷ 12 × 3 = 847.5(元)
    票据到期值 = 56 500 + 847.5 = 57 347.5(元)

  借:银行存款   57 347.5
   贷:应收票据——B公司(银行承兑汇票)   56 500
     财务费用   847.5

  一般来说,银行承兑汇票到期时能够及时收回票款。商业承兑汇票则视付款人账户资金是否足额分为两种情况:一是付款人足额支付票款,账务处理同做中学3-2。二是付款人账户不足,无力支付票款,银行退票,由收款人自行处理,此时,企业应将应收票据的账面金额转入"应收账款"科目。

【做中学3-4】 甲公司持有的C公司签发并承兑的、面值为100 000元的不带息商业汇票到期,C公司无力支付,银行退票。

  借:应收账款——C公司   100 000
   贷:应收票据——C公司(商业承兑汇票)   100 000

3. 转让应收票据

  企业可以将持有的应收票据背书转让。背书是指在票据背面或者粘贴单上记载有关事项并签章的票据行为。背书转让的背书人应当承担票据责任。

  背书人将持有的商业汇票背书转让以取得所需物资时,借记"材料采购""原材料""库存商品"或"应交税费"等科目,按应收票据的账面余额,贷记"应收票据"科目。

【做中学 3-5】 承做中学 3-1,如果甲公司将持有的 A 公司签发的未到期商业汇票背书转让给 D 公司,用于购买原材料,材料价款 120 000 元,增值税税款为 15 600 元,同时开出支票支付余款。则甲公司转让商业汇票的账务处理如下。

  借:材料采购   120 000
    应交税费——应交增值税(进项税额) 15 600
   贷:应收票据——A 公司(商业承兑汇票) 113 000
    银行存款   22 600

如果付款人到期无力支付,背书人负连带付款责任。

【做中学 3-6】 承做中学 3-5,假设由 A 公司签发的商业承兑汇票到期,A 公司无力付款,银行退票。

  此时,甲公司应按商业汇票的到期值支付给 D 公司 113 000 元,并与承兑人 A 公司协商处理债权债务事项。

  借:应收账款——A 公司   113 000
   贷:银行存款   113 000

4. 应收票据贴现

  贴现是指票据持有人因急需资金,将未到期的商业汇票背书转让给银行,由银行从票据到期值中扣除一定的贴现利息后,将余额(即贴现净额)支付给贴现人的一项融资活动。

$$贴现息 = 票据到期值 \times 贴现率 \times 贴现期$$

式中,贴现率由银行统一规定,一般以年利率表示。计算贴现息时通常按一年 360 天将其换算为日贴现率;贴现期是指自贴现日起至到期日为止的实际天数,也是用"算头不算尾"或"算尾不算头"的方法计算确定。

$$贴现净额 = 票据到期值 - 贴现息$$

$$票据到期值 = 票据面值 + 票面利息$$

$$或 = 票据面值 \times \left(1 + \frac{年利率 \times 票据到期天数}{360}\right)$$

不带息应收票据的到期值就是其面值。

  在我国,银行承兑汇票的贴现可被视为不带追索权的贴现业务,可按金融资产终止确认原则处理。企业办理银行承兑汇票贴现时,应按实际收到的金额,借记"银行存款"账户,按应收票据的账面余额,贷记"应收票据"账户,按两者的差额,借记或贷记"财务费用"账户。

【做中学 3-7】 承做中学 3-3,2 月 5 日,假设甲公司将持有的 B 公司银行承兑汇票向银行申请贴现,月贴现率为 9‰。

  票据到期日为 4 月 5 日,贴现期为 59 天。

  票据到期值 = 56 500 + 56 500 × 6% ÷ 12 × 3 = 57 347.5(元)
  贴现息 = 57 347.5 × 9‰ ÷ 30 × 59 = 1 015.05(元)
  贴现净额 = 57 347.5 - 1 015.05 = 56 332.45(元)

  借:银行存款   56 332.45

财务费用 167.55
贷：应收票据——B公司（银行承兑汇票） 56 500

知识拓展：商业承兑汇票的贴现　　　　　随堂测：应收票据的核算

学习情境二　应收账款的核算业务

一、应收账款的概念

应收账款是指企业因销售商品、提供劳务等经营活动应向客户收取的款项,包括企业销售商品、提供劳务的价款及代购货单位垫付的包装费、运杂费等。

应收账款属于短期债权,列为流动资产,因此它不包括超过1年的分期收款销售款项。

二、应收账款的计价

一般情况下,应收账款应按实际发生额计价入账。在确认应收账款的入账价值时,应考虑商业折扣、现金折扣、销售退回与折让等因素。

1. 商业折扣

商业折扣是指企业为了促销而对商品标价给予一定的折扣。企业的应收账款入账金额应按扣除商业折扣后的实际售价确认。例如,某商品的标价100元,给予10%的折扣,则实际售价为90元,销售该商品应确认的应收账款和销售收入均为90元。

2. 现金折扣

现金折扣是企业为了鼓励债务人在规定的期限内尽早付款,对销售价格所给予的一定比例的折扣优惠。现金折扣通常表示为"2/10,1/20,n/30",分别表示在10天内付款给予2%的折扣;20天内付款给予1%的折扣,30天内付款不予折扣。

现金折扣的会计处理有总价法和净价法两种。在我国会计实务中,现金折扣采用总价法核算,即应收账款以扣减现金折扣前的全额入账,实际发生的现金折扣作为一种理财费用,计入财务费用。

3. 销售退回与折让

销售退回是指企业销售商品后,由于商品的品种、规格、质量等与购销合同不一致,购

货方退回商品的现象。销售折让是指企业因售出商品的质量不合格等原因而在售价上给予的减让。企业发生销售退回和折让,根据依法开具的红字发票直接冲减主营业务收入和相应的应交增值税(此部分账务处理将在财务成果岗位详细讲解)。

三、应收账款的账户设置

为了及时反映和监督应收账款的增减变动及结存情况,企业应设置"应收账款"账户。"应收账款"账户为资产类账户,用于核算企业因销售商品、提供劳务等应收取的款项。借方登记企业发生应收账款,贷方登记企业收回应收账款、发生现金折扣、销售折让和坏账损失。余额在借方,表示企业尚未收回应收账款的数额,余额在贷方,表示企业预收的账款。

不单独设置"预收账款"科目的企业,其预收的账款也可通过"应收账款"科目核算。

四、应收账款的账务处理

【做中学 3-8】 甲公司销售一批商品给 A 公司,货款 100 000 元,由于是成批销售,甲企业给予 10% 的商业折扣,增值税税率是 13%。

扣除商业折扣后,实际价款为 90 000 元,增值税 11 700 元。

借:应收账款——A 公司　　　　　　　　　　　　101 700
　　贷:主营业务收入　　　　　　　　　　　　　　90 000
　　　　应交税费——应交增值税(销项税额)　　　11 700

【做中学 3-9】 甲公司 2×19 年 5 月 5 日销售一批商品给 B 公司,货款 150 000 元,增值税 19 500 元,付款条件为 2/10,n/30,代垫运杂费 2 000 元。

(1) 2×19 年 5 月 5 日销售成立。

借:应收账款——B 公司　　　　　　　　　　　　171 500
　　贷:主营业务收入　　　　　　　　　　　　　　150 000
　　　　应交税费——应交增值税(销项税额)　　　19 500
　　　　银行存款　　　　　　　　　　　　　　　　2 000

(2) 如果 B 公司在 5 月 15 日内付款,则可得到现金折扣 3 390 元(169 500×2%),甲公司实际收款 168 110 元(171 500－3 390)。

借:银行存款　　　　　　　　　　　　　　　　　168 110
　　财务费用　　　　　　　　　　　　　　　　　　3 390
　　贷:应收账款——B 公司　　　　　　　　　　　171 500

(3) 如果 B 公司在 5 月 15 日后付款,则不享受现金折扣,应全额付款。

借:银行存款　　　　　　　　　　　　　　　　　171 500
　　贷:应收账款——B 公司　　　　　　　　　　　171 500

需要注意的是,如无特别说明,现金折扣一般按含税售价计算。

【做中学 3-10】 承做中学 3-9，甲公司销售给 B 公司的商品有一部分存在质量问题，价款 20 000 元，被 B 公司退回；一部分商品包装与合同规定不符，价款 15 000 元，经协商甲公司同意给予 10％的折让。

甲公司按税法有关规定开具了红字发票。

销货退回应冲减收入额＝20 000(元)
销货退回应冲减增值税税额＝20 000×13％＝2 600(元)
销货折让应冲减收入额＝15 000×10％＝1 500(元)
销货折让应冲减增值税税额＝1 500×13％＝195(元)
借：主营业务收入　　　　　　　　　　　　　21 500
　　应交税费——应交增值税(销项税额)　　　2 795
　贷：应收账款——B 公司　　　　　　　　　　24 295

随堂测：应收账款的核算

微课：其他应收款的核算

学习情境三　其他应收款的核算业务

其他应收款是指企业除应收账款、应收票据、预付账款、应收股利、应收利息等以外的各种应收及暂付款项。主要包括：①应收的各种赔款、罚款；②应收的出租包装物租金；③应向职工收取的各种代垫款；④存出保证金，如租入包装物支付的押金等；⑤备用金；⑥其他各种应收、暂付款项。

为了及时反映和监督其他应收款的增减变动及结存情况，企业应设置"其他应收款"账户。"其他应收款"账户为资产类账户。发生各种其他应收款项时，借记本科目，贷记"银行存款"等有关科目；收回其他应收款时，借记"库存现金""银行存款"等科目，贷记本科目。期末贷方余额，表示企业尚未收回的其他应收款项。

一、应收的各种赔款、向职工收取的各种代垫款

【做中学 3-11】 甲公司在采购过程中发生材料毁损，按保险合同规定，应由保险公司赔偿损失 2 000 元，赔款尚未收到。

借：其他应收款——保险公司　　　　　　　　2 000
　贷：材料采购　　　　　　　　　　　　　　　2 000

【做中学 3-12】 甲公司从员工的工资中扣回先行垫付的房租 5 000 元。

垫付时编制会计分录如下。

借：其他应收款——×××　　　　　　　　　5 000

　　贷：银行存款　　　　　　　　　　　　　　　　　　　　5 000
扣款时编制会计分录如下。
　　借：应付职工薪酬——工资　　　　　　　　　　　　　　5 000
　　贷：其他应收款——×××　　　　　　　　　　　　　　5 000

二、存出的各种保证金

【做中学3-13】 甲公司租入包装物一批，以银行存款向出租方支付押金10 000元。
　　借：其他应收款——存出保证金　　　　　　　　　　　　10 000
　　贷：银行存款　　　　　　　　　　　　　　　　　　　　10 000

【做中学3-14】 承做中学3-13，租入包装物按期如数退还，甲公司收到出租方退回的押金10 000元，已存入银行。
　　借：银行存款　　　　　　　　　　　　　　　　　　　　10 000
　　贷：其他应收款——存出保证金　　　　　　　　　　　　10 000

学习情境四　预付账款的核算业务

随堂测：其他应收款

预付账款是企业按照合同规定预付给供应单位的款项。
　　为了及时反映预付账款的支出和结算情况，企业应设置"预付账款"账户。"预付账款"账户为资产类账户。预付货款时，借记"预付账款"科目，贷记"银行存款"等科目；收到所购货物时，借记"材料采购""原材料""库存商品"等科目，按应支付的金额贷记本科目。补付的款项，借记本科目，贷记"银行存款"等科目；退回多付的款项做相反的分录。期末借方余额表示多付的款项，贷方余额表示应补付的货款。

【做中学3-15】 甲公司发生如下预付货款业务。
　　5月6日根据合同规定向C公司预付甲材料款40 000元，6月6日收到甲材料，货款30 000元，增值税3 900元，并收回多付的款项6 100元。
（1）5月6日。
　　借：预付账款——C公司　　　　　　　　　　　　　　　40 000
　　贷：银行存款　　　　　　　　　　　　　　　　　　　　40 000
（2）6月6日。
　　借：原材料——甲材料　　　　　　　　　　　　　　　　30 000
　　　　应交税费——应交增值税（进项税额）　　　　　　　 3 900
　　贷：预付账款——C公司　　　　　　　　　　　　　　　33 900
　　借：银行存款　　　　　　　　　　　　　　　　　　　　 6 100
　　贷：预付账款——C公司　　　　　　　　　　　　　　　 6 100

预付业务不多的企业，可以不设"预付账款"账户，而将预付的款项记入"应付账款"账户核算。但在编制财务报表时，仍然要将"预付账款"和"应付账款"的金额分开列示。

学习情境五　应收股利和应收利息的核算业务

一、应收股利和应收利息的概念

应收股利是企业应收取的现金股利和应收其他单位分配的利润。应收利息是企业在交易性金融资产、持有至到期投资、可供出售金融资产等业务中应收取的利息。

二、应收股利和应收利息的核算

企业应设置"应收股利"账户。"应收股利"账户为资产类账户。借方登记应收的现金股利或其他单位分配的利润,贷方登记实际收到的现金股利或利润。期末借方余额反映企业尚未收回的现金股利或利润。该账户应按照被投资单位的名称进行明细核算。

企业按应分得的现金股利或利润,借记"应收股利"账户,贷记"投资收益"或相关投资成本类会计账户。实际收到现金股利或利润时,借记"银行存款"账户,贷记"应收股利"账户。

企业应设置"应收利息"账户。"应收利息"账户为资产类账户。借方登记应收的利息,贷方登记实际收到的利息。期末借方余额反映企业尚未收回的利息。该账户应按照借款人或被投资单位的名称进行明细核算。企业按应收取的利息数额,借记"应收利息"账户,贷记"投资收益"或相关会计账户。实际收到利息时,借记"银行存款"账户,贷记"应收利息"账户。

应收股利和应收利息的具体核算,将在长期股权投资业务中详细讲解。

学习情境六　应收款项减值的核算业务

一、应收款项减值概述

应收款项减值或称为坏账,是指企业无法收回的应收款项,包括应收账款和其他应收款等。由于发生坏账而产生的损失,称为坏账损失或称为应收款项减值损失。

一般情况下,应收账款和其他应收款符合下列条件之一的,应确认为坏账。

(1) 债务人破产,以其破产财产债偿后,确实无法追回的部分。

(2) 债务人死亡,以其遗产清偿后,确实无法追回的部分。

(3) 债务人较长时间内未履行其债务义务,并有足够的证据表明无法收回或收回的可能性极小。

坏账损失可通过"信用减值损失"科目核算。

二、坏账的核算方法

坏账的核算方法有直接转销法和备抵法两种。我国《企业会计准则》规定,应收款项减值的核算应采用备抵法,不得采用直接转销法。

1. 直接转销法

直接转销法是指在日常核算中对应收款项可能发生的坏账损失不予以估计,在实际发生坏账时,直接冲销应收款项,并确认坏账损失。

【做中学3-16】 2×19年6月30日,乙公司应收C公司的货款10 000元已确认不能收回。

借:信用减值损失——坏账损失　　　　　　　10 000
　贷:应收账款——C公司　　　　　　　　　　　　　10 000

2. 备抵法

备抵法是指采用一定的方法按期估计坏账损失,计入当期损益,同时建立坏账准备,当实际发生坏账时,冲销已计提的坏账准备和相应的应收款项。

在备抵法下,企业应设置"坏账准备"科目。该账户属于"应收账款"和"其他应收款"等的备抵调整账户,贷方登记计提的坏账准备,借方登记坏账损失的发生及冲减多提的坏账准备,期末余额在贷方,表示期末已计提但尚未转销的坏账准备。

具体账务处理如下。

(1) 提取坏账准备。

借:信用减值损失
　贷:坏账准备

(2) 发生坏账损失,即核销应收账款。

借:坏账准备
　贷:应收账款

(3) 已确认并转销的坏账又收回。

借:应收账款
　贷:坏账准备

同时

借:银行存款
　贷:应收账款

(4) 坏账准备金可按以下公式计算:

当期应计提的坏账准备(倒挤) = 按应收款项计算的坏账准备金额(需要的余额) − "坏账准备"账户的贷方余额(已存在的余额,正数) + "坏账准备"账户的借方余额(已存在的余额,正数)

如果应计提的坏账准备大于其账面余额,应按其差额计提,借记"信用减值损失"科目,贷记"坏账准备"科目;应计提的坏账准备小于其账面余额的,应冲回多计提的坏账准备,按其差额,借记"坏账准备"科目,贷记"信用减值损失"科目。

三、坏账损失的估计方法

坏账损失的估计方法有应收款项余额百分比法、账龄分析法和销货百分比法等。

1. 应收款项余额百分比法

余额百分比法是指按期末应收款项的账面余额,乘以估计的坏账率,计算当期估计的坏账损失的方法。

【做中学 3-17】 甲公司 2×18 年年末应收款项余额为 800 000 元,坏账准备账户无余额。2×19 年发生坏账 5 000 元,年末应收款项余额为 1 200 000 元,2×20 年收回上年已核销的坏账损失 4 000 元,年末应收款项余额 1 200 000 元。估计的坏账率为 5‰。

(1) 2×18 年年末估计坏账损失。

$$估计坏账损失 = 800\,000 \times 5‰ = 4\,000(元)$$

计提坏账准备前"坏账准备"科目无余额。

$$2×18 年年末应计提坏账准备 = 4\,000(元)$$

借:信用减值损失——坏账损失　　　　　　　　4 000
　　贷:坏账准备　　　　　　　　　　　　　　　　　　　4 000

(2) 2×19 年发生坏账。

借:坏账准备　　　　　　　　　　　　　　　　5 000
　　贷:应收账款　　　　　　　　　　　　　　　　　　　5 000

$$2×19 年年末估计坏账损失 = 1\,200\,000 \times 5‰ = 6\,000(元)$$

计提坏账准备前"坏账准备"科目为借方余额 1 000 元。

$$2×19 年年末应计提坏账准备 = 6\,000 - 4\,000 + 5\,000 = 7\,000(元)$$

借:信用减值损失——坏账损失　　　　　　　　7 000
　　贷:坏账准备　　　　　　　　　　　　　　　　　　　7 000

(3) 2×20 年收回已核销的坏账损失 4 000 元。

借:应收账款　　　　　　　　　　　　　　　　4 000
　　贷:坏账准备　　　　　　　　　　　　　　　　　　　4 000

同时

借:银行存款　　　　　　　　　　　　　　　　4 000
　　贷:应收账款　　　　　　　　　　　　　　　　　　　4 000

$$2×20 年年末估计坏账损失 = 1\,200\,000 \times 5‰ = 6\,000(元)$$

计提坏账准备前"坏账准备"科目为贷方余额 10 000 元。

$$2×20 年年末应计提坏账准备 = 6\,000 - 10\,000 = -4\,000(元)$$

借:坏账准备　　　　　　　　　　　　　　　　4 000

贷：信用减值损失——坏账损失　　　　　　　　　　　　4 000

2. 账龄分析法

　　账龄分析法是根据应收款项账龄的长短来估计坏账损失的方法。采用这种方法，是按账龄的长短以不同百分比分别估计其可能发生的坏账损失。一般来说，账龄越长，产生坏账的可能性就越大，其估计的百分比就越高。

【做中学 3-18】 乙公司 2×19 年年末应收款项余额为 400 000 元，该公司将应收款项的账龄划分为未到期、过期 3 个月、过期 6 个月、过期 12 个月、过期 12 个月以上五类，且对不同账龄款项的坏账损失做了不同的估计，见表 3-1。

表 3-1　　　　　　　　应收账款账龄及估计坏账损失表

应收账款账龄	应收账款金额/元	估计损失/%	估计损失金额/元
未到期	120 000	0.5	600
过期 3 个月	100 000	1	1 000
过期 6 个月	80 000	2	1 600
过期 12 个月	60 000	3	1 800
过期 12 个月以上	40 000	4	1 600
合　　计	400 000		6 600

　　从表 3-1 可以看出，该公司 2×19 年 12 月 31 日坏账准备的账面余额应为 6 600 元，企业应根据坏账准备账户的已有余额计算本年应计提的坏账准备金额。

　　如果计提坏账准备前"坏账准备"科目为贷方余额 1 000 元，则

　　　　2×19 年年末应计提的坏账准备金额＝6 600－1 000＝5 600(元)

　　借：信用减值损失　　　　　　　　　　　　　　　5 600
　　　　贷：坏账准备　　　　　　　　　　　　　　　　　　5 600

　　如果计提坏账准备前"坏账准备"科目为借方余额 1 000 元，则

　　　　2×19 年年末应计提的坏账准备金额＝6 600＋1 000＝7 600(元)

　　借：信用减值损失　　　　　　　　　　　　　　　7 600
　　　　贷：坏账准备　　　　　　　　　　　　　　　　　　7 600

3. 销货百分比法

　　销货百分比法是指以赊销金额的一定百分比估计坏账损失的方法。一般来说，赊销金额越大，产生坏账损失的可能性越大。企业可以根据以往的经验估计坏账损失占赊销金额的比率，根据该比率估计各期赊销金额中可能发生的坏账损失金额。

　　采用这种方法计提坏账损失，不需要考虑"坏账准备"账户余额。

【做中学 3-19】 丙公司 2×19 年全年的赊销净额为 1 000 000 元，根据以往资料和经验，估计坏账损失率为 1%，计提坏账准备前"坏账准备"账户为贷方余额 2 000 元；2×20 年全年的赊销净额为 1 500 000 元，当年估计的坏账损失率为 1.2%。

2×19年年末估计的坏账损失：1 000 000×1‰＝10 000(元)。
借：信用减值损失　　　　　　　　　　　　10 000
　　贷：坏账准备　　　　　　　　　　　　　　　10 000
2×19年年末"坏账准备"科目为贷方余额12 000元。
2×20年年末估计的坏账损失：1 500 000×1.2‰＝18 000(元)。
借：信用减值损失　　　　　　　　　　　　18 000
　　贷：坏账准备　　　　　　　　　　　　　　　18 000

随堂测：应收款项减值的核算

任务二　应付及预收款项的核算

应付及预收款项是指企业在日常生产经营过程中发生的各项债务，包括应付款项和预收款项。其中应付款项包括应付票据、应付账款、预收账款、其他应付款、应付股利和应付利息等。

学习情境一　应付票据的核算业务

一、应付票据的概念

应付票据是指企业在购买商品、材料和接受劳务供应等开出、承兑的商业汇票。商业汇票按承兑人不同分为商业承兑汇票和银行承兑汇票。应付票据的偿付时间不超过6个月，在会计实务中，一般按应付票据的面值入账。

二、应付票据的核算

1. 账户设置

应付票据的核算通过"应付票据"账户进行。该账户属于负债类账户，贷方登记开出承兑汇票时的票面金额，借方登记到期兑付的票款或转出金额，期末余额在贷方，表示尚未到期的商业汇票的金额。

2. 具体账务处理

（1）企业开出商业汇票抵付货款、应付账款。
借：材料采购或在途物资
　　库存商品
　　应交税费——应交增值税（进项税额）

　　　　应付账款等
　　　　贷：应付票据
　（2）支付银行承兑汇票的手续费。
　　　借：财务费用
　　　　贷：银行存款
　（3）计提带息商业汇票的利息。
　　　借：财务费用
　　　　贷：应付利息
　（4）偿付票据本息。
　　　借：应付票据
　　　　　应付利息
　　　　贷：银行存款
　（5）票据到期，如企业无力支付票款。
　① 如为商业承兑汇票，会计处理如下。
　　　借：应付票据
　　　　贷：应付账款
　② 如为银行承兑汇票，会计处理如下。
　　　借：应付票据
　　　　贷：短期借款
　　企业应当设置"应付票据备查簿"，详细登记每一应付票据的种类、号数、签发日期、到期日、票面金额、票面利率、合同交易号、收款人姓名或单位名称，以及付款日期和金额等资料。应付票据到期结清时，应当在备查簿内逐笔注销。

【做中学 3-20】 甲公司为增值税一般纳税人，2×19 年 5 月 1 日开出并承兑一张面值为 56 500 元、期限为 5 个月的不带息商业汇票，用于采购原材料，材料尚未入库，价款 50 000 元，增值税税款 6 500 元。

（1）2×19 年 5 月 1 日购入商品。

　　借：材料采购　　　　　　　　　　　　　　　　　　50 000
　　　　应交税费——应交增值税（进项税额）　　　　　　6 500
　　　贷：应付票据　　　　　　　　　　　　　　　　　　　　　56 500

假设开出的是银行承兑汇票，向银行支付承兑手续费 28.25 元。

　　借：财务费用　　　　　　　　　　　　　　　　　　26.65
　　　　应交税费——应交增值税（进项税额）　　　　　　1.6
　　　贷：银行存款　　　　　　　　　　　　　　　　　　　　　28.25

假设开出的是带息商业汇票，应于期末计提利息，按计提的利息金额，借记"财务费用"科目，贷记"应付利息"科目；最后一期的利息应直接贷记"银行存款"科目。

（2）2×19 年 10 月 1 日票据到期付款。

　　借：应付票据　　　　　　　　　　　　　　　　　　56 500
　　　贷：银行存款　　　　　　　　　　　　　　　　　　　　　56 500

(3) 假设该票据到期无力支付货款。

借：应付票据　　　　　　　　　　　　　56 500
　　贷：应付账款　　　　　　　　　　　　　　56 500

如为银行承兑汇票。

借：应付票据　　　　　　　　　　　　　56 500
　　贷：短期借款　　　　　　　　　　　　　　56 500

【做中学3-21】2×19年3月1日，乙企业开出带息商业汇票一张，面值320 000元，用于抵付其前欠H公司的货款。该票据票面利率为6%，期限为3个月。

借：应付账款——H公司　　　　　　　320 000
　　贷：应付票据　　　　　　　　　　　　　320 000

3月31日，乙企业计算开出的带息应付票据应计利息。

借：财务费用　　　　　　　　　　　　　1 600
　　贷：应付利息　　　　　　　　　　　　　　1 600

乙企业4月末和5月末的会计处理同上。

6月1日，乙企业开出的带息商业汇票到期，企业以银行存款全额支付到期票款和3个月的票据利息。

借：应付票据　　　　　　　　　　　　　320 000
　　应付利息　　　　　　　　　　　　　　4 800
　　贷：银行存款　　　　　　　　　　　　　324 800

假设，6月1日，乙企业无力支付票款，应将应付票据的账面余额转入"应付账款"科目。

借：应付票据　　　　　　　　　　　　　320 000
　　应付利息　　　　　　　　　　　　　　4 800
　　贷：应付账款——H公司　　　　　　　　324 800

实务技能：商业汇票与银行汇票如何差别处理

随堂测：应付票据的核算

学习情境二　应付账款的核算业务

一、应付账款的概念与计价

应付账款是指企业因购买商品、材料或接受劳务供应等而应付给供货单位的款项。

由于应付账款的偿付时间一般较短，根据重要性原则，因延期支付产生的利息可以忽略不计，应付账款按业务发生时的金额入账。

二、应付账款的核算

(一) 账户设置

为了正确反映应付账款的增减变动及其余额,企业应设置"应付账款"账户。"应付账款"为负债类账户。该账户贷方登记企业购买材料、商品和接受劳务等形成的应付未付款项,借方登记偿还的应付账款,或开出商业汇票抵付应付账款的款项,或冲销无法支付的应付账款,期末余额一般在贷方,表示尚未偿还的应付账款。该账户应按债权人设置明细账进行明细核算。

企业应付的各种赔款、租金、存入保证金等,不在本科目核算,而应通过"其他应付款"核算。

知识拓展:应付账款的暂估入账

(二) 具体账务处理

1. 发生应付账款和偿还应付账款

(1) 企业购入材料、商品等时,若货款尚未支付,根据有关凭证(发票账单、随同货物发票上记载的实际价款或暂估价值)进行如下账务处理。

借:材料采购或在途物资等
　　应交税费——应交增值税(进项税额)
　贷:应付账款

(2) 企业接受供应单位提供劳务而发生的应付未付款项。

借:生产成本
　　管理费用等
　贷:应付账款

(3) 企业开出、承兑商业汇票抵付应付账款。

借:应付账款
　贷:应付票据

(4) 企业偿付应付账款。

借:应付账款
　贷:银行存款

2. 转销应付账款

企业转销确实无法支付的应付账款(如因债权人撤销等原因而无法支付),应按其账面余额计入营业外收入,借记"应付账款"账户,贷记"营业外收入"账户。

【做中学 3-22】 甲公司采用托收承付的结算方式向 A 公司购入一批 M 材料,价款 60 000 元,增值税税款为 7 800 元,对方代垫运杂费 500 元,材料已经验收入库,款项尚未支付。

借:原材料——M材料　　　　　　　　　　　　　60 500
　　应交税费——应交增值税(进项税额)　　　　7 800
　贷:应付账款——A公司　　　　　　　　　　　　68 300
清偿上述应付账款。
借:应付账款——A公司　　　　　　　　　　　　68 300
　贷:银行存款　　　　　　　　　　　　　　　　　68 300

【做中学3-23】 2×19年4月20日甲公司购进B公司一批商品,货物已到,但发票账单未到,这批货物的合同价为20 000元。

4月20日货物到达时,暂不做账务处理。

4月31日,暂估入账。

借:库存商品　　　　　　　　　　　　　　　　20 000
　贷:应付账款——暂估应付账款　　　　　　　　20 000

5月1日冲销上月暂估入账。

借:库存商品　　　　　　　　　　　　　　　　**20 000**
　贷:应付账款——暂估应付账款　　　　　　　　**20 000**

如果5月5日,发票账单已到,商品与合同相符,发票上列明货款20 000元,增值税税额为2 600元,货款暂欠。

借:库存商品　　　　　　　　　　　　　　　　20 000
　　应交税费——应交增值税(进项税额)　　　　2 600
　贷:应付账款——B公司　　　　　　　　　　　　22 600

【做中学3-24】 2×19年9月,甲公司确定一笔应付账款5 000元为无法支付的款项,应予以转销。

借:应付账款　　　　　　　　　　　　　　　　5 000
　贷:营业外收入　　　　　　　　　　　　　　　5 000

实务技能:外购动力等账务处理

随堂测:应付账款的核算

学习情境三　预收账款的核算业务

一、预收账款的概念

预收账款是指企业根据合同规定预收的款项。

知识拓展:预收账款的形成

二、预收账款的核算

1. 账户设置

企业应设置"预收账款"科目,并按客户进行明细核算。该账户属于负债类账户,贷方登记发生的预收账款金额,借方登记企业冲销的预收账款金额。期末余额一般在贷方,表示企业预收的款项,借方余额表示企业尚未转销的款项。

2. 具体账务处理

(1) 根据合同,收到购货单位预付款项。
借:银行存款
　贷:预收账款
(2) 销售实现。
借:预收账款(实现的收入和应交增值税销项税额)
　贷:主营业务收入(实现的收入)
　　　应交税费——应交增值税(销项税额)
(3) 如预收数少于应收数,收到购货单位补付款项。
借:银行存款
　贷:预收账款
(4) 如预收数大于应收数,退回购货单位多付的款项。
借:预收账款
　贷:银行存款

【做中学3-25】甲公司为增值税一般纳税人,适用的增值税税率为13%。2×19年7月1日,甲公司与乙公司签订经营租赁(非主营业务)吊车合同,向乙公司出租吊车3台,期限为6个月,3台吊车租金(含税)共计67 800元。合同约定,合同签订日预付租金(含)税22 600元,合同到期结清全部租金余款。合同签订日,甲公司收到租金并存入银行,开具的增值税专用发票注明租金20 000元、增值税2 600元。租赁期满日,甲公司收到租金余款及相应的增值税。应编制会计分录如下。

(1)收到乙公司预付租金。

借:银行存款	22 600
贷:预收账款——乙公司	20 000
应交税费——应交增值税(销项税额)	2 600

(2)每月末确认租金收入。

借:预收账款——乙公司	10 000
贷:其他业务收入	10 000

(3)租赁期满收到租金余款及增值税。

借:银行存款	45 200
贷:预收账款——乙公司	40 000
应交税费——应交增值税(销项税额)	5 200

如果企业的预收款项不多,可以不设"预收账款"账户,将发生的预收款项直接记入"应收账款"账户贷方。

学习情境四　其他应付款的核算业务

其他应付款是指企业除应付票据、应付账款、预收账款、合同负债、应付职工薪酬、应付股利、应交税费等以外的各种应付、暂收款项,如租入包装物的应付租金、出租出借包装物收到的押金、应付暂收其他单位或个人的款项等。

1. 账户设置

企业应设置"其他应付款"科目,并可按应付、暂收款项的类别设置明细账户。该科目的贷方登记发生的应付暂收款项,借方登记归还或转销款项,余额一般在贷方,表示尚未归还或转销的各种应付暂收款项。

2. 具体核算

【做中学3-26】 2×20年1月1日起,甲公司租入办公设备(期限3个月),每月租金1万元,到期支付。应编制会计分录如下。

(1)1月底、2月底计提。

借:管理费用　　　　　　　　　　　　　　　　10 000
　　贷:其他应付款　　　　　　　　　　　　　　　　10 000

(2)3月31日支付租金3万元,增值税进项税额为3 900元。

借:其他应付款　　　　　　　　　　　　　　　　20 000
　　管理费用　　　　　　　　　　　　　　　　　　10 000
　　应交税费——应交增值税(进项税额)　　　　　3 900
　　贷:银行存款　　　　　　　　　　　　　　　　33 900

【做中学3-27】 甲公司将一台设备出租给B公司,租期3个月,收取押金2 000元,存入银行。账务处理如下。

(1) 收到押金。

借:银行存款　　　　　　　　　　　　　　　　2 000
　　贷:其他应付款——B公司　　　　　　　　　　2 000

(2) 3个月后,B公司退还该设备时,退还其押金。

借:其他应付款——B公司　　　　　　　　　　2 000
　　贷:银行存款　　　　　　　　　　　　　　　　2 000

假设3个月后,B公司对设备保管不善,按租约规定,扣除押金的50%作为罚款,其余押金退还B公司。

借:其他应付款——B公司　　　　　　　　　　2 000
　　贷:营业外收入　　　　　　　　　　　　　　　884.96
　　　　应交税费——应交增值税(销项税额)　　　115.04
　　　　银行存款　　　　　　　　　　　　　　　1 000

法规库：财税〔2016〕36号、财政部税务总局海关总署公告2019年第39号

法规库：财政部国家税务总局第50号令

学习情境五　应付股利和应付利息的核算业务

一、应付股利

应付股利是指企业根据股东大会或类似机构审议批准的利润分配方案确定分配给投资者的现金股利或利润。

1. 账户设置

企业应设置"应付股利"账户，核算企业确定或宣告但尚未实际支付的现金股利或利润。该账户为负债类账户，贷方登记应支付的现金股利或利润，借方登记实际支付的现金股利或利润。期末贷方余额反映企业应付未付的现金股利或利润。该账户应按照投资者设置明细账户。

2. 具体核算

【做中学3-28】　某股份公司2×19年度实现净利润3 000 000元，经过股东大会批准，决定分配现金股利1 000 000元。股利已经用银行存款支付。

(1) 股利宣告日。

借：利润分配——应付现金股利　　　　　　1 000 000
　　贷：应付股利　　　　　　　　　　　　　　　　1 000 000

(2) 股利支付日。

借：应付股利　　　　　　　　　　　　　　1 000 000
　　贷：银行存款　　　　　　　　　　　　　　　　1 000 000

二、应付利息

应付利息是指企业按合同约定应支付的利息，包括分期付息到期还本的长期借款、企业债券应支付的利息。企业应设置"应付利息"账户。该账户为负债类账户，贷方登记应付利息的增加数，借方登记实际支付的利息额。期末贷方余额反映企业按照合同约定应付未付的利息。该账户应按照债权人设置明细账户。

企业采用合同约定的名义利率计算确定利息费用时,应按合同约定的名义利率计算确定应付利息的金额,账务处理如下。

借:在建工程或财务费用等
　　贷:应付利息
实际支付利息。
借:应付利息
　　贷:银行存款

课后练习题

一、单选题

1. 某企业8月1日持有一张面值120 000元、票面利率为10%、出票日为4月1日、到期日为10月1日、期限6个月的商业承兑汇票到开户行贴现,贴现率为9%,该企业所得贴现净额为(　　)元。
　　A. 124 078.5　　B. 120 000　　C. 103 425　　D. 108 425

2. 下列项目中,按照现行会计制度的规定,销售企业应当作为财务费用处理的是(　　)。
　　A. 销售方发生的销售折让　　　　B. 销售方发生的商业折扣
　　C. 购货方获得的现金折扣　　　　D. 购货方放弃的现金折扣

3. "应收票据"科目应按(　　)作为入账金额。
　　A. 票据面值　　　　　　　　　　B. 票据到期价值
　　C. 票据面值加应计利息　　　　　D. 票据贴现额

4. 某企业年末结账前"坏账准备"账户的余额在借方,年末调整时应当(　　)。
　　A. 按余额与按应收账款年末余额应提数的差额冲减管理费用和坏账准备
　　B. 按余额与按应收账款年末余额应提数的差额提取坏账准备并计入信用减值损失
　　C. 按余额与按应收账款年末余额应提数之和提取坏账准备并计入信用减值损失
　　D. 以上说法都不对

5. 在以应收账款余额百分比法计提坏账准备的情况下,已确认的坏账又收回时,应借记(　　)科目,贷记"坏账准备"科目。
　　A. "应收账款"　　B. "银行存款"　　C. "信用减值损失"　　D. "营业外收入"

6. 企业到期无法支付银行承兑汇票时,应付票据转入(　　)科目。
　　A. "应付账款"　　B. "短期借款"　　C. "其他应付款"　　D. 不进行处理

7. 预付账款不多的企业,可以不设"预付账款"科目,而将预付的款项记入(　　)。
　　A. "应付账款"科目的借方　　　　B. "应收账款"科目的借方
　　C. "应付账款"科目的贷方　　　　D. "应收账款"科目的贷方

8. 企业发放工资后,职工未按期领取的工资应记入(　　)。

A. "应付职工薪酬"的贷方 B. "应付账款"的贷方
C. "其他应付款"的借方 D. "其他应付款"的贷方

9. 某企业在2×19年10月8日销售商品100件,增值税专用发票上注明的价款为20 000元,增值税税额为2 600元。企业为了及早收回货款而在合同中规定的现金折扣条件为:2/10,1/20,n/30。假定计算现金折扣时不考虑增值税。如买方在2×19年10月24日付清货款,该企业实际收款金额为( )元。

A. 22 932 B. 23 000 C. 23 166 D. 22 400

10. 带息商业汇票的利息收入应记入( )科目。

A. "其他业务收入" B. "营业外收入" C. "管理费用" D. "财务费用"

二、多选题

1. 按照现行会计制度规定,可以作为应收账款入账金额的项目是( )。

A. 产品销售收入价款 B. 增值税销项税额
C. 商业折扣 D. 代垫运杂费

2. 按现行会计制度规定,不能用"应收票据"及"应付票据"核算的包括( )。

A. 银行本票 B. 银行承兑汇票 C. 银行汇票 D. 商业承兑汇票

3. 银行承兑汇票到期,如果承兑申请人无力支付票款,则( )。

A. 由银行将汇票退给收款人,由购销双方自行处理
B. 由承兑银行凭票将款项无条件转给销货企业
C. 承兑银行对承兑申请人执行扣款,并对尚未扣回的金额计收罚息
D. 允许付款人延期付款,但不得超过一个月

4. "应收票据"账户借方登记的内容包括( )。

A. 收到应收票据的票面价值 B. 持有应收票据的应计利息
C. 到期收回的票据金额 D. 已经贴现的应收票据金额

5. 下列内容中,应在"坏账准备"账户借方反映的有( )。

A. 发生的坏账损失金额
B. 收回以前已经确认为坏账并转销的应收账款金额
C. 冲回多提的坏账准备金额
D. 提取的坏账准备金额

6. 下列各项,会引起期末应收账款账面价值发生变化的有( )。

A. 收回应收账款 B. 收回已转销的坏账
C. 计提应收账款坏账准备 D. 结转到期不能收回的应收票据

7. 企业将无息票据贴现时,影响贴现利息计算的因素有( )。

A. 票据面值 B. 票据期限 C. 贴现利率 D. 企业持票天数

8. 下列有关应收票据会计处理的表述中,正确的有( )。

A. 应收票据按票面价值入账
B. 到期不能收回的应收票据应转入应收账款
C. 带息应收票据计提的利息应冲减财务费用

D. 带息应收票据计提的利息应增加应收票据的账面余额

9. 下列各项情况,编制会计分录时,应贷记"坏账准备"科目的是( )。
   A. 计提坏账准备   B. 收回以前已确认并转销的坏账
   C. 冲回多提的坏账准备   D. 发生坏账损失

10. 下列有关应收账款会计处理的表述中,正确的有( )。
    A. 现金折扣应计入应收账款入账价值
    B. 应收账款的账面余额等于其账面价值
    C. 商业折扣不应计入应收账款入账价值
    D. 应收账款可以按销货百分比法计提坏账准备

三、判断题

1. "坏账准备"账户期末余额在贷方,在资产负债表上列示时,应列于流动负债项目中。( )

2. 不带息商业汇票的贴现能同时引起企业资产和利润的减少。( )

3. 应收账款的账面价值扣除已计提的坏账准备后的余额,称为应收账款的账面余额。( )

4. 企业存在确实无法收回的应收款项,应当按管理权限报经批准后作为坏账损失处理,并直接确认损失。( )

5. 企业按年末应收款余额的一定比例计算的坏账准备金额,应等于年末结账后"坏账准备"科目余额。( )

6. 在存在现金折扣的情况下,若采用总价法核算,应收账款应按销售收入扣除预计的现金折扣金额确认。( )

7. 企业的应收票据无论是带息票据,还是不带息票据,在年末资产负债表中均应以原账面余额反映。( )

8. 企业无息票据的贴现所得一定小于票据面值,而带息票据的贴现所得则不一定小于票据面值。( )

9. 坏账损失实际发生时,如用坏账准备账户来冲销,将会减少企业的资产总额。( )

10. 实行定额备用金制度的企业,其"其他应收款——备用金"科目余额将随着有关部门报销金额的增加而减少。( )

四、实务题

1. 请根据下列资料按要求计算。
   (1) 一张商业汇票,2月1日出票,期限100天。计算票据到期日。
   (2) 一张商业汇票,6月8日出票,9月6日到期。计算票据天数。
   (3) 一张商业汇票,6月8日出票,期限3个月。计算票据到期日。
   (4) 一张商业汇票,面值10 000元,年利率4%,期限60天。计算应收利息和到期值。
   (5) 一张商业汇票,面值8 000元,月利率3.9‰,期限150天。计算应收利息和到

(6) 一张商业汇票，面值 8 000 元，月利率 3.9‰，期限 5 个月。计算应收利息和到期值。

(7) 一张商业汇票，面值 10 000 元，月利率 3.5‰，3 月 5 日出票，8 月 10 日到期。计算票据天数、应收利息和到期值。

(8) 一张商业汇票，面值 10 000 元，票面利率 4%，1 月 28 日出票，期限 5 个月。计算应收利息和到期值。

2. 甲企业 2×19 年发生以下业务。

(1) 1 月 5 日，甲企业收到乙企业当日签发并承兑的商业汇票一张，用于偿还前欠货款，该票据的面值 100 000 元，期限 2 个月，为不带息的商业承兑汇票。

(2) 3 月 5 日，甲企业收到乙企业商业汇票款。

(3) 5 月 1 日，向丙企业销售一批产品，收到一张面值 100 万元、4 个月期、年利率 9% 的商业承兑汇票和一张面值 13 万元的支票。

(4) 6 月 4 日，收到丁企业开来面值 80 万元、期限 90 天、年利率 8% 的商业承兑汇票一张，用于抵付上月所欠货款。

(5) 6 月 30 日，将丁企业商业承兑汇票向银行办理贴现，贴现率 9%。

(6) 9 月 1 日，丙企业无力支付商业承兑汇票款，双方协商后转为应收账款。

(7) 9 月 2 日，丁企业商业承兑汇票到期，丁企业无力支付票款，贴现银行从甲企业银行账户扣款（甲企业账户余额为 70 万元）。

要求：计算汇票到期值、贴现息和贴现所得金额，并编制相关会计分录。

3. 甲企业 2×20 年年初，"应收账款"账户借方余额为 3 000 000 元，"坏账准备"账户贷方余额为 100 000 元。采用应收账款余额百分比法核算坏账损失，坏账准备的提取比率为 5%。假定当年仅发生如下经济业务。

(1) 应收乙企业货款 80 000 元，经确认无法收回，按规定作为坏账损失予以转销。

(2) 收到丙企业交来的商业承兑无息汇票一张用于结清前欠货款，面值 117 000 元，期限 30 天，因该商业承兑汇票到期未收到票款而转入"应收账款"账户。

(3) 向丁企业销售产品 110 件，单价 10 000 元，增值税税率 13%，单位销售成本 6 000 元，货款尚未收到（假定销售成本于确认销售收入时结转）。

(4) 发生坏账损失 40 000 元。

(5) 收回前期已确认的坏账 20 000 元，存入银行。

(6) 年底，计算并计提坏账准备。

要求：根据上述资料，进行相关账务处理。

4. 某企业采用应收账款余额百分比法核算坏账损失，提取坏账的比例为 2%。2×16 年该企业开始计提坏账准备，年末应收账款余额为 80 000 元；2×17 年 7 月发生 2 000 元坏账；2×17 年年末应收账款余额为 75 000 元；2×18 年年末应收账款余额为 80 000 元；2×19 年 4 月核销一笔坏账，金额为 1 000 元；2×19 年年末应收账款余额为 85 000 元；2×20 年 6 月，收回已列作坏账损失的 500 元；2×20 年年末应收账款余额为 100 000 元。

要求：对上述业务进行相关账务处理。

5. 某企业2×19年发生如下业务(货物增值税税率13%，运费税率9%)。

(1) 购买钢材10t，每吨不含税价4 000元，收到对方开具的增值税专用发票，并由对方代垫运费，增值税专用发票上标明运费3 500元。钢材已验收入库，款项暂欠。

(2) 向南方公司购入铝锭，并收到南方公司的增值税专用发票，注明价款400 000元，增值税52 000元，南方公司代垫运费，增值税专用发票上标明运费2 000元。双方协议以商业承兑汇票方式结算。企业开出面值400 000元的3个月期限的商业承兑汇票及金额54 180元的转账支票交予南方公司。

(3) 收到市五金厂预付货款7 000元，要求购买甲产品100件。

(4) 甲产品生产完工，向市五金厂发出100件，不含税价款每件1 200元，开具了增值税专用发票，并代垫运费2 000元。

(5) 接到银行通知，收到市五金厂购买甲产品的余款。

要求：编制相关会计分录。

6. 某公司7月发生有关的经济业务如下。

(1) 1日，企业从A公司购入原材料一批，货款60 000元，增值税税率13%，材料已验收入库，价税款尚未支付。双方商定若在20天内汇款可享受3%的现金折扣(包含增值税税款)，该企业原材料按实际成本计价核算。

(2) 3日，收到B公司电汇预付货款40 000元，款项收存银行。

(3) 4日，开出支票，退回所收甲厂包装物押金3 000元。

(4) 10日，企业向B公司发出产品，总成本为30 000元，货款计50 000元，增值税6 500元，余款尚未收到。

(5) 12日，以银行存款支付欠C公司的购入原材料的应付货款90 000元。

(6) 13日，收到B公司补付货款16 500元，款已收存银行。

(7) 14日，企业向A公司支付应付购货款，扣除现金折扣，付款65 766元。

(8) 25日，向D公司购入原材料一批，材料已验收入库，价款因尚未收到发票账单而无法支付。

(9) 25日向D公司购入原材料业务，至月终仍未收到材料账单，月终企业按暂估价36 000元入账。

(10) 30日，企业将确实无法支付的E公司应付账款15 000元予以转销。

要求：对上述业务进行相关账务处理。

项目三试题库

项目四 存货岗位核算

Xiangmu 4

知识目标

掌握存货收、发、结存的核算方法和存货的确认、计价方法,理解存货岗位的核算任务和业务流程,了解存货的分类、收发业务程序和手续。

能力目标

会对存货业务进行确认、计量,能审核原始凭证并根据原始凭证编制记账凭证;会登记有关存货明细账;提供存货收、发、存信息的能力。

学习重难点

重点是存货收入、发出和结存的核算方法。难点是存货按计划成本核算的方法、周转材料的五五摊销法和存货业务收发程序、手续。

任务准备 存货岗位的核算任务及业务流程

(1) 根据《企业会计准则》和《企业内部会计制度》,会同有关部门制定存货的管理制度和具体核算办法,包括仓库管理制度、材料收发手续、购料规程、凭证传递程序、材料核算方法、清查盘点制度等,编制材料物资的采购资金计划和材料物资计划成本目录。

(2) 确认存货和计量存货初始价值。按照存货确认原则和成本构成,根据购货凭证或货物入库凭证,正确计量存货的初始价值,以便入账。

(3) 核算外购存货。根据购货发票、运费单据、付款凭证等进行采购核算,根据入库单进行存货入库核算。

(4) 核算自制存货。根据存货入库单据及成本计算单进行入库核算。

(5) 核算其他来源存货。如接受存货投资、接受捐赠、债务重组等取得的存货。

(6) 对发出存货进行核算。按照确定的存货计价方法，正确计算发出存货成本；按照周转材料的摊销方法，正确计算当期摊销价值；根据存货出库凭证，结转发出存货成本，进行存货出库核算。

(7) 对存货进行期末计价核算。会同有关部门核定期末存货价值，根据期末存货减值报告单和账面记录，确定存货减值金额或冲回已提减值准备金额，计提或冲回存货跌价准备。

(8) 进行存货清查核算。参与存货清查盘点，并根据存货短缺、溢余报告单进行存货盘亏、毁损和盘盈的核算。

(9) 编制存货收、发、存明细表，与仓储部门核对存货当期收、发、存状况。会同有关部门分析材料的储备和保管情况，定期报告材料的收、发、存情况，对材料的超长储备或长期积压及保管不善所造成的浪费现象进行分析，提出处理意见和建议，督促有关部门处理。

(10) 将有关存货明细账与总账核对相符。

(11) 了解存货控制的经济批量法和 ABC 分析法的应用和分析。

存货岗位的核算内容主要是存货购进、入库和耗用、销售发出的核算。严格执行存货收发凭证的填制、传递、审核制度，健全存货收发手续，对于加强存货管理、明确经济责任、提高经济效益具有重要意义，也是正确组织存货核算的重要前提。

一、材料（商品）购进和验收入库业务流程

材料或商品收入的来源不同，采用的收入凭证也不尽相同。收入凭证一般有收料单、材料交库单和退料单。

1. 收料单

销货单位将商品物资发运后，通过开户银行传递结算凭证并附发票、运单、代垫运杂费单据等。购货单位财会部门取得结算凭证等单据，交供应部门。供应部门将其与购货合同进行核对（验单付款），检查结算凭证等单据中所列商品名称、品种、规格、数量、单价、发货日期等是否与合同所列内容相符，并在凭证上签注意见，确定是否承付相关款项；或货物运达，检验合格后（验货付款）才确认付款。如果全部或部分拒付时，应填制"拒付理由书"，向银行办理拒付手续。拒付商品到达时，应妥善保管，并登记备查账。如果同意承付，由仓库部门按实收数量填写"收料单"或"收货单"（一般情况下，制造业企业采用"收料单"，商业企业采用"收货单"。现统一称为"收料单"），据以验收入库。

收料单格式见表 4-1。

"收料单"通常一式三联，一联由仓库留存并作为仓管人员登记材料收发账（卡）、商品保管账的依据；一联由采购部门存查；一联随同发票送交会计部门报账并作为记账的依据。

表 4-1 收 料 单

发票号码：　　　　　　　　　　　　　　　　　　　　编　号：
供应单位：　　　　　　　　　　　　　　　　　　　　收料仓库：
材料类别：　　　　　　　　年　月　日

编号	名称	规格	单位	数量		实 际 成 本				计划成本	
				应收	实收	买价		运杂费	其他	合计	单位成本	金额
						单价	金额					
合　　计												

采购员：　　　　　　检验员：　　　　　　记账员：　　　　　　保管员：

2. 材料交库单

企业自制或生产过程中回收的废料入库，由交库部门填写"材料交库单"，作为材料入库的凭证。在单上注明"自制完工入库"或"废料交库"。仓库验收后填明实收数量，并经双方签章以明确责任。

材料交库单格式见表 4-2。

表 4-2 材料交库单

交库原因：　　　　　　　　　　　　　　　　　　　　编　号：
材料类别：　　　　　　　　　　　　　　　　　　　　交库单位：
材料科目：　　　　　　　　年　月　日　　　　　　　　收料仓库：

编号	名称	规格	单位	数 量		单位成本	金额	备注
				交库	实收			
合　　计								

记账：　　　　　　收料人：　　　　　　交料人：　　　　　　制单：

"材料交库单"一般一式三联，一联由退交料部门留存；一联由仓库留存并作为仓管人员登记材料收发账（卡）的依据；一联送交会计部门作为材料收入核算依据。

3. 退料单

退料单是领料部门退回多余材料而填制的退料凭证，也可以用红字填制"领料单"。

月末对于已领未用、下月仍需继续使用的材料，应办理实物不转移的"假退料"手续，一方面填制"退料单"，冲减本月已计成本或费用；另一方面按相同金额再填写下月初的"领料单"，将该批材料费用计入下月的成本或费用。

退料单格式如表 4-3 所示。

表 4-3　　　　　　　　　　　　　　退　料　单

退料单位部门：　　　　　　　　　　　　　　　　　编号：
退料原因：　　　　　　　　　　　　　　　　　　　材料类别：
材料用途：　　　　　　　　　　年　月　日　　　　收料仓库：

材料编号	材料名称	材料规格	计量单位	数量		成本	
				退库	实收	单位成本	金额

记账：　　　　　收料：　　　　　退料部门负责人：　　　　　退料：

"退料单"一般应由退料部门填制一式三联，一联由仓库收料后退回退料单位或部门；一联由仓库留存据以登记仓库材料明细账（卡）；一联送交会计部门据以编制记账凭证并登记材料明细账。

二、材料领用发出业务流程

企业发出材料主要是为了满足生产耗用，也有少量的对外销售和委托加工。发出材料必须办理发料手续，填制相关发料凭证。发料凭证主要有以下几种。

1. 领料单

领料单是领料部门按领料用途分别填制的一次性领料凭证，每领一次填制一份，适用于临时性需要和没有消耗定额的各种材料的领用。

领料单格式见表 4-4。

表 4-4　　　　　　　　　　　　　　领　料　单

材料类别：　　　　　　　　　　　　　　　　　　凭证编号：
领料单位：　　　　　　　　　　　　　　　　　　发料仓库：
材料用途：　　　　　　　　　　年　月　日

材料编号	材料名称	材料规格	计量单位	数量		材料成本	
				请领	实发	单位成本	金额
备注						合计	

记账：　　　　　领料部门负责人：　　　　　发料人：　　　　　制单：

领料单由领料部门（车间）按用途填制，经负责人签章后据以办理领料手续。仓库发料时填写实发数量，同时由双方共同签章，以明确责任。领料单通常一式三联，一联由领

料部门带回,作为车间核算的依据;一联由仓库留存,据以登记材料明细账;一联交会计部门记账。

2. 限额领料单

限额领料单是一种在规定限额和有效期内多次使用的累计材料领发凭证,它适用于需经常领用并规定有消耗定额的各种材料。

限额领料单格式见表 4-5。

表 4-5　　　　　　　　　　　　限额领料单

材料类别:　　　　　　　　　　　　　　　　　　　　凭证编号:
材料科目:　　　　　　　　　　　　　　　　　　　　发料仓库:
领料单位:　　　　　　　　年　月　日　　　　　　　领料用途:

材料编号	材料名称	规格	计量单位	全月领用限额	单位成本	备注

日期	实发			限额结余	退料		
	数量	金额	收料人签章		数量	领料单号	收料人签章
合计							

生产计划部门负责人:　　　　　供应部门负责人:　　　　　仓库负责人:

限额领料单通常是在月份开始前,由生产计划部门会同供应部门根据各车间的生产任务和材料消耗定额,按每一材料、每一用途分别填制本月内可以领用的材料限额。限额领料单一般一式三联,一联交仓库据以备料、发料,并作为登记材料账卡的依据;一联交领料部门领料;一联交会计部门记账。每次领、发料时,仓库应认真审查,若请领数量未超过限额,应予发料。发料后应在三联内同时填写实发数,计算出限额结余,并由发料人和领料人同时签章,月末结算出全月累计实发数量,交会计部门据以记账核算。

实行限额领料制度,可以节省大量领料凭证,简化核算手续;可以随时考核材料消耗定额的执行情况,便于加强材料定额管理,促进降低产品成本。

3. 领料登记簿

领料登记簿是一种月份内可以多次使用的累计领料凭证,它与限额领料单的区别是没有材料领用限额的限制。使用这种领料凭证可以节省大量领料凭证,便于月终对材料耗用数量的汇总,简化核算手续。领料登记簿分月一料一簿,一式三联,平时存放仓库中。领料时,仓库在领料登记簿上登记发料数量,领料人和发料人同时签字或签章。月终汇总后,一联留存仓库;一联交领料部门;一联交会计部门据以记账。它适用于领发频繁但价值不大的各种零星材料。

领料登记簿格式如表 4-6 所示。

表 4-6 　　　　　　　　　　　　　**领料登记簿**

材料类别：　　　　　　　　　　　　　　　　　　　　　　　　编号：
材料科目：　　　　　　　　　　　　　　　　　　　　　　　　发料仓库：
材料编码：　　　　　　　　　　　　　　　　　　　　　　　　领料部门：
材料名称及规格：　　　　　　　年　月　　　　　　　　　　　计量单位：

日期	领用数量		用途	发料人签章	领料人签章	备注
	当日	累计				

任务一　存货的确认与计量

学习情境一　存货的确认与分类

一、存货的概念

存货是指企业在日常活动中持有以备出售的产成品或商品、处在生产过程中的在产品、在生产过程或提供劳务过程中耗用的材料和物料等，包括商品、产成品、半成品、在产品以及各种材料、燃料、包装物、低值易耗品、委托加工物资等。

根据存货的定义，存货的范围主要包括三个方面。

（1）在日常活动中持有以备出售的存货。是指企业在日常生产经营过程中处于待销状态的各种物品，如工业企业的产成品、商品流通企业的库存商品等。

（2）处在生产过程中的存货。是指目前正处在生产加工过程中的各种物品，如委托加工物资、工业企业的在产品和自制半成品等。

（3）在生产过程或提供劳务过程中耗用的存货。是指企业为产品生产或提供劳务耗用而储存的各种物品，如工业企业为生产产品而储存的原材料、燃料、包装物、低值易耗品等。

二、存货的确认

存货同时满足下列两个条件，才能予以确认。

(1) 与该存货有关的经济利益很可能流入企业。企业的存货通常在一年或超过一年的一个营业周期内被消耗或经出售转换为现金,具有明显的流动性,属于有较强流动性的有形资产。

存货包含的经济利益能否流入企业,很重要的一点是是否拥有存货的所有权。在盘存日,凡是法定财产权属于企业的各种商品和材料物资等,无论其存放于何处、以何种实物形态存在,都应确认为企业存货;凡是法定财产权不属于企业的各种商品和材料物资等,即使存放于企业,也不应确认为企业的存货。

(2) 存货的成本能够可靠地计量。存货的成本能够可靠地计量必须以取得确凿、可靠的证据为依据,并且具有可验证性。如果存货成本不能可靠地计量,则不能确认为存货。

三、存货的分类

存货的内容繁杂,不同的存货其特点和管理要求也不同,为有效组织各项存货的控制和核算,应对其进行科学的分类。

(1) 按存货的经济内容分类。存货按其经济内容通常分为原材料、在产品、半成品、产成品、周转材料(包装物和低值易耗品)及商品等。

(2) 按存货的存放地点分类。存货按其存放地点一般可分为库存存货、在途存货、委托加工中存货和委托代销存货四类。

(3) 按存货的来源分类。存货按不同的来源主要分为外购存货、加工取得的存货和其他方式取得的存货。

学习情境二 存货的初始计量

《企业会计准则》要求,存货应当按照成本进行初始计量。存货成本是指其达到目前状态和场所而发生的各种成本,包括采购成本、加工成本和其他成本。由于存货的来源渠道多种多样,存货成本的具体构成内容也有所差别。因此,必须根据存货的取得方式分别确定其实际成本。

一、外购存货

外购存货包括通过购买从企业外部取得的各种材料、商品以及低值易耗品等,其初始成本就是采购成本,包括购买价款、相关税费、运输费、装卸费、保险费以及其他可归属于存货采购成本的费用。

购买价款就是购货发票上列明的价款,不包括按规定可以抵扣的增值税税款。

相关税费是指企业购买、自制或委托加工存货所发生的消费税、资源税和不能从增值税税额中抵扣的进项税额。

其他可归属于存货采购成本的费用，即除上述各项以外可归属于存货采购成本的费用，包括存货在采购过程中发生的仓储费、包装费、运输途中的合理损耗、入库前的挑选整理费等。

外购商品在采购过程中发生的运输费、装卸费、保险费以及其他可归属于存货采购成本的进货费用，也应当计入存货采购成本，在商品销售后计入当期损益，不能在发生时直接计入当期损益。但采购商品时进货费用金额较小的，可以在发生时直接计入当期损益。

外购存货成本＝购买价款＋相关税费＋运输费、装卸费＋保险费
＋运输途中的合理损耗＋入库前的挑选整理费

二、自制存货

自制存货是企业自行生产加工制造的存货，如产成品、自制半成品、自制材料，其初始成本包括加工制造过程中耗用的直接材料或半成品和存货的加工成本。

存货的加工成本包括直接人工和制造费用：直接人工是指直接从事生产产品和提供劳务的工人工资及福利费等。制造费用是指企业为生产产品和提供劳务而发生的各项间接费用，包括生产部门（如生产车间）管理人员的薪酬、办公费、水电费、折旧费、机物料消耗、劳动保护费、季节性和修理期间的停工损失等。在同一生产过程中，同时生产两种或两种以上的产品，并且每种产品的加工成本不能直接区分的，其加工成本应当按照合理的方法在各种产品之间进行分配；如果只生产一种产品，企业可以先将制造费用进行归集，然后直接计入该种产品成本。

自制存货成本＝直接材料或半成品＋（直接人工＋制造费用）

三、委托加工存货

委托加工存货是指委托外单位加工完成的存货，以实际耗用的原材料或半成品或商品、加工费、运输费、装卸费、保险费等费用以及按规定应计入成本的税金，作为实际成本。

四、其他方式取得的存货

其他方式取得的存货是指除采购成本、加工成本以外的，使存货达到目前场所和状态所发生的其他支出。

（1）投资者投入的存货。其成本应当按照投资合同或协议约定的价值确定，但合同或协议约定的价值不公允的除外。此时应以公允价值作为该项存货的成本，将合同或协议约定的价值与公允价值的差额计入资本公积。

（2）盘盈的存货。按照其重置成本作为入账价值。

(3) 接受捐赠的存货。按照下列规定确定其实际成本。

① 捐赠方提供了有关凭证(如发票、报关单等)的,按凭证上标明的金额加上应支付的相关税费作为实际成本。

② 捐赠方没有提供有关凭证的,按以下顺序确定其实际成本。

a. 同类或类似存货存在活跃市场的,按照估计市场价格,加上应支付的相关税费作为实际成本。

b. 同类或类似存货不存在活跃市场的,按该存货的预计未来现金流量现值作为实际成本。

通过非货币性资产交换、债务重组和企业合并等方式取得的存货,其实际成本的确定应当分别按照相关准则的规定确定。

随堂测:存货的确认及初始计量

学习情境三 存货的领用、发出计量

由于存货是分次购入或分批生产形成的,同一存货往往存在多个不同的成本,要确定领用、发出存货的成本,就需要采用一定的发出存货计价方法。通常采用的计价方法有先进先出法、加权平均法、个别计价法。对于性质和用途相似的存货,应当采用相同的成本计算方法计算发出存货的成本。

一、先进先出法

先进先出法是以先入库的存货先发出为假设条件,并据以对发出存货进行计价的方法。具体做法是:收入存货时,按照收入存货的先后顺序,逐笔登记每一批存货的数量、单价和金额;发出存货时,按照先入库的存货先出库的顺序,逐笔登记发出存货和结存存货的金额。

【做中学 4-1】 某企业甲材料本月收发资料如表 4-7 所示。

表 4-7　　　　　　　某企业甲材料本月收发资料

2×19 年		摘　要	收入		发出数量/kg	结存数量/kg
月	日		数量/kg	单价/元		
8	1	期初结存		10		300
	5	购入	1 000	11		1 300
	12	领用			1 100	200
	20	购入	600	12		800
	25	领用			650	150

采用先进先出法计算如下。

12 日领用存货成本＝300×10＋800×11＝11 800(元)

25 日领用存货成本＝200×11＋450×12＝7 600(元)
本期发出存货成本＝11 800＋7 600＝19 400(元)
期末存货成本＝150×12＝1 800(元)

甲材料进销存明细账如表 4-8 所示。

表 4-8　　　　　　　　　　材料进销存明细账

甲材料进销存　　　　　　　年　月　日　　　　　　　计量单位：kg

2×19年		凭证号	摘要	收入			发出			结存		
月	日			数量	单价	金额	数量	单价	金额	数量	单价	金额
8	1		期初结存							300	10	3 000
	5		购入	1 000	11	11 000				300 1 000	10 11	3 000 11 000
	12		生产领用				300 800	10 11	3 000 8 800	200	11	2 200
	20		购入	600	12	7 200				200 600	11 12	2 200 7 200
	25		生产领用				200 450	11 12	2 200 5 400	150	12	1 800
	31		合计	1 600		18 200	1 750		19 400	150	12	1 800

二、全月一次加权平均法

全月一次加权平均法也称月末加权平均法，是指以月初结存存货和本月收入存货的数量为权数，计算存货平均单价，据以计算当月发出存货成本和月末结存存货成本的一种方法。

$$加权平均单位成本＝\frac{月初结存存货成本＋本月收入存货成本}{月初结存存货数量＋本月收入存货数量}$$

本月发出存货成本＝本月发出材料数量×加权平均单位成本

月末结存存货成本＝月末结存存货数量×加权平均单位成本

或　　　　　＝月初结存存货成本＋本月收入存货成本
　　　　　　　－本月发出存货成本

知识拓展：先进先出法的优缺点

【做中学 4-2】承做中学 4-1，按加权平均法计算发出和结存材料的成本，如表 4-9 所示。

$$该材料的加权平均单位成本＝\frac{3\ 000＋18\ 200}{300＋1\ 600}≈11.16(元/kg)$$

本月发出存货成本＝1 750×11.16＝19 530(元)

月末结存存货成本＝3 000＋18 200－19 530＝1 670(元)

表 4-9　　　　　　　　　　　　　　材料明细账
甲材料进销存　　　　　　　　　　　年　月　日　　　　　　　　　　计量单位：kg

2×19年		凭证号	摘要	收入			发出			结存		
月	日			数量	单价	金额	数量	单价	金额	数量	单价	金额
8	1		期初结存							300	10	3 000
	5		购入	1 000	11	11 000				1 300		
	12		生产领用				1 100			200		
	20		购入	600	12	7 200				800		
	25		生产领用				650			150		
	31		合计	1 600		18 200	1 750	11.16	19 530	150	11.16	1 670

三、移动加权平均法

移动加权平均法是指在每次收入存货时，以每次进货的成本加上原有库存存货的成本，除以每次进货数量与原有库存存货的数量之和，据以计算加权平均单位成本，以此为基础计算当月发出存货的成本和期末存货的成本的一种方法。计算公式为

$$\text{移动加权平均单位成本} = \frac{\text{本次存货入库前结存存货成本} + \text{本次收入存货成本}}{\text{本次存货入库前结存存货数量} + \text{本次收入存货数量}}$$

本次发出存货成本＝本次发出存货数量×本次发出存货前加权平均单位成本

本次结存存货成本＝本次发出存货前结存存货成本－本次发出存货成本

【做中学 4-3】　承做中学 4-1，按移动加权平均法计算发出和结存材料的成本，如表 4-10 所示。

表 4-10　　　　　　　　　　　　　材料明细账
甲材料进销存　　　　　　　　　　　年　月　日　　　　　　　　　　计量单位：kg

2×19年		凭证号	摘要	收入			发出			结存		
月	日			数量	单价	金额	数量	单价	金额	数量	单价	金额
8	1		期初结存							300	10	3 000
	5		购入	1 000	11	11 000				1 300	10.77	14 000
	12		生产领用				1 100	10.77	11 847	200	10.77	2 153
	20		购入	600	12	7 200				800	11.69	9 353
	25		生产领用				650	11.69	7 599	150	11.69	1 754
	31		合计	1 600		18 200	1 750		19 446	150	11.69	1 754

5 日收货后的加权平均单位成本 $= \dfrac{3\ 000 + 11\ 000}{300 + 1\ 000} \approx 10.77 (\text{元}/\text{kg})$

12 日发出存货成本 $= 1\ 100 \times 10.77 = 11\ 847 (\text{元})$

20 日收货后的加权平均单位成本 $=\dfrac{2\,153+7\,200}{200+600}\approx 11.69(元/kg)$

25 日发出存货成本 $=650\times 11.69=7\,599(元)$

月末结存存货成本 $=3\,000+11\,000+7\,200-11\,847-7\,599=1\,754(元)$

四、个别计价法

个别计价法也称个别认定法,是指逐一辨认各批发出存货和期末结存存货所属的购进批别或生产批别,分别按其购入或生产时所确定的单位成本,作为计算各批发出存货和期末结存存货成本的方法。

知识拓展:移动加权平均法的优缺点

【做中学 4-4】 承做中学 4-1,假设经具体辨认,确定发出存货的批次为:12 日发出的 1 100kg 的甲材料为期初的 100kg 和 5 日购入的 1 000kg;25 日发出的 650kg 甲材料中,有 200kg 是期初留下的 200kg 和 20 日购入的 450kg 材料。按个别计价法计算发出和结存材料的成本,如表 4-11 所示。

表 4-11　　　　　　　　　　　材料明细账

甲材料进销存　　　　　　　　　年　月　日　　　　　　　　　　计量单位:kg

2×19年		凭证号	摘要	收入			发出			结存		
月	日			数量	单价	金额	数量	单价	金额	数量	单价	金额
8	1		期初结存							300	10	3 000
	5		购入	1 000	11	11 000				300 1 000	10 11	3 000 11 000
	12		生产领用				100 1 000	10 11	1 000 11 000	200	10	2 000
	20		购入	600	12	7 200				200 600	10 12	2 000 7 200
	25		生产领用				200 450	10 12	2 000 5 400	150	12	1 800
	31		合计	1 600		18 200	1 750		19 400	150	12	1 800

发出和结存存货的成本是按各批存货取得时的单位成本逐个认定计算出。

按各批发出存货的数量和单价计算。

发出存货成本 $=100\times 10+1\,000\times 11+200\times 10+450\times 12$
$=19\,400(元)$

按各批结存存货的数量和单价计算。

期末结存存货成本 $=150\times 12=1\,800(元)$

这种方法适用于单价高、数量少、易于辨认进货不同批次的贵重存货或不能替代使用的存货、为特定项目专门购入或制造的存货以及提供劳务的成本,如珠宝、房产、船舶等。

实务技能:发出存货四种方法的具体计算过程总结

五、计划成本计价法

计划成本计价法是指存货的收入、发出和结存均采用计划成本进行日常核算,同时将实际成本与计划成本的差额另行设置有关成本差异账户反映,期末计算发出存货和结存存货应分摊的成本差异,将发出存货和结存存货由计划成本调整为实际成本的方法。具体处理见本项目任务二原材料的核算。

学习情境四　存货的期末计量

一、存货的期末计价方法

存货的初始计量虽然以成本入账,但存货进入企业后可能发生毁损、陈旧或价格下跌等情况。因此,在会计期末,存货的价值并不一定按成本记录,而应按成本与可变现净值孰低计量。

成本与可变现净值孰低法是指期末存货按照成本与可变现净值两者之中较低者进行计价的一种方法。当成本低于可变现净值时,存货按成本计价;当可变现净值低于成本时,存货按可变现净值计价。

成本是指存货的历史成本,即对发出存货按先进先出法、个别计价法、加权平均法计价时计算的期末存货实际成本。如果企业在存货的日常核算中采用计划成本法、售价金额核算法等核算方法,则成本应为调整后的实际成本。

可变现净值是指在日常活动中,以存货的估计售价减去至完工时估计将要发生的成本、估计销售费用以及相关税费后的金额。

二、存货跌价准备的计提和转回

可变现净值的特征表现为存货的预计未来净现金流量,而不是存货的售价或合同价。当成本高于可变现净值时,表明存货可能发生损失,应在存货销售之前提前确认这一损失,计入当期损益,并相应减少存货的账面价值。以前减记存货价值的影响因素已经消失的,减记的金额应当予以恢复,并在原已计提的存货跌价准备金额内转回,转回的金额计入当期损益。

三、存货跌价准备的账务处理

企业应当设置"存货跌价准备"和"资产减值损失"科目,核算计提的存货跌价准备。

"存货跌价准备"是资产类账户,它是"库存商品""原材料"等账户的备抵调整账户,贷方登记计提的存货跌价准备金额,借方登记实际发生的存货跌价损失金额和冲减的存货跌价准备金额,期末余额一般在贷方,表示企业已计提但尚未转销的存货跌价准备。该账户按存货项目或类别进行明细分类核算。

"资产减值损失"是损益类账户,用于核算企业各种资产发生的减值。借方登记各种资产发生的减值金额,贷方登记冲减和结转的各种资产减值金额,期末无余额。该账户按资产减值损失的项目进行明细分类核算。

如果期末结存存货的成本低于可变现净值,则不需做账务处理,资产负债表中的存货仍按期末价值列示。如果期末存货的可变现净值低于成本,则必须在当期确认存货跌价损失,并进行有关账务处理。

若根据成本与可变现净值孰低法计算的存货跌价准备应提准备大于准备原余额,则应予预提,做如下计提处理。

借:资产减值损失
　　贷:存货跌价准备

若根据成本与可变现净值孰低法计算的存货跌价准备应提准备小于准备原余额,则应冲销已提数,做如下转回处理。

借:存货跌价准备
　　贷:资产减值损失

如已计提跌价损失准备的存货价值以后又得以恢复时,应按恢复增加的数额,做如下账务处理。

借:存货跌价准备
　　贷:资产减值损失

但是,当已计提跌价准备的存货价值以后又得以恢复,其冲减的跌价准备金额,应按"存货跌价准备"账户的余额冲减至零为限。

企业结转销售成本时,对于已经计提跌价准备的,则应结转其对应的跌价准备,做如下账务处理。

借:存货跌价准备
　　贷:主营业务成本/其他业务成本

对于因债务重组、非货币性交易等转出的存货,也应结转对应的存货跌价准备,具体按债务重组和非货币性交易的原则进行账务处理。

四、具体核算

(一)可变现净值的确认

1. 库存商品(即完工待售品)的可变现净值确认

(1)可变现净值=预计售价-预计销售费用-预计销售税金。

(2)可变现净值中预计售价的确认:①有合同约定的存货,以商品的合同价格为预计售价。②没有合同约定的存货,按一般销售价格为计量基础。

【做中学 4-5】 甲公司库存商品100件,每件商品的成本为1万元,其中合同约定的商品60件,合同价为每件1.3万元,预计每件商品的销售税费为0.2万元;该商品在市场上的售价为每件0.9万元,预计每件商品的销售税费为0.15万元。该库存商品可变现净值的计算过程如下。

合同约定部分的可变现净值＝60×1.3－60×0.2＝66(万元),相比其账面成本60万元(60×1),发生增值6万元,不予认定减值。

无合同约定部分的可变现净值＝40×0.9－40×0.15＝30(万元),相比其账面成本40万元(40×1),发生减值10万元,应予认定。

该存货期末应提取跌价准备为10万元。

特别注意,不能将合同部分与非合同部分合并在一起认定存货的跌价幅度。这样做会掩盖非合同部分存货的可能损失。

如果调整前的存货跌价准备为6万元,则当期末应补提跌价准备4万元。

借：资产减值损失　　　　　　　　　　　　　　40 000
　　贷：存货跌价准备　　　　　　　　　　　　　　　40 000

2. 材料的可变现净值的确认

(1) 用于生产的材料可变现净值＝终端完工品的预计售价－终端品的预计销售税金－终端品的预计销售费用－预计追加成本。

注意：终端品未减值,材料贬值不认定;只有终端品贬值且缘于材料贬值,才认定材料贬值。

【做中学 4-6】 甲公司库存原材料100件,每件材料的成本为1万元,所存材料均用于产品生产。每件材料经追加成本0.2万元后加工成一件完工品。其中合同订货60件,每件完工品的合同价为1.5万元,单件销售税费预计0.1万元;单件完工品的市场售价为每件1.1万元,预计每件完工品的销售税费为0.05万元。该批库存材料的可变现净值的计算过程如下。

合同约定部分的材料可变现净值＝60×1.5－60×0.1－60×0.2＝72(万元),相比其账面成本60万元(60×1),发生增值12万元,不予认定减值。

非合同约定部分的材料可变现净值＝40×1.1－40×0.05－40×0.2＝34(万元),相比其账面成本40万元(40×1),发生贬值6万元,应予认定。

该材料期末应提取跌价准备6万元。

特别注意,不能将合同部分与非合同部分合并在一起认定存货的跌价幅度。这样做会掩盖非合同部分存货的可能损失。

如果调整前的存货跌价准备为1万元,则当期末应补提跌价准备5万元。

借：资产减值损失　　　　　　　　　　　　　　50 000
　　贷：存货跌价准备　　　　　　　　　　　　　　　50 000

(2) 用于销售的材料可变现净值＝材料的预计售价－材料的预计销售税金－材料的预计销售费用。

核算原理同库存商品(即完工待售品)的可变现净值确认。

(二)核算方法

企业通常应当按照单个存货项目计提存货跌价准备。对于数量繁多、单价较低的存货,可以按照存货类别计提存货跌价准备。与在同一地区生产和销售的产品系列相关、具有相同或类似最终用途和目的且难以与其他项目分开计量的存货,可以合并计提存货跌价准备。

知识拓展:如何判断原材料减值

【做中学 4-7】 某公司有 A、B、C、D 四种存货,按其性质的不同分为甲、乙两大类。采用单项比较法、分类比较法对期末存货进行计价,结果见表 4-12。

表 4-12　　　　　　　　　　期末存货计价表　　　　　　　　　　单位:元

项目	成本	可变现净值	单项比较法	分类比较法
甲类存货				
A 存货	45 000	40 000	40 000	
B 存货	10 000	13 000	10 000	
甲类存货小计	55 000	53 000		53 000
乙类存货				
C 存货	20 000	16 000	16 000	
D 存货	30 000	35 000	30 000	
乙类存货小计	50 000	51 000		50 000
合计	105 000	104 000	96 000	104 000

会计处理如下。

(1) 按单个项目计提存货跌价准备。

借:资产减值损失　　　　　　　　　　　　　　　　　9 000
　　贷:存货跌价准备——A　　　　　　　　　　　　　5 000
　　　　　　　　　　——C　　　　　　　　　　　　　4 000

(2) 按类别计提存货跌价准备。

借:资产减值损失　　　　　　　　　　　　　　　　　2 000
　　贷:存货跌价准备——甲　　　　　　　　　　　　　2 000

(三)计提和转回

【做中学 4-8】 甲公司采用"成本与可变净值孰低法"进行期末存货计价。2×18 年年末存货的成本为 100 000 元,可变现净值为 96 000 元,应计提的存货跌价准备为 4 000 元。

借:资产减值损失　　　　　　　　　　　　　　　　　4 000

  贷：存货跌价准备   4 000

  假设2×19年年末存货的种类和数量未发生变化，且存货的可变现净值为90 000元，应计提的存货跌价准备为10 000元(100 000－90 000)。由于前期已计提4 000元，应补提存货跌价准备6 000元。

  借：资产减值损失   6 000
    贷：存货跌价准备   6 000

  假设2×20年年末存货的可变现净值为98 000元，则应冲减已计提的存货跌价准备8 000元(98 000－90 000)。

  借：存货跌价准备   8 000
    贷：资产减值损失   8 000

  假设2×21年年末存货的可变现净值为101 000元，则应冲减已计提的存货跌价准备2 000元(100 000－98 000)，以"存货跌价准备"账户余额冲减至零为限。

  借：存货跌价准备   2 000
    贷：资产减值损失   2 000

（四）存货的转销

  存货的转销是指将存货的账面价值全部转入当期损益。企业会计制度规定，当存在以下一项或若干项情况时，应将存货账面价值全部转入当期损益。

  (1) 已霉烂变质的存货。

  (2) 已过期且无转让价值的存货。

  (3) 生产中已不再需要，并且已无使用价值和转让价值的存货。

  (4) 其他足以证明已无使用价值或转让价值的存货。

  企业当期发生上述情况时，账务处理如下。

  借：资产减值损失
    存货跌价准备
    贷：库存商品或原材料

随堂测：存货的期末计价

任务二　原材料的核算

  原材料是指企业在生产过程中经加工改变其形态或性质并构成产品主要实体，以及不构成产品实体但有助于产品形成的各种原料及主要材料、辅助材料、外购半成品、修理用备件、包装材料、燃料等。

  原料及主要材料是指经过加工后能够构成产品主要实体的各种原料和主要材料。原料是指没有经过加工的材料，主要材料是指经过加工的材料。

  辅助材料是指直接用于生产，在生产中起辅助作用，不构成产品主要实体的各种材料。

外购半成品是指从外部购入,需经本企业进一步加工或装配的已加工过的原材料。

修理用备件是指为修理本企业机器设备和运输工具所专用的各种备品备件。

包装材料是指包装本企业商品而储备的各种包装用的材料。

燃料是指工艺技术过程或非工艺技术过程中用来燃烧取得热能的各种材料。

原材料的日常核算可以按实际成本核算,也可以按计划成本核算。具体采用哪一种方法,由企业根据具体情况自行决定。

学习情境一　原材料按实际成本计价核算

原材料按实际成本计价的收发核算,是指每种材料的收发与结存,不论是总分类核算,还是明细分类核算,都要按实际单位成本进行计价。

微课：原材料按实际成本计价核算

一、账户设置

（1）"原材料"账户。该账户属于资产类账户,核算企业库存各种原材料的实际成本或计划成本。借方登记外购、自制、委托外单位加工完成、盘盈等原因增加的原材料的实际成本;贷方登记领用、发出加工、对外销售、盘亏等原因减少的原材料实际成本;期末借方余额反映库存原材料的实际成本。该账户应按材料的保管地点、类别、品种和规格设置材料明细账(或材料卡片)。材料明细账根据收料凭证和发料凭证逐笔登记。

（2）"在途物资"账户。该账户属于资产类账户,核算企业采用实际成本进行材料等物资的日常核算、货款已付但尚未验收入库的在途物资的采购成本。该账户借方登记已支付或承付所采购物资的实际成本;贷方登记已验收入库物资的实际成本;期末借方余额反映已经付款或者已经开出并承兑的商业汇票,但物资尚未到达或尚未验收入库的在途物资的实际成本。该账户按照供应单位和材料的品种进行明细核算。

二、原材料按实际成本计价的明细分类核算

1. 材料明细账

企业的原材料品种、规格繁多,收发频繁。企业必须认真组织原材料的明细分类核算,按材料的品种、规格,反映材料收、发、存的数量和金额;按材料的类别,反映材料资金的占用和增减变动情况,以防材料供不应求或超储积压,影响生产经营正常进行和经营资金顺利周转。

材料明细分类核算包括数量核算和价值核算两个方面。

实务中,材料收、发、存的数量核算,由仓库人员负责;材料的价值核算,由财会人员负责。

企业可以采用以下两种方式开设明细账进行核算。

(1)"两套账方式"。"两套账方式"即仓库和会计部门分别设置"材料卡片"和"材料明细账"(分别见表4-13和表4-14)。仓库按材料品种、规格开设"材料卡片",对材料的收、发、结存数量进行核算;会计部门按材料品种、规格开设数量、金额式"材料明细账",同时进行材料数量和金额核算。

表4-13 材料卡片

材料卡片: 卡片编号:
材料编号: 存放地点:
材料名称: 最高储备量:
材料规格: 最低储备量:

2×20		凭证		收入数量	发出数量	结存数量	稽核	
月	日	名称	编号				日期	签章

表4-14 材料明细账

甲材料进销存　　　　　　　　　年　月　日　　　　　　　　计量单位:kg

2×20年		凭证号	摘要	收入			发出			结存		
月	日			数量	单价	金额	数量	单价	金额	数量	单价	金额

仓库保管员根据材料收、发凭证,按日逐笔登记"材料卡片",序时反映各种材料收、发、存实际数量;存货会计根据材料收、发凭证,序时逐笔登记各种材料的数量,按企业采用发出材料的计价方法登记单价和金额,即前述"存货发出的计价方法"。这种方式,两套账间可以起到相互核对、相互制约的作用,但记账重复、工作量大。

(2)"一套账方式"。"一套账方式"即会计部门和仓库合设一套数量、金额式"材料明细账"。账册平时放在仓库,由仓库管理员根据收、发凭证序时逐笔登记材料收、发数量并逐日结出结存数;存货会计定期到仓库稽核,在材料收、发凭证上标价,并在"材料明细账"上登记收、发、存金额,同时将收、发凭证带回会计部门,作为记账依据。

材料明细账,采用数量金额式账页,按材料品种、规格设置,由财会部门根据材料收发原始凭证按日逐笔登记,用来序时反映各种材料的收、发、存的数量和金额。

2. 在途物资明细账

在途物资明细账按供货单位设置,采用三栏式或多栏式。由财会人员根据有关发票、运单、银行付款凭证等登记借方有关栏目;在途物资到达验收入库时,按收料单及有关记账凭证登记贷方栏目。

三、原材料按实际成本计价的总分类核算

(一)取得原材料的核算

1. 购入原材料的核算

对于企业购进的原材料,由于材料采购地点和结算方式的不同,材料入库时间和货款支付时间不一定相同,存在以下几种情况。

(1)单货同到。外购材料的发票账单和材料同时到达。企业支付材料的采购款项并将材料验收入库后,应根据结算凭证、发票账单和收料单等做会计处理如下。

借:原材料——××材料
　　应交税费——应交增值税(进项税额)
　贷:银行存款或应付票据等

【做中学4-9】 某公司购进甲材料一批,价款30 000元,增值税税率13%,供货单位代垫运费5 000元,增值税税率90%。均为不含税价。2×19年7月3日,货物和运输的增值税专用发票等结算凭证已到,价税款及运费已通过银行支付。材料已验收入库。

会计分录如下。

借:原材料——××材料　　　　　　　　　　　　　35 000
　　应交税费——应交增值税(进项税额)　　　　　 4 350
　贷:银行存款　　　　　　　　　　　　　　　　　39 350

(2)单到货未到。外购材料的发票账单已经到达企业,但材料尚未到达(或尚未验收入库)。这种业务一般是异地采购材料,多采用"托收承付"结算方式,结算凭证与材料到达企业的时间不一致。

【做中学4-10】 2×19年7月5日,某公司向A单位购入乙材料一批,货款100万元,增值税税率13%,以6个月的银行承兑汇票付款,材料尚未到达。

借:在途物资——A单位乙材料　　　　　　　　　1 000 000
　　应交税费——应交增值税(进项税额)　　　　　 130 000
　贷:应付票据　　　　　　　　　　　　　　　　1 130 000

2×19年7月6日,该公司以银行存款支付上述乙材料运费10 000元,税率9%。

借:在途物资——A单位乙材料　　　　　　　　　　10 000
　　应交税费——应交增值税(进项税额)　　　　　　 900
　贷:银行存款　　　　　　　　　　　　　　　　　10 900

2×19年7月8日,上述乙材料运至企业,并验收入库。

借:原材料——乙材料　　　　　　　　　　　　　1 010 000
　贷:在途物资——A单位乙材料　　　　　　　　　1 010 000

(3) 货到单未到。外购材料已经到达企业,但发票账单尚未到达。先暂不付款,也不进行账务处理。待发票账单到达后,再做材料购进的账务处理。如果到月末发票账单仍未到达,而该材料确系本单位所购买,应按该材料的合同价格或者按相同材料(同一类别材料)的实际成本、计划成本等暂估入账,下月初,红字冲销上述分录,待结算凭证到达后,按单货同到的情况进行处理。

【做中学 4-11】 2×19 年 6 月 20 日,某公司仓库转来"收料单",验收本公司购进的 10t 甲材料,结算凭证、发票账单尚未到达。到月底,结算凭证仍未到达。该材料的合同单价为 5 000 元/t。

6 月 30 日,依据"收料单",做如下会计处理。

借:原材料	50 000
贷:应付账款——暂估应付款	50 000

7 月 1 日,红字冲销上述分录。

借:原材料	**50 000**
贷:应付账款——暂估应付款	**50 000**

7 月 6 日,结算凭证、发票账单到达,增值税专用发票列明材料价款 50 000 元,增值税税额 6 500 元,价税款已支付。

借:原材料	50 000
应交税费——应交增值税(进项税额)	6 500
贷:银行存款	56 500

(4) 采用预付货款方式购入材料。收到材料发票账单并将材料验收入库后,借记"原材料""应交税费——应交增值税(进项税额)"账户,贷记"预付账款"账户。

【做中学 4-12】 大明公司按照合同向 B 公司预付甲材料部分款项 50 000 元。3 日后,大明公司收到发票账单列明材料款 100 000 元,增值税 13 000 元;同时支付了运费,增值税专用发票上列明运费 2 000 元,税额 180 元。余款已经支付,材料已验收入库。

根据预付货款的付款凭证,做如下会计处理。

借:预付账款——B 公司	50 000
贷:银行存款	50 000

根据发票账单、入库单等,做如下会计处理。

借:原材料——甲材料	102 000
应交税费——应交增值税(进项税额)	13 180
贷:预付账款——B 公司	115 180

根据补付货款的付款凭证,做如下会计处理。

借:预付账款——B 公司	65 180
贷:银行存款	65 180

(5) 外购材料短缺、毁损的处理。外购材料在验收入库时,企业如果发现材料短缺或毁损,应及时查明原因,区分不同情况进行处理。

① 在运输过程中发生的合理损耗,计入材料的实际采购成本。

② 能确定由供货单位、运输单位、保险公司或其他过失人赔偿的,应向有关单位或责

任人索赔,自"在途物资"等科目转入"应付账款"或"其他应收款"等科目。

凡尚待查明原因和需要报经批准才能转销处理的,应将其损失从"在途物资"科目转入"待处理财产损溢"科目。经有关部门领导批准再根据具体情况进行处理,分别借记"其他应收款""管理费用""营业外支出"等账户,贷记"待处理财产损溢——待处理流动资产损溢"。

2. 自制原材料的核算

自制完成已验收入库的原材料,按实际制造成本,借记"原材料"科目,贷记"生产成本"科目。

【做中学 4-13】 某公司机修车间自制一批修理用备件完工验收入库,生产成本为 8 万元。

根据成本计算单、收料单等凭证,该公司编制会计分录如下。

借:原材料——修理用备件　　　　　80 000
　　贷:生产成本　　　　　　　　　　　　　80 000

3. 投资者投入原材料的核算

投资者投入的原材料,按照投资合同或协议约定的价值,借记"原材料"科目,贷记"实收资本"等科目,投资合同或协议约定的价值不公允除外。

【做中学 4-14】 2×20 年 1 月 1 日,A、B、C 三方共同投资设立了甲股份有限公司。A 以其生产的产品作为投资(甲公司作为原材料管理和核算),该批产品的公允价值为 500 万元。甲公司取得的增值税专用发票上注明价款为 500 万元,增值税税额为 65 万元。假定甲公司的股本总额为 1 000 万元,A 在甲公司享有的份额为 35%。

A 在甲公司享有的股本金额＝1 000×35%＝350(万元)

A 在甲公司投资的股本溢价＝500＋65－350＝215(万元)

甲公司的账务处理如下。

借:原材料　　　　　　　　　　　　　　500
　　应交税费——应交增值税(进项税额)　　65
　　贷:股本——A　　　　　　　　　　　　350
　　　　资本公积——股本溢价　　　　　　215

(二) 发出原材料的核算

由于企业日常发出材料频繁,为了简化核算,平时一般只登记材料明细分类账,反映各种材料的收发和结存情况,月末根据实际成本计价的发料凭证,按领用部门和用途,汇总编制"发料凭证汇总表",据以编制记账凭证,一次登记总分类账。

对于生产车间领用直接用于产品生产的,借记"生产成本"账户;用于车间一般耗用的非直接材料,记入"制造费用"账户;对于企业管理部门、销售机构耗用的材料,记入"管理费用""销售费用"账户;福利部门耗用的材料,记入"应付职工薪酬"账户;按实际成本贷记"原材料"科目,按不予以抵扣的增值税税额,贷记"应交税费——应交增值税(进项税额转出)"科目。

【做中学 4-15】 2×19 年 10 月 31 日,大明公司根据全月领料凭证编制"发料凭证汇总表",见表 4-15。

表 4-15 发料凭证汇总表
2×19 年 10 月

领用部门及用途	原材料				应交税费	合计
	原材料	辅助材料	燃料	修理用备件	应交增值税	
基本生产车间产品生产	54 000	3 500				57 500
基本生产车间一般耗用	5 000	4 600		560		10 160
辅助生产车间耗用	4 000		3 200			7 200
销售部门领用		1 000				1 000
行政管理部门领用	500	1 500				2 000
基建工程领用		20 000				20 000
福利部门领用				5 000	650	5 650
对外销售	30 000					30 000
合计	93 500	30 600	3 200	5 560	650	133 510

根据表 4-15 所示发料凭证汇总表做会计分录如下。

借:生产成本——基本生产成本　　　　　　　　　57 500
　　　　　——辅助生产成本　　　　　　　　　　 7 200
　　制造费用　　　　　　　　　　　　　　　　　10 160
　　销售费用　　　　　　　　　　　　　　　　　 1 000
　　管理费用　　　　　　　　　　　　　　　　　 2 000
　　在建工程　　　　　　　　　　　　　　　　　20 000
　　应付职工薪酬　　　　　　　　　　　　　　　 5 650
　　其他业务成本　　　　　　　　　　　　　　　30 000
　贷:原材料　　　　　　　　　　　　　　　　　132 860
　　应交税费——应交增值税(进项税额转出)　　　650

学习情境二　原材料按计划成本计价核算

原材料按计划成本计价核算是指原材料的收入、发出和结余均按事先制定的计划成本进行计价,材料收发凭证、材料明细核算和总分类核算均按计划成本计价。原材料的实际成本与计划成本的差异通过"材料成本差异"账户核算。

原材料按计划成本计价的核算程序如下。

(1) 制定各种材料的计划成本。采用计划成本法,必须事先制定每一品种规格原材料的计划成本,计划成本的组成内容应与其实际成本的构成一致,包括买价、运杂费和其他有关税金。材料的计划成本一般由企业采购部门会同财务等部门共同制定,计划单位成本应尽可能接近实际,除特殊情况外,计划单位成本在年度内一般不做变动。

(2) 平时收到材料时,按计划单位成本计算收入材料的计划成本填入收料凭证中,并将其与实际成本的差额,作为材料成本差异登记。实际成本大于计划成本的称为超支差异,用正数表示;反之,为节约差异,用负数表示。

(3) 平时领用、发出的材料均按计划单位成本计算发出材料的计划成本填入发料凭证中,并据以记入相关成本费用科目。

(4) 月末,计算本月发出材料应负担的材料成本差异,随同本月发出材料的计划成本记入成本费用账户,将发出材料的计划成本调整为实际成本。分摊公式如下。

$$材料成本差异率 = \frac{期初结存材料成本差异 + 本期收入材料成本差异}{期初结存材料计划成本 + 本期收入材料计划成本} \times 100\%$$

$$期初材料成本差异率 = \frac{期初结存材料成本差异}{期初结存材料计划成本} \times 100\%$$

发出材料应负担的成本差异 = 发出材料的计划成本 × 材料成本差异率

发出材料的实际成本 = 发出材料的计划成本 ± 发出材料应负担的成本差异

结存材料的实际成本 = 结存材料的计划成本 ± 结存材料应负担的成本差异

或　　　　　　　　= (月初结存材料的计划成本 + 本月收入材料计划成本)

± (月初结存材料成本差异 + 本期收入材料成本差异)

− 发出材料的实际成本

这里本月收入材料计划成本中不包括暂估入账材料成本。

材料成本差异率,一般应按材料类别(如原材料和主要材料、修理用备件、辅助材料等)分别核算。发出材料应负担的成本差异应按期(月)分摊,不得在季末或年末一次计算。发出材料应负担的成本差异,除委托加工发出材料可按期初成本差异率计算外,应使用当期的实际差异率;期初成本差异率与本期成本差异率相差不大的,也可按期初成本差异率计算。计算方法一经确定,不得随意变更。

一、账户设置

(1) "原材料"账户。用于核算原材料收、发、存的计划成本。借方登记已验收入库原材料的计划成本,贷方登记发出材料的计划成本。期末余额在借方,反映库存材料的计划成本。

(2) "材料采购"账户。用于核算企业采用计划成本进行日常核算而购入材料的采购成本。借方登记购入材料的实际成本,以及结转至"材料成本差异"科目的实际成本小于计划成本的节约差异;贷方登记已付款并验收入库材料的计划成本,以及结转至"材料成本差异"科目的实际成本大于计划成本的超支差异;月末借方余额表示在途材料的实际成本。该账户可按供应单位、材料品种设置明细账。

(3)"材料成本差异"账户。用于核算企业采用计划成本进行日常核算的材料实际成本与计划成本的差额(T型账户见图4-1)。该账户借方登记入库材料实际成本大于计划成本的超支差异,以及结转发出材料应负担的节约差异。贷方登记入库材料实际成本小于计划成本的节约差异,以及结转发出材料应负担的超支差异。期末若为借方余额,表示企业库存材料等的实际成本大于计划成本的超支差异;若为贷方余额,表示企业库存材料等的实际成本小于计划成本的节约差异。本账户可以分为"原材料""周转材料"等,按照类别或品种进行明细核算。

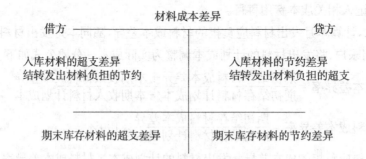

图 4-1 "材料成本差异"账户

二、原材料按计划成本计价的明细分类核算

1. 材料明细账

根据材料收发凭证逐笔登记,对材料的收入、发出均按计划成本进行核算,其格式如表 4-16 所示。

表 4-16 材料进销存明细账

类别_____ 产地_____ 单位_____ 品名 甲材料____

2×20年		凭证号	摘要	收入			发出			结存		
月	日			数量	单价	金额	数量	单价	金额	数量	单价	金额
8	1		期初结存							2 000	100	200 000
	3	入0802	购入	500	100	50 000				2 500	100	250 000
	6	领0801	生产车间领用				300	100	30 000	2 200	100	220 000
	8	领0804	生产车间共耗				400	100	40 000	1 800	100	180 000
	10	领0809	销售部领用				50	100	5 000	1 750	100	175 000
	13	领0814	生产车间领用				500	100	50 000	1 250	100	125 000
	18	领0814	生产车间领用				300	100	30 000	950	100	95 000

续表

2×20年		凭证号	摘要	收入			发出			结存		
月	日			数量	单价	金额	数量	单价	金额	数量	单价	金额
	23	入0822	投资者投入	2 000	100	200 000				2 950	100	295 000
	27	领0816	生产车间领用				1 000	100	100 000	1 950	100	195 000

2. 材料采购明细账

材料采购明细账是用来记录企业外购的各类材料的实际采购支出，计算确定各类材料的实际采购成本与成本差异的明细记录。材料采购明细账可以按材料总账科目设置，也可以按材料的类别或品种设置。

材料采购明细账采用横线登记法，借方根据记账凭证，按照经济业务发生顺序登记外购材料的实际采购成本；贷方按借方记录的顺序，根据收料单登记验收入库的各批外购材料的计划成本和成本差异额。月末，将借方合计数与贷方合计数对比的超支或节约差异，一次结转到材料成本差异明细分类账。月末账内只有借方金额而无贷方金额的款项即为在途材料的实际成本。为了记账方便，可将各项在途物资逐笔结转，照抄在下月账内，其格式如表4-17所示。

表4-17 材料采购明细账

材料科目 原材料　　　类别或名称 原料及主要材料

2×20年		凭证号数	收料单号数	发票号数	供应单位	材料名称与规格	单位	发票数量	实收数量	实际成本(借)			计划成本(贷)		材料成本差异	
月	日									发票价格	运杂费	金额	单价	总额	超支	节约
10	2	记11	1001		A公司	甲材料	kg	1 000	1 000	102 000		102 000	100	100 000	2 000	
	10	记31	1042		B公司	甲材料	kg	2 000	2 000	198 000	1 000	199 000	100	200 000		1 000
	20	记56			C公司	甲材料	kg	1 000		92 000		92 000				
	31					本月合计				392 000	1 000	393 000		300 000	2 000	1 000
11	1	记56			C公司	甲材料	kg	1 000		92 000		92 000				

3. 材料成本差异明细账

材料成本差异明细账与材料采购明细账口径一致，用于反映各类或各种材料的成本差异额和计算材料成本差异率，并据以计算和调整发出材料应负担的差异额，其格式如表4-18所示。

表 4-18　　　　　　　　　　　材料成本差异明细账

类别或名称：原料及主要材料

2×20年		凭证号	摘要	收入			差异分配率	发出			结存		
月	日			计划成本	成本差异			计划成本	成本差异		计划成本	成本差异	
					超支	节约			超支	节约		超支	节约
7	1		期初结存								100 000	2 000	
	20	记130	购入	200 000		5 000					300 000		3 000
	31	记285	结转发出				−1%	288 000		2 880	12 000		120

三、原材料按计划成本计价的总分类核算

（一）购入原材料的核算

计划成本计价下，外购原材料先经过"材料采购"科目进行核算。

1. 单货同到

（1）购进材料时，做如下账务处理。

借：材料采购
　　应交税费——应交增值税（进项税额）
　贷：银行存款等

（2）发生超支差异时，做如下账务处理。

借：原材料
　　材料成本差异
　贷：材料采购

（3）发生节约差异时，做如下账务处理。

借：原材料
　贷：材料采购
　　　材料成本差异

验收入库，根据仓库转来的外购收料凭证或汇总收料凭证做账务处理。

2. 单到货未到

先不做验收入库处理。

3. 货到单未到

由于材料验收入库时，结算凭证尚未收到，可对该批材料暂不处理，只登记材料明细

账。如至月末结算凭证仍未收到,则按计划成本暂估入账,借记"原材料"账户,贷记"应付账款——暂估应付账款"账户。下月初,红字冲销上述分录。待收到结算凭证时,按"单货同到"进行核算。

【做中学4-16】 某公司为增值税一般纳税人,2×19年5月发生的材料采购业务如下。

(1)5月5日,采购甲材料一批,取得增值税专用发票上注明的价款为12 000元,增值税税额为1 560元,当即电汇支付,材料已验收入库,该材料的计划成本为12 080元。

  借:材料采购——甲材料   12 000
    应交税费——应交增值税(进项税额) 1 560
   贷:银行存款   13 560

(2)5月13日,采购乙材料一批,取得增值税专用发票上注明价款为8 500元,增值税税额为1 105元,采用商业汇票结算方式,材料于18日运达企业,并验收入库,其计划成本为9 000元。

  借:材料采购——乙材料   8 500
    应交税费——应交增值税(进项税额) 1 105
   贷:应付票据   9 605

(3)5月20日,采购丙材料一批,取得增值税专用发票上注明价款16 000元,增值税税额2 080元,采用托收承付结算方式,已承付全部货款,材料尚未运达。

  借:材料采购——丙材料   16 000
    应交税费——应交增值税(进项税额) 2 080
   贷:应付账款   18 080

(4)5月30日,企业接到货场通知,购入的丁材料已经运达,并于当日验收入库,但对方发票账单未到,计划成本18 000元。

  借:原材料——丁材料   18 000
   贷:应付账款——暂估应付款   18 000

下月初,红字冲销上述分录。

  借:原材料——丁材料   **18 000**
   贷:应付账款——暂估应付款   **18 000**

收到发票账单后,据实按正常程序入账。

(5)5月31日,该企业汇总本月入库材料的计划成本,并结转入库材料的成本差异。

  借:原材料——甲材料   12 080
      ——乙材料   9 000
   贷:材料采购——甲材料   12 000
        ——乙材料   8 500
    材料成本差异——甲材料   80
         ——乙材料   500

4. 外购材料短缺、毁损的处理

外购材料短缺或毁损的处理,与按实际成本计价方法相同,只是验收入库时按计划成本记入"原材料"账户借方,贷记"物资采购"。定期或在材料入库时将入库材料的实际成本与计划成本之间的差异记入"材料成本差异"账户。

(二)其他原材料取得的核算

企业接受其他单位投入的原材料,应按照收入材料的计划成本,借记"原材料""应交税费——应交增值税(进项税额)"科目,按照其在实收资本或股本中所拥有的份额,贷记"实收资本"或"股本"科目。按其差额,贷记"资本公积"科目;同时,按照收入材料的实际成本与计划成本的差额,结转材料成本差异,借记或贷记"材料成本差异"科目。

随堂测:原材料的计划成本核算方法(1)

【做中学4-17】某公司接受投资者投入的甲材料4 000kg。协议约定作价45万元,投资方提供的增值税专用发票上注明材料价款40万元,增值税进项税额为5.2万元。假设甲材料的计划单位成本100元。

该公司编制会计分录如下。

借:原材料　　　　　　　　　　　　　　　　400 000
　　应交税费——应交增值税(进项税额)　　　 52 000
　　贷:实收资本　　　　　　　　　　　　　　450 000
　　　　资本公积　　　　　　　　　　　　　　 2 000

(三)发出材料的核算

计划成本法下发出原材料时,为简化核算存货工作量,可以只登记原材料明细账的数量栏,按照计划成本登记金额栏。月末通过材料成本差异的分配,将发出存货的计划成本调整为实际成本。

(1)根据所发出材料的用途,做如下账务处理。

借:生产成本
　　制造费用
　　管理费用
　　销售费用等
　　贷:原材料

(2)月末,根据发料凭证汇总表核算本月发出材料承担的成本差异,进行如下账务处理。

① 结转超支差异。

借:生产成本
　　制造费用
　　管理费用
　　销售费用等
　　贷:材料成本差异

② 结转节约差异。

借:材料成本差异

    贷：生产成本
        制造费用
        管理费用
        销售费用等

采用计划成本法对原材料进行会计核算，可以简化会计核算存货工作，考核采购部门的业绩，有利于降低材料采购成本，提高经济效益。

【做中学 4-18】 甲公司 2×19 年某月末根据全月领料凭证编制"材料发出汇总表"，如表 4-19 所示。材料成本差异明细账见表 4-18。

表 4-19　　　　　　　　　　材料发出汇总表　　　　　　　　　　单位：元

领料部门及用途	甲材料
基本生产车间产品生产	200 000
基本生产车间一般消耗	40 000
销售部门领用	6 000
行政管理部门领用	2 000
基建工程领用	30 000
对外销售	10 000
合计	288 000

要求：计算本月材料成本差异率及发出材料应负担的成本差异，并做相应账务处理。

本月材料成本差异率 = $(2\,000 - 5\,000) \div (100\,000 + 200\,000) \times 100\% = -1\%$

本月生产产品领用材料应负担差异 = $200\,000 \times (-1\%) = -2\,000$(元)

本月车间一般耗用材料应负担的差异 = $40\,000 \times (-1\%) = -400$(元)

本月销售部门领用材料应负担的差异 = $6\,000 \times (-1\%) = -60$(元)

本月管理部门领用材料应负担的差异 = $2\,000 \times (-1\%) = -20$(元)

本月基建项目领用材料应负担的差异 = $30\,000 \times (-1\%) = -300$(元)

对外销售领用材料应负担的差异 = $10\,000 \times (-1\%) = -100$(元)

(1) 各部门领用材料。

借：生产成本　　　　　　　　　　　　　　200 000
　　制造费用　　　　　　　　　　　　　　 40 000
　　销售费用　　　　　　　　　　　　　　　6 000
　　管理费用　　　　　　　　　　　　　　　2 000
　　在建工程　　　　　　　　　　　　　　 30 000
　　其他业务成本　　　　　　　　　　　　 10 000
　　贷：原材料　　　　　　　　　　　　　288 000

(2) 月末分配材料成本差异。

借：材料成本差异　　　　　　　　　　　　 2 880
　　贷：生产成本　　　　　　　　　　　　　2 000

制造费用	400
销售费用	60
管理费用	20
在建工程	300
其他业务成本	100

随堂测：原材料的计划成本核算方法（2）　　实务技能：计算"材料成本差异率"时要注意哪些问题

任务三　其他存货的核算

学习情境一　委托加工物资的核算

委托加工物资是指企业委托其他单位进行加工的各种材料、商品。其账务处理主要包括拨付加工物资、支付加工费和税金、收回加工物资和剩余物资等几个环节。企业应设置"委托加工物资"账户核算委托加工物资的实际成本。

1. 企业发给外单位加工物资

企业发给外单位加工的物资，应将其实际成本由"原材料""库存商品"等账户转入"委托加工物资"账户，做如下账务处理。

借：委托加工物资
　　贷：原材料
　　　　库存商品等

2. 支付加工费、运杂费等

企业支付加工费、运杂费时，做如下账务处理。

借：委托加工物资
　　贷：银行存款

3. 加工完成验收入库物资和收回剩余物资

加工完成验收入库的物资和剩余物资，按加工收回物资的实际成本和剩余物资的实际成本，做如下账务处理。

借：原材料、库存商品等
　　应交税费——应交增值税（进项税额）
　　贷：委托加工物资
委托加工物资也可按计划成本进行核算。

【做中学4-19】 甲公司委托乙公司加工材料一批（属于应税消费品）100 000件，有关经济业务如下。

(1) 1月20日，发出材料一批，计划成本为6 000 000元，材料成本差异率为－2%。

① 发出委托加工材料。

借：委托加工物资　　　　　　　　　　　6 000 000
　　贷：原材料　　　　　　　　　　　　　　　6 000 000

② 结转发出材料应分摊的材料成本差异。

借：材料成本差异　　　　　　　　　　　120 000
　　贷：委托加工物资　　　　　　　　　　　　120 000

(2) 2月20日，支付材料加工费100 000元，支付应当缴纳的消费税650 000元，该材料收回后用于连续生产应税消费品，消费税可抵扣，甲公司和乙公司均为一般纳税人，增值税税率为13%。

借：委托加工物资　　　　　　　　　　　100 000
　　应交税费——应交消费税　　　　　　650 000
　　　　　　——应交增值税（进项税额）　13 000
　　贷：银行存款　　　　　　　　　　　　　763 000

(3) 3月4日，用银行存款支付往返运杂费10 000元。

借：委托加工物资　　　　　　　　　　　10 000
　　贷：银行存款　　　　　　　　　　　　　　10 000

(4) 3月5日，上述材料100 000件（每件计划成本为66元）加工完毕，公司已办理验收入库手续。

借：原材料　　　　　　　　　　　　　　6 600 000
　　贷：委托加工物资　　　　　　　　　　　5 990 000
　　　　材料成本差异　　　　　　　　　　　610 000

需要注意的是，委托加工物资为应税消费税品的，由受托方代收代交的消费税，收回后用于直接销售的，记入"委托加工物资"账户；收回后用于继续加工应税消费品的，记入"应交税费——应交消费税"账户。

法规库：消费税的扣除

随堂测：委托加工物资的核算

一、工业企业库存商品核算

为核算工业企业产成品收入、发出和结存的情况,企业应设置"库存商品"账户。该账户是资产类账户,借方记录生产完工入库产成品的成本;贷方记录发出产成品的成本;余额在借方,表示期末库存产成品的成本。该账户按产品的种类、品种和规格进行明细分类核算。

产成品生产完工,验收入库时,做如下账务处理。

借:库存商品
　　贷:生产成本

销售商品,发出产成品时,做如下账务处理。

借:主营业务成本
　　贷:库存商品

【做中学4-20】 某公司本月10日完工并验收入库甲产品5 000件,15日销售出库甲产品1 000件,销售单价500元,20日福利部门领用甲产品40件。月末计算出甲产品单位成本400元。

产品出入库时,根据收、发凭证在产成品明细账中登记数量,不做账务处理。

月末,由"产品成本计算单"中的甲产品成本资料,填入甲产品入库单及明细分类账中;再采用一定的发出存货计价方法确定各批发出甲产品的成本,填入甲产品出库单及明细分类账中。编制会计分录如下。

(1) 结转入库产品成本。

借:库存商品——甲产品　　　　　　　　　2 000 000
　　贷:生产成本　　　　　　　　　　　　　　　　2 000 000

(2) 结转出库产品成本。

借:主营业务成本　　　　　　　　　　　　400 000
　　贷:库存商品　　　　　　　　　　　　　　　　400 000

(3) 福利部门领用,视同销售计税。

借:应付职工薪酬　　　　　　　　　　　　18 600
　　贷:库存商品　　　　　　　　　　　　　　　　16 000
　　　　应交税费——应交增值税(销项税额)　　　2 600

二、商品流通企业库存商品核算

商品流通企业的存货一般是外购准备出售的商品。通常采用毛利率法和售价金额核算法进行核算。

1. 毛利率法

毛利率法是根据本期销售净额乘以上期实际(或本期计划)毛利率匡算本期销售毛利,并据以计算发出存货和期末结存存货成本的一种方法。有关计算公式为

$$销售毛利率 = \frac{销售毛利}{销售净额} \times 100\%$$

销售净额＝商品销售收入－销售退货与折让

销售毛利＝销售净额×毛利率

销售成本＝销售净额－销售毛利＝销售净额×(1－毛利率)

期末存货成本＝期初存货成本＋本期购货成本－本期销售成本

这一方法是商品流通企业,尤其是商业批发企业常用的计算本期商品销售成本和期末库存商品成本的方法。商品流通企业由于经营商品的品种繁多,如果分品种计算商品成本,工作量将大大增加。而且,一般来讲,商品流通企业同类商品的毛利率大致相同,采用这种存货计价方法既能减轻工作量,也能满足对存货管理的需要。

【做中学 4-21】 某商场采用毛利率法计算期末存货成本。甲类商品 2×19 年 4 月 1 日期初成本为 3 500 万元,当月购货成本为 500 万元,当月销售收入为 4 500 万元。甲类商品第一季度实际毛利率为 25%。2×19 年 4 月 30 日,甲类商品结存成本为(　　)万元。

A. 50   B. 1 125   C. 625   D. 3 375

销售成本＝4 500×(1－25%)＝3 375(万元);期末存货成本＝3 500＋500－3 375＝625(万元),故选 C。

需要说明的是,由于采用毛利率法是按存货大类来计算的,其结果往往不够准确。因此,一般应在每季季末采用其他方法进行调整,也就是说每季最后一个月不能用此方法计算销售成本。

2. 零售价法

商业零售企业,如百货商店、超市市场,广泛使用零售价法。零售价法是指用成本占零售价百分比法计算期末成本的一种方法。

3. 售价金额法

在我国,还广泛使用售价金额核算法。采用这一方法时,平时商品的购进、储存、销售均按售价记账,售价与进价的差额通过"商品进销差价"账户核算,期末计算进销差价率和本期已销商品应分摊的进销差价,并据以调整本期销售成本。有关计算公式为

$$进销差价率 = \frac{期初库存商品进销差价＋本期购入商品进销差价}{期初库存商品售价＋本月购进商品售价} \times 100\%$$

本期已销商品应分摊的进销差价＝本期商品销售收入×进销差价率

本期销售商品的实际成本＝本期商品销售收入－本期已销商品应分摊的进销差价

期末结存商品的实际成本＝期初库存商品的进价成本＋本期购进商品的进价成本
－本期销售商品的实际成本

【做中学 4-22】 某企业库存商品采用售价金额法核算,2×19 年 5 月初库存商品售价总额为 14.4 万元,进销差价率为 15%,本月购入库存商品进价成本总额为 18 万元,售价总额为 21.6 万元,本月销售商品收入为 20 万元,该企业本月销售商品的实际成本为（ ）万元。

A. 20　　　　　　B. 16.8　　　　　　C. 17　　　　　　D. 16

本月的商品进销差价率＝（期初库存商品进销差价＋本期购入商品进销差价）÷（期初库存商品售价＋本期购入商品售价）×100%＝（14.4×15%＋21.6－18）÷（14.4＋21.6）×100%＝16%,所以该企业本月销售商品的实际成本＝20－20×16%＝16.8（万元）,故选 D。

随堂测：售价金额法

知识拓展：商品进销差价的会计处理

学习情境三　周转材料的核算

周转材料是指企业在日常活动中,能够多次使用、逐渐转移其价值但仍保持原有形态不确认为固定资产的材料,包括包装物、低值易耗品,以及企业（建筑承包商）的钢模板、木模板、脚手架等。这里仅介绍周转材料中的包装物和低值易耗品。

（1）一次转销法。一次转销法是指领用时将包装物或低值易耗品全部账面价值计入相关资产成本或当期损益的方法。周转材料报废时,其残料价值冲减相关资产的成本或当期损益。

（2）五五摊销法。五五摊销法是指包装物或低值易耗品在领用时将其价值的一半计入相关资产成本或当期损益;周转材料报废时,将其价值的另一半计入相关资产的成本或当期损益,报废残料价值冲减相关资产的成本或当期损益。

（3）分次摊销法。分次摊销法是指将包装物或低值易耗品的价值按照使用次数分次计入相关资产成本或当期损益的方法。

一、包装物的核算

包装物是指企业为包装产品并随同产品一起出售的及在销售过程中出售或出租给购货单位使用的各种包装用品,如桶、箱、瓶、袋、罐等。但对于企业用于包装的纸张、绳、铁丝等物品,应列为辅助材料,在"原材料"账户核算;专门用作储存和保管产品或材料,而且不对外出租或出借的包装物容器,应根据单位价值的大小和使用年限的长短,分别列作固定资产或低值易耗品管理和核算。

属于企业包装物范围的各种包装物品,一般分为以下几种情况。

(1) 生产经营过程中用于包装商品、产品并作为商品、产品组成部分的包装物。

(2) 随同商品出售而不单独收取价款(以下称不单独计价)的包装物。

(3) 随同商品出售单独收取价款(以下称单独计价)的包装物。

(4) 出租、出借给外单位使用的包装物。

为了反映企业包装物的增减变动及价值损耗、结存等情况,企业应设置"周转材料——包装物"账户。借方登记包装物的增加,贷方登记包装物的减少,期末余额在借方,通常反映企业期末结存包装物的金额。

1. 生产领用包装物的核算

企业在生产过程中,往往由于产品生产需要而领用包装物,其包装物的价值构成产品成本的一部分,应计入产品的生产成本。在包装物按计划成本计价时,生产领用的包装物,按包装物的计划成本记入"生产成本"账户,月份终了应摊销其成本差异。

【做中学 4-23】 某公司的包装物按实际成本核算,生产车间领用包装物用于包装产品,实际成本 3 000 元。

借:生产成本　　　　　　　　　　　　　　　3 000
　　贷:周转材料——包装物　　　　　　　　　　　　3 000

2. 随同产品出售,不单独计价包装物的核算

在销售过程中,随同产品出售,不单独计价的包装物,其成本实质是构成了产品销售费用的一部分。领用时,应按一定计价方法计入销售费用。

【做中学 4-24】 公司为销售商品而领用不单独计价的包装桶 200 只,实际成本 4 000 元。

借:销售费用　　　　　　　　　　　　　　　4 000
　　贷:周转材料——包装物　　　　　　　　　　　　4 000

3. 随同产品出售,单独计价包装物的核算

随同产品出售,单独计价包装物在出售时要单独计价,会计核算时视同销售材料。其收入应计入其他业务收入,相应的成本应计入其他业务成本。

【做中学 4-25】 公司销售产品领用单独计价的包装箱 50 只,单价 200 元,货款 10 000 元,增值税税额 1 300 元,已收款。该包装物进货单价为 150 元。

借:银行存款　　　　　　　　　　　　　　　11 300
　　贷:其他业务收入　　　　　　　　　　　　　　　10 000
　　　　应交税费——应交增值税(销项税额)　　　　1 300

4. 出租和出借包装物的核算

企业出租、出借包装物给其他单位使用,是转让其包装物的使用权,出租、出借时一般收取略高于包装物的押金,待用户归还包装物时再退还押金。出租包装物向使用

单位收取的租金收入作为企业的其他业务收入,发生的包装物修理费及其价值的摊销应列为其他业务成本;出借包装物不收租金,发生的修理费及其价值摊销应列入销售费用。

出租、出借包装物可以采用一次转销法、五五摊销法或分次摊销法。金额较小的,可在领用时一次计入成本费用,但为加强实物管理,应当在备查簿上进行登记。

采用五五摊销法或分次摊销法时,需要在"周转材料——包装物"账户下设置"在库""在用""摊销"明细账户。

【做中学 4-26】 某公司出借包装物一批,包装物实际成本 800 元,收取押金 1 000 元;出租新包装物 100 个,包装物实际总成本 6 000 元,共收取押金 8 000 元,每月收取租金 700 元。如期退还 80 个包装物。出借包装物价值摊销采用一次转销法,出租包装物采用五五摊销法。

(1) 出借包装物采用一次转销法。

① 收取押金。

借:银行存款　　　　　　　　　　　　　　　　　1 000
　　贷:其他应付款　　　　　　　　　　　　　　　　1 000

② 领用包装物。

借:销售费用　　　　　　　　　　　　　　　　　　800
　　贷:周转材料——包装物　　　　　　　　　　　　800

(2) 出租包装物采用五五摊销法。

① 收到押金。

借:银行存款　　　　　　　　　　　　　　　　　8 000
　　贷:其他应付款　　　　　　　　　　　　　　　　8 000

② 发出包装物。

借:周转材料——包装物(在用)　　　　　　　　　6 000
　　贷:周转材料——包装物(在库)　　　　　　　　6 000

③ 收到租金收入。

借:银行存款　　　　　　　　　　　　　　　　　　700
　　贷:其他业务收入　　　　　　　　　　　　　　619.47
　　　　应交税费——应交增值税(销项税额)　　　　80.53

④ 月末第一次摊销该包装物的 50%。

借:其他业务成本　　　　　　　　　　　　　　　3 000
　　贷:周转材料——包装物(摊销)　　　　　　　　3 000

⑤ 承租单位退回包装物 80 个,退还押金 6 400 元。

借:其他应付款　　　　　　　　　　　　　　　　6 400
　　贷:银行存款　　　　　　　　　　　　　　　　6 400

借:周转材料——包装物(在库)　　　　　　　　　4 800
　　贷:周转材料——包装物(在用)　　　　　　　　4 800

⑥ 没收逾期未退回的 20 个包装物的押金计 1 600 元[其中,增值税销项税额＝1 600÷(1＋13％)×13％ ＝184.07(元)]。

  借:其他应付款   1 600
    贷:其他业务收入   1 415.93
      应交税费——应交增值税(销项税额) 184.07

如果包装物不再退回,摊销其成本的 50％,即 6 000÷100×20×50％＝600(元),并注销其成本及已摊价值 1 200 元。

  借:其他业务成本   600
    贷:周转材料——包装物(摊销)   600
  借:周转材料——包装物(摊销)   1 200
    贷:周转材料——包装物(在用)   1 200

⑦ 收回的 80 个包装物,此后因多次出租,已无法使用,批准报废。报废时收回残料作为修理用材料使用,估计价值 200 元。应摊销其成本的 50％,共计 6 000÷100×80×50％＝2 400(元),注销已报废包装物成本及已摊销价值共计 4 800 元。

  借:原材料   200
    贷:其他业务成本   200
  借:其他业务成本   2 400
    贷:周转材料——包装物(摊销)   2 400
  借:周转材料——包装物(摊销)   4 800
    贷:周转材料——包装物(在库)   4 800

二、低值易耗品的核算

低值易耗品是指企业在生产经营过程中所必需的单项价值比较低或使用年限比较短,不能作为固定资产管理和核算的劳动工具和资料,如工具器具、管理用具、玻璃器皿、劳动用具,以及在企业生产经营过程中周转使用的包装容器等。

低值易耗品在生产过程中所起的作用,属于劳动工具的性质。它在生产经营过程中能多次使用,并不改变其原有的实物形态,其价值也应随实物的磨损而转移到产品成本中,因此低值易耗品和固定资产具有许多相似之处。但由于低值易耗品具有品种多、数量大、单位价值低、使用年限短的特点,因此按存货进行管理和核算。

1. 低值易耗品的摊销方法

低值易耗品摊销一般采用一次转销法、五五摊销法或分次摊销法。

一次转销法比较简单,但成本费用的分摊不均衡,主要适用于一次领用数量不多、价值较低、使用期限较短或者容易破损的低值易耗品的摊销。

五五摊销法或分次摊销法有利于成本、费用的合理、均衡负担。它主要适用于使用期限较长、单位价值较高或一次领用数量较多的低值易耗品的摊销。

2. 低值易耗品的核算

企业为了正确组织低值易耗品的核算，应设置"周转材料——低值易耗品"账户，该账户的借方反映低值易耗品购入的成本；贷方反映摊销的低值易耗品成本，以及以计划成本核算时应分配的差异额；期末余额一般在借方，反映所有在库未用低值易耗品和尚未摊销完毕的低值易耗品成本。低值易耗品应按照类别、品种规格进行数量和金额的明细核算。

低值易耗品取得的核算包括购入、自制、委托加工、接受捐赠等，其核算程序和方法与原材料相同。

低值易耗品发出领用的核算应按其用途和一定的摊销方法记入相应的账户，其核算程序和方法与包装物相同。五五摊销法或分次摊销法下，在"周转材料——低值易耗品"账户下应设置"在库""在用""摊销"等几个明细账户。

【做中学4-27】 某公司按计划成本进行低值易耗品的日常核算，采用分次摊销法摊销其成本。估计使用次数为2次。本月生产车间领用专用工具一批，实际成本101 000元，计划成本100 000元，材料成本差异率为1%。

(1) 领用专用工具。

借：周转材料——低值易耗品——在用　　　　　100 000
　　贷：周转材料——低值易耗品——在库　　　　　100 000

(2) 第一次领用时摊销其价值的一半。

借：制造费用　　　　　　　　　　　　　　　　50 000
　　贷：周转材料——低值易耗品——摊销　　　　　50 000

(3) 月末，计算并结转发出专用工具应负担的材料成本差异。

借：制造费用　　　　　　　　　　　　　　　　　　500
　　贷：材料成本差异——低值易耗品　　　　　　　　500

(4) 第二次领用时摊销其价值的一半。

借：制造费用　　　　　　　　　　　　　　　　50 000
　　贷：周转材料——低值易耗品——摊销　　　　　50 000

(5) 月末，计算并结转发出专用工具应负担的材料成本差异。

借：制造费用　　　　　　　　　　　　　　　　　　500
　　贷：材料成本差异——低值易耗品　　　　　　　　500
借：周转材料——低值易耗品——摊销　　　　　100 000
　　贷：周转材料——低值易耗品——在用　　　　　100 000

随堂测：周转材料核算

微课：存货清查

任务四 存货的清查

存货清查是指通过对存货的实地盘点,确定存货的实有数量并与账面结存数核对,从而确定存货实存数与账面结存数是否相符的一种专门方法。

一、存货清查方法

存货清查主要采用实地盘点法,就是根据各种存货资产的特点和性质,采用一定方法,运用计量工具,在存货存放地点清点实物数量,鉴定存货质量。

二、存货清查手续和处理程序

根据存货清查结果,企业应填写存货盘点报告表,将存货实存数与账存数进行核对,当实存数大于账存数为盘盈,当实存数小于账存数为盘亏。存货盘点报告表格式见表4-20。

表4-20　　　　　　　　　　　存货盘点报告表

存货类别	名称规格	计量单位	结存数量		单位成本/元	盘盈		盘亏		原因
			账存	实存		数量	金额/元	数量	金额/元	
原材料	甲	kg	略	略	20	50	1 000			计量差错
	乙	kg			30			60	1 800	定额内损耗
	丙	t			1 500			20	30 000	洪水冲走
库存商品	A产品	件			260			15	3 900	管理不善毁损
合计							1 000		35 700	

企业清查结束,如果存在存货盘盈、盘亏和毁损情况,首先调整账面记录,保证账实相符;然后查明原因,报经有关部门批准后再进行账务处理。

为了真实准确地反映企业期末存货,企业至少应于每年年度终了,对存货进行全面清查。盘亏或毁损的存货,若在期末结账前尚未经批准的,应在对外提供财务会计报告时,先按上述不同情况处理,并在会计报表附注中做出说明。如果其后批准处理的金额与已处理的金额不一致,应按其差额调整会计报表相关项目的年初数。

三、存货清查的核算

1. 存货盘盈的核算

发生存货盘盈时,在批准处理以前,一般先根据盘盈的存货,按同类存货的实际成本

(一般按同类存货的期初平均单价计算)计价入账;没有同类存货的一般按市价计价入账,调整存货账面记录,以使账实一致,即借记"原材料""库存商品"等存货账户,贷记"待处理财产损溢——待处理流动财产损溢"账户。

(1) 发生盘盈,未查明原因。

借:原材料(或库存商品等)

贷:待处理财产损溢——待处理流动财产损溢

(2) 查明原因是由于管理或计量上的原因形成的盘盈。

借:待处理财产损溢——待处理流动财产损溢

贷:管理费用

2. 存货盘亏的核算

发生存货盘亏和毁损,在批准处理以前,也应先通过"待处理财产损溢——待处理流动财产损溢"账户进行核算。盘亏和毁损时,一般按盘亏和毁损存货的实际成本(大多按盘亏、毁损的数量和该存货的期初结存单价计算确定)冲减存货的账面记录,做如下账务处理。

借:待处理财产损溢——待处理流动财产损溢

贷:库存商品(或原材料等)

查明盘亏和毁损的原因后,应按不同的原因及处理决定分别入账:对于毁损材料的残值应作价入账,借记"原材料"等账户。属于定额内损耗的,借记"管理费用"账户。属于一般经营中超定额损耗的,如果是收发、计量或管理不善造成的,扣除残值后,应向过失人索赔,借记"其他应收款"账户,将扣除残值及过失人赔偿后的净损失记入"管理费用"账户;由于自然灾害或意外事故等造成的存货盘亏、毁损,在扣除残值及过失人、保险公司赔偿后,记入"营业外支出"账户。

存货按计划成本计价时,盘亏、毁损的存货应分摊成本差异;非正常损失(自然灾害损失等不可抗力因素除外)的存货外购时支付的增值税应一并转入"待处理财产损溢"账户。

会计分录如下。

(1) 定额内损耗、一般经营损失、管理不善等。

借:管理费用

  其他应收款

 贷:待处理财产损溢——待处理流动资产损溢

(2) 自然灾害等非常损失。

借:营业外支出

  其他应收款

 贷:待处理财产损溢——待处理流动资产损溢

【做中学 4-28】 某公司存货采用实际成本法进行日常核算。存货清查时发现甲材料毁损 1 000kg,实际单位成本 30 元。经查实,该毁损是由于保管员责任发生的非常损失。经批准的处理意见是:由保管员赔偿 2 000 元,其余计入本期损益。在清理毁损甲材料时,获得残料一批验收入库,价值 300 元,另可从保险公司获得赔偿 22 500 元。

(1) 查明毁损。

借:待处理财产损溢——待处理流动财产损溢   33 900

```
        贷：原材料——甲材料                           30 000
            应交税费——应交增值税（进项税额转出）      3 900
```
（2）经批准处理。
```
    借：管理费用                                    9 100
        其他应收款——保管人员                       2 000
                  ——保险公司                      22 500
        原材料                                       300
        贷：待处理财产损溢——待处理流动资产损溢      33 900
```

课后练习题

一、单选题

1. 某企业 2×19 年 3 月 1 日存货结存数量 2 000 件，单价为 2 元，3 月 2 日发出存货 1 500 件；3 月 15 日购进 2 000 件，单价 2.2 元；3 月 27 日发出存货 1 000 件。在对存货发出采用移动加权平均法的情况下，3 月 27 日结存存货的实际成本为（　　）元。

  A. 5 400   B. 5 160   C. 3 240   D. 5 250

2. 某企业月初结存材料的计划成本为 100 000 元，成本差异为节约 1 000 元；本月入库材料的计划成本为 200 000 元，成本差异为超支 400 元。当月生产车间领用材料的计划成本为 150 000 元。假定该企业按月末计算的材料成本差异率结转材料成本差异，则当月生产车间领用材料应负担的材料成本差异为（　　）元。

  A. －1 200   B. －300   C. 300   D. 1 200

3. 生产领用包装物一批，应借记（　　）。

  A. "营业外支出" B. "销售费用" C. "生产成本" D. "其他应收款"

4. 下列各项中，不属于外购存货成本的是（　　）。

  A. 买价   B. 途中保险费
  C. 采购人员差旅费   D. 运输费

5. 某企业 2×18 年 12 月 31 日存货的账面余额为 20 000 元，预计可变现净值为 19 000 元。2×19 年 12 月 31 日存货的账面余额仍为 20 000 元，预计可变现净值为 21 000 元。则 2×19 年年末应冲减存货跌价准备为（　　）元。

  A. 1 000   B. 2 000   C. 9 000   D. 3 000

6. 企业对随同商品出售而不单独计价的包装物进行会计处理时，该包装物的实际成本应结转到（　　）。

  A. "制造费用"科目   B. "销售费用"科目
  C. "管理费用"科目   D. "其他业务成本"科目

7. 不包括在企业库存商品的产品为（　　）。

  A. 存放在门市部准备出售的商品

B. 接受外来原材料加工制造的代制品

C. 已完成销售手续，但购买单位在月末未提取的产品

D. 为外单位加工修理的代修品等

8. 某企业材料采用计划成本计价，某日外购一批原材料，实际成本为5万元，该批原材料计划成本5.3万元。"原材料"账户借方应记录的金额为（ ）万元。

  A. 5.3   B. 5   C. 0.3   D. −0.3

9. 下列各种存货发出的计价方法中，不利于存货成本日常管理与控制的方法是（ ）。

  A. 先进先出法   B. 移动加权平均法

  C. 月末一次加权平均法   D. 个别计价法

10. 某小规模纳税企业因洪水造成一批库存材料毁损，其实际成本为100 000元，应由保险公司赔偿70 000元，残料价值为1 000元。该批毁损材料应记入"营业外支出"科目的金额为（ ）元。

  A. 100 000   B. 31 000   C. 30 000   D. 29 000

11. A企业为增值税小规模纳税企业。A企业购入甲材料600kg，每千克含税单价为50元，发生运杂费2 000元，运输途中发生合理损耗10kg，入库前发生挑选整理费用450元。另支付材料的保险费2 000元、包装物押金3 000元。该批甲材料的单位实际成本为（ ）元。

  A. 50   B. 50.85   C. 54   D. 58.39

12. 下列税金中，不应计入存货成本的是（ ）。

  A. 一般纳税企业进口原材料支付的关税

  B. 一般纳税企业购进原材料支付的增值税

  C. 小规模纳税企业购进原材料支付的增值税

  D. 一般纳税企业进口应税消费品支付的消费税

13. 某企业采用先进先出法计算发出原材料成本，2×19年9月初甲材料结存100kg，每千克实际成本为200元，9月7日购入甲材料350kg，每千克实际成本210元，9月21日购买甲材料400kg，每千克实际成本为230元，9月28日发出甲材料500kg，9月甲材料发出成本为（ ）元。

  A. 145 000   B. 150 000   C. 105 000   D. 155 000

14. 某企业采用月末一次加权平均法计算发出材料成本。2×19年3月1日结存甲材料200件，单位成本40元；3月15日购入甲材料400件，单位成本35元；3月20日购入甲材料400件，单位成本38元；当月共发出甲材料500件。3月发出甲材料的成本为（ ）元。

  A. 18 500   B. 18 600   C. 19 000   D. 20 000

15. A公司月初结存甲材料13t，每吨单价8 290元，本月购入情况如下：3日购入5t，单价8 800元；17日购入12t，单价7 900元。本月领用情况如下：10日领用10t；28日领用10t。A公司采用移动加权平均法计算发出存货成本，则A公司期末结存甲材料成本为（ ）元。

  A. 81 126.70   B. 78 653.25   C. 85 235.22   D. 67 221.33

二、多选题

1. 企业期末编制资产负债表时,下列各项应包括在"存货"项目的是(　　)。
   A. 生产成本　　　　　　　　　B. 发出商品
   C. 为在建工程购入的工程物资　　D. 未来约定购入的商品

2. 下列项目中,一般纳税企业应计入存货成本的有(　　)。
   A. 购入存货支付的关税
   B. 商品流通企业采购过程中发生的保险费
   C. 委托加工材料发生的增值税
   D. 自制存货生产过程中发生的直接费用

3. "材料成本差异"科目贷方及贷方余额核算的内容有(　　)。
   A. 入库材料成本节约差异　　　　B. 入库材料成本超支差异
   C. 结转发出材料应负担的节约差异　D. 结转发出材料应负担的超支差异
   E. 贷方余额反映企业库存材料的实际成本小于计划成本的差异

4. 下列存货盘亏损失,报经批准后,可转作管理费用的有(　　)。
   A. 保管中产生的定额内自然损耗　　B. 自然灾害所造成的毁损净损失
   C. 管理不善所造成的毁损净损失　　D. 计量不准所造成的短缺净损失

5. 计算存货可变现净值时,应从预计售价中扣除的项目有(　　)。
   A. 出售前发生的行政管理人员的工资　B. 存货的账面成本
   C. 销售过程中发生的销售费用　　　　D. 出售前进一步加工的加工费用

6. 企业进行清查时,对于盘亏的存货,应先记入"待处理财产损溢"科目,报经批准后根据不同的原因可以分别转入(　　)科目。
   A. "管理费用"　B. "销售费用"　C. "营业外支出"　D. "其他应收款"

7. 下列属于包装物核算范围的有(　　)。
   A. 生产过程中用于包装产品作为产品组成部分的包装物
   B. 随同商品出售而不单独计价的包装物
   C. 随同商品出售而单独计价的包装物
   D. 出租或出借给购买单位使用的包装物

8. 企业发出材料的核算,可以采用的方法有(　　)。
   A. 先进先出法　　　　　　　B. 后进先出法
   C. 移动加权平均法　　　　　D. 个别计价法

9. 企业购进材料一批,已验收入库,但结算凭证未到,货款尚未支付,会计处理为(　　)。
   A. 材料验收入库时,即入账　　B. 材料验收入库时,先不入账
   C. 月末暂估入账　　　　　　　D. 下月初编制暂估入账的红字分录冲回

10. 期末通过比较,发现存货的成本低于可变现净值,则可能(　　)。
    A. 将其差额部分冲减"存货跌价准备"
    B. 增加"存货跌价准备"
    C. 不进行账务处理

D. 减"存货跌价准备"至零

11. 下列与存货相关会计处理的表述中,正确的有( )。
   A. 应收保险公司存货损失赔偿款计入其他应收款
   B. 资产负债表日存货应按成本与可变现净值孰低计量
   C. 按管理权限报经批准的盘盈存货价值冲减管理费用
   D. 结转商品销售成本的同时转销其已计提的存货跌价准备

12. 下列项目中,应该计入存货的采购成本的有( )。
   A. 购入的材料或商品的发票账单上列明的价款
   B. 购买存货发生的进口关税、增值税和消费税
   C. 运输途中的合理损耗
   D. 入库后的挑选整理费用

13. 下列属于移动加权平均法的特点的有( )。
   A. 在物价持续上涨时,会高估企业当期利润和库存存货价值
   B. 计算的平均单位成本及发出和结存的存货成本比较客观
   C. 计算工作量较大,不适用收发货较频繁的企业
   D. 适用于一般不能代替使用的存货、为特定项目专门购入或制造的存货及提供的劳务

14. 甲公司属于增值税一般纳税人,2×20年1月5日持银行汇票存款购入A原材料一批,增值税专用发票上注明的价款为100万元,增值税税额为13万元,对方代垫包装费为0.3万元,运费为0.5万元,运费增值税税率为9%。材料已验收入库,则以下说法中正确的有( )。
   A. 购入该材料可以抵扣的增值税进项税额为13.045万元
   B. 对方代垫的包装费0.3万元也应该计入原材料的成本中
   C. 购入原材料持有的银行汇票应该计入应付票据中
   D. 购入A原材料的成本为100.8万元

15. 在计划成本法下,通常使用的会计科目有( )。
   A. 在途物资   B. 原材料   C. 材料采购   D. 材料成本差异

三、判断题

1. 工业企业购入材料和商业企业购入商品所发生的运杂费、保险费等均应计入存货成本。( )

2. 在物价持续下跌的情况下,企业采用先进先出法计量发出存货的成本,当月发出存货单位成本小于月末结存存货的单位成本。( )

3. 期末每期都应当重新确定存货的可变现净值,如果以前减记存货价值的影响因素已经消失,则减记的金额应当予以恢复,并在原已计提的存货跌价准备的金额内转回。( )

4. 无论企业对存货采用实际成本核算,还是采用计划成本核算,在编制资产负债表时,资产负债表上的存货项目反映的都是存货的实际成本。( )

5. 企业采用先进先出法计算发出存货的成本,如果本期发出存货的数量超过本期第一次购进存货的数量(假定本期期初无库存),超过部分仍应按本期第一次购进存货的单位成本计算发出存货的成本。( )

6. 企业在存货采购入库后发生的所有储存费用,应在发生时计入当期损益。( )

7. 存货计价方法的选择不仅影响着资产负债中资产总额的多少,而且影响利润表中的净利润。( )

8. 自然灾害或意外事故以外的原因造成的存货毁损发生的净损失,均应计入管理费用。( )

9. 对于企业库存的材料,应当以材料的市场价格减去估计的销售费用和相关税费后的金额作为其可变现净值。( )

10. 企业采用"成本与可变现净值孰低法"确定存货的期末价值,当存货的成本低于其可变现净值时,期末存货应按其成本计价。( )

11. 企业租入包装物支付的押金应计入其他业务成本。( )

12. 企业采购商品的进货费用金额较小的,可以在发生时直接计入当期损益。( )

13. 由于自然灾害而发生的直接材料、直接人工和制造费用,应在发生时计入存货的成本中。( )

14. 采用移动加权平均法由于平时无法从账上提供发出和结存存货的单价及金额,因此不利于存货成本的日常管理和控制。( )

15. 在计划成本法下,如果购入的材料尚未验收入库,就应该通过"材料采购"核算,如果购入的材料已经入库,就应该通过"原材料"核算。( )

16. 接受来料加工制造的代制品和为外单位加工修理的代修品均属于企业的存货。( )

四、实务题

1. 甲企业2×19年10月M材料有关原始资料如下。

(1) M材料的期初余额见表4-21。

表4-21　　　　　　　　　　M材料的期初余额

品种	单位	数量	单价/元	实际成本/元
M材料	kg	1 500	410	615 000

(2) 10月发生的有关经济业务如下。

① 10月3日,甲企业从A公司购入M材料500kg,单价为420元,增值税27 300元,款项用转账支票支付,材料已验收入库。

② 10月9日,基本生产车间生产领用M材料1 200kg。

③ 10月18日,甲企业从B公司购入M材料2 000kg,单价为400元,增值税104 000元,款项用转账支票支付,材料已验收入库。

④ 10月24日,基本生产车间生产领用M材料1 000kg。

要求：月末根据材料明细账，分别按"先进先出法""月末一次加权平均法"及"移动加权平均法"确定该材料存货的本期发出成本和期末存货成本。

2. 乙企业存货采用计划成本计价。购进材料的运费适用9%的增值税税率。有关款项均为不含税价。10月该企业原材料有关资料如下。

(1) 原材料的期初余额见表4-22。

表4-22　　　　　　　　　　原材料的期初余额

品种	单位	数量	单价/元	计划成本/元	金额/元	材料成本差异/元
L材料	kg	51 000	6.00	6.50	306 000	−25 500

(2) 2×19年10月发生的有关经济业务如下。

① 10月1日，基本生产车间生产A产品领用L材料10 000kg。

② 10月2日，从丁企业购入L材料5 000kg，价款28 000元，增值税3 640元，运费400元，款项用转账支票支付，材料未入库。

③ 10月5日，2日购入材料验收入库。

④ 10月10日，基本生产车间生产A产品领用L材料15 000kg。

⑤ 10月15日，向丁企业购入L材料10 000kg，发票注明价款61 000元，增值税7 930元，运费1 000元，企业开出一张票面价值70 020元、期限3个月的商业汇票，材料已验收入库。

⑥ 10月17日，基本生产车间生产B产品领用L材料15 000kg。

⑦ 10月20日，向丁企业购入L材料10 000kg，发票注明价款60 000元，增值税7 800元，运费800元，款项企业已汇付，材料尚未入库。

⑧ 10月23日，仓库送来收料单，20日购入的L材料验收入库，短缺1 000kg。运输部门责任。

⑨ 10月26日，基本生产车间生产B产品领用L材料7 500kg。

⑩ 10月31日，月末盘点，L材料盘亏1 000kg，原因待查。

⑪ 10月31日，编制发料凭证汇总表，据以结转发出材料实际成本。

要求：

(1) 按计划成本计价，根据经济业务编制会计分录。

(2) 计算原材料的成本差异率。

(3) 月末根据材料明细账，计算发出材料实际成本，并进行月结。

3. 甲企业按计划成本对原材料进行日常核算，2×19年10月发生以下经济业务。

(1) 10月8日，委托乙企业加工材料一批，发出原材料M材料的成本为300 000元，材料成本差异率为1%。

(2) 10月15日，支付乙企业加工费为135 600元(含增值税)，适用的增值税税率为13%。

(3) 10月28日，N材料加工完毕验收入库，其计划成本为430 000元。

要求：按计划成本计价，根据经济业务编制记账凭证。

4. 甲企业按实际成本对低值易耗品进行日常核算，并采用五五摊销法，2×19年11月发生以下经济业务。

(1) 1日，生产车间领用专用工具一批，实际成本为24 000元，领用时摊销其价值的一半。

(2) 30日，报废时摊销专用工具价值的另一半。

要求：根据经济业务编制记账凭证。

5. 某公司为增值税一般纳税人，适用税率13%，运输费用按9%抵扣。材料采用实际成本核算，期初结存材料50箱，单价95元，发出材料采用先进先出法。包装物采用计划成本核算，期初数量为150件，计划单价100元，"材料成本差异——包装物成本差异"期初余额为借方400元，包装物发出采用一次转销法。低值易耗品采用实际成本核算，平均单位成本为220元，发出采用五五摊销法。1月发生以下业务。

(1) 2日，向A公司购入原材料2 000箱，每箱不含税单价100元，取得增值税专用发票，A公司代垫运费，增值税专用发票上列明运费4 000元，材料在运输途中，款未付。

(2) 5日，购入包装物1 000件，增值税专用发票注明价款96 000元，增值税12 480元，以银行存款支付，包装物已验收入库。

(3) 8日，向A公司购入材料验收入库，短缺1箱，经确定由运输部门负责赔偿。

(4) 10日，车间领用低值易耗品10把。

(5) 15日，车间领用包装物200件，出借包装物20件。

(6) 19日，上月车间领用的低值易耗品5把已报废，残料50元。

(7) 20日，车间领用材料100箱。

(8) 31日，结转领用包装物成本差异。

要求：编制相关会计分录。

项目四试题库

资产岗位核算

知识目标

1. 了解资产岗位核算任务和业务流程,熟悉投资性房地产的核算方法。
2. 掌握固定资产和无形资产的分类与计价。
3. 掌握固定资产的取得、折旧、修理、减值、清查和无形资产的核算方法。

能力目标

具备资产岗位各种业务核算的能力。

学习重难点

固定资产和无形资产核算的方法。

任务准备 资产岗位的核算任务与业务流程

准备一 熟悉资产会计岗位的核算任务

(1)制定资产岗位的管理制度和核算办法,负责按资产使用责任制,实行分口、分类管理。

(2)正确划分固定资产和低值易耗品的界限,编制固定资产目录,按照财务制度的有关规定,对固定资产、无形资产进行总分类和明细分类核算;督促有关部门或管理人员对外购、自建、投资转入、租赁、捐赠、报废、调出的资产办理会计手续,如实反映其全部会计核算内容。

(3)每月编制固定资产折旧费用和修理费用计算表,计算提取固定资产折旧和大修理资金并登记账簿,月末结出固定资产净值余额;做到账表相符、账账相符。

(4) 每月编制无形资产摊销汇总表,正确摊销无形资产并登记账簿。

(5) 参与固定资产不定期的清查盘点,对于在财产清查中盘盈、盘亏的固定资产,要分别情况进行不同的处理。

(6) 年底定期进行资产的清查盘点,对报废处理和出售不使用的固定资产和无形资产,按"资产管理责任制"规定办理手续;编制会计凭证,并登记相关账户。

(7) 负责在建工程的预决算管理和参与编制固定资产更新改造和大修理计划。

准备二　熟悉资产会计岗位的核算业务流程

资产岗位的核算业务流程包括三个部分:固定资产核算流程、在建工程核算流程和无形资产核算流程。

一、固定资产核算流程

1. 购进过程

审核付款→督促报账→审核发票和固定资产调拨单→查询已付款情况→编制凭证。

2. 提取折旧

根据固定资产明细账查询上月新增或减少固定资产→对应固定资产原值及公司使用的折旧政策计算增减变动的累计折旧→编制折旧计算表→编制记账凭证。

3. 固定资产清理

(1) 盘点过程:年中、年末组织行政事务部、生产部相关人员进行固定资产盘点→整理固定资产明细表→出具盘点报告。

(2) 清理报废过程:定期组织行政事务部及生产部对固定资产进行核查→督促处置已报废及长期闲置的固定资产→核实报废或长期闲置的固定资产原值、已使用年限及折旧提取情况→审核固定资产清理转出报告→编制记账凭证。

二、在建工程核算流程

1. 基建部门日常费用

审核原始凭证完整、合法、金额正确→审核并更正原始凭证,按规范粘贴和折叠→审核审批手续是否完备→审核部门费用支出进度(如超计划额度,可拒绝报销)→编制记账凭证。

2. 在建工程核算

(1) 工程立项过程：工程项目确定→向相关部门索取核准后的立项报告及工程预算→设立明细科目。

(2) 工程招标过程：阅读招标文件→开具投标保证金收据并制证→参与议标、评标、定标→参与合同条款的订立→保留合同复印件。

① 收到投标保证金。

借：库存现金

　　贷：其他应付款——投标保证金

② 退还。

借：其他应付款——投标保证金

　　在建工程相关科目(红字)(收中标单位投标保证金)

　　贷：库存现金

(3) 支付工程款。

① 审核月度资金计划：每月月末核查工程合同及在建工程款项付出情况→审核工程部门报出的工程项目资金月度预算→汇总资金计划→报财务负责人审批。

② 款项付出及工程物资采购报账：根据月度资金计划核查付款项目→审核工程合同、物资采购合同、工程进度报告→审核收据或发票、入库单等→审核"拨款通知书"审批手续是否完备→登记资金计划→通知出纳付款→签收出纳岗传来的"付款审批单"及银行付款凭证等→编制记账凭证。

(4) 转入固定资产过程：清查完工工程的各项支出→组织完工工程审计→编制工程明细表→分摊待摊基建费用支出→向相关部门提供竣工决算表→审查固定资产调拨单→编制记账凭证。

三、无形资产核算流程

(1) 购进。合法取得无形资产，按其性质分别进行管理，登记台账，保管有关资料，督促、审核有关资料及台账。

(2) 自行开发取得。属于自行开发并依法申请取得的无形资产，其入账价值应按开发阶段符合资本化条件的支出，及依法取得时发生的注册费、聘请律师费等确定；研究阶段支出和不符合资本化条件的开发阶段支出，应于发生时确认为当期费用。

(3) 摊销。无形资产的摊销按照公司内部会计制度及有关规定办理，并计入当期损益。

(4) 减值分析。财务部门至少每半年对无形资产进行减值分析，需计提减值准备的，及时进行账务处理，减值准备数额会同有关部门复核，按规定权限审批。

(5) 评估。无形资产评估，由财务部确定中介机构，评估报告须经资产使用部门确认盖章。对评估结果进行审定、办理评估备案手续。

(6) 处置。无形资产的转让、投资，按审议、批准程序处置。财务部门须会同有关部门审核,按照规定权限逐级报批处置。

任务一 固定资产的确认与初始计量

学习情境一 固定资产的确认

一、固定资产的概念和特征

固定资产是指企业为生产产品、提供劳务、出租或经营管理而持有的、使用年限超过一个会计年度,并在使用过程中保持原有实物形态的劳动资料和非生产经营用的房屋、设备。

固定资产具有以下特征。

(1) 用于生产经营活动,而不是为了出售。这一特征可区别固定资产与商品等流动资产。

(2) 使用年限较长,一般超过一年(或一个会计年度)。在使用过程中,通过维护和修理,能保持其应有功能。该特征表明,企业获得该项资产的支出属于资本性支出而不是收益性支出。

(3) 使用寿命有限。所谓使用寿命,是指企业使用固定资产的预计期间,或者该固定资产所能生产产品或提供劳务的数量。该特征表明,固定资产的价值在使用过程中由于损耗而将逐渐减少,这部分减少的价值,企业通过计提折旧的方式,分期转移到产品成本或费用中,并在产品的销售收入中得到补偿。

二、固定资产的确认条件

固定资产必须满足下列条件,才能予以确认。

1. 与该固定资产有关的经济利益很可能流入企业

在实务工作中,判断某项固定资产包含的经济利益是否很可能流入企业,主要依据是与该固定资产所有权相关的风险和报酬是否转移到了企业。

与固定资产所有权相关的风险是指由于经营情况发生变化造成的相关收益的变动,以及由于资产的闲置、技术陈旧等原因造成的损失。

与固定资产所有权相关的报酬是指在固定资产使用寿命内使用该固定资产而获得收入,以及处置该资产所实现的利得等。

通常取得固定资产的所有权是判断与固定资产所有权相关的风险和报酬转移到企业

的一个重要标志。凡是所有权已属于企业,无论企业是否收到或持有该固定资产均应作为企业的固定资产;反之,如果没有取得所有权,即使存放在企业,也不能作为企业的固定资产。

但是,所有权是否转移,不是判断与固定资产所有权相关的风险和报酬是否转移到企业的唯一标志。例如,融资租入固定资产,企业虽然不拥有固定资产的所有权,但与固定资产所有权相关的风险和报酬实质上已转移到企业(承租方),此时,企业能够控制该固定资产所包含的经济利益,因此,满足固定资产确认的第一个条件。

2. 该固定资产的成本能够可靠地计量

成本能够可靠地计量是资产确认的一项基本条件。

企业在确认固定资产成本时,有时需要根据所获得的最新资料,对固定资产的成本进行合理的估计。例如,企业对于已达到预定可使用状态的固定资产,在尚未办理竣工决算时,需要根据工程预算、工程造价或者工程实际发生的成本等资料,按暂估价值确认固定资产的入账价值,待办理竣工决算手续后再做调整。

三、固定资产的分类

为了加强固定资产的核算与管理,需要对固定资产进行分类。固定资产的分类主要有以下几种。

1. 固定资产按经济用途分类

固定资产按经济用途分类,可以分为生产经营用固定资产和非生产经营用固定资产。

(1) 生产经营用固定资产。生产经营用固定资产是指直接服务于企业生产、经营过程的各种固定资产,如生产经营用的房屋、建筑物、机器、设备、器具、工具等。

(2) 非生产经营用固定资产。非生产经营用固定资产是指不直接服务于生产、经营过程的各种固定资产,如职工宿舍、食堂、浴室、理发室等使用的房屋、设备和其他固定资产等。

这种分类有利于核算和管理固定资产,发挥固定资产的作用,提高固定资产的使用效率,合理配置固定资产。

2. 固定资产按使用情况分类

固定资产按使用情况分类,可以分为使用中固定资产、未使用固定资产和不需用固定资产。

(1) 使用中固定资产。使用中固定资产是指正在使用中的生产经营用和非生产经营用固定资产。由于季节性或大修理等原因暂时停止使用的固定资产,仍属于企业使用中的固定资产,企业以经营租赁方式租给其他单位使用的固定资产也属于使用中的固定资产。

(2) 未使用固定资产。未使用固定资产是指已完工或已购建的、尚未交付使用的新增固定资产,以及因进行改建、扩建等原因暂时停止使用的固定资产。

(3) 不需用固定资产。不需用固定资产是指本企业多余或不适用,需要调配处理的各种固定资产。

这种分类有利于合理使用固定资产,加强管理固定资产,处理和盘活固定资产。

3. 固定资产按所有权分类

固定资产按所有权分类,可以分为自有固定资产和租入固定资产。

(1) 自有固定资产。自有固定资产是企业拥有的可供长期使用的固定资产。

(2) 租入固定资产。租入固定资产是企业向外单位租入,供企业在一定时期内使用的固定资产。租入固定资产的所有权属于出租单位。

这种分类有利于核算和管理固定资产,合理使用资金,提高资金使用效益。

4. 固定资产按经济用途和使用情况综合分类

固定资产按经济用途和使用情况等综合分类,可以分为以下七类。

(1) 生产经营用固定资产。生产经营用固定资产是指直接使用于生产经营过程的固定资产,如生产用的房屋及建筑物、机器设备、运输设备、工具器具等。

(2) 非生产经营用固定资产。非生产经营用固定资产是指直接使用于非生产经营过程中的固定资产,如非生产用的职工宿舍、食堂、浴室等。

(3) 租出固定资产。租出固定资产是指在经营性租赁方式下,租给其他单位并收取租金的固定资产。

(4) 不需用固定资产。不需用固定资产是指不适应企业生产经营需要的、等待处理的固定资产。

(5) 未使用固定资产。未使用固定资产是指已完工或已购入的尚未交付使用或尚待安装的新增加的固定资产,因改扩建等原因暂停使用的固定资产,经批准停止使用的固定资产。

(6) 土地。土地是指过去已估价入账的土地。因征地而支付的补偿费,应计入与土地有关的房屋、建筑物的价值内,不单独作为土地价值入账。企业为建造固定资产通过出让方式取得土地使用权而支付的土地出让金不计入在建工程成本(不能作为固定资产管理),应确认为无形资产(土地使用权)或投资性土地使用权("投资性房地产")。

(7) 租入固定资产。租入固定资产是指非短期租赁和低价值资产租赁方式下,租入其他单位并支付租金的固定资产。租入固定资产在租赁期内,应作为使用权资产进行核算和管理。

由于企业的经营性质不同,经营规模各异,对固定资产的分类不可能完全一致。在实际工作中,企业大多采用综合分类的方法作为编制固定资产目录、进行固定资产核算的依据。

实务技能：固定资产的确认

法规库：有关固定资产分类

学习情境二　固定资产的初始计量

一、固定资产的初始计量基础

固定资产的初始计量是指固定资产初始成本的确定。固定资产应按成本进行初始计量。固定资产成本是指企业购建某项固定资产达到预定可使用状态前所发生的一切合理、必要的支出。这些支出既包括直接发生的价款、相关税费、运杂费、包装费和安装成本等，也包括间接发生的其他一些费用。

知识拓展：固定资产的初始计量

法规库：有关增值税政策（1）

二、固定资产初始成本的构成

固定资产的取得方式不同，其初始成本也各不相同。

（1）外购固定资产。外购固定资产的成本，为实际支付的全部价款，包括买价、不符合抵扣条件的增值税、进口关税等相关税费，以及为使固定资产达到预定可使用状态前所发生的可直接归属于该资产的其他支出，如运输费、装卸费、安装费和专业人员服务费等。

（2）自行建造的固定资产。自行建造固定资产的成本，由建造该项资产达到预定可使用状态前所发生的必要支出构成。符合资本化的借款费用应计入自行建造固定资产的成本。

（3）投资者投入的固定资产。投资者投入固定资产的成本，应当按照投资合同或协议约定的价值确定，但合同或协议约定价值不公允的除外。

（4）租赁取得的固定资产。租赁取得的固定资产，作为"使用权资产"进行核算。使用权资产应当按照成本进行初始计量。该成本包括：租赁负债的初始计量金额、在租赁期开始日或之前支付的租赁付款额，存在租赁激励的，扣除已享受的租赁激励相关金额、承租人发生的初始直接费用等。

(5) 接受捐赠的固定资产。接受捐赠的固定资产,捐赠方提供了有关凭据的,按凭据上标明的金额加上应支付的相关税费入账;如果捐赠方未提供有关凭据,则按其市价或同类、类似固定资产的市场价格估计的金额,加上由企业负担的运输费、保险费、安装调试费等入账或按照捐赠固定资产的预计未来现金流量的现值入账。

(6) 盘盈的固定资产。盘盈的固定资产,按其市价或同类、类似固定资产的市场价格,减去按该项资产的新旧程度估计的价值损耗后的余额入账。

(7) 经批准无偿调入的固定资产。经批准无偿调入的固定资产,按调出单位的账面价值加上发生的运输费、安装费等相关费用入账。

学习情境三　固定资产增加的核算

一、设置的账户

(1) "固定资产"账户。属于资产类账户,核算企业所有固定资产的原始价值。借方登记固定资产的增加,贷方登记固定资产的减少,期末借方余额,反映企业现有固定资产的结存原价。一般按固定资产类别、使用部门和每项固定资产进行明细核算。

(2) "在建工程"账户。属于资产类账户,核算企业进行各项工程(固定资产的新建、更新改造等)所发生的实际支出,包括需要安装的设备的价值。借方登记企业各项在建工程的实际支出,贷方登记完工工程转出的实际支出,期末借方余额反映企业尚未完工的在建工程发生的实际支出。

(3) "工程物资"账户。属于资产类账户,核算企业为在建工程而准备的各种物资的实际成本。该账户借方登记企业购入工程物资的成本,贷方登记领用工程物资的成本,期末借方余额,反映企业为在建工程准备的各种物资的成本。

二、固定资产增加的业务处理

(一) 外购固定资产

1. 一般纳税人外购固定资产

(1) 购入不需安装的固定资产。购入不需要安装的机器设备、房屋建筑物等固定资产,应按购入时实际支付的买价加上支付的包装费、运输费、安装成本、进口关税等相关税费,以及为使固定资产达到预定使用状态前所发生的一切可直接归属于该资产的其他支出,作为固定资产原价入账。

借:固定资产(增值税专用发票或海关完税凭证上应计入固定资产成本的金额)
　　应交税费——应交增值税(进项税额)(专用发票或海关完税凭证上注明的增值税额)

贷：银行存款、应付账款、应付票据、长期应付款等

法规库：有关增值税政策(2)

法规库：有关增值税政策(3)

【做中学 5-1】 2×20 年 1 月 5 日，企业购入一台生产用设备，增值税专用发票上价款 20 000 元，增值税税额 2 600 元，支付了运费，增值税专用发票上列示运输费用 2 000 元。固定资产无须安装，货款以银行存款支付。

借：固定资产　　　　　　　　　　　　　　22 000(20 000＋2 000)
　　应交税费——应交增值税(进项税额)　　2 780(2 600＋2 000×9％)
贷：银行存款　　　　　　　　　　　　　　24 780

【做中学 5-2】 2×19 年 7 月 10 日，企业购入一台电梯准备改建办公楼，取得的增值税专用发票价款 20 万元，增值税税额 2.6 万元，款项尚未支付。

借：固定资产　　　　　　　　　　　　　　200 000
　　应交税费——应交增值税(进项税额)　　26 000
贷：应付账款　　　　　　　　　　　　　　226 000

(2) 购入需安装的固定资产。购入需要安装的生产设备、房屋建筑物等固定资产，应进行如下账务处理。

借：在建工程(应计入外购固定资产成本的金额，不含增值税进项税额)
　　应交税费——应交增值税(进项税额)(增值税扣税凭证上注明税额)
贷：银行存款等

如安装领用生产用原材料、耗用人工，则

借：在建工程(原材料成本＋人工成本)
贷：原材料
　　应付职工薪酬

领用的原材料购进时的增值税不转出，计入固定资产成本。固定资产达到预定可使用状态时，再将工程成本(不含增值税)从"在建工程"账户转入"固定资产"账户。

【做中学 5-3】 2×19 年 9 月 10 日，公司自建一条生产线，购入为工程准备的各种物资 10 万元，支付增值税 13 000，实际领用工程物资(不含增值税)8 万元。领用材料一批，实际成本 5 000 元，所含的增值税为 650 元，以上均取得了增值税合法抵扣凭证，货款以银行存款支付。

① 购入为工程准备的物资。

借：工程物资　　　　　　　　　　　　　　100 000
　　应交税费——应交增值税(进项税额)　　13 000
贷：银行存款　　　　　　　　　　　　　　113 000

② 工程领用物资。
借：在建工程　　　　　　　　　　　　　　　　　　80 000
　　贷：工程物资　　　　　　　　　　　　　　　　　　80 000
③ 工程领用原材料。
借：在建工程　　　　　　　　　　　　　　　　　　 5 000
　　贷：原材料　　　　　　　　　　　　　　　　　　　5 000

2. 小规模纳税人外购固定资产

小规模纳税人购入固定资产不允许抵扣进项税额。

【做中学5-4】 2×19年10月10日，某小规模纳税人购入一幢办公楼，价款50万元，增值税4.5万元，款项尚未支付。

借：固定资产　　　　　　　　　　　　　　　　　　545 000
　　贷：应付账款　　　　　　　　　　　　　　　　　545 000

3. 购入多项没有单独标价的固定资产

应按各项固定资产公允价值的比例对总成本进行分配，分配确定各项固定资产的成本。

【做中学5-5】 2×19年8月15日，甲公司(一般纳税人)一次性购入计算机、iPad和手机，公允价值分别为1万元、0.6万元和0.9万元，还价后总成交价2万元，增值税0.26万元，款项用银行存款支付。计算三件固定资产各自的入账价值。

分析如下：

(1) 三件固定资产公允价值合计＝1＋0.6＋0.9＝2.5(万元)。
(2) 设备成本与公允价值的比例＝购买价÷公允价＝2÷2.5＝0.8。
(3) 三件设备各自的成本如下。
计算机：1×0.8＝0.8(万元)。
iPad：0.6×0.8＝0.48(万元)。
手机：0.9×0.8＝0.72(万元)。

随堂测：外购
固定资产

(二)自行建造的固定资产

企业自建固定资产主要有自营和出包两种方式。

自营建造固定资产，其成本为从筹建施工到最终完工期间的全部支出，包括在建造过程中所发生的直接材料、直接人工、其他与自营建造相关的支出以及在固定资产达到预定使用状态前发生的长期负债利息等。

出包建造的固定资产，其成本为实际支付的全部工程价款及应负担的长期负债的利息等。

设备安装工程，按照所安装设备的价值、工程安装费用、工程试运转等所发生的支出等确定工程成本。

自建固定资产应先通过"在建工程"账户核算，工程达到预定可使用状态时，再从"在建工程"账户转入"固定资产"账户。

涉及增值税进项税额的动产或不动产项目增加处理如下。

(1) 一般纳税人购进货物或应税劳务用于自制(包括改扩建、安装)机器设备、房屋建筑物等固定资产而发生的进项税额,凭增值税专用发票、海关进口增值税专用缴款书从销项税额中抵扣。

购入时,应做如下账务处理。

借:工程物资、在建工程(增值税专用发票或海关完税凭证上应计入工程物资或在建工程成本的金额)

应交税费——应交增值税(进项税额)(专用发票或海关完税凭证上注明的增值税额)

贷:银行存款、应付账款、应付票据、长期应付款等

(2) 如果是集体福利设施的安装挪用原材料或应税劳务,则进项税不予抵扣。

借:在建工程

贷:原材料等

应交税费——应交增值税(进项税额转出)

(3) 企业领用本企业产品,用于建造机器设备、房屋建筑物等在建工程。

借:在建工程

贷:库存商品(产品成本)

(4) 如果是集体福利设施的安装领用产品时,则视同销售处理。

借:在建工程

贷:库存商品

应交税费——应交增值税(销项税额)

——应交消费税

法规库:有关增值税政策(4)

企业自建固定资产,采用的建设方式不同,其账务处理也不同。

1. 自营工程

自营工程是指企业自行组织工程物资采购、自行组织施工人员施工的建筑工程和安装工程。以新建不动产工程为例。

(1) 购入工程物资。

借:工程物资

应交税费——应交增值税(进项税额)(增值税专用发票或海关完税凭证上注明的增值税税额)

贷:银行存款等

(2) 领用工程物资。

借:在建工程

贷:工程物资

(3) 在建工程领用本企业原材料。

借:在建工程

贷:原材料

(4) 在建工程领用本企业产品。
借:在建工程
　贷:库存商品
　　　应交税费——应交消费税(产品为消费税产品)

(5) 自营工程发生的其他费用、分配工程人员工资等。
借:在建工程
　贷:银行存款
　　　应付职工薪酬等

(6) 辅助生产部门为工程提供的水、电、设备安装、修理、运输等劳务(简单了解)。
借:在建工程
　贷:生产成本——辅助生产成本

(7) 在建工程发生的借款费用满足借款费用资本化条件的(简单了解)。
借:在建工程
　贷:长期借款、应付利息

(8) 自营工程达到预定可使用状态。
借:固定资产
　贷:在建工程

(9) 在建工程完工,已领出的剩余物资办理退库手续。
借:工程物资
　贷:在建工程/原材料

(10) 试车净支出发生时应追加工程成本,试车净收入应冲减工程成本。

企业的在建工程在达到预定可使用状态前,因进行负荷联合试车而形成的、能够对外销售的产品,其发生的成本,计入在建工程成本;销售或转为库存商品时,按其实际销售收入或预计售价冲减在建工程成本。

建设生产线,能够制造出合格产品,即可认定生产线达到预定可使用状态。生产线在制造合格产品的过程称为试车。

例如,试车费用总额为 30 万元,包括人工费 10 万元、材料费用 20 万元。借记"在建工程"30 万元。产品完工入库时,按照市场售价 40 万元,贷记"在建工程"40 万元。售出产品时,价款 40 万元,结转的销售成本也为 40 万元。

【做中学 5-6】 2×19 年 6 月 5 日,纳税人购进办公大楼一座,该大楼用于公司办公经营,计入固定资产,并于次月开始计提折旧。6 月 20 日,该纳税人取得该大楼增值税专用发票并认证相符,专用发票注明税额 900 万元。款项已支付。

2×19 年 6 月,该不动产进项税额处理如下。
借:固定资产　　　　　　　　　　　　　　　100 000 000
　　应交税费——应交增值税(进项税额)　　　 9 000 000
　贷:银行存款　　　　　　　　　　　　　　　109 000 000

知识拓展:有关工程损失等处理

【做中学 5-7】 2×19 年 6 月 1 日,某企业改建厂房一幢,购入工程物资 100 000 元,支付的增值税税额为 13 000 元,全部用于工程在建项目。工程项目领用本企业生产的水泥一批,实际成本为 50 000 元,税务部门确定的计税价格为 60 000 元,增值税税率 13%;工程人员应计工资 100 000 元,支付的其他费用 30 000 元。工程完工并达到预定可使用状态。该企业应做如下账务处理。

(1) 购入工程物资。

借:工程物资　　　　　　　　　　　　　　　　　　　100 000
　　应交税费——应交增值税(进项税额)　　　　　　　13 000
　贷:银行存款　　　　　　　　　　　　　　　　　　113 000

(2) 工程领用工程物资。

借:在建工程　　　　　　　　　　　　　　　　　　　100 000
　贷:工程物资　　　　　　　　　　　　　　　　　　100 000

(3) 工程领用本企业生产的水泥。

借:在建工程　　　　　　　　　　　　　　　　　　　50 000
　贷:库存商品　　　　　　　　　　　　　　　　　　50 000

(4) 分配工程人员工资。

借:在建工程　　　　　　　　　　　　　　　　　　　100 000
　贷:应付职工薪酬　　　　　　　　　　　　　　　　100 000

(5) 支付工程发生的其他费用。

借:在建工程　　　　　　　　　　　　　　　　　　　30 000
　贷:银行存款等　　　　　　　　　　　　　　　　　30 000

(6) 工程完工转入固定资产成本 = 100 000 + 50 000 + 100 000 + 30 000 = 280 000(元)。

借:固定资产　　　　　　　　　　　　　　　　　　　280 000
　贷:在建工程　　　　　　　　　　　　　　　　　　280 000

随堂测:自营工程核算

2. 出包工程

出包工程是指企业通过招标的方式将工程项目发包给建造承包商,由建造承包商组织施工的建筑安装工程。在这种方式下,工程的具体支出主要由建造承包商核算。"在建工程"账户实际用于企业与承包单位之间的结算,核算企业与承包单位结算的工程成本。

(1) 企业预付承包单位备料款。

借:预付账款
　贷:银行存款等

(2) 企业按合理估计的发包工程进度和合同规定向承包单位结算的进度款。

借:在建工程
　　应交税费——应交增值税(进项税额)
　贷:银行存款

预付账款

(3) 工程完工时按合同规定补付的工程款。

借：在建工程
　　应交税费——应交增值税(进项税额)
　　贷：银行存款等

(4) 工程达到预定可使用状态。

借：固定资产
　　贷：在建工程

【做中学5-8】 2×20年3月，某企业将一幢厂房的建造工程出包给丙公司承建，合同成立后预付100 000元，按合理估计的发包工程进度和合同规定向丙公司结算进度款600 000元。10月，工程完工后补付工程款400 000元，工程完工并达到预定可使用状态。均收到增值税专用发票。

(1) 预付备料款。

| 借：预付账款 | 100 000 |
| 　　贷：银行存款 | 100 000 |

(2) 按合理估计的发包工程进度和合同规定向丙公司结算进度款。

借：在建工程	600 000
应交税费——应交增值税(进项税额)	54 000
贷：银行存款	554 000
预付账款	100 000

(3) 补付工程款。

借：在建工程	400 000
应交税费——应交增值税(进项税额)	36 000
贷：银行存款	436 000

(4) 工程完工并达到预定可使用状态。

| 借：固定资产 | 1 000 000 |
| 　　贷：在建工程 | 1 000 000 |

知识拓展：出包工程的核算

(三) 投资者投入的固定资产

接受投资者投入的固定资产，应当按照投资合同或协议约定的价值(合同或协议约定价值不公允的除外)，借记"固定资产"科目(不需安装的)、"在建工程"科目(需安装的)，按取得的增值税扣税凭证上注明的增值税，借记"应交税费——应交增值税(进项税额)"科目，按其在注册资本或股本中所占份额，贷记"实收资本"等科目。

【做中学5-9】 某企业接受甲公司投入设备一台，甲公司记录的该固定资产的账面原价为120 000元，已提折旧20 000元，合同约定价为110 000元(假设该价值为公允价值)。并开具了增值税专用发票，发票上不含税价格为110 000元。

| 借：固定资产 | 110 000 |

　　　　应交税费——应交增值税(进项税额)　　　　14 300
　　　贷：实收资本　　　　　　　　　　　　　　　124 300

(四) 接受捐赠的固定资产

　　企业接受捐赠的固定资产,按确定的资产价值和应支付的相关税费,借记"固定资产""在建工程"科目,按取得的增值税扣税凭证上注明的增值税,借记"应交税费——应交增值税(进项税额)"科目,按应支付的相关税费,贷记"银行存款"等科目,按借贷差额,贷记"营业外收入"科目。

　　【做中学 5-10】　某企业受赠一台全新的机器设备,增值税专用发票等单据确认的价值为 100 000 元,发生的运杂费为 2 000 元,以银行存款支付。

　　借：固定资产　　　　　　　　　　　　　　　　102 000
　　　　应交税费——应交增值税(进项税额)　　　　13 000
　　　贷：营业外收入　　　　　　　　　　　　　　113 000
　　　　　银行存款　　　　　　　　　　　　　　　　2 000

(五) 盘盈的固定资产

　　根据企业会计准则规定,企业在财产清查过程中盘盈的固定资产属于前期会计差错,记入"以前年度损益调整"科目,应当采用追溯重述法更正。

　　【做中学 5-11】　某公司财产清查,盘盈设备一台,确认原值 42 000 元,估计折旧 13 200 元。

　　(1) 设备入账。
　　借：固定资产　　　　　　　　　　　　　　　　42 000
　　　贷：以前年度损益调整　　　　　　　　　　　42 000
　　(2) 补提折旧。
　　借：以前年度损益调整　　　　　　　　　　　　13 200
　　　贷：累计折旧　　　　　　　　　　　　　　　13 200
　　(3) 调整应交所得税。
$$应交所得税 = 28\,800 \times 25\% = 7\,200(元)$$
　　借：以前年度损益调整　　　　　　　　　　　　7 200
　　　贷：应交税费——应交所得税　　　　　　　　7 200
　　(4) 将以前年度损益调整转入未分配利润。
　　借：以前年度损益调整　　　　　　　　　　　　21 600
　　　贷：利润分配——未分配利润　　　　　　　　21 600
　　(5) 调整盈余公积。
$$盈余公积 = 21\,600 \times 10\% = 2\,160(元)$$
　　借：利润分配——未分配利润　　　　　　　　　2 160
　　　贷：盈余公积　　　　　　　　　　　　　　　2 160

任务二　固定资产的折旧核算

学习情境一　固定资产折旧及影响因素

一、固定资产折旧的性质

固定资产在长期的使用过程中，能保持其实物形态不变，但是随着使用年限的增加或其他因素的影响，会发生各种有形和无形的损耗，使其服务潜力逐渐减退，直至最终报废而退出生产经营过程。有形损耗是指固定资产由于使用和自然力的影响作用而引起的使用价值和价值的损失。无形损耗是指由于受科学技术的进步等原因所引起的固定资产价值的损失。

由于固定资产具有上述特点，固定资产的价值应当在其有效使用年限内，按照一定的方法进行分摊，形成折旧费用，计入各期成本。固定资产折旧是指对应计折旧额进行系统分摊，其实质是固定资产由于磨损和损耗而实现的价值转移，这部分转移的价值以折旧费的形式计入相关成本费用，并从企业的营业收入中得到补偿。

二、固定资产折旧的影响因素

（1）计提折旧的基数。计提折旧的基数是指固定资产的原始价值或固定资产的账面净值。一般以固定资产的原价作为计提折旧的依据。在具体计算时，一般以月初应计折旧的固定资产的原值或账面净值为依据。

（2）固定资产的预计净残值。固定资产的预计净残值是指假定固定资产预计使用寿命已满并处于使用寿命终了时的预期状态，企业目前从该项资产处置中获得的扣除预计处置费用以后的金额。实务中，通常用固定资产原值的一定百分比来估算预计净残值。

（3）固定资产减值准备。固定资产减值准备是指固定资产已计提的固定资产减值准备累计金额。

（4）固定资产使用寿命。固定资产使用寿命是指企业使用固定资产的预计期间，或者该固定资产所能生产产品或提供劳务的数量。固定资产使用寿命的长短直接影响各期应计提的折旧额。在确定固定资产使用寿命时，主要应考虑下列因素。

① 预计生产能力或实物产量。
② 预计有形损耗。如设备使用中发生的磨损、房屋建筑物受到自然侵蚀等。
③ 预计无形损耗。如因新技术的出现而使现有的资产技术水平相对陈旧、市场需求

变化使产品过时等。

④ 法律或者类似规定对该项资产使用的限制。

三、固定资产折旧的计提范围

除以下情况外，企业应对所有固定资产计提折旧。

（1）已提足折旧仍继续使用的固定资产。

（2）按规定单独估价作为固定资产入账的土地。

（3）改扩建期间的固定资产。

（4）提前报废的固定资产。

在确定固定资产折旧计提范围时应注意以下几点。

（1）固定资产应当按月计提折旧，并根据用途计入相关资产的成本或者当期损益。当月增加的固定资产，当月不计提折旧，从下月起计提折旧；当月减少的固定资产，当月照提折旧，从下月起不再计提折旧。

（2）已达到预定可使用状态的固定资产，如果在年度内尚未办理竣工决算的，应当按照估计价值确定其成本，并计提折旧；待办理了竣工决算后，再按照实际成本调整原来的暂估价值，但不需要调整原已计提的折旧额。

（3）处于更新改造过程停止使用的固定资产，应将其账面价值转入在建工程，不再计提折旧。更新改造项目达到预定可使用状态转为固定资产后，再按照重新确定的折旧方法和该项固定资产尚可使用寿命计提折旧。

（4）因进行大修理而停用的固定资产，应照提折旧，计提折旧计入相关资产成本或相关损益。

随堂测：有关固定资产折旧(1)

微课：固定资产折旧方法——加速折旧法

学习情境二　固定资产折旧的方法及核算

一、固定资产折旧的计提方法

企业应当根据与固定资产有关的经济利益的预期实现方式，合理选择折旧方法。可选用的折旧方法包括年限平均法、工作量法、双倍余额递减法和年数总和法等。固定资产的折旧方法一经确定，不得随意变更。

1. 年限平均法

年限平均法又称直线法，是指将固定资产的应计折旧额均衡地分摊到固定资产预计使用寿命内的一种方法。采用这种方法计算的每期折旧额均是等额的。其计算公式为

$$年折旧率 = \frac{1-预计净残值率}{预计使用年限} \times 100\%$$

$$月折旧率 = \frac{年折旧率}{12}$$

$$月折旧额 = 固定资产原价 \times 月折旧率$$

【做中学 5-12】 甲公司有一栋厂房，原价为 1 000 000 元，预计可使用 20 年，按有关规定，该厂房报废时的净残值率为 2%。该厂房的折旧率和折旧额的计算如下。

年折旧率 = (1−2%)÷20×100% = 4.9%

月折旧率 = 4.9%÷12 = 0.41%

月折旧额 = 1 000 000×0.41% = 4 100(元)

2. 工作量法

工作量法是根据实际工作量计提折旧额的一种方法，其基本计算公式为

$$单位工作量折旧额 = \frac{固定资产原值 \times (1-预计净残值率)}{预计总工作量}$$

某项固定资产月折旧额 = 该项固定资产当月工作量 × 每一工作量折旧额

【做中学 5-13】 甲公司有卡车一辆，原始价值 150 000 元，预计残值率 5%，预计行驶里程 400 000km，本月行驶里程为 3 000km。月折旧额计算如下。

单位里程折旧额 = 150 000×(1−5%)÷400 000 = 0.356 3(元)

月折旧额 = 3 000×0.356 3 = 1 068.9(元)

3. 双倍余额递减法

双倍余额递减法是指在不考虑固定资产残值的情况下，根据每期期初固定资产原价减去累计折旧后的余额和双倍的直线法折旧率计算固定资产折旧的一种方法。其计算公式为

$$月折旧率 = \frac{年折旧率}{12}$$

月折旧额 = 固定资产账面净值 × 月折旧率

由于每年年初固定资产净值没有扣除预计净残值，因此在应用这种方法计算折旧额时，必须注意不能使固定资产的账面折余价值降低到其预计净残值以下。即实行双倍余额递减法计算折旧的固定资产，应在其折旧年限到期前两年内，将固定资产净值扣除预计净残值后的余额平均摊销。

【做中学 5-14】 甲公司某项设备的原值为 100 000 元，预计净残值为 4 000 元，预计使用年限为 5 年。采用双倍余额递减法计算折旧额如表 5-1 所示。

折旧率 = 2÷5×100% = 40%

表 5-1　　　　　　　　　按双倍余额递减法计算固定资产折旧额

年份	期初账面余值/元	折旧率/%	折旧额/元	累计折旧额/元	期末账面余值/元
1	100 000	40	40 000	40 000	60 000
2	60 000	40	24 000	64 000	36 000
3	36 000	40	14 400	78 400	21 600
4	21 600	50	8 800	87 200	12 800
5	12 800	50	8 800	96 000	4 000

该固定资产从第四年起改用直线法计提折旧,其应提折旧额为

$$(21\ 600 - 4\ 000) \div 2 = 8\ 800(元)$$

4. 年数总和法

年数总和法又称合计年限法、使用年数积数法,是指将固定资产的原价减去预计净残值后的净额乘以一个逐年递减的变动折旧率计算每年的折旧额的一种方法。固定资产的变动折旧率是以固定资产预计使用年限的逐年数字之和作为分母,以各年初尚可使用的年数作为分子求得的,该方法计算公式为

$$年折旧率 = \frac{尚可使用年限}{预计使用寿命的年数总和} = \frac{预计使用寿命 - 已使用年限}{预计使用寿命 \times (预计使用寿命 + 1)/2}$$

$$月折旧率 = \frac{年折旧率}{12}$$

年折旧额 = (固定资产原价 − 预计净残值) × 年折旧率

月折旧额 = (固定资产原价 − 预计净残值) × 月折旧率

【做中学 5-15】 承做中学 5-14,采用年数总和法计算的折旧额见表 5-2。

表 5-2　　　　　　　　　按年数总和法计算固定资产折旧额

年份	原值−残值/元	剩余折旧年限	折旧率/%	折旧额/元	累计折旧额/元
1	96 000	5	5/15	32 000	32 000
2	96 000	4	4/15	25 600	57 600
3	96 000	3	3/15	19 200	76 800
4	96 000	2	2/15	12 800	89 600
5	96 000	1	1/15	6 400	96 000

双倍余额递减法和年数总和法均属于加速折旧法。其特点是在固定资产使用早期多提折旧,后期少提折旧,其递减的速度逐年加快,从而相对加快折旧的速度,目的是使固定资产成本在估计使用寿命内加快得到补偿。

【做中学 5-16】 甲公司 2×16 年年初开始对某生产设备提取折旧,原价 308 万元,预计使用寿命为 5 年。期限届满时,预计残值收入 10 万元,预计清理费用 2 万元,甲公司采

用直线法提取折旧。2×17年年末此设备的可收回价值为127万元,预计净残值降为7万元。2×19年年末设备的可收回价值为9万元,预计净残值为1万元。

甲公司2×17年年末计提固定资产减值准备:

固定资产折余价值=原价-折旧=308-60×2=188(万元),可收回价值为127万元,则计提固定资产减值准备为61(188-127)万元。

2×19年年末计提固定资产减值准备:

固定资产折余价值=2×17年年末可收回价-折旧=127-40×2=47(万元),可收回价值为9万元,则继续计提固定资产减值准备为38(47-9)万元。

另外,如果2×19年年末的可收回价值为49万元,则固定资产价值出现了恢复,但为防止企业借减值准备调节利润,特别规定,固定资产减值准备不得恢复。

二、固定资产折旧的账务处理

固定资产应当按月计提折旧,计提的折旧应通过"累计折旧"账户核算,并根据用途计入相关资产的成本或者当期损益。

随堂测:有关固定资产折旧(2)

企业计提固定资产折旧时,应以月初可提取折旧的固定资产账面原值为依据。在上月计提折旧的基础上,对上月固定资产的增减情况进行调整后,计算当月折旧额,其计算公式为:

当月应提折旧额=上月固定资产计提的折旧额+上月增加固定资产应计提的折旧额
—上月减少的固定资产应计提的折旧额

企业基本生产车间所使用的固定资产,其计提的折旧应记入"制造费用";管理部门所使用的固定资产,其计提的折旧应记入"管理费用";销售部门所使用的固定资产,其计提的折旧应记入"销售费用";自行建造固定资产所使用的固定资产,其计提的折旧应记入"在建工程";经营租出的固定资产,其计提的折旧应记入"其他业务成本"。

企业计提固定资产折旧时,应做如下账务处理。

借:制造费用、管理费用、销售费用、在建工程、其他业务成本
　　贷:累计折旧

【做中学5-17】 某公司2×20年3月固定资产折旧计算表如表5-3所示。

表5-3　　　　　　　　　　固定资产折旧计算表　　　　　　　　　　单位:元

使用部门	固定资产项目	上月折旧额	上月增加固定资产		上月减少固定资产		本月折旧额
			原价	折旧额	原价	折旧额	
一车间	厂房、设备	17 000					17 000
二车间	厂房、设备	21 000			25 000	200	20 800
管理部门	房屋建筑物	3 000	150 000	2 500			5 500
合计		41 000	150 000	2 500	25 000	200	43 300

根据表5-3编制如下会计分录。

借：制造费用——一车间　　　　　　　　　17 000
　　　　　　——二车间　　　　　　　　　20 800
　　管理费用　　　　　　　　　　　　　　　5 500
　贷：累计折旧　　　　　　　　　　　　　　　　　　43 300

随堂测：有关固定资产折旧(3)　　知识拓展：固定资产使用寿命、预计净残值和折旧方法的复核

任务三　固定资产的后续支出

固定资产后续支出是指固定资产使用过程中发生的更新改造支出、修理费用支出等。

后续支出的处理原则：与固定资产有关的更新改造等后续支出，符合固定资产确认条件的，应当计入固定资产成本，同时将被替换部分的账面价值扣除；与固定资产有关的修理费用等后续支出，不符合固定资产确认条件的，应当计入当期损益。

一、资本化的后续支出

（1）固定资产转入改扩建，符合资本化条件。
　借：在建工程
　　　累计折旧
　　　固定资产减值准备
　　贷：固定资产
（2）发生改扩建工程支出。
　借：在建工程
　　　应交税费——应交增值税（进项税额）
　　贷：银行存款等
（3）替换原固定资产的某组成部分。
　借：银行存款或原材料（残值价值）
　　　营业外支出（净损失）
　　贷：在建工程（被替换部分的账面价值）
（4）生产线改扩建工程达到预定可使用状态。
　借：固定资产

贷：在建工程

(5) 转为固定资产后，按重新确定的使用寿命、预计净残值和折旧方法计提折旧。

【做中学 5-18】 甲公司对生产车间的厂房进行改良，该厂房原始价值 4 000 000 元，原预计使用年限为 20 年，已使用 7 年，并计提折旧 700 000 元。改良中实际耗用工程物资价值 500 000 元，支付工人工资等人工费 100 000 元，扩建中拆除的部分材料变价收入 40 000 元。工程完工交付使用后，厂房预计使用年限比原预计年限延长 5 年。

(1) 将厂房转入改良。

借：在建工程　　　　　　　　　　　　　3 300 000
　　累计折旧　　　　　　　　　　　　　　700 000
　　贷：固定资产　　　　　　　　　　　　　　　4 000 000

(2) 发生改良支出。

借：在建工程　　　　　　　　　　　　　　600 000
　　贷：工程物资　　　　　　　　　　　　　　　500 000
　　　　应付职工薪酬　　　　　　　　　　　　　100 000

(3) 拆除材料的变价收入。

借：银行存款　　　　　　　　　　　　　　 40 000
　　贷：在建工程　　　　　　　　　　　　　　　　40 000

(4) 工程完工转入固定资产。

借：固定资产　　　　　　　　　　　　　3 860 000
　　贷：在建工程　　　　　　　　　　　　　　　3 860 000

(5) 投入使用以后。

每年计提折旧 3 860 000÷18＝214 444(元)

借：制造费用　　　　　　　　　　　　　　214 444
　　贷：累计折旧　　　　　　　　　　　　　　　　214 444

二、费用化的后续支出

与固定资产有关的修理费用等后续支出，不符合固定资产确认条件的，应当根据不同情况分别在发生时计入当期管理费用或销售费用。

一般情况下，固定资产投入使用后，由于固定资产磨损、各组成部分使用程度不同，可能会导致固定资产的局部损坏，为了维持固定资产的正常运转和使用，充分发挥其使用效能，企业会对固定资产进行必要的维护。固定资产日常维护支出只是确保固定资产的正常工作状况，通常不满足固定资产的确认条件，应当在发生时计入管理费用或销售费用。

【做中学 5-19】 某公司 2×20 年 3 月 1 日对现有的一台生产用设备进行维修，修理过程中领用原材料 94 000 元，为购买该批材料支付的增值税进项税额为 12 220 元，发生维修工人工资 25 000 元。

借：管理费用——修理费　　　　　　　　　119 000

贷：原材料　　　　　　　　　　　　　　　　　　　　94 000
　　　　应付职工薪酬　　　　　　　　　　　　　　　　　25 000
　　在实务中，对经营租入的固定资产发生的改良支出，应通过"长期待摊费用"账户核算，并在剩余租赁期与租赁资产尚可使用年限两者中较短的期限内，采用合理的方法进行摊销。

随堂测：固定资产的
资本化后续支出

实务技能：固定资产的
后续支出处理原则

微课：固定资
产的处置

任务四　固定资产的处置和减值

一、固定资产的处置

　　固定资产处置，包括企业在生产经营过程中，出售转让不适用或不需用的固定资产；对由于自然灾害等原因而发生毁损、由于使用而不断磨损直至最终报废、由于技术进步等原因提前报废的固定资产进行清理；将固定资产用于对外投资、对外捐赠、抵债、非货币性资产交换以及清查过程中出现的盘亏。

　　1. 固定资产的出售、报废或毁损、捐赠

　　企业因出售、报废或毁损、对外投资、抵债、非货币性资产交换等原因转出的固定资产，一般应通过"固定资产清理"科目进行核算。

　　"固定资产清理"是资产类账户，用于核算企业因出售、报废和毁损等原因转入清理的固定资产净值，以及在清理过程中所发生的清理费用和清理收入。借方登记固定资产转入清理的净值和清理过程中发生的费用，以及清理完毕后净收益转入"资产处置损益"或"营业外收入"账户的数额；贷方登记收回处置固定资产的价款、残料价值和变价收入，以及清理完毕后净损失转入"资产处置损益"或"营业外支出"账户的数额。该账户应按被清理的固定资产设置明细账。本科目期末借方余额，反映企业尚未清理完毕的固定资产清理净损失。

　　(1) 固定资产转入清理。
　　借：固定资产清理
　　　　累计折旧
　　　　固定资产减值准备

贷：固定资产
(2) 发生的清理税费。
借：固定资产清理
　　应交税费——应交增值税(进项税额)
　　贷：银行存款
(3) 收回残料或出售价款或保险赔偿。
借：银行存款、原材料、其他应收款、长期股权投资等
　　贷：固定资产清理
　　　　应交税费——应交增值税(销项税额)
(4) 固定资产处置实现盈余。
借：固定资产清理
　　贷：资产处置损益
(5) 固定资产处置形成亏损。
借：资产处置损益
　　贷：固定资产清理
(6) 固定资产发生毁损和报废，仍然使用"营业外支出"科目核算。

对于捐赠转出的固定资产，也通过"固定资产清理"科目进行核算。最后按"固定资产清理"账户余额，借记"营业外支出——捐赠支出"科目，贷记"固定资产清理"科目。

【做中学5-20】 2×19年10月，某生产企业为一般纳税人，出售一栋非自建厂房，原价2 000 000元，已使用6年，计提折旧300 000元，支付清理费用15 000元，出售款项为2 525 000元。该企业选用简易计税办法，适用增值税征收率5%(其他税费略)。该企业对该厂房计提的减值准备为50 000元。根据房屋销售发票、银行存款收款和付款凭证等，编制如下会计分录。

(1) 固定资产转入清理。

借：固定资产清理	1 650 000
累计折旧	300 000
固定资产减值准备	50 000
贷：固定资产	2 000 000

(2) 支付的清理费用。

借：固定资产清理	15 000
贷：银行存款	15 000

(3) 收到价款。

借：银行存款	2 525 000
贷：固定资产清理	2 500 000
应交税费——简易计税	25 000

应交纳的增值税＝(2 525 000－2 000 000)÷1.05×5%＝25 000(元)

(4) 结转固定资产清理后的净收益。

借：固定资产清理	835 000

　　　　贷：资产处置损益　　　　　　　　　　　　　　　835 000

【做中学5-21】 丙公司为增值税一般纳税人，因遭台风袭击而毁损一座仓库，该仓库原价4 000 000元，已计提折旧1 000 000元，未计提减值准备；其残料估计价值50 000元，残料已办理入库。发生清理费用并取得增值税专用发票，注明的拆除整理费为20 000元，增值税税额为1 800元，以银行存款支付。经保险公司核定应赔偿损失1 500 000元，增值税税额为0元，款项已存入银行。

(1) 将毁损的仓库转入清理。

　　借：固定资产清理　　　　　　　　　　　　　　　3 000 000
　　　　累计折旧　　　　　　　　　　　　　　　　　1 000 000
　　　　贷：固定资产　　　　　　　　　　　　　　　　　　　　4 000 000

(2) 残料入库。

　　借：原材料　　　　　　　　　　　　　　　　　　　　50 000
　　　　贷：固定资产清理　　　　　　　　　　　　　　　　　　　50 000

(3) 支付清理费用。

　　借：固定资产清理　　　　　　　　　　　　　　　　　20 000
　　　　应交税费——应交增值税（进项税额）　　　　　　1 800
　　　　贷：银行存款　　　　　　　　　　　　　　　　　　　　21 800

(4) 确定应由保险公司理赔的损失。

　　借：银行存款　　　　　　　　　　　　　　　　　1 500 000
　　　　贷：固定资产清理　　　　　　　　　　　　　　　　　1 500 000

(5) 结转毁损固定资产发生的损失。

　　借：营业外支出——非常损失　　　　　　　　　　1 470 000
　　　　贷：固定资产清理　　　　　　　　　　　　　　　　　1 470 000

2. 固定资产盘亏

企业发生固定资产盘亏时，一般应通过"待处理财产损溢"科目进行核算。账务处理如下。

　　借：待处理财产损溢——待处理非流动资产损溢
　　　　累计折旧
　　　　固定资产减值准备
　　　　贷：固定资产

转销盘亏的固定资产。

　　借：营业外支出
　　　　贷：待处理财产损溢——待处理非流动资产损溢

【做中学5-22】 （单选题）下列各项中，关于企业固定资产会计处理的表述正确的是（　　）。

A. 盘盈的固定资产应计入营业外收入
B. 已提足折旧仍继续使用的固定资产不再计提折旧

C. 固定资产发生的符合资本化条件的后续支出计入当期损益
D. 已确定的固定资产减值损失在以后会计期间可以转回

选项 A,应记入"以前年度损益调整"科目;选项 C,应计入资产成本;选项 D,已确认的固定资产减值损失在以后会计期间不得转回。故选 B。

实务技能：固定资产的清查   实务技能：现金、存货和固定资产盘盈、盘亏对比

二、固定资产期末计价

1. 固定资产的期末计价原则

企业对固定资产采用账面价值和可收回金额孰低法进行期末计价。

（1）固定资产减值。固定资产的初始入账价值是历史成本,由于固定资产使用年限较长,市场条件和经营环境的变化、科学技术的进步以及企业经营管理不善等原因,都可能导致固定资产创造未来经济利益的能力大大下降。因此,固定资产的真实价值有可能低于账面价值,在期末必须对固定资产减值损失进行确认。固定资产在资产负债表日存在可能发生减值的迹象时,其可收回金额低于账面价值的,企业应当将该固定资产的账面价值减记至可收回金额,减记的金额确认为减值损失,计入当期损益,同时计提相应的资产减值准备,借记"资产减值损失——计提的固定资产减值准备"科目,贷记"固定资产减值准备"科目。

（2）固定资产可收回金额的计量。固定资产的可收回金额应当根据固定资产的公允价值减去处置费用后的净额与固定资产预计未来现金流量的现值二者中较高者确定。

2. 固定资产减值的账务处理

确定固定资产的可收回金额后,如果固定资产的可收回金额小于固定资产的账面价值,应当将固定资产的账面价值减记至固定资产的可收回金额,减记的金额确认为固定资产减值损失,同时计提固定资产减值准备。计提减值准备后,固定资产应当重新确定其使用寿命、净残值和折旧方法,以新的账面价值计算以后期间应计提的折旧。

企业采用"固定资产减值准备"科目进行减值核算。

当企业的资产发生减值时,应当根据所确认的资产减值金额,做如下账务处理。

借：资产减值损失

　　贷：固定资产减值准备

固定资产减值一经计提确认,在以后期间不能转回,只有在处置时才可以转出。

【做中学 5-23】 某公司 2×19 年 12 月 31 日购入一台机器设备,原值为 308 000 元,

预计净残值为8 000元,可使用年限为5年,采用年限平均法计提折旧。2×20年12月31日,该资产的市场价格大幅下跌,预计其公允价值减去处置费用后的净额为218 000元,预计该资产未来现金流量的现值为222 000元。计提减值后,预计该资产的使用寿命为3年,预计净残值6 000元。

(1) 该固定资产在2×20年12月31日的账面价值为
$$308\ 000-(308\ 000-8\ 000)\div 5=248\ 000(元)$$

(2) 该固定资产的可收回金额根据公允价值减去处置费用后的净额与未来现金流量的现值中的较高者确定为222 000元。应确定的资产减值是248 000−222 000=26 000(元)。

　　借:资产减值损失　　　　　　　　　　　　26 000
　　　　贷:固定资产减值准备　　　　　　　　　　　26 000

(3) 计提减值后,从2×21年1月起,每年应计提的折旧为
$$(222\ 000-6\ 000)\div 3=72\ 000(元)$$

任务五　无形资产的确认与核算

学习情境一　无形资产概述

一、无形资产的定义

无形资产是指企业拥有或者控制的没有实物形态的可辨认、非货币性长期资产,主要包括专利权、非专利技术、商标权、著作权、土地使用权、特许权等。

无形资产具有如下特征。

(1) 没有实物形态。不具有实物形态是无形资产区别于固定资产及其他有形资产的主要标志。它通常表现为某种权力、技术或获取超额利润的综合能力,能够为企业带来经济利益。

(2) 具有可辨认性。资产满足下列条件之一的,符合资产定义中的可辨认性标准。

① 能够从企业中分离或者划分出来,并能单独或者与相关合同、资产或负债一起,用于出售、转移、授予许可、租赁或者交换。例如,商誉是不可单独辨认的资产,不属于无形资产。

② 源自合同性权利或其他法定权利,无论这些权利是否已从企业或其他权利和义务中转移或者分离。

(3) 非货币性、长期性。无形资产是非货币资产且能在超过企业的一个经营周期内为企业创造经济利益,使企业长期受益。

(4) 持有的主要目的是为企业使用而非出售。企业持有无形资产的目的是用于生产商品或提供劳务、出租给他人,或为企业经营管理服务,而不是为了对外销售。

（5）具有不确定性。无形资产创造经济利益的能力较多地受企业内部和外部因素的影响，如相关新技术更新换代的速度、利用无形资产所产生的产品的市场接受程度等。无形资产的这一特征，要求在对无形资产进行核算时持更为谨慎的态度。

无形资产只有在满足下列条件时，企业才能加以确认：①该资产为企业包含的经济利益很有可能流入企业；②该资产的成本能够可靠计量。

二、无形资产的内容

无形资产一般包括专利权、商标权、土地使用权、著作权、特许权、非专利技术等，商誉以及未能满足无形资产确认条件的其他项目，不能确认为无形资产。

1. 专利权

专利权是指专利权人在法定期限内对某一发明创造所拥有的独占权和专有权。包括发明专利权、实用新型专利权和外观设计专利权。企业不能将所拥有的一切专利权都予以资本化，作为无形资产核算，只有那些能够给企业带来较大经济价值，并且企业为此花费了支出的专利才能作为无形资产核算。《专利法》规定，发明专利权保护期限为20年，实用新型和外观设计专利权保护期限为10年，均自申请日起算。期限届满，自然终止。

2. 商标权

商标权是指企业专门在某种指定的商品上使用特定的名称、图案、标记的权利。商标权包括独占使用权和禁止使用权两个方面。《商标法》规定，经商标局核准注册的商标为注册商标，商标注册人享有商标的专用权，受法律保护。商标专用权保护期限为10年，自核准之日起计算。

3. 土地使用权

土地使用权是指国家准许某企业在一定期间内对国有土地享有开发、利用、经营的权利。企业只有取得土地使用权时花费了支出的，才能将支出资本化，作为无形资产核算。作为无形资产核算的土地使用权有两种情况：一是企业按规定支付了出让金的，应予以资本化，作为无形资产核算；二是企业原先通过行政划拨获得的土地使用权，没有入账核算，在将土地使用权有偿转让、出租、抵押、作价入股和投资时，应将按规定补交的土地出让价款予以资本化，作为无形资产入账核算。

4. 著作权

著作权也称版权，是指作者对其创作的文学、科学和艺术作品依法享有的出版、发行等方面的专有权利。著作权包括发表权、署名权、修改权、保护作品完整权、使用权和获得报酬权等。著作的作者享有著作权，受国家法律保护，其发表权、使用权和获取报酬权的保护期限为作者终生及死亡后50年。

5. 特许权

特许权也称经营特许权、专营权,是指企业在某一地区经营或销售某种特定商品的权利,或是一家企业接受另一家企业使用其商标、商号、技术秘密等的权利。本项目的无形资产主要是指后一种。

6. 非专利技术

非专利技术也称专有技术,是指发明人垄断的、不公开的、具有实用价值的先进技术、资料、技能、知识等。非专利技术一般包括工业专有技术、商业贸易专有技术、管理专有技术等。只要非专利技术不泄露于外界,就可以由其持有者长期享用,因此,非专利技术没有固定的有效期。

实务技能:无形资产的内容

随堂测:无形资产的确认

学习情境二　无形资产的核算

企业需要设置"无形资产"账户对无形资产进行会计核算,该账户为资产类账户,借方登记无形资产的增加,贷方登记无形资产的减少,期末借方余额表示企业期末无形资产的账面原价,该账户按无形资产的类别设置明细账,进行明细核算。

一、无形资产的取得

无形资产取得时,应按取得时的实际成本计量。取得时的实际成本应按以下规定确定。

(1) 外购的无形资产。外购无形资产的成本,包括购买价款、相关税费以及直接归属于使该项资产达到预定用途而发生的其他支出。会计分录如下。

借:无形资产
　　应交税费——应交增值税(进项税额)(增值税专用发票或海关完税凭证上注明的增值税额)
　贷:银行存款等

(2) 投资者投入的无形资产。投资者投入的无形资产,应当按照投资合同或协议约定的价值确定,但合同或协议约定价值不公允的除外。会计分录如下。

借:无形资产
　　应交税费——应交增值税(进项税额)(增值税专用发票上注明的增值税额)

贷：实收资本

（3）企业接受的债务人以非现金资产抵偿债务、非货币性资产交换、债务重组方式取得的无形资产，相关账务处理参照相关会计准则。

（4）企业取得的土地使用权。企业应按实际支付的价款加上相关税费确定土地使用权的成本。如果此土地使用权用于自行开发厂房，则与建筑物分开核算，单独作为无形资产核算。

下列情况下土地使用权必须与房产合并反映：①房地产开发企业取得的土地使用权用于开发对外出售的房产，相应的土地使用权应并入房产的成本；②企业外购房屋建筑物，如果能够合理地分割土地和地上建筑物，则分开核算，否则，应当全部作为固定资产核算。

注意： 土地和地上建筑物应分别科目核算。

（5）自行开发的无形资产。企业自行研究开发项目，应当区分研究阶段与开发阶段分别进行核算。

研究是指为获取并理解新的科学或技术知识而进行的独创性的有计划调查。该阶段是探索性的，为进一步的开发活动进行资料及相关方面的准备，已进行的研究活动将来是否会转入开发、开发后是否会形成无形资产等均具有较大的不确定性。因此，研究阶段的有关支出在发生时应当费用化计入当期损益。

开发是指在进行商业性生产或使用前，将研究成果或其他知识应用于某项计划或设计，以生产出新的或具有实质性改进的材料、装置、产品等。该阶段时已完成研究阶段的工作，在很大程度上具备了形成一项新产品或新技术的基本条件。此时，如果企业能够证明开发支出符合无形资产的定义及相关确认条件，则可将其确认为无形资产。

研究阶段的支出和开发阶段不满足资本化确认条件的研发支出，在发生时记入"研发支出——费用化支出"，开发阶段满足资本化确认条件的，记入"研发支出——资本化支出"。

账务处理如下。

① 发生研发费用。

借：研发支出——费用化支出
　　　　　　——资本化支出
　　贷：原材料
　　　　银行存款
　　　　应付职工薪酬等

② 将研究费用列入当期管理费用。

借：管理费用
　　贷：研发支出——费用化支出

③ 将符合资本化条件的开发费在无形资产达到预定可使用状态时转入无形资产成本。

借：无形资产
　　贷：研发支出——资本化支出

注意： 研发支出的借方余额在资产负债表中列入"开发支出"项目。无法区分研究阶段和开发阶段的支出，应当在发生时作为管理费用，全部计入当期损益。

【做中学5-24】 甲公司在2×20年1月1日试制成功并申请取得了某项专利权，该项专利权在研发过程中直接发生的研发人员工资 80 万元、材料费 150 万元,以及其他费用 40 万元,共计 270 万元,其中符合资本化条件的是 120 万元。2×20 年 12 月 31 日,该专利技术已达到预定可使用状态。

借:研发支出——费用化支出　　　　　1 500 000
　　　　　　——资本化支出　　　　　1 200 000
　　贷:原材料　　　　　　　　　　　　1 500 000
　　　　应付职工薪酬　　　　　　　　　 800 000
　　　　银行存款　　　　　　　　　　　 400 000
借:管理费用　　　　　　　　　　　　　1 500 000
　　无形资产　　　　　　　　　　　　　1 200 000
　　贷:研发支出——费用化支出　　　　1 500 000
　　　　　　　——资本化支出　　　　　1 200 000

二、无形资产的摊销

无形资产属于长期资产,能在较长的时间里给企业带来经济效益。企业应当于取得时分析判断其使用寿命。使用寿命为有限的,应当估计该使用寿命的年限或者构成使用寿命的产量等类似计量单位数量;无法预见无形资产为企业带来经济利益期限的,应当视为使用寿命不确定的无形资产。使用寿命确定的无形资产,应当摊销其价值,使用寿命不确定的无形资产不予摊销。

使用寿命确定的无形资产,其应摊销金额应当在使用寿命内合理摊销。应摊销金额是指无形资产的金额扣除残值的金额。已计提减值准备的无形资产,还应扣除已提的无形资产减值准备累计金额。使用寿命确定的无形资产残值一般应当视为零。但下列情况除外。

(1) 有第三方承诺在无形资产使用寿命结束时购买该无形资产。

(2) 可以根据活跃市场得到预计残值信息,并且该市场在无形资产使用寿命结束时可能存在。

无形资产应当自取得当月起在预计使用年限内分期摊销,处置无形资产的当月不再摊销。无形资产的摊销主要采用直线法,也可采用生产总量法(适用于有特定产量限制的特许经营权或专利权)。

企业选择的无形资产摊销方法,应当反映与该无形资产有关的经济利益的预期实现方式;无法可靠确定预期实现方式的,应当采用直线法摊销。摊销金额一般应当计入当期损益。采用的科目是"累计摊销"。

账务处理如下。

借:制造费用
　　管理费用
　　其他业务成本等
　　贷:累计摊销

【做中学 5-25】 某公司的 A 专利用于生产 X 产品,B 专利用于出租给其他企业使用以收取租金,商标权用于企业所有的产品,难以在产品间分配,土地使用权为企业全部生产经营用地。2×20年4月的无形资产摊销情况见表5-4。

表5-4　　　　　　　　　无形资产摊销情况　　　　　　　　　单位:元

项　目	入账价值	摊销年限	每月摊销
A专利权	115 200	8	1 200
B专利权	28 800	3	800
商标权	48 000	5	800
土地使用权	10 800 000	50	18 000
合计	10 992 000	—	20 800

根据表5-4,做如下会计分录。
借:管理费用——无形资产摊销　　　　　　　18 000
　　制造费用　　　　　　　　　　　　　　　　800
　　生产成本——无形资产摊销　　　　　　　1 200
　　其他业务成本——无形资产摊销　　　　　800
　贷:累计摊销——A专利权　　　　　　　　　1 200
　　　　　　——B专利权　　　　　　　　　　800
　　　　　　——商标权　　　　　　　　　　　800
　　　　　　——土地使用权　　　　　　　　18 000

随堂测:无形资产的摊销

三、无形资产的减值

企业应当定期或至少在每年年度终了检查各项无形资产预计给企业带来经济利益的能力,对于其可收回金额低于其账面价值的,应当计提无形资产减值准备。无形资产减值损失一经确认,在以后期间不得转回,只有在处置时才可以转出。

确认无形资产减值损失后,无形资产的摊销应当在未来期间做相应的调整。

计提无形资产减值准备时,按无形资产可收回的金额低于其账面价值的差额,做如下账务处理。

借:资产减值损失——无形资产减值损失
　贷:无形资产减值准备

【做中学5-26】　某公司2×20年1月8日购入一项专利权,成本为500 000元,预计使用年限8年。2×21年12月31日,该项专利权发生了减值,可收回金额为200 000元,减值后预计剩余使用年限为4年。假定该项专利权残值为0。

(1)专利权减值前。
　　　　专利权减值前每年摊销额=500 000÷8=62 500(元)
　　　　专利权减值前累计摊销额=62 500×2=125 000(元)
　　　　专利权减值前账面价值=500 000-125 000=375 000(元)

(2) 计提减值准备。

应计提的减值准备＝375 000－200 000＝175 000(元)

借：资产减值损失——无形资产减值损失　　　　175 000
　　贷：无形资产减值准备　　　　　　　　　　　　　　175 000

(3) 计算剩余使用年限内年摊销额。

剩余使用年限内年摊销额＝200 000÷4＝50 000(元)

知识拓展：无形资产的减值

四、无形资产的处置

无形资产处置主要是指无形资产出售、对外出租或者报废转销。

1. 无形资产出售

无形资产出售是指转让无形资产的所有权。

借：银行存款
　　无形资产减值准备
　　资产处置损益(出售发生损失时)
　　累计摊销
　　贷：无形资产
　　　　应交税费——应交增值税(销项税额)
　　　　资产处置损益(出售实现收益时)

应按实际取得的价款，借记"银行存款"等账户；按已计提的累计摊销，借记"累计摊销"账户；按该无形资产已计提的减值准备，借记"无形资产减值准备"账户；按无形资产的账面余额，贷记"无形资产"账户；按应支付的相关税费，贷记"银行存款""应交税费"等账户；按其差额，借记或贷记"资产处置损益"账户。

【做中学5-27】 甲公司将拥有的原始价值为650 000元的一项专利权出售，取得出售价款424 000元，应交增值税24 000元。该专利权已摊销价值为240 000元，已计提的减值准备为80 000元。

借：银行存款　　　　　　　　　　　　　　　　　424 000
　　无形资产减值准备　　　　　　　　　　　　　　80 000
　　累计摊销　　　　　　　　　　　　　　　　　240 000
　　贷：无形资产——专利权　　　　　　　　　　　650 000
　　　　应交税费——应交增值税(销项税额)　　　　24 000
　　　　资产处置损益　　　　　　　　　　　　　　70 000

2. 无形资产的出租

无形资产的出租是将部分使用权让渡给其他单位或个人，出让方仍保留对该项无形资产的所有权，因而仍拥有使用、收益和处置的权利。

(1) 取得租金收入。

借：银行存款

贷：其他业务收入
　　应交税费——应交增值税（销项税额）
（2）摊销无形资产价值。
借：其他业务成本
　　贷：累计摊销

【做中学5-28】（多选题）下列交易事项中，会影响企业当期营业利润的有（　　）。
A. 无形资产租金收入　　　B. 无形资产计提的减值
C. 无形资产处置净收益　　D. 使用寿命有限的管理用无形资产摊销

选项C，出售无形资产取得的出售收益计入资产处置损益，影响企业的营业利润。本题选A、B、C、D。

3. 无形资产的报废

如果无形资产预期不能为企业带来未来经济利益，则不再符合无形资产的定义，应将其报废并予以转销，其账面价值转作当期损益。

借：营业外支出
　　累计摊销
　　无形资产减值准备
　　贷：无形资产

【做中学5-29】 甲公司于2×16年1月2日购入一项专利权，成本为90 000元。该专利权的剩余有效期为15年，但根据对产品市场技术发展的分析，该专利权的使用寿命为10年。2×19年12月31日，由于政府新法规的出台使使用该技术生产的产品无法再销售，并且该专利权无其他任何用途。计算2×19年因该专利权的摊销和报废对公司利润总额的影响。

2×19年因该专利权的摊销和报废对公司利润总额的影响＝90 000÷10＋(90 000－90 000÷10×4)＝63 000(元)。

随堂测：无形资产的减值、处置

任务六　投资性房地产的确认与核算

学习情境一　投资性房地产概述

一、投资性房地产的定义

投资性房地产是指为赚取租金或资本增值，或者两者兼有而持有的房地产。投资性房地产应当能够单独计量和出售。

投资性房地产的主要形式是出租建筑物、出租土地使用权，这实质上属于一种让渡资产使用权行为，表现为房地产租金。投资性房地产的另一种形式是持有并准备增值后转让的土地使用权。

二、投资性房地产的范围

投资性房地产主要包括已出租的土地使用权、持有并准备增值后转让的土地使用权和已出租的建筑物。

（1）已出租的土地使用权。已出租的土地使用权是指企业通过出让或转让方式取得，并以经营租赁方式出租的土地使用权。对于以经营租赁方式租入土地使用权再转租给其他单位的，不能确认为投资性房地产。

（2）持有并准备增值后转让的土地使用权。持有并准备增值后转让的土地使用权是指企业通过出让或转让方式取得并准备增值后转让的土地使用权。但是，按照国家有关规定认定的闲置土地，不属于持有并准备增值后转让的土地使用权。

（3）已出租的建筑物。已出租的建筑物是指企业拥有产权并以经营租赁方式出租的房屋等建筑物，包括自行建造或开发活动完成后用于出租的建筑物。

企业将建筑物出租，按租赁协议向承租人提供的相关辅助服务在整个协议中不重大的，如企业将办公楼出租并向承租人提供保安、维修等辅助服务，应当将该建筑物确认为投资性房地产。

三、不属于投资性房地产的项目

（1）自用房地产。自用房地产是指为生产商品、提供劳务或者经营管理而持有的房地产。例如，企业拥有并自行经营，通过提供客房服务赚取服务收入的旅馆饭店。

（2）作为存货的房地产。作为存货的房地产是指房地产开发企业在正常经营过程中销售的或为销售而正在开发的商品房和土地。

某项房地产，部分用于赚取租金或资本增值，部分用于生产商品、提供劳务或经营管理，能够单独计量和出售的、用于赚取租金或资本增值的部分，应当确认为投资性房地产；不能够单独计量和出售的、用于赚取租金或资本增值的部分，不确认为投资性房地产。

学习情境二　投资性房地产的确认和初始计量

一、投资性房地产的确认

投资性房地产只能在符合定义，并同时满足下列条件时，才能予以确认。

（1）与该投资性房地产有关的经济利益很可能流入企业。

（2）该投资性房地产的成本能够可靠地计量。

二、投资性房地产的初始计量

投资性房地产应当按成本进行初始计量。不同方式取得的投资性房地产,其成本的构成有所区别。

1. 外购的投资性房地产

外购的投资性房地产的成本,包括购买价款、相关税费和可直接归属于该资产的其他支出。

企业外购的房地产,只有在购入的同时开始对外出租或用于资本增值,才能作为投资性房地产加以确认。企业购入房地产,自用一段时间之后再改为出租或用于资本增值的,应当先确认为固定资产或无形资产,自租赁期开始日或用于资本增值之日起,才能从固定资产或无形资产转换为投资性房地产。

2. 自行建造的投资性房地产

自行建造的投资性房地产的成本,由建造该项资产达到预定可使用状态前所发生的必要支出构成。

建造过程中发生的非正常损失,直接计入当期损益,不计入建造成本。

自行建造的房地产达到预定可使用状态一段时间后才对外出租或用于资本增值的,应当先确认为固定资产、无形资产或存货,自租赁期开始日或用于资本增值之日起,才能从固定资产、无形资产或存货转换为投资性房地产。

3. 内部转换形成的投资性房地产

(1)企业将作为存货的房地产转换为投资性房地产的,根据后续计量模式的不同可以分为成本模式和公允价值模式。

① 成本模式。

借:投资性房地产
　　存货跌价准备(转换当时已计提的减值准备)
　　贷:开发产品(账面余额)

② 公允价值模式。

借:投资性房地产——成本(转换当日的公允价值)
　　存货跌价准备(转换当时已提减值准备)
　　公允价值变动损益(借方余额情况下)
　　贷:开发产品(账面余额)
　　　　其他综合收益(贷方余额情况下)

(2)企业将自用的建筑物等转换为投资性房地产的,根据后续计量模式的不同可以分为成本模式和公允价值模式。

① 成本模式。自用房地产转换为投资性房地产。

借:投资性房地产(资产的账面原值)

　　　　累计折旧(摊销)
　　　　固定资产(无形资产)减值准备
　　　贷：固定资产、无形资产
　　　　　投资性房地产累计折旧(摊销)
　　　　　投资性房地产减值准备
　② 公允价值模式。
　借：投资性房地产——成本(转换当日的公允价值)
　　　累计折旧(摊销)
　　　固定(无形)资产减值准备(转换当时已提减值准备)
　　　公允价值变动损益(借方余额情况下)
　　贷：固定资产、无形资产(账面原值)
　　　　其他综合收益(贷方余额情况下)

学习情境三　投资性房地产的后续计量

　　投资性房地产的后续计量有成本和公允价值两种模式，通常应当采用成本模式计量，满足特定条件时也可以采用公允价值模式计量。但是，同一企业只能采用一种模式对所有投资性房地产进行后续计量，不得同时采用两种计量模式。

一、采用成本模式计量的投资性房地产

　　企业通常应当采用成本模式对投资性房地产进行后续计量。
　　采用成本模式下，应当遵循以下规定。
　　(1) 按照固定资产或无形资产的有关规定，按期(月)计提折旧或摊销，借记"其他业务成本"等科目，贷记"投资性房地产累计折旧(摊销)"科目。
　　(2) 取得的租金收入，借记"银行存款"等科目，贷记"其他业务收入""应交税费——应交增值税"等科目。
　　(3) 投资性房地产存在减值迹象的，应按经减值测试后确定的减值金额，计提减值准备，借记"资产减值损失"科目，贷记"投资性房地产减值准备"科目。投资性房地产减值损失一经确认，在以后期间不得转回。

　　【做中学5-30】　一般纳税人甲公司2×20年将一栋写字楼出租给乙公司使用，确认为投资性房地产，采用成本模式计量。假设这栋办公楼的成本为7 200万元，按照年限平均法计提折旧，使用寿命为20年，预计净残值为零。经营租赁合同约定，乙公司每月等额支付甲公司租金43.6万元。
　　(1) 每月计提折旧。

$$每月计提折旧 = 7\ 200 \div 20 \div 12 = 30(万元)$$

　　借：其他业务成本——出租写字楼折旧　　　300 000
　　　贷：投资性房地产累计折旧　　　　　　　　　　300 000

(2) 每月确认租金收入。

借：银行存款　　　　　　　　　　　　　　　436 000
　　贷：其他业务收入——出租写字楼租金收入　　400 000
　　　　应交税费——应交增值税（销项税额）　　　36 000

二、采用公允价值模式计量的投资性房地产

只有存在确凿证据表明投资性房地产的公允价值能够持续可靠取得的情况下，企业才可以对投资性房地产采用公允价值模式进行后续计量。企业一旦选择采用公允价值计量模式，就应当对其所有投资性房地产均采用公允价值模式进行后续计量。

采用公允价值模式下，应当遵循以下规定。

(1) 不对投资性房地产计提折旧或摊销。企业应当在资产负债表日，以其公允价值为基础调整其账面价值，公允价值与原账面价值之间的差额计入当期损益。

借：投资性房地产——公允价值变动
　　贷：公允价值变动损益

或做相反分录。

(2) 取得的租金收入，借记"银行存款"等科目，贷记"其他业务收入""应交税费——应交增值税"科目。

【做中学 5-31】 2×19年9月，甲公司与乙公司签订租赁协议，约定将甲公司新建造的一栋写字楼租赁给乙公司使用，租赁期为10年。

2×19年12月1日，该写字楼起租，写字楼的工程造价为8 000万元，公允价值也为相同金额。该写字楼所在区域有活跃的房地产交易市场，而且能够从房地产交易市场上取得同类房地产的市场报价，甲公司决定采用公允价值模式对该项出租的房地产进行后续计量。

在确定该房地产的公允价值时，甲公司选取了与该房产所处地区相近，结构及用途相同的房地产，参照公司所在地房地产交易市场上平均销售价格，结合周边市场信息和自有房产的特点。2×19年12月31日，该写字楼的公允价值为8 400万元。

(1) 2×19年12月1日，甲公司出租写字楼。

借：投资性房地产——写字楼——成本　　　80 000 000
　　贷：固定资产——写字楼　　　　　　　　80 000 000

(2) 2×19年12月31日，按照公允价值调整其账面价值，公允价值与原账面价值之间的差额计入当期损益。

借：投资性房地产——写字楼——公允价值变动　4 000 000
　　贷：公允价值变动损益——投资性房地产　　　4 000 000

三、投资性房地产后续计量模式的变更

企业对投资性房地产的计量模式一经选择，不得随意变更。只有在房地产市场比较

成熟、能够满足采用公允价值模式条件的情况下，才允许企业对投资性房地产从成本模式计量变更为公允价值模式计量。成本模式转为公允价值模式，应当作为会计政策变更处理，将计量模式变更时公允价值与账面价值的差额，调整期初留存收益。

已采用公允价值模式计量的投资性房地产，不得从公允价值模式转为成本模式。

学习情境四　投资性房地产的处置

企业出售、转让、报废投资性房地产或者发生投资性房地产毁损，应当将处置收入扣除其账面价值和相关税费后的金额计入当期损益。此外，企业因其他原因，如非货币性资产交换而减少投资性房地产，也属于投资性房地产的处置。

1. 成本模式下

（1）取得款项。

借：银行存款
　　贷：其他业务收入
　　　　应交税费——应交增值税（销项税额）

（2）结转成本。

借：其他业务成本（投资性房地产的账面价值）
　　投资性房地产累计折旧（摊销）
　　投资性房地产减值准备
　　贷：投资性房地产（投资性房地产的账面余额）

【做中学5-32】　一般纳税人罗曼公司将原用于出租的土地使用权转让，取得收入216.3万元，款已收到存入银行。已知该土地使用权原采用成本模式计量，账面余额150万元，累计摊销45万元。该公司对此项业务选用简易计税办法缴纳增值税。

（1）收到出售款。

借：银行存款	2 163 000
贷：其他业务收入	2 131 428.57
应交税费——简易计税	31 571.43

（2）结转账面成本。

借：其他业务成本	1 050 000
投资性房地产累计摊销	450 000
贷：投资性房地产	1 500 000

2. 公允价值模式下

取得款项时账务处理如下。

借：银行存款
　　贷：其他业务收入
　　　　应交税费——应交增值税（销项税额）

结转成本：按该项投资性房地产的账面余额，借记"其他业务成本"科目，按其成本，贷记"投资性房地产——成本"科目，按其累计公允价值变动，贷记或借记"投资性房地产——公允价值变动"科目。

同时结转投资性房地产累计公允价值变动，即借记或贷记"公允价值变动损益"科目，贷记或借记"其他业务成本"科目。

若存在原转换日记入其他综合收益的金额，也一并结转。

【做中学 5-33】 一般纳税人昌平公司将用于出租的自建厂房出售，取得收入 414.2 万元存入银行账户。该公司原来对厂房采用公允价值模式计量，厂房成本为 150 万元，公允价值变动为借方余额 45 万元，假设不考虑其他税费。该业务适用一般计税办法缴纳增值税。

(1) 收到出售款。

借：银行存款　　　　　　　　　　　　　　　　4 142 000
　　贷：其他业务收入　　　　　　　　　　　　　3 800 000
　　　　应交税费——应交增值税（销项税额）　　　342 000

(2) 结转成本。

借：其他业务成本　　　　　　　　　　　　　　1 950 000
　　贷：投资性房地产——成本　　　　　　　　　1 500 000
　　　　　　　　　　——公允价值变动　　　　　　450 000

同时，将投资性房地产累计公允价值变动转入其他业务成本。

借：公允价值变动损益　　　　　　　　　　　　　450 000
　　贷：其他业务成本　　　　　　　　　　　　　　450 000

需要注意的是，如果企业的投资性房地产作为其主营业务，上述相应经济业务应通过"主营业务收入"和"主营业务成本"科目进行核算。

任务七　其他资产的核算

其他资产是指除货币资金、交易性金融资产、应收及预付款项、存货、长期股权投资、固定资产、无形资产、投资性房地产等以外的资产，如长期待摊费用等。

长期待摊费用是指企业已经发生，但应由本期和以后各期负担的分摊期限在 1 年以上的各项费用，如以租赁方式租入的使用权资产发生的改良支出。

企业应设置"长期待摊费用"科目，核算长期待摊费用的发生和摊销，并按费用项目进行明细核算。期末本科目借方余额，反映企业尚未摊销完毕的长期待摊费用。

(1) 发生长期待摊费用。

借：长期待摊费用
　　应交税费——应交增值税（进项税额）
　　贷：银行存款

　　　　原材料

(2) 摊销长期待摊费用。

借：管理费用
　　销售费用
　　贷：长期待摊费用

随堂测：长期待摊费用的核算

【做中学5-34】 飞跃公司2×19年10月1日对以经营租赁方式租入的厂房进行装修，支付工资120 000元，领用原材料400 000元（原材料购进时适用增值税税率13%），以银行存款支付水电等相关费用24 800元。11月1日工程完工交付使用，装修费用按租赁期5年开始进行摊销。假如不考虑其他税费。

(1) 2×19年10月装修期间。

借：长期待摊费用　　　　　　　　　　　　544 800
　　贷：应付职工薪酬　　　　　　　　　　　　120 000
　　　　原材料　　　　　　　　　　　　　　　400 000
　　　　银行存款　　　　　　　　　　　　　　 24 800

(2) 2×19年摊销装修支出(2个月)。

借：管理费用　　　　　　　　　　　　　　 18 160
　　贷：长期待摊费用　　　　　　　　　　　　 18 160

课后练习题

一、单选题

1. 与年限平均法相比，采用年数总和法对固定资产计提折旧将使（　　）。
   A. 计提折旧的初期，企业利润减少，固定资产净值减少
   B. 计提折旧的初期，企业利润减少，固定资产原值减少
   C. 计提折旧的后期，企业利润减少，固定资产净值减少
   D. 计提折旧的后期，企业利润减少，固定资产原值减少

2. 固定资产清理过程中，下列应记入"固定资产清理"科目贷方的项目是（　　）。
   A. 固定资产的净值　　　　　　　　B. 发生的清理费用
   C. 取得的变价收入　　　　　　　　D. 支付的清理人员工资

3. 采用经营租赁方式租出的设备所计提的折旧费应计入（　　）。
   A. 生产成本　　B. 制造费用　　C. 管理费用　　D. 其他业务成本

4. 下列各项固定资产中，不应计提折旧的是（　　）。
   A. 以融资租赁方式租入的设备　　　B. 当月增加的设备
   C. 大修理停用的设备　　　　　　　D. 季节性停用的设备

5. 企业的在建工程在达到预定可使用状态前所取得的收入，应当（　　）。
   A. 作为主营业务收入　　　　　　　B. 作为其他业务收入

C. 作为营业外收入 D. 冲减在建工程成本

6. 固定资产出售、报废、毁损等,应按规定程序转入( )账户。
   A. 待处理财产损溢 B. 固定资产清理
   C. 管理费用 D. 其他业务成本

7. 出租无形资产时,按税法规定计算应交增值税时,应借记( )等科目,贷记"应交税费——应交增值税"科目。
   A. "银行存款" B. "营业外支出"
   C. "其他业务成本" D. "管理费用"

8. 会计期末,公司所持有的无形资产的账面价值高于其可收回金额的差额,应当计入( )。
   A. 管理费用 B. 销售费用 C. 其他业务成本 D. 资产减值损失

9. 企业在筹建期间发生的行政管理人员工资应计入( )。
   A. 管理费用 B. 待摊费用 C. 营业费用 D. 长期待摊费用

10. 无形资产按取得时的( )入账。
    A. 计划成本 B. 实际成本 C. 市价 D. 重估价值

11. 使用寿命不确定的无形资产,其价值( )摊销。
    A. 应在不少于5年期限内 B. 应在不少于10年期限内
    C. 不需要 D. 应在不少于20年期限内

12. 下列项目中,属于投资性房地产的是( )。
    A. 企业拥有且自用的办公楼
    B. 房地产开发企业开发并准备出售的商品房
    C. 企业持有并准备建设厂房的土地
    D. 企业拥有并出租的厂房

13. 投资性房地产采用公允价值模式进行计量,不需设置的账户有( )。
    A. 投资性房地产累计折旧
    B. 投资性房地产——公允价值变动
    C. 投资性房地产——成本
    D. 公允价值变动损益

14. 企业为增值税一般纳税人,购入生产用设备一台,增值税专用发票上价款10万元,增值税1.3万元,发生运杂费0.5万元,保险费0.3万元,安装费1万元,该设备取得时的成本为( )万元。
    A. 10 B. 11.7 C. 11.8 D. 13.5

15. 企业以400万元购入A、B、C三项没有单独标价的固定资产。这三项资产的公允价值分别为180万元、140万元和160万元。则A固定资产的入账成本为( )万元。
    A. 150 B. 180 C. 130 D. 125

二、多选题

1. 下列各项中,应当列入资产负债表中固定资产原价项目的有( )。

A. 融资租入固定资产的原价
B. 经营性租入固定资产的原价
C. 盘盈生产设备的原价
D. 经营性租出固定资产的原价

2. 对于企业已经入账的固定资产,在下列情况中可以调整其账面价值的是( )。
   A. 将固定资产的一部分拆除
   B. 对固定资产进行大修理
   C. 固定资产的实际价值与之前入账的暂估价值不一致时
   D. 对固定资产进行改造

3. 根据固定资产的不同用途,企业在计提折旧时应借记的会计科目有( )。
   A. 在建工程   B. 管理费用
   C. 制造费用   D. 其他业务成本
   E. 财务费用

4. 下列各项固定资产,不需计提折旧的有( )。
   A. 未使用的房屋、建筑物   B. 以经营租赁租入的固定资产
   C. 已提足折旧仍在使用的固定资产 D. 未提足折旧提前报废的固定资产
   E. 过去已经估价单独入账的土地

5. 下列固定资产业务,必须通过"固定资产清理"账户核算的有( )。
   A. 出售固定资产   B. 固定资产报废
   C. 固定资产改良   D. 固定资产毁损
   E. 固定资产盘盈、盘亏   F. 对外投资

6. 企业结转固定资产清理净损益时,可能涉及的会计科目有( )。
   A. 营业外收入   B. 营业外支出
   C. 长期股权投资   D. 财务费用
   E. 管理费用

7. 下列有关固定资产的后续支出中,应作为改建、扩建支出计入固定资产账面价值的有( )。
   A. 可延长原有固定资产使用寿命的支出
   B. 可维持原有固定资产预定使用状态的支出
   C. 可使原固定资产产出的产品成本实质性提高的支出
   D. 可使原固定资产产出的产品成本实质性降低的支出

8. 企业自行研究开发的专利申请成功后,应作为无形资产进行核算,其入账成本包括( )。
   A. 管理费用
   B. 注册费
   C. 开发无形资产时耗费的材料符合资本化部分
   D. 劳务成本

9. 无形资产处置的会计处理中,不正确的有( )。

A. 出租无形资产所取得的收入应计入营业外收入
B. 出售无形资产所取得的收入应计入其他业务收入
C. 出租无形资产的支出应计入其他业务成本
D. 出售无形资产所发生的支出应计入其他业务成本
E. 出租无形资产的摊销费用计入其他业务成本

10. 无形资产的会计处理,不正确的有(   )。
    A. 将自创商誉确认为无形资产
    B. 将转让使用权的无形资产的摊销价值计入营业外支出
    C. 将出售的无形资产的账面价值计入其他业务成本
    D. 将预期不能为企业带来经济利益的无形资产的账面价值转销

11. 根据有关规定,投资性房地产的后续计量模式的叙述正确的有(   )。
    A. 通常应当采用成本模式进行计量
    B. 只有符合规定条件的,可以采用公允价值模式进行计量
    C. 同一企业只能采用一种模式对所有投资性房地产进行后续计量,不得同时采用两种计量模式
    D. 已采用公允价值模式的可以转为成本模式

12. 关于采用成本模式对投资性房地产进行后续计量的叙述正确的有(   )。
    A. 应对投资性房地产计提折旧或摊销
    B. 计提折旧或摊销适用《企业会计准则第4号——固定资产》《企业会计准则第6号——无形资产》
    C. 存在减值迹象,应按《企业会计准则第8号——资产减值》进行减值测试,并计提相应减值准备
    D. 投资性房地产不计提折旧或摊销

13. 下列各项中,应计提固定资产折旧的有(   )。
    A. 经营租入的设备
    B. 融资租入的办公楼
    C. 已投入使用但未办理竣工决算的厂房
    D. 已达到预定可使用状态但未投产的生产线

14. 下列各项中,企业需暂估入账的有(   )。
    A. 月末已验收入库但发票账单未到的原材料
    B. 已发出商品但货款很可能无法收回的商品销售
    C. 已达到预定可使用状态但尚未办理竣工决算的办公楼
    D. 董事会已通过但股东大会尚未批准的拟分配现金股利

15. 下列各项中,影响固定资产折旧的因素有(   )。
    A. 固定资产原价
    B. 固定资产的预计使用寿命
    C. 固定资产预计净残值
    D. 已计提的固定资产减值准备

三、判断题

1. 企业固定资产原价减去累计折旧后的净值反映了实际占用在固定资产上的资金数额。（   ）
2. 企业接受其他单位的固定资产投资时，"固定资产"和"实收资本"科目均要按双方合同约定的价值入账。（   ）
3. 企业固定资产改良支出属于资本性支出，因此，固定资产改良的净支出应作为增加固定资产账面原价处理，调整固定资产的原始成本。（   ）
4. 企业在建工领用本企业的原材料，按原材料的账面成本计入在建工程成本。（   ）
5. 固定资产卡片和租入固定资产登记簿都是固定资产明细账，它们可以跨年度使用。（   ）
6. 登记的专利权，即使不能给企业带来任何经济利益，仍应按无形资产入账。（   ）
7. 土地使用权应列为无形资产。（   ）
8. 无形资产摊销费用均应计入管理费用。（   ）
9. 持有并准备增值后转让的房屋建筑物属于投资性房地产。（   ）
10. 已采用公允价值模式计量的投资性房地产还可以转换为成本模式。（   ）
11. 同一企业可以同时采用两种模式对投资性房地产进行后续计量。（   ）
12. 已达到预定可使用状态但尚未办理竣工决算的固定资产不应计提折旧。（   ）
13. 投资性房地产采用公允价值模式进行后续计量的，应按资产负债表日该资产的公允价值调整其账面价值。（   ）
14. 使用寿命有限的无形资产应当自达到预定用途的下月起开始摊销。（   ）
15. 无形资产均应进行摊销，且摊销时，应该冲减无形资产的成本。（   ）

四、实务题

1. 某企业适用所得税税率为25%，并规定按净利润10%计提盈余公积金。2×20年度发生了以下经济业务。

（1）接受飞达公司以一台机器设备作为投资，该设备的账面价值200 000元，合同协议价为188 000元，市场价198 000元。该设备已投入生产。

（2）购入一台汽车，买价160 000元，增值税20 800元，购买车辆保险支出4 500元，款项均由银行存款中支付，汽车直接投入使用。

（3）购入一台机器设备，取得增值税专用发票，价款120 000元，增值税15 600元，款未付，设备交付安装，用现金支付安装费1 500元。设备安装完毕交付使用。

（4）在固定资产清查过程中，发现账外设备一台，该设备市场价格为5 000元，估计7成新。

要求：编制该企业相关会计分录。

2. 旭日机床公司于2×20年3月对某生产线进行改造。该生产线的账面原价为1 200万元，已计提折旧300万元，2×18年12月31日该生产线计提减值准备100万元。在改造过程中，被替换部分设备取得变价收入8万元，领用工程物资50万元，发生人工费用 25 万元,耗用水电等其他费用 10 万元。在试运行中取得试运行净收入 5 万元。该生产线 2×20 年 12 月 31 日改造完成并投入使用。改造后的生产线使其生产能力和产品质量得到实质性的提高。

要求:根据以上业务进行会计处理。

3. 信达企业于 2×20 年 12 月 31 日购入一台汽车,价值 120 000 元,估计使用年限为 5 年,预计净残值率为 3‰,预计该汽车总行驶里程为 500 000km,第 1 年、第 2 年、第 3 年、第 4 年、第 5 年分别行驶了 100 000km、120 000km、110 000km、80 000km、90 000km。

要求:分别用年限平均法、工作量法、双倍余额递减法、年数总和法计算各年折旧额。

4. 营改增试点一般纳税人东港公司 2×20 年发生了以下经济业务。

(1) 将一项专利权出售给华达公司,该项专利权入账成本 120 000 元,已摊销 40 000 元,已计提减值准备 2 000 元,出售收入 74 200 元存入银行,增值税税率 6%(不考虑其他税费)。

(2) 转让一项商标的使用权给大明公司,该商标原价 200 000 元,使用寿命 10 年,已摊销 5 年,未计提减值准备,大明公司每年支付使用费 31 800 元,增值税税率 6%,假设不考虑其他税费。

要求:编制相关会计分录。

5. 新明公司一项专利权入账成本 200 000 元,原预计使用年限 5 年,第 2 年末,企业对该专利权计提减值准备 6 000 元,第 3 年末计提减值准备 15 000 元,第 4 年末市场上已有了更先进替代技术,致使该专利权失去了经济效用。第 4 年末,企业将该专利权注销。

要求:编制第 4 年会计分录。

6. 美龙达公司采用公允价值模式计量投资性房地产,增值税税率 9%。

(1) 2×20 年 12 月 1 日与爱华公司签订协议,将自用的办公楼出租给该公司,租期 3 年,每年租金 1 090 万元,于年初收取。2×21 年 1 月 1 日为租赁开始日,2×23 年 12 月 31 日到期。转换日的公允价值为 2 000 万元,该固定资产原值 2 000 万元,已提折旧 1 000 万元,未计提减值准备。各年 1 月 1 日收到租金。

(2) 2×21 年 12 月 31 日该投资性房地产的公允价值为 2 050 万元。

(3) 2×22 年 12 月 31 日该投资性房地产的公允价值为 2 080 万元。

(4) 2×23 年 12 月 31 日租赁协议到期,收回办公楼作为自用办公楼,公允价值为 2 070 万元。

要求:编制相关会计分录。

项目五试题库

职工薪酬岗位核算

知识目标

1. 熟悉职工薪酬会计岗位的核算任务。
2. 掌握应付职工薪酬的确认与计量、应付职工薪酬及非货币性福利职工薪酬的会计核算。
3. 掌握企业分配职工薪酬的会计处理和非货币性职工薪酬的会计处理。

能力目标

1. 能对企业发生的职工薪酬进行确认与计量、对应付职工薪酬进行会计核算。
2. 能对非货币性福利职工薪酬进行会计核算。

学习重难点

1. 重点是应付职工薪酬的确认与计量、应付职工薪酬的会计核算以及非货币性福利职工薪酬的会计核算方法。
2. 难点是企业分配职工薪酬的会计处理和非货币性职工薪酬的会计处理。

任务准备 职工薪酬岗位核算任务与业务流程

准备一 职工薪酬岗位的核算任务

应付职工薪酬岗位是核算企业为获得职工提供的服务而给予各种形式的报酬及其他相关支出、计算和缴纳企业有关"五险一金两费"等业务的岗位。

本岗位工作人员的职责如下。

1. 薪酬制度的建立与完善

（1）协助部门负责人起草薪酬福利方面的规章制度，并对原有制度不断进行修订和完善。

（2）向员工推广、宣传、解释薪酬制度。

2. 薪金计算与管理

（1）计算、发放并适时调整员工的薪金报酬。

（2）调查、解释和处理员工提出的薪酬方面的意见。

（3）了解本地区同行业薪酬信息，了解员工意向，收集整理建设性意见。

（4）工资档案的登载、更新、保管与转移。

3. 保险与福利

（1）年初核定保险基数；平日各种人员变动的申报；医疗保险各项业务的经办与报销。

（2）执行国家规定的各种福利保障措施，建立、完善本单位内部福利措施。

4. 对薪酬福利的会计处理

编制会计凭证，进行工资、奖金、津贴、职工福利费等的明细核算。

5. 劳动统计

劳动统计包括各种劳动、统计报表的填报，办理劳动年检。

准备二　职工薪酬岗位的工作流程

一、工资发放

1. 整理异动信息

签收人力资源部、行政办公室、车间核算员及其他会计岗传来的相关异动信息，整理分类、登记形成备忘录。

注意：人员正确分为在职、在职长假、劳保内退、退休等几类。项目变动内容有新增人员、部门变动、水电费变动、代扣款项、销售兑现等。

2. 根据异动备忘录编制工资表

根据本月异动情况编制工资表→计算应发工资→计算应扣所得税→计算应扣款项和代扣款项→计算实发工资→汇总各部门工资。

3. 验算工资表，上报审核

工资计算完毕→验算→打印工资明细表→送人力资源部审核→审核无误后，准备发放工资。

4. 银行代发工资款付出

每月发放工资前，填写付款审批单→财务部长等审批→连同工资发放表交出纳岗划款，保证发放工资日到账。

5. 编制记账凭证

根据工资明细表开具扣款收据→凭工资汇总表、出纳传来的银行付款支票存根编制记账凭证。

6. 装订工资信息资料

工资发放完毕，将各种信息资料分类装订成册，妥善保管。

二、工资分配

根据职工提供服务的受益对象，将应确认的职工薪酬计入相关资产成本或当期损益，同时确认应付职工薪酬。

月末编制当月应付工资明细汇总表→编制工资分配明细表→编制记账凭证。

三、福利性费用支出

审核行政办公室签批的托幼费、学杂费、医药费及困难补助等支出→编制相关记账凭证。

任务一　职工薪酬的内容

一、职工薪酬的概念

1. 职工薪酬的含义

职工薪酬是指企业为获得职工提供的服务或解除劳动关系而给予各种形式的报酬或补偿。职工薪酬包括短期薪酬、离职后福利、辞退福利和其他长期职工福利。企业提供给职工配偶、子女、受赡养人、已故员工遗属及其他受益人等的福利,也属于职工福利,表现为货币性薪酬和非货币性福利。

2. 职工的范围

职工薪酬中的"职工",具体包括三类。

(1) 与企业订立劳动合同的所有人员,含全职、兼职和临时职工。

(2) 未与企业订立劳动合同但由企业正式任命的人员,如董事会成员(独立董事)、监事会成员等。

(3) 在企业的计划和控制下,虽与企业未订立劳动合同或企业未正式任命,但为企业提供了类似服务的人员,如企业与咨询机构、中介机构签订了一揽子协议,中介机构组织一些人员为企业提供服务,这些劳务人员也属于职工薪酬中提到的职工的范围。

二、职工薪酬的构成

职工薪酬包括以下内容。

1. 短期薪酬

短期薪酬是指企业在职工提供相关服务的年度报告期间结束后 12 个月内需要全部予以支付的职工薪酬,因解除与职工的劳动关系给予的补偿除外。

短期薪酬具体包括:职工工资、奖金、津贴和补贴,职工福利费,医疗保险费、工伤保险费和生育保险费等社会保险费,住房公积金,工会经费和职工教育经费,短期带薪缺勤,短期利润分享计划,非货币性福利以及其他短期薪酬。

2. 离职后福利

离职后福利是指企业为获得职工提供的服务而在职工退休或与企业解除劳动关系后,提供的各种形式的报酬和福利,短期薪酬和辞退福利除外。离职后福利,按其特征可分为以下几种。

(1) 设定提存计划。设定提存计划是指向独立的基金缴存固定费用后,企业不再承担进一步支付义务的离职后福利计划。即养老保险费和失业保险费。

(2) 设定受益计划。设定受益计划是指除设定提存计划以外的离职后福利计划。

3. 辞退福利

辞退福利是指企业在职工劳动合同到期之前解除与职工的劳动关系,或者为鼓励职工自愿接受裁减而给予职工的补偿。

4. 其他长期职工福利

其他长期职工福利是指除短期薪酬、离职后福利、辞退福利之外所有的职工薪酬,包括长期带薪缺勤、长期残疾福利、长期利润分享计划等。

随堂测:职工薪酬的内容

任务二　应付职工薪酬的会计处理

企业应设置"应付职工薪酬"账户，核算应付职工薪酬的提取、核算、使用等情况。该账户贷方登记已分配计入有关成本费用项目的职工薪酬数额，即应付职工薪酬的分配数，借方登记实际支付的各种应付职工薪酬，包括扣还的款项；期末贷方余额反映企业尚未支付的职工薪酬。

该账户应当按照"工资""职工福利费""非货币性福利""社会保险费""住房公积金""工会经费"和"职工教育经费""带薪缺勤""短期利润分享计划""设定提存计划""设定受益计划义务""辞退福利"等薪酬项目设置明细账进行明细核算。

一、短期薪酬的核算

企业应当在职工为其提供服务的会计期间，将实际发生的短期薪酬确认为负债，并计入当期损益，其他会计准则要求或允许计入资产成本的除外。

（一）货币性职工薪酬

1. 工资、奖金、津贴和补贴

企业应当在职工为其提供服务的会计期间，将实际发生的职工工资、奖金、津贴和补贴等根据职工将应确认的职工薪酬计入相关成本或费用中，同时确认应付职工薪酬。

会计分录如下。

借：生产成本（生产车间一线工人薪酬）
　　制造费用（生产车间管理人员薪酬）
　　管理费用（行政人员薪酬）
　　销售费用（销售人员薪酬）
　　研发支出（从事研发活动人员的薪酬）
　　在建工程（从事工程建设人员的薪酬）
　贷：应付职工薪酬——工资

【做中学 6-1】 2×19 年 6 月，甲公司当月应发工资 1 560 万元，其中：生产部门直接生产人员工资 1 000 万元，生产部门管理人员工资 200 万元，公司管理部门人员工资 360 万元。

甲公司做如下账务处理。

借：生产成本　　　　　　　　　　　　　　　　10 000 000
　　制造费用　　　　　　　　　　　　　　　　 2 000 000
　　管理费用　　　　　　　　　　　　　　　　 3 600 000

贷：应付职工薪酬——工资　　　　　　　　　　　　15 600 000

2. 职工福利费

　　企业应当在实际发生时根据实际发生额借记"生产成本""制造费用""管理费用""销售费用"等科目，贷记"应付职工薪酬——职工福利费"科目。

【做中学6-2】 乙公司下设一所职工食堂，每月根据在岗职工数量及岗位分布情况、相关历史经验数据等计算需要补贴食堂的金额，从而确定企业每期因补贴职工食堂需要承担的福利费金额，2×20年9月，企业在岗职工共计200人，其中管理部门30人，生产车间生产人员170人，每个职工每月需补贴食堂150元。相关账务处理如下。

　　借：生产成本　　　　　　　　　　　　　　　　　25 500
　　　　管理费用　　　　　　　　　　　　　　　　　 4 500
　　　　贷：应付职工薪酬——职工福利费　　　　　　　　30 000

2×20年10月乙公司支付30 000元补贴给食堂。

　　借：应付职工薪酬——职工福利费　　　　　　　　　30 000
　　　　贷：银行存款　　　　　　　　　　　　　　　　　30 000

3. 国家规定计提标准的职工薪酬

　　对于国家规定了计提基础和计提比例的医疗保险费、工伤保险费、生育保险费等社会保险费和住房公积金，以及按规定提取的工会经费和职工教育经费，应当在职工为其提供服务的会计期间，根据规定的计提基础和计提比例计算确定相应的职工薪酬金额计入相关成本或费用中，同时确认应付职工薪酬。

【做中学6-3】 承做中学6-1，根据所在地政府规定，公司分别按照职工工资总额的10%和8%计提医疗保险费和住房公积金，缴纳给当地社会保险经办机构和住房公积金管理机构。公司分别按照职工工资总额的2%和8%计提工会经费和职工教育经费。

　　假定不考虑所得税影响。

　　借：生产成本　　　　　　　　　2 800 000[1 000×(10%+8%+2%+8%)]
　　　　制造费用　　　　　　　　　　 560 000[200×(10%+8%+2%+8%)]
　　　　管理费用　　　　　　　　　 1 008 000[360×(10%+8%+2%+8%)]
　　　　贷：应付职工薪酬——医疗保险费　　　 1 560 000
　　　　　　　　　　　　——住房公积金　　　　 1 248 000
　　　　　　　　　　　　——工会经费　　　　　　 312 000
　　　　　　　　　　　　——职工教育经费　　　 1 248 000

4. 短期带薪缺勤

　　带薪缺勤是指企业支付工资或提供补偿的职工缺勤，包括年休假、病假、短期伤残、婚假、产假、丧假、探亲假等。如果属于长期带薪缺勤，则应当作为其他长期职工福利处理。根据带薪缺勤的性质及职工享有的权利不同，分为累积带薪缺勤和非累积带薪缺勤。

　　(1) 累积带薪缺勤。累积带薪缺勤是指带薪权利可结转下期带薪缺勤，本期尚未用完的带薪缺勤权利可以在未来期间使用。企业应当在职工提供了服务从而增加了其未来享有的带薪缺勤权利时,确认与累积带薪缺勤相关的职工薪酬,并以累积未行使权利而增加的预期支付金额计量。

【做中学6-4】 丁企业共有2 000名职工,从2×19年1月1日起,该企业实行累积带薪制度。该制度规定,每个职工每年可享受5个工作日带薪休假。未使用的年休假只能向后结转一个公历年度,超过1年未使用的权利作废,在职工离开企业时也无权获得现金支付;职工休年假时,首先使用当年可享受的权利,再从上年结转的带薪年休假中扣除。2×19年12月31日,丁企业预计2×20年有1 900名职工将享受不超过5天的带薪年休假,剩余100名职工每人将平均享受6天半年休假,假定这100名职工全部为总部各部门经理,该企业平均每名职工每个工作日工资为300元。不考虑其他相关因素。丁企业在2×19年12月31日应当预计由于职工累积未使用的带薪年休假权利而导致的预期支付的金额,即相当于150天(100×1.5天)的年休假工资金额45 000(150×300)元。

应编制的会计分录如下。

借:管理费用　　　　　　　　　　　　　　　　　　　　　45 000
　　贷:应付职工薪酬——带薪缺勤——短期带薪缺勤——累积带薪缺勤　45 000

(2)非累积带薪缺勤。非累积带薪缺勤是指带薪权利不能结转下期的带薪缺勤,本期尚未用完的带薪缺勤权利将予以取消,并且职工离开企业时无权获得现金支付。我国企业职工休婚假、产假、丧假、探亲假、病假期间的工资通常属于非累积带薪缺勤。由于职工提供服务本身不能增加其能够享受的福利金额,企业在职工未缺勤时不应当计提相关的职工薪酬。

注意:企业确认职工薪酬享有的与非累积带薪缺勤权利相关的薪酬,视同职工出勤确认的当期损益或相关资产成本。通常情况下,与非累积带薪缺勤相关的职工薪酬已经包括在企业每期向职工发放的工资等薪酬中,因此,不必额外做相应的账务处理。

但是,如果职工放弃非累积带薪休假权利时,企业没有任何货币补偿,则不做会计处理,如果有一定金额的货币补偿,则应该在补偿当期确认一项负债计入当期的成本费用中。

【做中学6-5】 甲公司2×19年10月有2名销售人员放弃15天的婚假,假设平均每名职工每个工作日工资为200元,月工资为6 000元。

(1)假设该公司未实行非累积带薪缺勤货币补偿制度,则为满勤下日常的工资薪酬,会计处理如下。

借:销售费用　　　　　　　　　　　　　　　　　　　　　12 000
　　贷:应付职工薪酬——工资　　　　　　　　　　　　　　12 000

(2)假设该公司实行非累积带薪缺勤货币补偿制度,补偿金额为放弃带薪休假期间平均日工资的2倍。则在满勤下日常的工资薪酬之外,另享受货币补偿。会计处理如下。

借:销售费用　　　　　　　　　　　　　　　　　　　　　24 000
　　贷:应付职工薪酬——工资　　　　　　　　　　　　　　12 000
　　　　　　　　　　——非累积带薪缺勤　　　　　　　　　12 000(2×15×200×2)

实际补偿时一般随工资同时支付:

借：应付职工薪酬——工资　　　　　　　　　　12 000
　　　　　　　——非累积带薪缺勤　　　　　　12 000
　　贷：库存现金　　　　　　　　　　　　　　24 000

随堂测：货币性职工薪酬的核算

微课：短期薪酬的核算——非货币性职工薪酬

（二）非货币性职工薪酬

企业向职工提供非货币性福利的，应当按照公允价值计量。公允价值不能可靠取得的，可以采用成本计量。

（1）企业以其自产产品作为非货币性福利发放给职工的，应当根据受益对象，按照该产品的公允价值，计入相关资产成本或当期损益，同时确认应付职工薪酬。难以认定受益对象的非货币性福利，直接计入当期损益。

① 计提。
借：管理费用等
　　贷：应付职工薪酬——非货币性职工福利

② 发放。
借：应付职工薪酬——非货币性职工福利
　　贷：主营业务收入
　　　　应交税费——应交增值税（销项税额）

③ 同时结转成本。
借：主营业务成本
　　存货跌价准备
　　贷：库存商品

注意：企业以外购的商品作为非货币性福利提供给职工的，应当按照该商品的公允价值和相关税费确定职工薪酬的金额，并计入当期损益或相关资产成本。

【做中学 6-6】 某饮料生产企业为增值税一般纳税人，年末将本企业生产的一批饮料发放给生产工人作为福利。该饮料市场售价为 12 万元（不含增值税），增值税适用税率为 13%，实际成本为 10 万元。假定不考虑其他因素，请计算应确认的应付职工薪酬并做相应会计处理。

计入应付职工薪酬的金额＝12×1.13＝13.56(万元)

借：生产成本　　　　　　　　　　　　　　　135 600
　　贷：应付职工薪酬——非货币性职工福利　　135 600
借：应付职工薪酬——非货币性职工福利　　　135 600
　　贷：主营业务收入　　　　　　　　　　　　120 000

    应交税费——应交增值税(销项税额)   15 600
 借：主营业务成本   100 000
  贷：库存商品   100 000

（2）企业将拥有的房屋等资产无偿提供给职工使用的，应当根据受益对象，将该住房每期应计提的折旧计入相关资产成本或当期损益，同时确认应付职工薪酬。租赁住房等资产供职工无偿使用的，应当根据受益对象，将每期应付的租金计入相关资产成本或当期损益，并确认应付职工薪酬。

【做中学 6-7】甲公司决定为公司的部门经理每人租赁住房一套，并提供轿车一辆，免费使用，所有轿车的月折旧为 1 万元，所有外租住房的月租金为 1.5 万元。

① 计提轿车折旧并偿付薪酬。

 借：管理费用   10 000
  贷：应付职工薪酬——非货币性职工福利   10 000
 借：应付职工薪酬——非货币性职工福利   10 000
  贷：累计折旧   10 000

② 确认租金费用并支付租金。

 借：管理费用   15 000
  贷：应付职工薪酬——非货币性职工福利   15 000
 借：应付职工薪酬——非货币性职工福利   15 000
  贷：银行存款   15 000

二、离职后福利的核算

离职后福利包括以下内容。

（1）设定提存计划是指向独立的基金缴存固定费用后，企业不再承担进一步支付义务的离职后福利计划。

（2）设定受益计划是指除设定提存计划以外的离职后福利计划。

随堂测：非货币性职工薪酬的核算

设定提存计划的会计处理：对于设定提存计划，企业应当根据在资产负债表日为换取职工在会计期间提供的服务而应向单独主体缴存的提存金，确认为应付职工薪酬负债，并计入当期损益或相关资产成本。借记"生产成本""制造费用""管理费用""销售费用"等科目，贷记"应付职工薪酬——设定提存金计划"科目。

【做中学 6-8】甲企业根据当地政府规定，按照职工工资总额的 12% 计提基本养老保险费，缴存当地社会保险经办机构。2×20 年 7 月，甲企业缴存的基本养老保险费，应计入生产成本的金额为 57 600 元，应计入制造费用的金额为 12 600 元，应计入管理费用的金额为 10 872 元，应计入销售费用的金额为 2 088 元。甲企业应编制如下会计分录。

 借：生产成本——基本生产成本   57 600
   制造费用   12 600
   管理费用   10 872
   销售费用   2 088

贷：应付职工薪酬——设定提存计划——基本养老保险费　83 160

三、辞退福利的核算

（1）辞退福利的内容：①在职工劳动合同尚未到期前，不论职工本人是否愿意，企业决定解除与职工的劳动关系而给予的补偿；②在职工劳动合同尚未到期前，为鼓励职工自愿接受裁减而给予的补偿，职工有权利选择继续在职或接受补偿离职。

（2）辞退福利的确认条件：①企业已经制定正式的解除劳动关系计划或提出自愿裁减建议，并即将实施；②企业不能单方面撤回解除劳动关系计划或裁减建议。

（3）辞退福利的核算如下。

借：管理费用
　　贷：应付职工薪酬

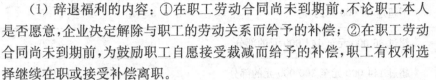

任务三　个人所得税的计算和代扣

居民个人从中国境内和境外取得的所得，应当缴纳个人所得税。各项个人所得包括综合所得，经营所得，利息、股息、红利所得，财产租赁所得，财产转让所得，偶然所得。

本任务主要讲述综合所得项目的税款计算和处理。

一、综合所得税款计算

（一）综合所得概述

综合所得包括：①工资、薪金所得；②劳务报酬所得；③稿酬所得；④特许权使用费所得。

1. 计税规定

居民纳税人的综合所得：按纳税年度"合并计算"个人所得税，按"年"计征。

2. 适用税率

综合所得执行3%～45%七级超额累进税率，见表6-1。

3. 应纳税所得额的计算

采用"定额扣除"与"附加扣除"相结合的方式计算应纳税所得额：
应纳税所得额＝每年收入额－生计费－专项扣除－专项附加扣除－其他扣除

表 6-1　　　　　　　　　　个人所得税税率表

级数	全"年"应纳税所得额	税率/%	速算扣除数/元
	含税级距		
1	不超过 36 000 元的	3	0
2	超过 36 000 元至 144 000 元的部分	10	2 520
3	超过 144 000 元至 300 000 元的部分	20	16 920
4	超过 300 000 元至 420 000 元的部分	25	31 920
5	超过 420 000 元至 660 000 元的部分	30	52 920
6	超过 660 000 元至 960 000 元的部分	35	85 920
7	超过 960 000 元的部分	45	181 920

注：本表适用于"综合所得"汇算清缴。

（1）生计费。每"年"扣除限额为"60 000 元"。

（2）专项扣除。专项扣除即指"三险一金"。个人按照国家或省级政府规定的缴费比例或办法实际缴付的"三险一金"，允许在个人应纳税所得额中扣除，超过规定比例和标准缴付的，超过部分并入个人当期的工资、薪金收入，计征个人所得税。

（3）专项附加扣除。专项附加扣除包括子女教育、继续教育、大病医疗、住房贷款利息、住房租金、赡养老人。

（4）其他扣除。其他扣除包括企业年金、职业年金、商业健康保险、税收递延型商业养老保险。

4. 应纳税额

应纳税额＝应纳税所得额×适用税率－速算扣除数

【做中学 6-9】 沈某是我国公民，独生子单身，在甲公司工作。2×19 年取得工资收入 80 000 元，在某大学授课取得收入 40 000 元，出版著作一部，取得稿酬 60 000 元，转让商标使用权，取得特许权使用费收入 20 000 元。已知：沈某个人缴纳"三险一金" 20 000 元，赡养老人支出税法规定的扣除金额为 24 000 元，假设无其他扣除项目，计算沈某本年应缴纳的个人所得税。分析如下。

（1）工资薪金、劳务报酬、稿酬、特许权使用费为综合所得。

（2）劳务报酬所得、稿酬所得、特许权使用费所得以收入减除 20% 的费用后的余额为收入额。稿酬所得的收入额减按 70% 计算。

（3）应纳税所得额＝80 000＋40 000×（1－20%）＋60 000×（1－20%）×70%＋20 000×（1－20%）－60 000－20 000－24 000＝57 600（元）。

应纳税额＝57 600×10%－2 520（速算扣除数）＝3 240（元）。

(二) 综合所得分项内容

1. 工资薪金所得

执行"累计预扣预缴制",适用"七级超额累进预扣率",见表6-1。

【做中学6-10】 北京某公司职员赵某,2×19年1月取得工资、薪金收入20 000元,个人缴纳的三险一金合计为4 500元,赵某为独生子,父母现年65岁,育有一子现年5岁,名下无房,现租房居住,计算赵某当月应缴纳的个人所得税税额。夫妻约定子女教育和住房租金全部由赵某扣除。

(1)"生计费"扣除=5 000(元)。

(2) 专项扣除(三险一金)=4 500(元)。

(3) 专项附加扣除=1 000(子女教育)+1 500(住房租金)+2 000(赡养老人)=4 500(元)。

(4) 扣除项合计=5 000+4 500+4 500=14 000(元)。

(5) 应纳税所得额=20 000-14 000=6 000(元)。

(6) 应纳税所得额不超过36 000元,适用预扣率为3%。

(7) 应纳税额=6 000×3%=180(元)。

【做中学6-11】 承做中学6-10,计算赵某2月应缴纳的个人所得税税额。

(1)"生计费"扣除=5 000×2=10 000(元)。

(2) 专项扣除(三险一金)=4 500×2=9 000(元)。

(3) 专项附加扣除=[1 000(子女教育)+1 500(住房租金)+2 000(赡养老人)]×2=9 000(元)。

(4) 扣除项合计=10 000+9 000+9 000=28 000(元)。

(5) 应纳税所得额=20 000×2-28 000=12 000(元)(累计应纳税所得额)。

(6) 应纳税所得额不超过36 000元,适用预扣率为3%。

(7) 应纳税额=12 000×3%-180(1月已纳税款)=180(元)。

【做中学6-12】 承做中学6-10,计算赵某7月应缴纳的个人所得税税额。

(1)"生计费"扣除=5 000×7=35 000(元)。

(2) 专项扣除(三险一金)=4 500×7=31 500(元)。

(3) 专项附加扣除=[1 000(子女教育)+1 500(住房租金)+2 000(赡养老人)]×7=31 500(元)。

(4) 扣除项合计=35 000+31 500+31 500=98 000(元)。

(5) 应纳税所得额=20 000×7-98 000=42 000(元)。

(6) 应纳税所得额超过36 000元至144 000元的,预扣率为10%,速算扣除数2 520元。

(7) 应纳税额=42 000×10%-2 520-180×6=600(元)。

2. 其他综合所得

劳务报酬所得、稿酬所得、特许权使用费所得以收入减除20%的费用后的余额为收入额。稿酬所得的收入额减按70%计算。

劳务报酬所得、稿酬所得、特许权使用费所得按月或按次"预缴"个人所得税。

3. 税收优惠

根据我国目前个人收入的构成情况,规定对于一些不属于工资、薪金性质的补贴、津贴或者不属于纳税人本人工资、薪金所得项目的收入,不予征税。包括以下项目。

(1) 独生子女补贴。
(2) 托儿补助费。
(3) 差旅费津贴、误餐补助。其中,误餐补助是指按照财政部规定,个人因公在城区、郊区工作,不能在工作单位或返回就餐的,根据实际误餐顿数,按规定的标准领取的误餐费。单位以误餐补助名义发给职工的补助、津贴不能包括在内。
(4) 执行公务员工资制度未纳入基本工资总额的补贴、津贴差额和家属成员的副食补贴。

知识拓展:速算扣除数法

随堂测:工资薪金所得税额计算

二、个人所得税的代扣

企业作为个人所得税的扣缴义务人,按照规定扣缴职工应纳的个人所得税。扣缴义务人向个人支付应纳税所得(包括现金、实物和有价证券)时,不论纳税人是否属于本单位人员,均应代扣代缴其应纳的个人所得税款。

扣缴义务人在代扣税款时,必须向纳税人开具税务机关统一印制的代扣代收税款凭证,并详细注明纳税人姓名、工作单位、家庭住址和居民身份证或护照号码(无上述证件的,可用其他能有效证明身份的证件)等个人情况。

代扣个人所得税时会计处理如下。

借:应付职工薪酬
　　贷:应交税费——应交个人所得税

企业为职工代扣代缴个人所得税通常有两种情况:一是职工自己承担个人所得税(此时工资、薪金所得称为含税收入),企业只负责扣缴义务;二是企业既承担税款,又负责扣缴义务(此时工资、薪金所得称为不含税收入)。

现举例职工自己承担税款,企业只负责扣缴义务情况。

【做中学 6-13】承做中学 6-10,赵某取得的工资薪金所得应预扣预缴税款 180 元。公司予以扣缴。

借:应付职工薪酬——工资　　　　　　　　　　20 000
　　贷:库存现金　　　　　　　　　　　　　　　19 820
　　　　应交税费——应交个人所得税　　　　　　　180

随堂测:企业代扣个税的处理

缴纳个人所得税。

借：应交税费——应交个人所得税　　　　　　180
　　贷：银行存款　　　　　　　　　　　　　　　　180

课后练习题

一、单选题

1. 下列项目中，不属于职工薪酬的是（　　）。
   A. 职工福利费　　　　　　　　　　B. 职工出差报销的差旅费
   C. 商业养老保险费　　　　　　　　D. 为职工无偿提供医疗保健服务

2. 以下不属于企业应付职工薪酬内容的是（　　）。
   A. 非货币性福利　　B. 工会经费　　C. 职工教育经费　　D. 业务招待费

3. 能够计入产品成本的职工薪酬是（　　）。
   A. 车间管理人员的工资　　　　　　B. 在建工程人员工资
   C. 专设销售机构人员工资　　　　　D. 企业管理部门人员工资

4. 分配车间直接参加产品生产工人的职工薪酬时，应借记的账户是（　　）。
   A. 制造费用　　　B. 生产成本　　　C. 管理费用　　　D. 应付职工薪酬

5. 企业发放工资后，职工未按期领取的工资应记入（　　）。
   A. "应付职工薪酬"的贷方　　　　　B. "应付账款"的贷方
   C. "其他应付款"的借方　　　　　　D. "其他应付款"的贷方

6. 企业为鼓励生产车间职工自愿接受裁减而给予的补偿，应该记入（　　）科目。
   A. "生产成本"　　B. "管理费用"　　C. "制造费用"　　D. "财务费用"

7. 下列职工薪酬中，不应当根据职工提供服务的受益对象计入成本费用的是（　　）。
   A. 因解除与职工的劳动关系给予的补偿
   B. 构成工资总额的各组成部分
   C. 工会经费和职工教育经费
   D. 医疗保险费、养老保险费、失业保险费、工伤保险费和生育保险费等社会保险费

8. 企业从应付职工工资中代扣职工房租，应借记的会计科目是（　　）。
   A. "其他应收款"　　　　　　　　　B. "银行存款"
   C. "应付职工薪酬"　　　　　　　　D. "其他应付款"

9. 企业缴纳参加职工医疗保险的医疗保险费应通过（　　）账户进行核算。
   A. "应交税费"　　　　　　　　　　B. "应付职工薪酬"
   C. "其他应交款"　　　　　　　　　D. "其他应付款"

10. 某饮料生产企业为增值税一般纳税人，年末将本企业生产的一批饮料发放给职工作为福利。该饮料市场售价为12万元（不含增值税），增值税适用税率为13%，实际成

本为10万元。假定不考虑其他因素,该企业应确认的应付职工薪酬为(　　)万元。

  A. 10   B. 11.7   C. 12   D. 13.56

11. 甲公司为增值税一般纳税人,适用的增值税税率为13%。2×20年1月甲公司董事会决定将本公司生产的500件产品作为福利发放给公司管理人员。该批产品的单件成本为1.2万元,市场销售价格为每件2万元(不含增值税)。不考虑其他相关税费,甲公司在2×20年因该项业务应计入管理费用的金额为(　　)万元。

  A. 600   B. 770   C. 1 000   D. 1 130

12. 企业在无形资产研究阶段发生的职工薪酬,最终应当计入(　　)。

  A. 无形资产的成本   B. 当期损益

  C. 存货成本或劳务成本   D. 在建工程成本

13. 企业作为福利为高管人员配备汽车。计提这些汽车折旧时,应编制的会计分录是(　　)。

  A. 借记"累计折旧"科目,贷记"固定资产"科目

  B. 借记"管理费用"科目,贷记"固定资产"科目

  C. 借记"管理费用"科目,贷记"应付职工薪酬"科目;同时借记"应付职工薪酬"科目,贷记"累计折旧"科目

  D. 借记"管理费用"科目,贷记"固定资产"科目;同时借记"应付职工薪酬"科目,贷记"累计折旧"科目

14. 企业从应付职工薪酬中扣除代垫的职工房租时,应贷记的会计科目是(　　)。

  A. "应付职工薪酬"   B. "其他应收款"

  C. "管理费用"   D. "其他应付款"

二、多选题

1. 应通过"应付职工薪酬"科目核算的内容包括(　　)。

  A. 职工福利费

  B. 工伤保险费和生育保险费等社会保险费

  C. 住房公积金

  D. 工会经费和职工教育经费

  E. 因解除与职工的劳动关系给予的补偿

2. 企业分配工资费用,应借记(　　)等,贷记"应付职工薪酬"科目。

  A. "生产成本"   B. "制造费用"   C. "财务费用"

  D. "管理费用"   E. "在建工程"

3. 企业在计量应付职工薪酬时,应注意是否有相关的明确计提标准加以区别处理,下列项目中,国家统一规定了计提基础和计提比例的有(　　)。

  A. 工会经费   B. 住房公积金   C. 福利费   D. 养老保险

4. 以职工工资总额为基数计提的项目有(　　)。

  A. 职工教育经费   B. 工会经费   C. 福利费   D. 住房公积金

  E. 教育费附加

5. 企业分配工资费用时,可能借记的账户有(　　)。
　　A. 生产成本　　　B. 制造费用　　　C. 管理费用　　　D. 销售费用
　　E. 财务费用
6. 下列构成工资总额的有(　　)。
　　A. 福利补助　　　　　　　　　　　B. 退休费
　　C. 加班加点工资　　　　　　　　　D. 特殊情况下支付的工资
7. 下列各项支出,应计入企业职工福利支出的有(　　)。
　　A. 职工的医疗费　　　　　　　　　B. 职工的困难补助
　　C. 退休人员的医疗费　　　　　　　D. 福利人员的工资
8. 下列职工薪酬中,可以计入产品成本的有(　　)。
　　A. 住房公积金　　B. 非货币性福利　　C. 工会经费　　D. 职工教育经费
　　E. 辞退福利
9. 企业以自产产品或外购商品发放给职工作为福利时,应借记的会计账户有(　　)。
　　A. "生产成本"　　B. "管理费用"　　C. "在建工程"　　D. "制造费用"
10. 关于非货币性职工薪酬,说法正确的有(　　)。
　　A. 企业将拥有的房屋等资产无偿提供给职工使用的,应当根据受益对象,按照
　　　 该住房的公允价值计入相关资产成本或当期损益,同时确认应付职工薪酬
　　B. 以自产产品或外购商品发放给职工作为福利的情况下,根据受益对象计入相
　　　 关资产成本或当期损益,同时确认为应付职工薪酬
　　C. 企业租赁住房等资产供职工无偿使用的,应当根据受益对象,将每期应付的
　　　 租金计入相关资产成本或当期损益,并确认应付职工薪酬
　　D. 企业以其自产产品作为非货币性福利发放给职工的,应当根据受益对象,按
　　　 照产品的账面价值,计入相关资产成本或当期损益,同时确认应付职工薪酬
11. 下列各项中,应作为职工薪酬计入相关资产成本的有(　　)。
　　A. 设备采购人员差旅费　　　　　　B. 公司总部管理人员的工资
　　C. 生产职工的伙食补贴　　　　　　D. 材料入库前挑选整理人员的工资
12. 下列各项中,应列入资产负债表"应付职工薪酬"项目的有(　　)。
　　A. 支付临时工的工资　　　　　　　B. 发放给困难职工的补助金
　　C. 缴纳职工的工伤保险费　　　　　D. 支付辞退职工的经济补偿金
13. 企业在做出因解除与职工的劳动关系给予的补偿的会计处理时,通常涉及的会计科目有(　　)。
　　A. "管理费用"　　B. "营业外支出"　　C. "应付职工薪酬"　　D. "其他应付款"
14. 下列对职工薪酬的理解中,正确的有(　　)。
　　A. 从薪酬的涵盖时间和支付形式来看,职工薪酬包括企业职工在职期间和离职
　　　 后给予的所有货币性薪酬和非货币性福利
　　B. 从薪酬的支付对象来看,职工薪酬包括提供给职工本人和其配偶、子女或其
　　　 他被赡养人的福利
　　C. 企业提供给职工以权益形式结算的认股权不属于职工薪酬

　　D. 企业以自产产品作为非货币性福利发放给职工的,应当根据受益对象,按照该产品的公允价值和相关的增值税税额,计入相关资产成本或当期损益

15. 生产部门人员的职工薪酬可能会计入(　　)。
　　A. 生产成本　　B. 制造费用　　C. 劳务成本　　D. 管理费用

三、判断题

1. 企业为职工缴纳的基本养老保险金、补充养老保险金,以及为职工购买的商业养老保险,均属于企业提供的职工薪酬。(　　)

2. 因解除与职工的劳动关系给予的补偿,借记"生产成本"等。(　　)

3. 企业包括在工资总额内的各种工资、奖金、津贴,不论是否在当月支付,均应通过"应付职工薪酬"账户核算。(　　)

4. 企业按工资总额一定比例计提的职工教育经费、工会经费,均列入当期管理费用。(　　)

5. 企业代扣代缴的个人所得税属于代交性质,应作为其他应付款处理,不应通过"应交税费"账户核算。(　　)

6. 职工薪酬中的"职工"是指与企业订立劳动合同的所有人员,含全职、兼职和临时职工;但不包括虽未与企业订立劳动但由企业正式任命的人员。(　　)

7. 职工薪酬中的"养老保险费"是企业根据国家规定的标准向社会保险经办机构缴纳的基本养老保险费,不包括根据企业计划向企业年金基金相关管理人缴纳的补充养老保险费。(　　)

8. 企业提供给职工配偶、子女或其他被赡养人的福利等,不属于职工薪酬。(　　)

9. 企业发放的各种工资、补贴、津贴、退休费等均包括在工资总额内。(　　)

10. 车间管理人员的工资应计入管理费用。(　　)

11. 将企业拥有的房屋无偿提供给职工使用的,应当根据受益对象,将该住房每期应计提的折旧计入相关资产成本或当期损益,借记"管理费用""生产成本""制造费用"等科目,贷记"累计折旧"科目。(　　)

12. 应付职工薪酬包括企业职工在职期间的所有货币性福利和非货币性福利,但职工在离职后的支出,不应该在应付职工薪酬中核算。(　　)

13. 难以确定受益对象的非货币性福利,直接计入当期损益和应付职工薪酬。(　　)

四、实务题

1. 夜视丽公司 12 月有关工资结算情况见表 6-2。

表 6-2　　　　　　　　　　　　工资结算表　　　　　　　　　　　　单位:元

人员类别	应付工资	代扣款	实发金额
生产人员	409 600	15 000	394 600
销售人员	153 200	12 000	141 200
研发人员	69 500	4 200	65 300

续表

人员类别	应付工资	代扣款	实发金额
车间管理人员	94 200	6 500	87 700
行政管理人员	105 000	5 200	99 800
合计	831 500	42 900	788 600

要求：根据资料编制会计分录。

(1) 通过银行转账支付员工工资。

(2) 结转代扣款项。

(3) 分配工资费用。

(4) 提取职工福利费(工资总额的10%)、工会经费(2%)、职工教育经费(8%)。

2. 丙公司2×20年发生下列有关应付职工薪酬的经济业务。

(1) 丙公司2×20年10月的工资总额为800 000元，其中生产工人工资为400 000元，在建工程人员工资为150 000元，管理人员工资为150 000元，产品销售人员工资为100 000元。

(2) 2×20年10月，该公司报销职工医疗费15 000元。

(3) 该公司每月10日发放工资。

(4) 丙公司为公司高层管理人员提供汽车免费使用。本月应计提的小轿车折旧80 000元。同时，公司为高级人才提供免费租赁住房一套，本月应支付租赁费10 000元。

要求：根据资料编制会计分录。

项目六试题库

项目七 资金岗位核算

知识目标

1. 熟悉资金岗位的核算任务。
2. 掌握长短期负债、借款费用、所有者权益、金融资产、长期股权投资业务的计算和核算。

能力目标

1. 对各种筹资方式如接受投资、借入款项、发行债券等进行资金筹集的会计核算。
2. 对各种资金使用如进行债权投资、其他债权投资、其他权益工具投资、交易性金融资产、长期股权投资等投资业务的会计核算。

学习重难点

1. 重点是长期借款、应付债券、金融资产、长期股权投资等业务的核算。
2. 难点是金融资产、长期股权投资的核算。

任务准备 资金岗位的核算任务

资金是企业生存和发展的生命源泉,无论是固定资产的构建、对外投资,还是材料或者商品的采购等,都需要资金。资金岗位是企业中负责企业经营资金的筹集、资本金的管理、对外投资管理的专职部门,是企业中最主要的资金筹集和使用部门。

准备 熟悉资金岗位的核算任务

资金岗位的核算是企业财务岗位核算的重要组成部分,一般包括下面几项内容。

1. 拟订资金需求计划及筹资方案

资金是企业生存和发展必不可少的重要组成部分,但其筹资的多少需根据企业的项目需要而定。因此,财务部经理要准确拟定资金需求计划及筹资方案,并详细写出分析报告,报有关部门审批,对其可行性和必要性进行论证。

2. 确定资金筹集方案并进行相关会计处理

当资金需求计划及筹资方案获得审批后,财务部经理需对资金筹集进行细化,按照项目的长短和资金的成本进行分别筹资。

(1) 以长期借款的形式进行负债筹资。根据所需项目资金的多少和银行进行协商;签订长期借款合同;取得借款,编制记账凭证,并进行明细账核算。

(2) 以发行债券的形式进行负债筹资。对企业发行债券的条件进行评估;根据市场状况和项目所需资金量及企业资本结构等确定发行时间、发行对象、发行金额等;和证券公司签订承销合同;取得资金,编制记账凭证,并进行明细账核算。

(3) 以融资租入固定资产的形式进行负债筹资。寻找租赁公司;根据双方的情况进行协商签订融资租赁协议;接收资产,编制记账凭证,并进行明细账核算。

(4) 以接收投资或捐赠的形式进行权益筹资。签订投资协议或捐赠协议;接收资金或资产,编制记账凭证,并进行明细账核算。

3. 确定资金使用方案并进行相关会计处理

筹集到的资金要妥善高效使用才能发挥其最大效益。

根据企业管理层意图、企业资金的情况和理财需求,在进行可行性分析的基础上,拟定对外投资计划,如各种权益投资、债权投资或与其他单位联营、合营等形式投资项目的具体实施计划,力争发挥资金的最大效益。

协同有关部门做好对外投资工作,并做好投资款项的支付及结算工作,如股息红利的计算、债券利息和折价、溢价的计算、摊销工作,并进行相应账务处理。

最后分析资金的使用效益并按期撰写分析报告,检阅核实资金使用情况,向管理层提供信息。

任务一 债务资金筹集的核算

企业通过负债筹资融入的资本称为债务资本。若债务资本成本低于预期的投资报酬率,举债经营会给所有者带来更高的报酬。企业在生产经营过程中举借债务,是企业重要的资金来源。企业负债筹资方式主要有向金融机构借款、发行长短期债券等方式。

学习情境一　短期借款的核算

短期借款是指企业向银行或其他金融机构借入的期限在一年(含一年)以下的各种借款。短期借款一般是补充企业生产经营的流动资金,是企业的一项流动负债。借款到期时,除偿还本金外,还需按期支付利息。利息作为财务费用计入当期损益。

一、"短期借款"账户

"短期借款"账户专门用于核算企业向银行或其他金融机构借入的偿还期在一年以内的各种借款增减变动情况。该账户是负债类账户,贷方登记借入的短期借款,借方登记归还的短期借款。期末余额在贷方,反映尚未归还的短期借款。企业可按贷款人、借款种类和币种进行明细核算。

二、短期借款的会计核算

短期借款一般按月计提利息,按季支付利息,所以,短期借款业务应做如下账务处理。

(1) 借入款项。

借:银行存款
　　贷:短期借款

(2) 计提利息。

借:财务费用
　　贷:应付利息

(3) 支付利息。

借:应付利息(已计提的利息)
　　财务费用(未计提的利息)
　　贷:银行存款

(4) 偿还本金。

借:短期借款
　　贷:银行存款

【做中学 7-1】　某企业于 2×20 年 7 月 1 日向银行取得为期 6 个月借款 200 000 元,年利率 6%,银行规定,每季度末付息,到期还本。

(1) 2×20 年 7 月 1 日取得借款。

借:银行存款　　　　　　　　　　　　　　　　200 000
　　贷:短期借款　　　　　　　　　　　　　　　　　200 000

(2) 2×20 年 7 月 31 日,月末计提当月利息费用。

借:财务费用　　　　　　　　　　　　　　　　1 000

　　　　贷：应付利息　　　　　　　　　　　　　　　　　　　　1 000

2×20 年 8 月 31 日、10 月 31 日、11 月 30 日，同上计提当月利息。

(3) 2×20 年 9 月 30 日、12 月 31 日，季末支付本季度利息费用。

　　　　借：应付利息　　　　　　　　　　　　　　　　　　　　2 000
　　　　　　财务费用　　　　　　　　　　　　　　　　　　　　1 000
　　　　　　贷：银行存款　　　　　　　　　　　　　　　　　　3 000

(4) 2×20 年 12 月 31 日到期偿还本金。

　　　　借：短期借款　　　　　　　　　　　　　　　　　　　200 000
　　　　　　贷：银行存款　　　　　　　　　　　　　　　　　200 000

12 月 31 日偿还本金和利息也可以做如下合并分录。

　　　　借：短期借款　　　　　　　　　　　　　　　　　　　200 000
　　　　　　应付利息　　　　　　　　　　　　　　　　　　　　2 000
　　　　　　财务费用　　　　　　　　　　　　　　　　　　　　1 000
　　　　　　贷：银行存款　　　　　　　　　　　　　　　　　203 000

随堂测：短期借款的核算

微课：长期借款的核算

学习情境二　长期借款的核算

一、长期借款的概念

　　长期借款是企业向银行或其他金融机构借入的偿还期限在一年以上(不含一年)的各种借款。长期借款一般用于固定资产的购建、改扩建工程、大修理工程以及流动资产的正常需要等方面，是企业的一项长期负债。

二、长期借款的会计核算

　　企业应通过"长期借款"账户核算长期借款的借入、归还等情况。该账户为负债类账户，贷方登记长期借款本息的增加额；借方登记长期借款本息的减少额；贷方余额反映企业尚未偿还的长期借款。该账户可按照贷款单位和贷款种类设置明细账，分别按"本金""利息调整""应计利息"等进行明细核算。账务处理如下。

1. 企业借入长期款项

借：银行存款
　　长期借款——利息调整
　　贷：长期借款——本金

2. 长期借款利息费用的核算

资产负债表日，企业应按长期借款的摊余成本和实际利率计算确定其利息费用。实际利率与合同利率差异较小的，也可以采用合同利率。按借款本金和合同利率计算确定的应付未付利息，贷记"应付利息"（分期付息）、"长期借款——应计利息"（到期一次还本付息）科目；按其差额，贷记"长期借款——利息调整"科目。

计算确定的利息费用，应区分情况分别记入相关的成本费用账户。

借：管理费用（筹建期间不符合资本化的利息支出）
　　财务费用（生产经营期间或用于固定资产等不予资本化的利息支出）
　　在建工程（用于购建固定资产等且应当资本化的利息支出）
　　贷：应付利息（分期付息）
　　　　长期借款——应计利息（到期一次还本付息）
　　　　长期借款——利息调整

3. 到期偿还借款和利息

（1）企业归还长期借款的本金。

借：长期借款——本金
　　贷：银行存款

（2）按归还的利息做如下会计处理。

借：应付利息
　　长期借款——应计利息
　　贷：银行存款

【做中学 7-2】　某企业为建造一条生产线，于 2×17 年 11 月 30 日从银行借入资金 3 000 000 元，借款期限 3 年，年利率为 8%（到期一次还本付息，不计复利），所借款项已存入银行。工程于同日开工建设。

（1）2×17 年 11 月 30 日取得借款。

借：银行存款　　　　　　　　　　　　　　　3 000 000
　　贷：长期借款——本金　　　　　　　　　　3 000 000

（2）2×17 年 12 月 31 日计提利息。

借：在建工程　　　　　　　　　　　　　　　20 000
　　贷：长期借款——应计利息　　　　　　　　20 000

工程于 2×20 年 8 月 31 日完工，达到设计要求。2×18 年 1 月 31 日至 2×20 年 8 月每月末计提利息的会计分录同上。

(3) 2×20年9月30日计提利息。

借：财务费用　　　　　　　　　　　　　　20 000
　　贷：长期借款——应计利息　　　　　　　　　　20 000

(4) 2×20年11月30日偿还借款本息。

借：长期借款——本金　　　　　　　　　3 000 000
　　长期借款——应计利息　　　　　　　　　700 000
　　财务费用　　　　　　　　　　　　　　　20 000
　　贷：银行存款　　　　　　　　　　　　　　3 720 000

随堂测：长期借款的核算

学习情境三　应付债券的核算

一、应付债券概述

应付债券是指企业为筹集（长期）资金而发行的债券。债券是企业为筹集长期使用资金而发行的一种书面凭证。企业通过发行债券取得资金是以将来履行归还购买债券者的本金和利息的义务作为保证的。

本学习情境仅介绍一般公司债券。

企业应当设置"企业债券备查簿"，详细登记每一企业债券的票面金额、债券票面利率、还本付息期限与方式、发行总额、发行日期和编号、委托代售单位、转换股份等资料。企业债券到期结清时，应当在备查簿内逐笔注销。

债券的发行方式有面值发行、溢价发行、折价发行三种，见表7-1。

表7-1　　　　　　　　　　三种发行价的认定

条件	当市率大于面率时	当市率小于面率时	当市率等于面率时
发行价格	折价	溢价	平价

假设其他条件不变，当债券的票面利率高于市场利率时，可按超过债券票面价值发行，称为溢价发行，溢价实质上是企业以后各期多付利息而事先得到的补偿；如果债券的票面利率低于市场利率，可按低于债券面值的价格发行，称为折价发行，折价实质上是企业以后各期少付利息而预先给投资者的补偿；如果债券的票面利率与市场利率相同，可按票面价值发行，称为面值发行。溢价或折价是发行债券企业在债券存续期内对利息费用的一种调整。

二、应付债券的会计核算

企业发行的长期债券，应设置"应付债券"账户，核算企业为筹集（长期）资金而发行债券的本金和利息。该账户应设置"面值""利息调整""应计利息"二级账户进行明细核算，分别核算债券本金的取得和归还，债券利息调整的发生及摊销，以及债券名义利息的形成

和支付情况。

需要注意的是,对于债券利息的核算,应根据债券利息的支付方式分别处理。若债券利息是定期分次支付的,则应通过"应付利息"账户进行核算;若债券利息是债券到期一次性支付的,则债券各期应计提的利息通过"应付债券——应计利息"明细账户核算。

A公司作为债券发行方,作为"应付债券"核算,B公司作为债券持有方,可能作为"债权投资""其他债权投资"或"交易性金融资产"核算。

1. 发行债券的账务处理

企业发行债券时,应按实际收到的金额做如下账务处理。

借:银行存款
　　 应付债券——利息调整(折价时)
　 贷:应付债券——面值
　　　　　　——利息调整(溢价时)

发行费用在"应付债券——利息调整"明细科目中反映。

2. 利息调整摊销的账务处理

资产负债表日,应付债券应按摊余成本计量。利息调整应在债券存续期间内采用实际利率法进行摊销。实际利率法是指按照应付债券的实际利率计算其摊余成本及各期利息费用的方法。实际利率是指将应付债券在债券存续期间的未来现金流量折现为该债券当前账面价值所使用的利率。

期末摊余成本＝期初摊余成本＋本期计提的利息－现金流出(应付利息及归还的本金)
其中:
　　　　本期计提的利息(实际利息费用)＝期初摊余成本×实际利率
　　　　应付利息＝分期付息债券面值×票面利率
　　　　每期利息调整的摊销金额＝实际利息费用－应付利息

摊余成本的计算过程,实际上就是利息调整的摊销过程。

资产负债表日的处理如下。

借:在建工程、制造费用、财务费用、研发支出等(实际利息费用)
　　 应付债券——利息调整(差额)(或贷方)
　 贷:应付利息(分期付息债券利息)
　　　应付债券——应计利息(到期一次还本付息债券利息)

按票面利率计算确定的应付未付利息:据不同情况,分别适用"应付利息"(分期付息),或"应付债券——应计利息"(一次还本付息)。

3. 债券偿还

(1) 采用分期付息、到期一次还本方式。

① 每期支付利息。

借:应付利息

贷：银行存款
② 债券到期偿还本金。
借：应付债券——面值
　　贷：银行存款
(2) 采用一次还本付息方式的，企业应于债券到期支付本息时，按照债券面值和全部利息，做如下账务处理。
借：应付债券——面值
　　　　　　——应计利息
　　贷：银行存款

【做中学7-3】 2×16年12月31日，甲公司经批准发行5年期一次还本、分期付息的公司债券60 000 000元，债券利息在每年12月31日支付，票面利率为年利率6%。假定债券发行时的市场利率为5%。

甲公司该批债券实际发行价格为

$$60\,000\,000 \times (P/S,5\%,5) + 60\,000\,000 \times 6\% \times (P/A,5\%,5)$$
$$= 60\,000\,000 \times 0.783\,5 + 60\,000\,000 \times 6\% \times 4.329\,5$$
$$= 62\,596\,200(元)$$

甲公司根据上述资料，采用实际利率法和摊余成本计算确定的利息费用如表7-2所示。

表7-2　　　　　　　　　　　　利息费用一览表　　　　　　　　　　　　单位：元

日期	现金流出 (a)	实际利息费用 (b)=期初(d)×5%	摊销的利息调整 (c)=(a)-(b)	摊余成本余额 (d)=期初(d)-(c)
2×16年12月31日				62 596 200
2×17年12月31日	3 600 000	3 129 810	470 190	62 126 010
2×18年12月31日	3 600 000	3 106 300.50	493 699.50	61 632 310.50
2×19年12月31日	3 600 000	3 081 615.53	518 384.47	61 113 926.03
2×20年12月31日	3 600 000	3 055 696.30	544 303.70	60 569 622.33
2×21年12月31日	3 600 000	3 030 377.67*	569 622.33	60 000 000

注：*为尾数调整。

根据表7-2的资料，甲公司的账务处理如下。

(1) 2×16年12月31日发行债券。

借：银行存款　　　　　　　　　　　　62 596 200
　　贷：应付债券——面值　　　　　　　60 000 000
　　　　　　　　——利息调整　　　　　 2 596 200

(2) 2×17年12月31日计算利息费用。

借：财务费用等　　　　　　　　　　　 3 129 810
　　应付债券——利息调整　　　　　　　　 470 190
　　贷：应付利息　　　　　　　　　　　 3 600 000

注意：如果是到期一次还本付息的债券，"应付利息"科目应改为"应付债券——应计利息"科目。

2×18年、2×19年、2×20年确认利息费用的会计处理同2×17年。

(3) 2×21年12月31日归还债券本金及最后一期利息费用。

借：财务费用等　　　　　　　　　　　　3 030 377.67
　　应付债券——面值　　　　　　　　　60 000 000.00
　　　　　　　——利息调整　　　　　　　　569 622.33
　贷：银行存款　　　　　　　　　　　　63 600 000

随堂测：应付债券的核算

学习情境四　长期应付款的核算

长期应付款是指除长期借款、应付债券和租赁负债以外的其他各种长期应付款项，包括以分期付款方式购入固定资产或无形资产等发生的应付款项、采用补偿贸易方式引进国外设备发生的应付款项等。

对发生的长期应付款，企业应设置"长期应付款"账户，贷方登记发生的长期应付款的本金和利息，借方登记偿还长期应付款的金额，余额在贷方表示尚未归还的长期应付款。

【做中学7-4】（单选题）下列各项中，应计入长期应付款的有（　　）。

A. 应付租入包装物租金
B. 具有融资性质的分期付款方式购入固定资产的应付款项
C. 因债权人单位撤销而长期无法支付的应付账款
D. 应付融资租入固定资产的租赁费

选项D应记入"租赁负债"账户。本题选B。

【做中学7-5】（单选题）2×20年1月1日，甲公司采用分期付款方式购入大型设备一套，当日投入使用。合同约定的价款为2 700万元，分3年等额支付；该分期支付购买价款的现值为2 430万元。假定不考虑其他因素，甲公司该设备的入账价值为（　　）万元。

A. 810　　　　　　B. 2 430　　　　　　C. 900　　　　　　D. 2 700

本题选B。

任务二　所有者权益的核算

所有者权益是指企业投资者对企业净资产的所有权，是企业资产扣除负债后的剩余权益，又称股东权益。

所有者权益和负债分别为企业的所有者和债权人对企业资产的要求权，都是企业经营资金的来源。通过权益融资筹集到的资本金称为权益资本。两者有着本质的区别，主要表现在以下四个方面。

（1）性质不同。所有者权益是企业所有者对企业剩余资产的要求权，负债是企业对债权人负担的经济责任，债权人对企业资产的要求权优于企业的所有者。

（2）权利不同。企业的所有者可以参与企业的经营管理，有经营决策的参与权和收益的分配权，而债权人只有获得企业用于清偿债务的资产的要求权，不能参与企业的经营决策和收益的分配。

（3）分险不同。债权人一般是按约定的利率计算获得确定数额的利息，与企业的经营状况无关，所以风险较小；所有者获得收益的多少，取决于企业的经营状况和盈余水平，所以风险较大。

（4）偿还期限不同。负债通常有约定的偿还期限，企业应按期偿还。所有者权益在存续期内一般不存在约定的偿还期限，企业只有在清算时才予以偿还。

所有者权益来源于所有者投入的资本、直接计入所有者权益的利得和损失、留存收益等。其中，直接计入所有者权益的利得和损失，是指不应计入当期损益、会导致所有者权益发生增减变动、与所有者投入资本或者向所有者分配利润无关的利得和损失。

所有者权益可分为实收资本（股本）、其他权益工具、资本公积、其他综合收益、盈余公积和未分配利润等。其中，盈余公积和未分配利润统称为留存收益。

学习情境一　实收资本的核算

一、实收资本概述

实收资本是指投资者按企业章程或合同、协议的约定，实际投入企业的资本。实收资本（股本）按投资主体，可分为国家投资、法人投资、外商投资和个人投资。按照出资方式的不同，可分为货币投资、实物投资和无形资产投资三种。

根据我国《公司法》规定，公司制企业可以分为有限责任公司和股份有限公司两种形式。

1. 有限责任公司

有限责任公司设置"实收资本"科目进行核算。

有限责任公司的全部资本不分为等额股份，不发行股票而由公司向股东签发出资证明，股东转让出资需经股东大会讨论通过。

（1）初始投资。各投资者投入企业的资本，按出资份额，全部记入"实收资本"。

（2）增资扩股。新加入投资者出资额，按约定份额，记入"实收资本"，大于约定份额的部分，记入"资本公积——资本溢价"。由于企业创办者承担了初创阶段的巨大风险，同时在企业内部形成留存收益，新加入的投资者将享有这些利益，就要求其付出大于原有投资者的出资额，才能取得与原有投资者相同的投资比例。

2. 股份有限公司

股份有限公司设置"股本"科目进行核算。对于发行收入,企业将相当于股票面值的部分记入"股本"科目,其余部分在扣除发行费、佣金等相关发行费用后,记入"资本公积——股本溢价"科目。

股份有限公司的全部资本划分为等额股份,以发行股票方式筹集资本,股票可以交易或转让。股份有限公司的设立,包括发起式和募集式两种方式。

"实收资本(股本)"账户,属于所有者权益类账户,贷方登记实收资本的增加数额,借方登记实收资本的减少数额,期末余额在贷方,反映企业实有的资本数额,该账户按投资主体设置明细账户,进行明细分类核算。

二、实收资本的会计核算

(一)接受现金资产投资

企业接受现金资产投资时,直接以收到的现金资产的价值进行账务处理。

借:银行存款(实际收到的投入资金额)
  贷:实收资本(股本)(投资者在企业注册资本中占有的份额)
    资本公积——资本(股本)溢价(实际投入金额超过投资者在企业注册资本中所占份额的部分)

知识拓展:股份企业股本的增加方式

【做中学7-6】 某企业由A、B、C三位投资者共同出资成立,注册资本为3 000 000元,A、B、C三位投资者持股比例分别为50%、30%和20%。按照公司章程规定,A、B、C三位投资者投入资本分别为1 500 000元、900 000元和600 000元。企业已如期收到各投资者的款项。

企业应做如下账务处理。

借:银行存款   3 000 000
  贷:实收资本——A   1 500 000
        ——B   900 000
        ——C   600 000

【做中学7-7】 万隆股份有限公司发行普通股1 000万股,每股面值1元,发行价格6元,共收到发行款6 000万元。假设不考虑发行费用。

账务处理如下。

借:银行存款   60 000 000
  贷:股本   10 000 000
    资本公积——股本溢价   50 000 000

(二)接受非现金资产投资

企业接受非现金资产投资,应按照投资合同或协议约定的价值确定其价值,但投资合同或协议约定价值不公允的除外。账务处理如下。

借：固定资产、无形资产、原材料等（投资合同或协议约定的价值）
　　应交税费——应交增值税（进项税额）（根据取得增值税专用发票）
贷：实收资本（股本）（投资者在企业注册资本中应享有的份额）
　　资本公积——资本（股本）溢价（投资合同或协议约定的价值大于投资者在企业注册资本中享有的份额）

【做中学7-8】 甲公司由A、B、C三个企业各投资300万元成立。A企业投资300万元资金；B企业以100万元的专利权投资，另200万元以银行存款投入；C企业以300万元的原材料作为投资，增值税税额为39万元。甲在收到投资者投入的资产时，做如下账务处理。

借：银行存款　　　　　　　　　　　　　　　5 000 000
　　无形资产　　　　　　　　　　　　　　　1 000 000
　　原材料　　　　　　　　　　　　　　　　3 000 000
　　应交税费——应交增值税（进项税额）　　　390 000
贷：实收资本——A企业　　　　　　　　　　3 000 000
　　　　　　——B企业　　　　　　　　　　3 000 000
　　　　　　——C企业　　　　　　　　　　3 000 000
　　资本公积——资本溢价　　　　　　　　　　390 000

【做中学7-9】 B股份有限公司发行普通股2 000 000股，每股面值为1元，发行价格为5元。股款10 000 000元已经全部收到，发行过程中发生相关税费50 000元。

计入股本的金额＝2 000 000×1＝2 000 000（元）
计入资本公积的金额＝（5－1）×2 000 000－50 000＝7 950 000（元）

借：银行存款　　　　　　　　　　　　　　　9 950 000
贷：股本　　　　　　　　　　　　　　　　　2 000 000
　　资本公积——股本溢价　　　　　　　　　7 950 000

（三）实收资本的增减变动

1. 实收资本增加

实收资本增加的基本途径有资本公积和盈余公积转增资本、投资者追加投资或接受新的投资。企业将资本公积或盈余公积转增资本时，应按照转增资本的金额，借记"资本公积"或"盈余公积"账户，贷记"实收资本"账户。

（1）将资本公积转增资本。

借：资本公积——资本溢价（或股本溢价）
贷：实收资本（或股本）

（2）将盈余公积转增资本。

借：盈余公积
贷：实收资本（或股本）

(3) 由投资者追加投资(接受新的投资)。
借：银行存款、固定资产等
　　贷：实收资本(或股本)
　　　　资本公积——资本溢价(或股本溢价)

随堂测：实收资本的增加　　随堂测：实收资本的增减变动　　微课：实收资本的减少核算

资本公积转增资本和盈余公积转增资本属于所有者权益内部结构调整。

2. 实收资本减少

企业减少实收资本应按法定程序报经批准,股份有限公司采用收购本公司股票方式减资的,按股票面值和注销股数计算的股票面值总额冲减股本,按注销库存股的账面余额与所冲减股本的差额冲减股本溢价,股本溢价不足冲减的,应依次冲减"盈余公积""利润分配——未分配利润"等科目。如果购回股票支付的价款低于面值总额的,所注销库存股的账面余额与所冲减股本的差额作为增加资本或股本溢价处理,见表7-3。

表7-3　　　　　　　　实收资本的减少渠道与会计处理

减少渠道	会 计 处 理
一般企业撤资	借：实收资本 　　贷：银行存款(库存现金)
股份有限公司回购股票	(1) 回购股票 借：库存股 　　贷：银行存款 "库存股"属于股本和资本公积的备抵账户 (2) 注销库存股 ① 回购价大于回购股份对应的股本。 借：股本 　　资本公积——股本溢价(当初发行时的溢价部分) 　　盈余公积 　　利润分配——未分配利润(在冲完股本和当初溢价后,如果还有差额,应先冲盈余公积,再冲未分配利润) 　　贷：库存股 ② 回购价小于回购股份对应的股本 借：股本 　　贷：库存股 　　　　资本公积——股本溢价

【做中学7-10】　A公司2×19年12月31日的股本为1亿股,面值为1元,资本公积

（股本溢价）为 3 000 万元，盈余公积为 4 000 万元。经股东大会批准，A 公司以现金回购本公司股票 2 000 万股并注销。假定 A 公司按每股 2 元回购股票，不考虑其他因素，A 公司应编制如下会计分录。

（1）回购本公司股份。

借：库存股　　　　　　　　　　　　　　　　　40 000 000
　　贷：银行存款　　　　　　　　　　　　　　　　40 000 000
　　　　库存股成本＝20 000 000×2＝40 000 000（元）

（2）注销本公司股份。

借：股本　　　　　　　　　　　　　　　　　　20 000 000
　　资本公积——股本溢价　　　　　　　　　　　20 000 000
　　贷：库存股　　　　　　　　　　　　　　　　40 000 000
　　　　应冲减的资本公积＝20 000 000×2－20 000 000×1＝20 000 000（元）

【做中学 7-11】 承做中学 7-10，假定 A 公司按每股 3 元回购股票，其他条件不变，A 公司应编制如下会计分录。

（1）回购本公司股份。

借：库存股　　　　　　　　　　　　　　　　　60 000 000
　　贷：银行存款　　　　　　　　　　　　　　　　60 000 000
　　　　库存股成本＝20 000 000×3＝60 000 000（元）

（2）注销本公司股份。

借：股本　　　　　　　　　　　　　　　　　　20 000 000
　　资本公积——股本溢价　　　　　　　　　　　30 000 000
　　盈余公积　　　　　　　　　　　　　　　　10 000 000
　　贷：库存股　　　　　　　　　　　　　　　　60 000 000

应冲减的资本公积＝20 000 000×3－20 000 000×1＝40 000 000（元），由于应冲减的资本公积大于公司现有的资本公积，所以只能冲减资本公积 30 000 000 元，剩余的 10 000 000 元应冲减盈余公积。

【做中学 7-12】 承做中学 7-10，假定 A 公司按每股 0.9 元回购股票，其他条件不变，A 公司应做如下处理。

（1）回购本公司股份。

借：库存股　　　　　　　　　　　　　　　　　18 000 000
　　贷：银行存款　　　　　　　　　　　　　　　　18 000 000
　　　　库存股成本＝20 000 000×0.9＝18 000 000（元）

（2）注销本公司股份。

借：股本　　　　　　　　　　　　　　　　　　20 000 000
　　贷：库存股　　　　　　　　　　　　　　　　18 000 000
　　　　资本公积——股本溢价　　　　　　　　　　2 000 000
　　　　应增加的资本公积＝20 000 000×1－20 000 000×0.9＝2 000 000

由于折价回购,股本与库存股成本的差额 2 000 000 元,应作为增加资本公积处理。

学习情境二 资本公积的核算

一、资本公积概述

(一)资本公积的来源

资本公积是指企业收到投资者出资额超出其在注册资本(或股本)中所占份额的部分,以及其他资本公积等。资本公积包括资本溢价(或股本溢价)和其他资本公积等。

形成资本溢价(或股本溢价)的原因有溢价发行股票、投资者超额缴入资本等。

其他资本公积是指除资本溢价(或股本溢价)、净损益、其他综合收益和利润分配以外所有者权益的其他变动。例如,企业的长期股权投资采用权益法核算时,因被投资单位除净损益、其他综合收益和利润分配以外所有者权益的其他变动,投资企业按应享有份额而增加或减少的资本公积。

资本公积是企业的一种储备资本,可以按法定程序转增注册资本(或股本)。资本公积由全体股东享有,在转增资本时,按各个股东在实收资本中所占的投资比例计算的金额,分别转增各个股东的投资金额。

(二)资本公积与实收资本(或股本)、留存收益的区别

1. 资本公积与实收资本(或股本)的区别

(1)从来源和性质看。实收资本(或股本)是指投资者按照企业章程或合同、协议的约定,实际投入企业并依法进行注册的资本,它体现了企业所有者对企业的基本产权关系。资本公积是投资者的出资中超出其在注册资本(或股本)中所占份额的部分,以及直接计入所有者权益的利得和损失,它不直接表明所有者对企业的基本产权关系。

(2)从用途看。实收资本(或股本)的构成比例是确定所有者参与企业财务经营决策的基础,也是企业进行利润分配或股利分配的依据,同时还是企业清算时确定所有者对净资产的要求权的依据。资本公积的用途主要是用来转增资本(或股本)。资本公积不体现各所有者的占有比例,也不能作为所有者参与企业财务经营决策或进行利润分配或股利分配的依据。

2. 资本公积与留存收益的区别

留存收益是企业从历年实现的利润中提取或形成的留存于企业的内部积累,来源于企业生产经营活动实现的利润。资本公积的来源不是企业实现的利润,而主要来自资本溢价(或股本溢价)等。

二、资本公积的会计核算

资本公积的核算包括资本溢价(或股本溢价)的核算、其他资本公积的核算和资本公积转增资本的核算等内容。

企业应设置"资本公积"科目。该账户属于所有者权益类账户,贷方登记资本公积的增加数,借方登记资本公积的减少数,期末余额在贷方,表示资本公积的结存数额。企业可分别设置"资本溢价""股本溢价""其他资本公积"等账户进行明细核算。

1. 资本溢价(或股本溢价)的核算

【做中学 7-13】 国泰有限责任公司由两位投资者投资 200 万元设立,每人各出资 100 万元。一年后,为扩大经营规模,经批准,国泰有限责任公司注册资本增加到 300 万元,并引入第三位投资者加入。按照投资协议,新投资者需缴入现金 120 万元,同时享有该公司 1/3 的股份。国泰公司已收到该现金投资。假定不考虑其他因素,国泰公司的会计分录如下:

借:银行存款　　　　　　　　　　　　　1 200 000
　　贷:实收资本　　　　　　　　　　　　　1 000 000
　　　　资本公积——资本溢价　　　　　　　 200 000

【做中学 7-14】 捷克股份有限公司首次公开发行了普通股 500 万股,每股面值 1 元,每股发行价格为 4 元。该公司以银行存款支付发行手续费、咨询费等费用共计 60 万元。假定发行收入已全部收到,发行费用已全部支付,不考虑其他因素,该公司的会计处理如下:

公司收到股款＝5 000 000×4－600 000＝19 400 000(元)
应记入"资本公积"科目的金额＝溢价收入－发行手续费
　　　　　　　　　　　　　　＝5 000 000×(4－1)－600 000
　　　　　　　　　　　　　　＝14 400 000(元)

借:银行存款　　　　　　　　　　　　　19 400 000
　　贷:股本　　　　　　　　　　　　　　 5 000 000
　　　　资本公积——股本溢价　　　　　　14 400 000

随堂测:资本公积的核算

2. 其他资本公积

其他资本公积是指除净损益、其他综合收益和利润分配以外所有者权益的其他变动,如企业的长期股权投资采用权益法核算时,因被投资单位除净损益、其他综合收益和利润分配以外所有者权益的其他变动,投资企业按应享有份额而增加或减少的资本公积。

学习情境三　留存收益的核算

留存收益是指企业从历年实现的利润中提取或形成的留存于企业的内部积累。留存收益来源于企业在生产经营过程中所实现的净利润,归企业投资者所有,属于所有者权益。

留存收益包括盈余公积和未分配利润两部分。

盈余公积是指企业按照有关规定从净利润中提取的积累资金。公司制企业的盈余公积包括法定盈余公积和任意盈余公积。法定盈余公积是指企业按照规定的比例从净利润中提取的盈余公积。任意盈余公积是指企业按照股东大会决议提取的盈余公积。

企业提取的盈余公积经批准可用于弥补亏损、转增资本、发放现金股利或利润等。

未分配利润是指企业实现的净利润经过弥补亏损、提取盈余公积和向投资者分配利润后留存在企业的、历年结存的利润。相对于所有者权益的其他部分来说，企业对于未分配利润的使用有较大的自主权。

一、盈余公积

按照《公司法》的规定，公司制企业应按照净利润（减弥补以前年度亏损，下同）的10%提取法定盈余公积。非公司制企业法定盈余公积的提取比例可超过净利润的10%。法定盈余公积累计额已达到注册资本的50%时可不再提取。值得注意的是，在计算提取法定盈余公积的基数时，不应包括企业年初未分配利润。

公司制企业可根据股东大会的决议提取任意盈余公积。非公司制企业经类似权力机构批准，也可提取任意盈余公积。

（一）账户设置

为了核算和监督企业盈余公积的提取和使用情况，应设置"盈余公积"账户，该账户属于所有者权益类账户，贷方登记盈余公积的提取数，借方登记盈余公积的使用数，期末余额在贷方，表示盈余公积的结存数。该账户可设置"法定盈余公积""任意盈余公积"两个明细账户进行明细核算。

（二）盈余公积的业务核算

1. 提取盈余公积

借：利润分配——提取法定盈余公积、提取任意盈余公积
　　贷：盈余公积——法定盈余公积、任意盈余公积

【做中学 7-15】 A 股份有限公司本年实现税后利润 4 000 000 元，年初未分配利润为 1 000 000 元。经股东大会批准，该公司按当年实现净利润的 10% 和 5% 提取法定盈余公积、任意盈余公积。假定不考虑其他因素，应编制如下会计分录。

$$提取的法定盈余公积 = 4\ 000\ 000 \times 10\% = 400\ 000(元)$$
$$提取的任意盈余公积 = 4\ 000\ 000 \times 5\% = 200\ 000(元)$$

借：利润分配——提取法定盈余公积　　　　400 000
　　　　　　——提取任意盈余公积　　　　200 000
　贷：盈余公积——法定盈余公积　　　　　400 000
　　　　　　——任意盈余公积　　　　　　200 000

2. 盈余公积补亏

【做中学 7-16】 经股东大会批准,某企业用以前年度提取的盈余公积弥补当年亏损 100 000 元。假定不考虑其他因素,应做如下账务处理。

借:盈余公积　　　　　　　　　　　　　　　　　100 000
　　贷:利润分配——盈余公积补亏　　　　　　　　　　100 000

3. 盈余公积转增资本

(1) 转增资本。

【做中学 7-17】 因扩大经营规模需要,经股东大会批准,某股份有限公司将盈余公积 300 000 元转增股本。假定不考虑其他因素,该公司账务处理如下。

借:盈余公积　　　　　　　　　　　　　　　　　300 000
　　贷:股本　　　　　　　　　　　　　　　　　　　300 000

(2) 派送新股。

【做中学 7-18】 某股份有限公司经股东大会批准以法定盈余公积 1 000 000 元派送新股 1 000 000 股,每股面值 1 元。

借:盈余公积　　　　　　　　　　　　　　　　　1 000 000
　　贷:股本　　　　　　　　　　　　　　　　　　　1 000 000

4. 用盈余公积发放现金股利或利润

【做中学 7-19】 某股份有限公司 2×19 年 12 月 31 日普通股股本为 5 000 万股,每股面值 1 元,可供投资者分配的利润为 500 万元,盈余公积 2 000 万元。2×20 年 3 月 20 日,股东大会批准了 2×19 年度利润分配方案,以 2×19 年 12 月 31 日为登记日,按每股 0.2 元发放现金股利。共需要分派 1 000 万元的现金股利,其中动用可供投资者分配的利润 500 万元、盈余公积 500 万元。假定不考虑其他因素,该公司做如下账务处理。

(1) 宣告分配股利。

借:利润分配——应付现金股利　　　　　　　　　5 000 000
　　盈余公积　　　　　　　　　　　　　　　　　5 000 000
　　贷:应付股利　　　　　　　　　　　　　　　　　10 000 000

(2) 支付股利。

借:应付股利　　　　　　　　　　　　　　　　　10 000 000
　　贷:银行存款　　　　　　　　　　　　　　　　　10 000 000

随堂测:盈余公积的核算

二、未分配利润

未分配利润是指企业实现的净利润经过弥补亏损、提取盈余公积和向投资者分配利润之后剩余的利润,是企业历年留存的、用于以后年度向投资者分配的利润。

未分配利润有两层含义：一是留待以后年度处理的利润；二是未指定特定用途的利润。

企业通过设置"利润分配——未分配利润"明细科目核算企业的未分配利润。具体核算将在"项目九　财务成果岗位核算"中专门介绍。

任务三　金融资产的核算

广义的金融资产是实物资产的总称，单位或个人所拥有的以价值形态存在的资产，是一种索取实物资产的无形的权利，是一切可以在有组织的金融市场上进行交易、具有现实价格和未来估价的金融工具的总称。

金融资产主要包括库存现金、应收账款、应收票据、贷款、其他应收款、股权投资、债权投资及衍生金融资产等。

长期股权投资将单独讲述。

根据企业管理金融资产的业务模式和金融资产的合同现金流量特征，《企业会计准则第22号——金融工具确认和计量》(2018)，将金融资产分为以下三类。

（1）以摊余成本计量的金融资产（如应收账款、债权投资和贷款）。

（2）以公允价值计量且其变动计入其他综合收益的金融资产（如其他债权投资、其他权益工具投资）。

（3）以公允价值计量且其变动计入当期损益的金融资产（如交易性金融资产）。

上述分类一经确定，不得随意变更。

有关库存现金、应收款项前面已经讲述，这里仅对债权投资、其他债权投资、其他权益工具投资和交易性金融资产进行讲解。

学习情境一　债权投资的核算

一、债权投资的含义

债权投资属于以摊余成本计量的金融资产。企业管理其金融资产的业务模式是以收取合同现金流量为目标，而且，根据该金融资产的合同条款规定，在特定日期产生的现金流量仅为对本金和以未偿付本金金额为基础的利息的支付。例如，企业从二级市场上购入的固定利率国债、浮动利率公司债券等。

债权投资一般具有长期性质，但如果购入期限较短（一年以内）的债券，符合债权投资条件的，也可列为债权投资。

二、账户设置

企业应设置"债权投资"科目,核算企业债权投资的摊余成本。

"债权投资"账户属资产类账户,借方登记取得的金融资产的投资成本和应计利息以及和应收利息相关的利息调整;贷方登记金融资产的出售以及转入其他类别金融资产的投资。本科目可按债权投资的类别和品种,分别按"成本""利息调整""应计利息"等进行明细核算。

三、债权投资的会计处理

1. 企业取得债权投资

入账成本＝买价－到期未收到的利息＋交易费用

借：债权投资——成本(面值)
　　　　　　——应计利息(未到期利息)
　　　　　　——利息调整(初始入账成本－债券购入时所含的未到期利息－债券面值)(溢价记借方,折价记贷方)
　　应收利息(分期付息债券买入时所含的已到付息期但尚未领取的利息)
　　贷：银行存款等

2. 资产负债表日计算利息

借：应收利息(分期付息债券按票面利率计算的利息)
　　债权投资——应计利息(到期时一次还本付息债券按票面利率计算的利息)
　　　　　　——利息调整(折价前提下,一般倒挤在借方)
　　贷：投资收益/利息收入
　　　　债权投资——利息调整(溢价前提下,一般倒挤在贷方)

注意：

投资收益＝本期计提的利息收入＝期初摊余成本×实际利率

本期期初摊余成本即为上期期末摊余成本。

期末债权投资摊余成本＝期初摊余成本＋本期计提的利息
　　　　　　　　　　－本期收到的利息和本金
　　　　　　　　　　－本期计提的减值准备

3. 出售债权投资

借：银行存款等
　　贷：债权投资
　　　　投资收益(差额,也可能在借方)

已计提减值准备的,还应同时结转减值准备。

【做中学 7-20】 2×14 年年初,甲公司购买了一项债券,剩余年限 5 年,划分为以摊余成本计量的金融资产,买价 90 万元,另付交易费用 5 万元,该债券面值为 100 万元,票面利率为 4%,每年末付息,到期还本。

(1) 计算内含报酬率。

设内含利率为 r,该利率应满足如下条件。

$$\frac{4}{(1+r)^1}+\frac{4}{(1+r)^2}+\cdots+\frac{104}{(1+r)^5}=95(万元)$$

采用插值法,计算得出 $r\approx 5.16\%$。

(2) 2×14 年年初购入该债券。

借:债权投资——成本　　　　　　　　　　　　　100
　　贷:银行存款　　　　　　　　　　　　　　　　95
　　　　债权投资——利息调整　　　　　　　　　　5

(3) 每年利息收益计算过程见表 7-4。

表 7-4　　　　　　　　　　每年利息收益(1)　　　　　　　　　　单位:元

年份	①年初摊余成本	②利息收益=①×r	③现金流入	④年末摊余成本=①+②-③
2×14	95	4.9	4	95.9
2×15	95.90	4.95	4	96.85
2×16	96.85	5	4	97.85
2×17	97.85	5.05	4	98.9
2×18	98.9	5.1*	104	0

注:* 的数据表示应采取倒挤的方法认定,否则会出现计算偏差,具体计算过程为 5.1=104-98.9(万元)。

每年的分录如下。

借:应收利息③
　　债权投资——利息调整(②-③)
　　贷:投资收益②

收到利息。

借:银行存款③
　　贷:应收利息③

(4) 到期。

借:银行存款　　　　　　　　　　　　　　　　100
　　贷:债权投资——成本　　　　　　　　　　　100

【做中学 7-21】 2×14 年年初,甲公司购买了一项债券,剩余年限 5 年,划分为以摊余成本计量的金融资产,买价 101 万元,另付交易费用 3 万元,该债券面值为 100 万元,票面利率为 4%,每年末付息,到期还本。

(1) 计算内含报酬率。

设内含利率为 r,该利率应满足如下条件。

$$\frac{4}{(1+r)^1}+\frac{4}{(1+r)^2}+\cdots+\frac{104}{(1+r)^5}=104(万元)$$

采用插值法,计算得出 $r\approx3.12\%$。

(2) 2×14 年年初购入该债券。

借:债权投资——成本　　　　　　　　　　　　　100
　　　　　　——利息调整　　　　　　　　　　　　4
　　贷:银行存款　　　　　　　　　　　　　　　　104

(3) 每年利息收益计算过程见表 7-5。

表 7-5　　　　　　　　　　　每年利息收益(2)　　　　　　　　　　单位:万元

年份	①年初摊余成本	②利息收益=①×r	③现金流入	④年末摊余成本=①+②-③
2×14	104	3.24	4	103.24
2×15	103.24	3.22	4	102.47
2×16	102.47	3.20	4	101.66
2×17	101.66	3.17	4	100.83
2×18	100.83	3.17*	104	0

注:* 的数据表示应采取倒挤的方法认定,否则会出现计算偏差,具体计算过程为 3.17=104-100.83(万元)。

每年的分录如下。

借:应收利息③
　　贷:投资收益②
　　　　债权投资——利息调整(③-②)

收到利息。

借:银行存款③
　　贷:应收利息③

(4) 到期。

借:银行存款　　　　　　　　　　　　　　　　　100
　　贷:债权投资——成本　　　　　　　　　　　　100

【做中学 7-22】 2×14 年 1 月 2 日,甲公司购买了乙公司于 2×14 年年初发行的公司债券,期限为 5 年,划分为以摊余成本计量的金融资产,买价为 90 万元,交易费用为 5 万元,该债券面值为 100 万元,票面利率为 4%,到期一次还本付息。

(1) 计算内含报酬率。

设内含利率为 r,该利率应满足如下条件。

$$\frac{120}{(1+r)^5}=95(万元)$$

经测算,计算结果:$r\approx4.78\%$。

(2) 2×14 年年初购入该债券。

借:债权投资——成本　　　　　　　　　　　　　100
　　贷:银行存款　　　　　　　　　　　　　　　　95

　　　　债权投资——利息调整　　　　　　　　　　　　　　　5

(3) 每年利息收益计算过程见表7-6。

表 7-6　　　　　　　　每年利息收益(3)　　　　　　　单位：万元

年份	①年初摊余成本	②利息收益=①×r	③现金流入	④年末摊余成本=①+②-③
2×14	95	4.54	0	99.54
2×15	99.54	4.76	0	104.30
2×16	104.30	4.99	0	109.29
2×17	109.29	5.23	0	114.52
2×18	114.52	5.48	120	0

每年的分录如下。
借：债权投资——应计利息 4
　　　　　　——利息调整(②-④)
　贷：投资收益②

(4) 到期。
借：银行存款　　　　　　　　120
　贷：债权投资——成本　　　　100
　　　　　　——应计利息　　　 20

实务技能：债权投资的各期利息收益的计算及期初或期末摊余成本的计算

学习情境二　其他债权投资的核算

一、其他债权投资的含义

　　其他债权投资属于以公允价值计量且其变动计入其他综合收益的金融资产。金融资产管理的业务模式是既收取合同现金流量又以出售该金融资产为目标，而且，根据该金融资产的合同条款规定，在特定日期产生的现金流量仅为对本金和以未偿付本金金额为基础的利息的支付，如企业购入的在活跃市场上有报价的债券、基金等。
　　企业因持有意图或能力发生改变，使某项投资不再适合划分为债权投资的，应当将其重分类为其他债权投资，并以公允价值进行后续计量。重分类日，该投资的账面价值与公允价值之间的差额计入所有者权益。

二、账户设置

　　为了反映和监督其他债权投资的取得、收取利息和出售等情况，企业应当设置"其他债权投资""其他综合收益""投资收益"等科目进行核算。

企业应设置"其他债权投资"账户,核算其他债权投资的取得、处置等业务,并按其他债权投资的类别和品种,分别按"成本""公允价值变动""利息调整""应计利息"等进行明细核算。其他债权投资发生减值的,应进行减值核算。

本科目期末借方余额,反映企业其他债权投资的公允价值。对于"其他债权投资",取得时以历史成本计量,期末按照公允价值调整。

三、其他债权投资的账务处理

1. 取得其他债权投资

借:其他债权投资——成本(面值)
　　　　　　　——利息调整(溢价时)
　　应收利息(已到付息期但尚未领取的利息)
贷:银行存款等
　　其他债权投资——利息调整(折价时)

企业在持有其他债权投资的期间,所涉及的会计处理主要有三个方面:一是在资产负债表日确认债券利息收入;二是在资产负债表日反映其公允价值变动;三是在资产负债表日核算其他债权投资发生的减值损失。

2. 资产负债表日计算利息

借:应收利息(分期付息债券按票面利率计算的利息)
　　其他债权投资——应计利息(到期时一次还本付息债券按票面利率计算的利息)
贷:投资收益(其他债权投资的期初摊余成本和实际利率计算确定的利息收入)
　　其他债权投资——利息调整(差额,也可能在借方)

3. 资产负债表日公允价值变动

(1) 公允价值上升。
借:其他债权投资——公允价值变动
贷:其他综合收益

(2) 公允价值下降(暂时贬值)。
借:其他综合收益
贷:其他债权投资——公允价值变动

4. 债权投资重分类为其他债权投资

借:其他债权投资(重分类日公允价值)
　　债权投资减值准备(账面价值)
贷:债权投资(账面价值)
　　其他综合收益(差额,也可能在借方)

5. 交易性金融资产重分类为其他债权投资

借：其他债权投资（重分类日公允价值）
　　贷：交易性金融资产

6. 出售其他债权投资

企业出售其他债权投资，应当将取得的价款与账面余额之间的差额作为投资损益进行会计处理，同时，将原计入该金融资产的公允价值变动转出，由其他综合收益转为投资收益。

如果对其他债权投资计提了减值准备，还应当同时结转减值准备。

借：银行存款等
　　其他综合收益（有可能在贷方）
　　贷：其他债权投资——成本
　　　　　　　　　　——公允价值变动
　　　　　　　　　　——利息调整（有可能在借方）
　　　　　　　　　　——应计利息

差额：投资收益（倒挤，可能借方也可能贷方）。

将上述分录分解如下。

借：银行存款等
　　贷：其他债权投资——成本
　　　　　　　　　　——利息调整（可能在借方）
　　　　　　　　　　——公允价值变动（可能在借方）
　　　　　　　　　　——应计利息

差额：投资收益。

同时编制会计分录如下。

借：其他综合收益
　　贷：投资收益

或反之。

【做中学7-23】 甲公司于2×16年1月1日购入B公司同日发行的5年期公司债券，债券面值总额为1 250 000元，票面年利率4.72%，实际利率10%，于年末支付本年度利息，本金到期支付。共支付价款1 000 000元（含交易费用）。甲公司将B公司债券划分为其他债权投资。2×16年12月31日，该债券的市场价格为1 200 000元（不含利息）。2×17年年初售出此金融资产，售价为1 210 000元，假定无交易费用。假定不考虑其他因素的影响，甲公司账务处理如下。

(1) 2×16年1月1日，购入债券。

借：其他债权投资——成本　　　　　　　　　1 250 000
　　贷：银行存款　　　　　　　　　　　　　　　1 000 000
　　　　其他债权投资——利息调整　　　　　　　　250 000

(2) 2×16 年 12 月 31 日,确认债券利息、公允价值变动、收到债券利息。

实际利息＝B 债券期初摊余成本×实际利率＝1 000 000×10％＝100 000(元)

B 债券年末摊余成本＝1 000 000＋100 000－59 000＝1 041 000(元)

应收利息＝1 250 000×4.72％＝59 000(元)

借：应收利息	59 000
其他债权投资——利息调整	41 000
贷：投资收益	100 000
借：银行存款	59 000
贷：应收利息	59 000
借：其他债权投资——公允价值变动	159 000
贷：其他综合收益	159 000

(3) 2×17 年年初售出。

借：银行存款	1 210 000
其他债权投资——利息调整	209 000
贷：其他债权投资——成本	1 250 000
——公允价值变动	159 000
投资收益	10 000

同时将持有期间的暂时公允价值变动转入投资收益。

借：其他综合收益	159 000
贷：投资收益	159 000

学习情境三　其他权益工具投资的核算

一、其他权益工具投资的含义

其他权益工具投资是指以公允价值计量且其变动计入其他综合收益的非交易性权益工具投资。

二、账户设置

为了反映和监督其他权益工具投资的取得、收取现金股利和出售等情况,企业应当设置"其他权益工具投资""其他综合收益""投资收益"等科目进行核算。

企业应设置"其他权益工具投资"账户,核算其他权益工具投资的取得、处置等业务,并按其他权益工具投资的类别和品种,分别按"成本""公允价值变动"进行明细核算。

其他权益工具投资不进行减值认定。

本科目期末借方余额,反映企业其他权益工具投资的公允价值。对于"其他权益工具投资",取得时以历史成本计量,期末按照公允价值调整。

三、其他权益工具投资的账务处理

1. 企业取得其他权益工具投资

借：其他权益工具投资——成本(买价－已宣告未发放的股利＋交易费用)
　　应收股利(已宣布但尚未发放的现金股利)
　贷：银行存款等

2. 持有期间被投资单位宣告分派现金股利

借：应收股利
　贷：投资收益

3. 资产负债表日公允价值变动

(1) 增值。
借：其他权益工具投资——公允价值变动
　贷：其他综合收益
(2) 贬值。
借：其他综合收益
　贷：其他权益工具投资——公允价值变动

公允价值变动形成的利得或损失,应当计入所有者权益(其他综合收益)。在该金融资产终止确认时转出,计入留存收益(而非当期损益)。

4. 交易性金融资产重分类为其他权益工具投资

借：其他权益工具投资
　贷：交易性金融资产

企业应当继续以公允价值计量该金融资产。

5. 出售其他权益工具投资

确认处置利得或损失(归入留存收益,而非当期损益)。
借：银行存款等
　　其他综合收益(持有期间公允价值的调整额,可能列借方也可能列贷方)
　贷：其他权益工具投资
　　　盈余公积
　　　利润分配——未分配利润

【做中学 7-24】 2×16年5月6日,甲公司支付价款1 016万元(含交易费用1万元和已宣告但未发放现金股利15万元),购入乙公司发行的股票200万股,占乙公司有表决权股份的0.5%。甲公司将其指定为以公允价值计量且其变动计入其他综合收益的非交易性权益工具投资。2×16年5月10日,甲公司收到乙公司发放的现金股利15万元。2×16年6月30日,该股票市价为每股5.2元。2×16年12月31日,甲公司仍持有该股票;当日,该股票市价为每股5元。2×17年5月9日,乙公司宣告发放股利4 000万元。2×17年5月13日,甲公司收到乙公司发放的现金股利。2×17年5月20日,甲公司由于某特殊原因,以每股4.9元的价格将股票全部转让。

假定不考虑其他因素,甲公司的账务处理如下。

(1) 2×16年5月6日,购入股票。

借:其他权益工具投资　　　　　　　　　　10 010 000
　　应收股利　　　　　　　　　　　　　　　　150 000
　　贷:银行存款　　　　　　　　　　　　　　　　10 160 000

(2) 2×16年5月10日,收到现金股利。

借:银行存款　　　　　　　　　　　　　　　150 000
　　贷:应收股利　　　　　　　　　　　　　　　　150 000

(3) 2×16年6月30日,确认股票价格变动。

借:其他权益工具投资　　　　　　　　　　　390 000
　　贷:其他综合收益　　　　　　　　　　　　　　390 000

(4) 2×16年12月31日,确认股票价格变动。

借:其他综合收益　　　　　　　　　　　　　400 000
　　贷:其他权益工具投资　　　　　　　　　　　　400 000

(5) 2×17年5月9日,确认应收现金股利。

借:应收股利　　　　　　　　　　　　　　　200 000
　　贷:投资收益　　　　　　　　　　　　　　　　200 000

(6) 2×17年5月13日,收到现金股利。

借:银行存款　　　　　　　　　　　　　　　200 000
　　贷:应收股利　　　　　　　　　　　　　　　　200 000

(7) 2×17年5月20日,出售股票。

借:银行存款　　　　　　　　　　　　　　9 800 000
　　盈余公积　　　　　　　　　　　　　　　　21 000
　　利润分配——未分配利润　　　　　　　　　189 000
　　贷:其他权益工具投资　　　　　　　　　　　10 000 000
　　　　其他综合收益　　　　　　　　　　　　　　10 000

留存收益的计算=处置利得或损失+公允价值累计变动额
　　　　　　　=(980－5×200)+(39－40)
　　　　　　　=－21(万元)

学习情境四　交易性金融资产的核算

一、交易性金融资产概述

微课：交易性金融资产的核算

按照金融工具准则分类为以摊余成本计量的金融资产和以公允价值计量且其变动计入其他综合收益的金融资产之外的金融资产，企业应当将其分类为以公允价值计量且其变动计入当期损益的金融资产。

以公允值计量且其变动计入当期损益的金融资产可以进一步划分为交易性金融资产和直接指定为公允价值计量且其变动计入当期损益的金融资产。

交易性金融资产，主要是指企业为了近期内出售而持有的金融资产，如企业以赚取差价为目的从二级市场购入的股票、债券、基金等。

直接指定为以公允价值计量且其变动计入当期损益的金融资产，主要是指企业基于风险管理、战略投资需要等所做的指定。

在活跃市场价值中没有报价、公允价值不能可靠计量的权益工具投资，不得指定为公允价值计量且其变动计入当期损益的金融资产。

在会计核算时，交易性金融资产和直接指定为以公允价值计量且其变动计入当期损益的金融资产除属于衍生金融资产的部分以外，均通过"交易性金融资产"账户核算。

二、交易性金融资产的会计核算

企业应设置"交易性金融资产"账户，可核算以公允价值计量其变动计入当期损益的金融资产，并按交易性金融资产的类别和品种，分别按"成本""公允价值变动"等进行明细核算。

1. 交易性金融资产取得的账务处理

交易性金融资产在取得时，应按照公允价值作为初始确认金额，相关的交易费用计入当期损益。如果实际支付的价款中包括已宣告但尚未发放的股利或已到付息期但尚未支付的债券利息，应单独计入应收项目，不计入初始确认金额。

交易费用包括支付给代理机构、咨询公司、券商、证券交易所、政府有关部门等的手续费、佣金及其他必要支出。不包括债券溢价、折价、融资费用、内部管理成本和持有成本等与交易不直接相关的费用。企业为发行金融工具所发生的差旅费等，不属于交易费用。

账务处理如下。

借：交易性金融资产——成本（公允价值）
　　应收股利、应收利息（已宣告但未发放的股利或已到付息期但尚未支付的利息）
　　投资收益（发生的交易费用）
　　应交税费——应交增值税（进项税额）（增值税专用发票上注明的增值税税额）

贷：其他货币资金——存出投资款等（支付的总价款及增值税）

　2. 交易性金融资产的持有计量

　　交易性金融资产持有期内获得的现金股利或债券利息，应当确认为当期损益。

　（1）被投资单位宣告分配现金股利，或在资产负债表日按分期付息、一次还本债券投资的票面利率计算的利息。

　　借：应收股利、应收利息
　　　贷：投资收益

　（2）实际收到股利或利息。

　　借：其他货币资金——存出投资款等
　　　贷：应收股利、应收利息

　3. 交易性金融资产的期末计量

　　在资产负债表日，交易性金融资产应按照公允价值反映，公允价值与账面价值的差额计入当期损益。

　（1）资产负债表日，如果交易性金融资产的公允价值高于账面价值，则会计处理如下。

　　借：交易性金融资产——公允价值变动
　　　贷：公允价值变动损益

　（2）资产负债表日，如果交易性金融资产的公允价值低于账面价值时，则会计处理如下。

　　借：公允价值变动损益
　　　贷：交易性金融资产——公允价值变动

　4. 其他债权投资或其他权益工具投资重分类为交易性金融资产

　　借：交易性金融资产（重分类日的公允价值）
　　　贷：其他债权投资、其他权益工具投资
　　借：其他综合收益
　　　贷：公允价值变动损益

　　转换后继续以公允价值计量。同时，企业应当将之前计入其他综合收益的累计利得或损失从其他综合收益转入当期损益。

三、交易性金融资产的处置

　　处置交易性金融资产的关键在于确定处置损益。交易性金融资产的处置损益是指实际收到的处置收入扣除所处置交易性金融资产账面价值后的差额，如果处置时存在已宣告但尚未收到的现金股利或尚未收到的应收利息，也应该从处置收入中扣除。

1. 确认投资收益

借：其他货币资金——存出投资款（实际收到的处置价款）
　贷：交易性金融资产——成本（该交易性金融资产的初始成本）
　　　　　　　　　　——公允价值变动（该交易性金融资产累计的公允价值变动金额）（该账户有可能在借方）
　　　应收股利或应收利息（已确认尚未收到的现金股利或债券利息）
　　　投资收益（差额）（该账户有可能在借方）

2. 拆分出应交增值税

(1) 测算出售时的增值税税额。

转让交易性金融资产应交增值税＝(售价－买价)÷(1＋6%)×6%

注意：买价，不得剔除包含的已宣告未发放股利及已到期未收到的利息。

(2) 分录如下。

① 实现盈余。

借：投资收益
　贷：应交税费——转让金融商品应交增值税

② 发生亏损。

借：应交税费——转让金融商品应交增值税
　贷：投资收益

【做中学 7-25】 2×20 年 1 月 5 日，甲公司购入乙公司发行的债券（面值总额 100 万元，利率 6%，利息每半年计算并支付一次）。取得时支付价款 103 万元（含已到期尚未发放的利息 3 万元），另支付交易费用 2 万元，取得增值税专用发票上注明的增值税税额为 0.12 万元。

(1) 取得交易性金融资产。

借：交易性金融资产——乙债券（成本）　　　1 000 000
　　应收利息　　　　　　　　　　　　　　　　30 000
　　投资收益　　　　　　　　　　　　　　　　20 000
　　应交税费——应交增值税（进项税额）　　　1 200
　贷：其他货币资金——存出投资款　　　　　1 051 200

(2) 收到最初支付价款中所含利息 3 万元。

借：其他货币资金——存出投资款　　　　　　30 000
　贷：应收利息　　　　　　　　　　　　　　　30 000

(3) 3 月 31 日，该债券公允价值为 112 万元。

借：交易性金融资产——乙债券（公允价值变动）　120 000
　贷：公允价值变动损益　　　　　　　　　　　120 000

(4) 6 月 30 日，该债券公允价值为 110 万元。

借：公允价值变动损益　　　　　　　　　　　　20 000

贷：交易性金融资产——乙债券（公允价值变动）　　20 000
（5）6月30日确认上半年利息。
　　借：应收利息　　　　　　　　　　　　　　　　30 000
　　　贷：投资收益　　　　　　　　　　　　　　　　30 000
实际收到利息。
　　借：其他货币资金——存出投资款　　　　　　　30 000
　　　贷：应收利息　　　　　　　　　　　　　　　　30 000
（6）7月20日，甲公司将该债券出售，出售净收入为118万元。
　　借：其他货币资金——存出投资款　　　　　　1 180 000
　　　贷：交易性金融资产——乙债券（成本）　　1 000 000
　　　　　　　　　　　　——乙债券（公允价值变动）　100 000
　　　　　投资收益　　　　　　　　　　　　　　　80 000
测算出售时的增值税税额：
　　　　转让交易性金融资产应交增值税＝（售价－买价）÷（1＋6％）×6％
　　　　　　　　　　　　　　　　　　＝（118－103）÷（1＋6％）×6％
　　　　　　　　　　　　　　　　　　＝0.849 057（万元）
　　借：投资收益　　　　　　　　　　　　　　　　8 490.57
　　　贷：应交税费——转让金融商品应交增值税　　8 490.57

实务技能：交易性金融资产常见测试指标　　**随堂测：交易性金融资产的核算**

学习情境五　金融资产减值的核算

　　资产减值是指资产的可收回金额低于其账面价值。其中，这里所指的资产，包括单项资产和资产组。

一、金融资产减值的确认

　　企业应当在资产负债表日，对以公允价值计量且其变动计入当期损益的金融资产以外的金融资产（如债权投资、其他债权投资等）的账面价值进行检查，有客观证据表明该金融资产发生减值的，计提减值准备。
　　表明金融资产发生减值的客观证据，是指金融资产初始确认后实际发生的、对该金融资产的预计未来现金流量有影响，且企业能够对该影响进行可靠计量的事项。包括下列各项。

(1) 发行方或债务人发生严重财务困难。
(2) 债务人违反了合同条款,如偿付利息或本金发生违约或逾期等。
(3) 债权人出于经济或法律等方面因素的考虑,对发生财务困难的债务人做出让步。
(4) 债务人很可能倒闭或进行其他财务重组。
(5) 因发行方发生重大财务困难,该金融资产无法在活跃市场继续交易。
(6) 无法辨认一组金融资产中的某项资产的现金流量是否已经减少,但根据公开的数据对其进行总体评价后发现,该组金融资产自初始确认以来的预计未来现金流量确已减少且可计量,如该组金融资产的债务人支付能力逐步恶化,或债务人所在国家或地区失业率提高,担保物在其所在地区的价格明显下降,所处行业不景气等。
(7) 其他表明金融资产发生减值的客观证据。

二、债权投资减值的核算

债权投资应当根据其预计未来现金流量现值低于其摊余成本的差额,确认减值损失,计入当期损益。

债权投资在确认减值损失后,如有客观证据表明该投资价值已恢复,且客观上与确认该损失后发生的事项有关(如债务人的信用评级已提高等),原确认的减值损失应当予以转回,计入当期损益。但是,该转回后的账面价值不应超过假定不计提减值准备情况下该债权投资在转回日的摊余成本。

企业应设置"债权投资减值准备"科目,用于核算债权投资减值损失的发生和转回。资产负债表日,债权投资发生减值的,按应减记的金额,借记"信用减值损失"科目,贷记本科目。如果已计提减值准备的债权投资价值以后又得以恢复,应在原已计提的减值准备金额内,按恢复增加的金额,借记本科目,贷记"信用减值损失"科目。

"债权投资减值准备"科目的期末贷方余额,反映企业已计提但尚未转销的债权投资减值准备。本科目可按债权投资类别和品种进行明细核算。

【做中学 7-26】 利欧股份公司 2×19 年 1 月 1 日以 100 万元购入韩进公司面值为 100 万元的债券,列为债权投资,该债券票面利率 6%,期限 3 年,到期一次还本付息。2×20 年,韩进公司发生财务困难,该债券发生减值,预计可收回金额为 80 万元。

(1) 购入。

借:债权投资——成本　　　　　　　　　1 000 000
　　贷:银行存款　　　　　　　　　　　　　　1 000 000

(2) 2×19 年 12 月 31 日计息。

借:债权投资——应计利息　　　　　　　　60 000
　　贷:投资收益　　　　　　　　　　　　　　60 000

(3) 2×20 年发生减值。

借:信用减值损失　　　　　　　　　　　　260 000
　　贷:债权投资减值准备　　　　　　　　　　260 000

三、其他债权投资减值的核算

资产负债表日,确定其他债权投资发生减值的,应当将减记的金额作为信用减值损失进行会计处理,同时直接冲减其他债权投资或计提相应的资产减值准备。

注意:对于已确认减值损失的其他债权投资,在随后会计期间内公允价值已上升且客观上与确认原减值损失事项有关的,应当在原已确认的减值损失范围内转回,同时调整信用减值损失或所有者权益。

1. 减值与价值下滑的关系

（1）先认定总的价值下滑。

借：其他综合收益——其他债权投资公允价值变动（价值下滑总量）
　　贷：其他债权投资（价值下滑总量）

（2）再认定事实贬值部分。

借：信用减值损失
　　贷：其他综合收益——信用减值准备

2. 减值恢复

（1）减值幅度内恢复。

借：其他综合收益——信用减值准备
　　贷：信用减值损失

（2）超过减值幅度的公允价值上升部分,确认为公允价值变动。

借：其他债权投资
　　贷：其他综合收益

【做中学 7-27】（判断题）企业持有的其他债权投资公允价值发生的增减变动额应当确认为其他综合收益。（　　）

公允价值严重下跌的时候,要确认信用减值损失,故本题判断错误。

任务四　长期股权投资的核算

学习情境一　长期股权投资概述

长期股权投资通常指企业长期持有的,不准备随时出售,投资企业作为被投资单位的股东,按所持股份比例享有被投资单位权益并承担相应责任的投资。

长期股权投资是指投资方对被投资单位实施控制、重大影响的权益性投资,以及对其合营企业的权益性投资。除此之外,其他权益性投资不作为长期股权投资核算而应当按照《企业会计准则第22号——金融工具确认和计量》的规定进行会计核算。

长期股权投资,通常可以通过购买被投资单位股票,或以资产直接对被投资单位投资的方式取得。企业进行长期股权投资,目的在于通过股权投资控制被投资单位,或对被投资单位施加重大影响,或为长期营利,或为了与被投资单位建立密切关系,以分散经营风险,具有投资大、期限长、风险大以及能为企业带来长期利益等特征。

长期股权投资包括以下内容。

(1) 企业持有的能够对被投资单位实施控制的权益性投资,即对子公司的投资。

(2) 企业持有的能够与其他合营方一同对被投资单位实施共同控制的权益性投资,即对合营企业的投资。

(3) 企业持有的能够对被投资单位施加重大影响的权益性投资,即对联营企业的投资。

知识拓展:投资方对被投资方的权益性投资的不同影响程度

学习情境二　长期股权投资的核算方法

长期股权投资在持有期间,根据投资企业对被投资单位的影响程度等情况,分别采用成本法和权益法进行核算。

为了反映和监督长期股权投资的取得、持有和处置等情况,投资企业应当设置"长期股权投资""投资收益""其他综合收益"等科目进行核算,见图7-5。

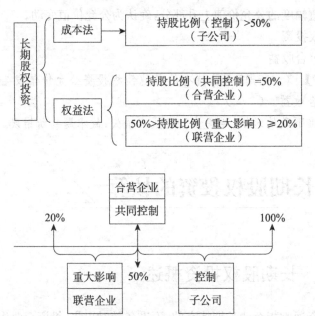

图7-5　长期股权投资核算

一、采用成本法核算长期股权投资的账务处理

1. 成本法的概念及其适用范围

成本法是指投资按成本计价的核算方法。在成本法下,长期股权投资以取得时的初始投资成本计价;其后,除投资企业追加投资、收回投资等情形外,长期股权投资的账面价值一般应当保持不变。

长期股权投资成本法的核算适用于投资企业能够对被投资单位实施控制的长期股权投资。企业对子公司的长期股权投资应当采用成本法核算,编制合并财务报表时按照权益法进行调整。

2. 成本法的账务处理

长期股权投资初始投资成本的确定:除企业合并形成的长期股权投资以外,以支付现金取得的长期股权投资,应当按照实际支付的购买价款作为初始投资成本。企业所发生的与取得长期股权投资直接相关的费用、税金及其他必要支出应计入长期股权投资的初始投资成本。

此外企业取得长期股权投资,实际支付的价款或对价中包含的已宣告但尚未发放的现金股利或利润,作为应收项目处理,不构成长期股权投资的成本。

长期股权投资采用成本法核算的情况下,初始投资或追加投资时,按照初始投资或追加投资时的投资成本增加长期股权投资的账面价值。

被投资单位宣告分派的利润或现金股利,投资企业按应享有的份额,确认为当期投资收益。

【做中学7-28】 甲公司2×20年1月1日,以银行存款购入乙公司65%的股份计100 000股,准备长期持有。每股买入价10元,其中包含有0.2元的已宣告分派的现金股利,另支付相关税费7 000元。乙公司于2×20年4月2日宣告分派2×19年度的现金股利200 000元。

(1) 2×20年1月1日,计算初始投资成本。

股票成交金额(100 000×10)	1 000 000
加:相关税费	7 000
减:已宣告分派的现金股利(100 000×0.2)	20 000
	987 000

(2) 购入时分录。

借:长期股权投资——乙公司　　　　　　　987 000
　　应收股利　　　　　　　　　　　　　　 20 000
　　贷:银行存款　　　　　　　　　　　　　　　　1 007 000

收到已经宣告的股利。

借:银行存款　　　　　　　　　　　　　　 20 000
　　贷:应收股利　　　　　　　　　　　　　　　　　20 000

(3) 2×20年4月2日宣告发放现金股利。

借:应收股利　　　　　　　　　　　　　　130 000

   贷：投资收益   130 000

（4）2×20 年 5 月 1 日收到现金股利。

  借：银行存款   130 000

   贷：应收股利   130 000

3. 长期股权投资的处置

  处置长期股权投资时，按实际取得的价款与长期股权投资账面价值和已确认应收股利的差额，确认为投资损益，并同时结转已计提的长期股权投资减值准备。

  借：银行存款等
    长期股权投资减值准备
   贷：长期股权投资
     投资收益

【做中学 7-29】 甲公司将其作为长期股权投资的乙公司股票 15 000 股以每股 10 元价格出售，支付相关税费 1 000 元，取得价款 149 000 元，款项已收存银行。该长期股权投资账面价值为 140 000 元，已计提减值准备 10 000 元。

  借：银行存款   149 000
    长期股权投资减值准备   10 000
   贷：长期股权投资——乙公司   140 000
     投资收益   19 000

二、采用权益法核算长期股权投资的账务处理

  （1）权益法的概念及其适用范围：权益法是指投资最初以投资成本计价，以后根据投资企业享有被投资单位所有者权益份额的变动对投资的账面价值进行调整的方法。投资企业对被投资单位具有共同控制或重大影响时，长期股权投资应采用权益法核算。

  （2）权益法的账务处理：长期股权投资采用权益法核算的情况下，投资最初以初始投资成本计量；投资后，随着被投资单位所有者权益的变动而相应调整增加或减少长期股权投资的账面价值。

  在权益法下，为了核算长期投资，应设置"长期股权投资"总账账户，按照投资对象设置二级账户，并在二级账户下设置"投资成本""损益调整""其他综合收益"和"其他权益变动"几个明细账户。

  其中，明细科目中的"投资成本"：①取得投资时的初始成本。②初始投资成本小于投资时应享有被投资单位可辨认净资产公允价值份额，对初始成本的调整。③处置时结转的成本。

  明细科目中的"损益调整"：①被投资单位实现净利润或发生净亏损。②被投资单位宣告发放现金股利或利润。

  明细科目中的"其他综合收益"：被投资单位各交易事项引起的其他综合收益变动。

  明细科目中的"其他权益变动"：被投资单位除净损益、其他综合收益以及利润分配外所有者权益的其他变动。

(一) 长期股权投资成本的初始计量

长期股权投资在取得时，应按照初始投资成本入账。其初始投资成本，应分企业合并和非企业合并两种情况确定。

本小节仅介绍非企业合并形成的长期股权投资的初始计量。

1. 以支付现金方式取得的长期股权投资

除企业合并形成的长期股权投资以外，以现金方式取得的长期股权投资，应按照实际支付的购买价款和支付的直接相关费用、税金及其他必要支出作为长期股权投资的初始投资成本，实际支付的价款中包含的已宣告但尚未发放的现金股利或利润，应作为应收项目单独核算。

一般分录如下。

借：长期股权投资——某公司
　　应收股利
　贷：银行存款

【做中学7-30】 甲公司2×20年4月1日购买乙公司发行的股票20万股准备长期持有，从而拥有乙公司30%的股份。每股买入价12.0元，其中包含已宣告但尚未发放的现金股利0.2元，另外甲公司还支付相关费用8万元。甲公司在取得乙公司股票时，应做以下账务处理。

　　　　长期股权投资的初始投资成本=(12.0-0.2)×20+8=244(万元)
　　　　应单独确认的应收股利=0.2×20=4(万元)
借：长期股权投资——乙公司——投资成本　　2 440 000
　　应收股利——乙公司　　　　　　　　　　　 40 000
　贷：其他货币资金　　　　　　　　　　　　　2 480 000

2. 以发行权益性证券方式取得的长期股权投资

企业以发行权益性证券(如股票等)方式取得的长期股权投资，其初始投资成本为所发行权益性证券的公允价值。为发行权益性证券支付的手续费、佣金等，应从权益性证券的溢价收入中扣除，溢价不足弥补发行费用的应冲减盈余公积和未分配利润。

【做中学7-31】 2×20年7月1日，甲公司发行面值为1元的普通股4 000万股股票取得乙公司25%的股权。按照2×20年7月1日的市价计算公允价值为8 400万元，甲公司发行股票发生的发行费用为200万元。

借：长期股权投资——乙公司——投资成本　　84 000 000
　贷：股本　　　　　　　　　　　　　　　　40 000 000
　　　资本公积——股本溢价　　　　　　　　44 000 000
借：资本公积——股本溢价　　　　　　　　　 2 000 000
　贷：银行存款　　　　　　　　　　　　　　　2 000 000

3. 以其他方式取得的长期股权投资

企业以非货币性资产交换、债务重组、企业合并等方式取得的长期股权投资，参见"非货币性资产交换""债务重组""企业合并"等相关准则。

(二)长期股权初始投资成本的调整

初始投资成本与被投资方公允可辨认净资产中属于投资方的部分之间的差额处理。

（1）长期股权投资的初始投资成本大于投资时应享有被投资单位可辨认净资产公允价值份额的,不调整长期股权投资的初始投资成本。

借：长期股权投资——投资成本
　　贷：银行存款

（2）长期股权投资的初始投资成本小于投资时应享有被投资单位可辨认净资产公允价值份额的,其差额应当计入当期损益,同时调整长期股权投资的账面价值。

借：长期股权投资——投资成本
　　贷：银行存款

再将差额做如下处理。

借：长期股权投资——投资成本
　　贷：营业外收入

实务技能：非企业合并形成的长期股权投资的初始计量

可辨认净资产公允价值是指被投资单位可辨认资产公允价值减去负债及或有负债公允价值后的余额。可辨认资产,不包括商誉。

【做中学 7-32】 甲公司于 2×20 年 4 月 1 日以 4 200 万元投资乙企业普通股,占乙企业普通股的 30%,并对乙企业有重大影响。乙企业 2×20 年 1 月 1 日所有者权益为：股本 10 000 万元,资本公积 1 000 万元,盈余公积 2 000 万元,未分配利润 500 万元。2×20 年 3 月 20 日乙企业分配现金股利 100 万元,1—3 月乙企业实现盈利 100 万元,假设投资当时乙企业净资产的公允价值与账面价值一致。

甲公司账务处理如下。

投资时,乙企业净资产的公允价值＝10 000＋1 000＋2 000＋500－100＋100
　　　　　　　　　　　　　　　＝13 500（万元）

甲公司享有乙企业所有者权益的份额＝13 500×30%＝4 050（万元）

投资成本与应享有乙企业所有者权益份额之间的差额＝4 200－4 050＝150（万元）

借：长期股权投资——乙企业(投资成本)　　42 000 000
　　贷：银行存款　　　　　　　　　　　　　42 000 000

假定甲公司投资时成本为 4 000 万元,则投资成本小于投资时享有的被投资单位的可辨认净资产的公允价值份额为 4 050 万元,其差额 50 万元应计入当期损益。

借：长期股权投资——乙企业(投资成本)　　40 500 000
　　贷：银行存款　　　　　　　　　　　　　40 000 000
　　　　营业外收入　　　　　　　　　　　　　　500 000

(三)由于被投资单位实现净损益及利润分配导致权益变动的处理

在权益法下,被投资单位当年实现的净利润、发生的净亏损以及分配利润均引起其所有者权益的变动,长期股权投资的账面价值需要做相应的调整。本小节假设被投资方盈亏等数据均为公允口径。

1. 被投资单位当年实现净利润

对于被投资单位当年实现净利润,投资企业应按持股比例计算享有的份额,增加长期股权投资的账面价值,并确认为当期投资收益。

借:长期股权投资——××公司(损益调整)
　　贷:投资收益

【做中学7-33】 2×20年1月1日甲公司以1 200万元对丁公司进行投资,占丁公司表决权股份的30%,2×20年乙公司全年实现净利润150万元,则甲公司在年末按照丁公司实现净利润计算确定分享份额时,应做以下账务处理。

$$甲公司应享有的丁公司净利润=150×30\%=45(万元)$$

借:长期股权投资——丁公司(损益调整)　　450 000
　　贷:投资收益　　　　　　　　　　　　　　　450 000

2. 被投资单位当年宣告分配利润或现金股利

被投资单位宣告分派利润或现金股利时,投资企业应按持股比例计算的应分得部分,冲减长期股权投资的账面价值。

借:应收股利
　　贷:长期股权投资——××公司(损益调整)

【做中学7-34】 甲公司于2×20年6月1日对乙公司投资400万元,占乙公司所有表决权资本的30%,2×21年3月15日,乙公司宣告分派2×20年利润100万元,则甲应做以下账务处理。

$$甲公司可以得到的利润=100×30\%=30(万元)$$

借:应收股利　　　　　　　　　　　　　　　　300 000
　　贷:长期股权投资——乙公司(损益调整)　　300 000

3. 被投资单位当年发生亏损

对于被投资单位当年发生的亏损而引起的所有者权益的变动,投资企业应按持股比例计算应分担的份额,减少长期股权投资的账面价值,并确认当期投资损失。

借:投资收益
　　贷:长期股权投资——××公司(损益调整)

知识拓展:长期股权投资权益法下超额亏损的处理

知识拓展:长期股权投资权益法下确认投资收益和其他综合收益的注意事项

投资企业确认被投资单位发生的净亏损,应以投资账面价值以及其他实质上构成对被投资单位投资的长期权益(长期应收款)减记至零为限,投资企业负有承担额外损失义务的除外。

(四)被投资单位发生其他综合收益变动

基本账务处理如下。

借:长期股权投资——其他综合收益

　　贷:其他综合收益(被投资单位其他综合收益变动额×投资方持股比例)

或反之。

【做中学 7-35】 2×20年东方股份有限公司其他债权投资的公允价值增加了4 000 000元。甲公司按照持股比例确认相应的其他综合收益1 200 000元。

借:长期股权投资——其他综合收益　　　　　　1 200 000

　　贷:其他综合收益　　　　　　　　　　　　　　　　　1 200 000

(五)被投资单位除净损益、利润分配及其他综合收益外的所有者权益的其他变动

投资企业应按照持股比例计算应分享或承担的部分,调整长期股权投资的账面价值,同时增加或减少资本公积。

会计分录如下。

借:长期股权投资——其他权益变动

　　贷:资本公积——其他资本公积

或反之。

其他所有者权益项目主要包括被投资单位接受其他股东的资本性投入、其他股东对被投资单位增资导致投资方持投比例变动等。

处置采用权益法核算的长期股权投资,应转销与该笔投资相关的其他资本公积:借记或贷记"资本公积——其他资本公积",贷记或借记"投资收益"科目。

【做中学 7-36】 甲公司对乙公司投资,拥有乙公司20%的股份,并对乙公司有重大影响。2×19年12月31日,乙公司除净损益、其他综合收益和利润分配以外的所有者权益增加了1 000 000元。假定除此以外,无其他变动事项。

　　　　　　　甲公司增加的资本公积=1 000 000×20%=200 000(元)

借:长期股权投资——其他权益变动　　　　　　200 000

　　贷:资本公积——其他资本公积　　　　　　　　　　　200 000

(六)长期股权投资的处置

1. 会计处理原则

企业处置长期股权投资时,应相应结转与所售股权相对应的长期股权投资的账面价值,出售所得价款与处置长期股权投资账面价值之间的差额,应确认为处置损益。

采用权益法核算的长期股权投资,原计入其他综合收益、资本公积——其他资本公积中的金额,在处置时也应进行结转,将与所出售股权相对应的部分在处置时自其他综合收益、资本公积——其他资本公积转入当期损益或留存收益。

注意:因被投资单位持有其他权益工具投资变动而确认的其他综合收益和被投资单位设定受益计划净负债或净资产变动而确认的其他综合收益和,不转入投资收益。

2. 权益法下处置长期股权投资的一般分录

借:银行存款
　　长期股权投资减值准备
　　资本公积——其他资本公积(如为借方余额,则应在贷方冲减)
　　其他综合收益(如为借方余额,则应在贷方冲减)
　贷:长期股权投资——投资成本
　　　　　　　　——损益调整(如为贷方余额,则应在借方冲减)
　　　　　　　　——其他权益变动(如为贷方余额,则应在借方冲减)
　　　　　　　　——其他综合收益(如为贷方余额,则应在借方冲减)
　　投资收益(倒挤)
　　盈余公积
　　利润分配——未分配利润

【做中学7-37】 甲公司2×18年1月20日购买东方股份有限公司发行的股票5 000 000股,准备长期持有,占东方股份有限公司股份的30%。每股买入价为6元,另外,购买该股票时发生相关税费500 000元,款项已由银行存款支付。2×17年12月31日,东方股份有限公司的所有者权益的账面价值(与其公允价值不存在差异)为100 000 000元。

(1) 购入股票。

借:长期股权投资——投资成本　　　　　　30 500 000
　贷:银行存款　　　　　　　　　　　　　　　　30 500 000

2×18年东方股份有限公司实现净利润10 000 000元。甲公司按照持股比例确认投资收益3 000 000元。2×19年5月15日,东方股份有限公司宣告发放现金股利。每10股派3元,甲公司可分派到1 500 000元。2×19年6月15日,甲公司收到东方股份有限公司分派的现金股利。

(2) 确认从东方股份有限公司实现的投资收益。

借:长期股权投资——损益调整　　　　　　3 000 000
　贷:投资收益　　　　　　　　　　　　　　　　3 000 000

(3) 东方股份有限公司宣告发放现金股利。

借:应收股利　　　　　　　　　　　　　　1 500 000
　贷:长期股权投资——损益调整　　　　　　　　1 500 000

(4) 收到东方股份有限公司宣告发放的现金股利。

借:银行存款　　　　　　　　　　　　　　1 500 000
　贷:应收股利　　　　　　　　　　　　　　　　1 500 000

2×19 年东方股份有限公司其他权益工具投资的公允价值增加了 4 000 000 元。甲公司按照持股比例确认相应的其他综合收益 1 200 000 元。

(5) 甲公司按照持股比例确认相应的其他综合收益。

借：长期股权投资——其他综合收益　　　　　　1 200 000
　　贷：其他综合收益　　　　　　　　　　　　　　　　1 200 000

2×20 年 1 月 20 日,甲公司出售所持东方股份有限公司的股票 5 000 000 股,每股出售价为 10 元,款项已收回。

(6) 出售所持东方股份有限公司股票。

借：银行存款　　　　　　　　　　　　　　　　50 000 000
　　贷：长期股权投资——投资成本　　　　　　　　　30 500 000
　　　　　　　　　　——损益调整　　　　　　　　　1 500 000
　　　　　　　　　　——其他综合收益　　　　　　　1 200 000
　　　　投资收益　　　　　　　　　　　　　　　　16 800 000

同时做以下会计处理。

借：其他综合收益　　　　　　　　　　　　　　　1 200 000
　　贷：盈余公积　　　　　　　　　　　　　　　　　　120 000
　　　　利润分配——未分配利润　　　　　　　　　　1 080 000

部分处置某项长期股权投资时,应按该项投资的总平均成本确定其处置部分的成本,并按相应比例结转已计提的减值准备和其他综合收益等项目。已确认的应收股利也应按比例结转。

学习情境三　长期股权投资的减值

一、长期股权投资减值金额的确定

企业对子公司、合营企业及联营企业的长期股权投资：该类长期股权投资在资产负债表日存在可能发生减值的迹象时,其可收回金额低于账面价值的,应当将该长期股权投资的账面价值减记至可收回金额,减记的金额确认为减值损失,计入当期损益,同时计提相应的资产减值准备。

二、长期股权投资减值的账务处理

企业在具体进行账务处理时,按照应计提的长期股权投资减值准备,做如下账务处理。

借：资产减值损失——计提的长期股权投资减值准备
　　贷：长期股权投资减值准备

处理长期股权投资时,或涉及债务重组,非货币性交易等,应当同时结转已计提的长期投资减值准备。

长期股权投资减值损失一经确认,在以后期间不得转回。

课后练习题

一、单选题

1. 预提短期借款利息通过(　　)科目单独进行核算。
   A. "财务费用"　　B. "短期借款"　　C. "应计利息"　　D. "应付利息"

2. 在债券发行时,假定其他条件不变的情况下,当票面利率高于市场利率时,称为(　　)。
   A. 加价发行　　B. 溢价发行　　C. 平价发行　　D. 折价发行

3. 某公司2×20年7月1日向银行借入资金60万元,期限6个月,年利率为6%,到期还本,按月计提利息,按季付息。该企业7月31日应计提的利息为(　　)万元。
   A. 0.3　　B. 0.6　　C. 0.9　　D. 3.6

4. 在接受投资时,非股份有限公司应通过(　　)科目核算。
   A. "未分配利润"　　B. "盈余公积"　　C. "股本"　　D. "实收资本"

5. 某有限责任公司在增资扩股时,如有新投资者介入,新介入的投资者缴纳的出资额大于按约定比例计算的其在注册资本中所占的份额部分的差额,应计入(　　)。
   A. 盈余公积　　B. 资本公积　　C. 未分配利润　　D. 营业外收入

6. 企业以溢价方式发行债券时,每期分摊的溢价金额是(　　)。
   A. 按票面利率计算的应计利息
   B. 按实际利率计算的应计利息
   C. 按实际利率计算的应计利息与按票面利率计算的应计利息之差
   D. 按实际利率计算的应计利息与按票面利率计算的应计利息之和

7. 若公司债券溢价发行,溢价按实际利率法摊销,随着利息费用的调整(溢价的摊销),各期计入财务费用的金额(　　)。
   A. 会逐渐减少　　B. 会逐渐增加　　C. 保持不变　　D. 无规律可循

8. 甲股份有限公司委托A证券公司发行普通股1 000万股,每股面值1元,每股发行价格为4元。根据约定,股票发行成功后,甲股份有限公司应按发行收入的2%向A证券公司支付发行费。如果不考虑其他因素,股票发行成功后,甲股份有限公司记入"资本公积"科目的金额应为(　　)万元。
   A. 20　　B. 80　　C. 2 920　　D. 3 000

9. 下列关于交易性金融资产的计量,说法正确的有(　　)。
   A. 应当按取得该金融资产的公允价值和相关交易费用之和作为初始投资确认金额
   B. 应当按取得该金融资产的公允价值作为初始确认金额,相关交易费用在发生

时计入当期损益

C. 资产负债表日,企业应将金融资产的公允价值变动计入当期所有者权益

D. 处置该金融资产时,其公允价值与初始入账金额之间的差额应确认为投资收益,同时调整公允价值变动损益

10. 甲公司于2×10年4月5日从证券市场上购入乙公司发行在外的股票100万股作为交易性金融资产,每股支付价款5元(含已宣告但尚未发放的现金股利1元),另支付相关费用8万元,甲公司交易性金融资产取得时的入账价值为(　　)万元。

　　A. 408　　　　B. 400　　　　C. 500　　　　D. 508

11. 下列长期股权投资中应当采用成本法核算的是(　　)。

A. 投资企业对被投资单位无控制、无共同控制但有重大影响的长期股权投资

B. 投资企业对被投资单位的投资占该单位有表决权资本总额20%以下,但有重大影响

C. 投资企业对被投资单位的投资占该单位有表决权资本总额20%或以上

D. 投资企业能够对被投资单位实施控制的长期股权投资

12. 长期股权投资采用权益法核算时,长期股权投资的初始投资成本大于投资时应享有被投资单位可辨认净资产公允价值份额的(　　)。

A. 应调整长期股权投资的初始投资成本

B. 不应调整长期股权投资的初始投资成本

C. 应调整投资收益

D. 应调整长期股权投资的损益调整科目

13. 采用权益法核算长期股权投资时,下列各项中能够引起长期股权投资账面价值发生变动的有(　　)。

A. 被投资单位实现净利润　　　　B. 收到被投资单位分派的股票股利

C. 被投资单位提取盈余公积　　　　D. 被投资单位以资本公积转增资本

14. 2×20年9月1日,某企业向银行借入一笔期限2个月、到期一次还本付息的生产经营周转借款200 000元,年利息6%。借款利息不采用预提方式,于实际支付时确认。11月1日,企业以银行存款偿还借款本息的会计处理正确的是(　　)。

A. 借:短期借款　　　　　　　　　　200 000
　　　应付利息　　　　　　　　　　　2 000
　　　贷:银行存款　　　　　　　　　　　　202 000

B. 借:短期借款　　　　　　　　　　200 000
　　　应付利息　　　　　　　　　　　1 000
　　　财务费用　　　　　　　　　　　1 000
　　　贷:银行存款　　　　　　　　　　　　202 000

C. 借:短期借款　　　　　　　　　　200 000
　　　财务费用　　　　　　　　　　　2 000
　　　贷:银行存款　　　　　　　　　　　　202 000

D. 借:短期借款　　　　　　　　　　202 000

贷：银行存款　　　　　　　　　　　202 000

二、多选题

1. 下列流动负债一般不需要支付利息的有(　　)。
   A. 短期借款　　B. 预收账款　　C. 应付职工薪酬　　D. 应交税费
2. 采用公允价值进行后续计量的金融资产有(　　)。
   A. 交易性金融资产　　　　　　B. 债权投资
   C. 贷款及应收款项　　　　　　D. 其他债权投资
3. "应付债券"科目应当设置(　　)科目进行明细核算。
   A. 面值　　B. 利息调整　　C. 债券折价　　D. 应计利息
   E. 债券溢价
4. 下列项目中可作为债权投资的有(　　)。
   A. 企业从二级市场购入的固定利率的国债
   B. 企业从二级市场购入的浮动利率的公司债券
   C. 购入的股权投资
   D. 期限较短(1年以内)的债券投资
5. 对债券发行者来讲,采用实际利率法摊销债券溢折价时(不考虑相关交易费用),以下正确的说法是(　　)。
   A. 随着各期债券溢价的摊销,债券的摊余成本逐期减少,利息费用则逐期增加
   B. 随着各期债券溢价的摊销,债券的摊余成本逐期接近其面值
   C. 随着各期债券溢价的摊销,债券的应付利息和利息费用都逐期减少
   D. 随着各期债券折价的摊销,债券的摊余成本和利息费用都逐期增加
   E. 随着各期债券折价的摊销,债券的应付利息和利息费用各期都保持不变
6. 长期借款进行明细核算应当设置的明细会计科目包括(　　)。
   A. 本金　　B. 应计利息　　C. 交易费用　　D. 利息调整
7. 资产负债表日,应按长期借款或应付债券的摊余成本和实际利率计算确定的长期负债的利息费用,应借记的会计科目是(　　)。
   A. "在建工程"　　B. "制造费用"　　C. "财务费用"　　D. "研发支出"
8. 甲公司采用成本法核算对乙公司的长期股权投资,甲公司对乙公司投资的账面余额只有在发生下列(　　)情况时,才能做相应调整。
   A. 追加投资　　　　　　　　　　B. 收回投资
   C. 被投资企业接受非现金捐赠　　D. 对该股权投资计提减值准备
9. 下列关于长期借款利息的账务处理中,不正确的有(　　)。
   A. 购建固定资产的利息支出,在资产没有达到预定使用状态前计入财务费用
   B. 购建固定资产的利息支出,在资产达到预定使用状态后计入管理费用
   C. 筹建期间的利息支出,不符合资本化条件的,应该计入管理费用
   D. 经营期间的利息支出,不符合资本化条件的,应该计入财务费用
10. 下列项目中,可作为交易性金融资产的有(　　)。

A. 企业以赚取差价为目的从二级市场购入的股票

B. 企业以赚取差价为目的从二级市场购入的债券

C. 企业以赚取差价为目的从二级市场购入的基金

D. 到期日固定、回收金额固定或可确定,且企业有明确意图和能力持有至到期的非衍生金融资产

11. 下列各项中,关于长期借款利息费用会计处理表述正确的有(　　)。

A. 筹建期间不符合资本化条件的借款利息费用计入管理费用

B. 生产经营期间不符合资本化条件的借款利息计入财务费用

C. 为购建固定资产发生的符合资本化条件的借款利息费用计入在建工程

D. 为购建厂房发生的借款利息费用在所建厂房达到预定可使用状态后的部分计入管理费用

12. 企业长期借款的利息费用,可能涉及的科目有(　　)。

A. 在建工程　　B. 管理费用　　C. 财务费用　　D. 固定资产

13. 以下有关应付利息的说法中,正确的有(　　)。

A. 应付利息是指企业按照合同约定应支付的利息,包括短期借款、一次还本付息的长期借款和应付债券应支付的利息

B. 应付利息科目贷方登记按照合同约定计算的应付利息,借方登记实际支付的利息,期末借方余额反映企业应付未付的利息

C. 应付利息登记入账时对方科目有在建工程、财务费用、研发支出等

D. 应付利息科目一般按照债权人设置明细科目进行明细核算

14. 根据股东大会批准通过的利润分配方案,企业进行利润分配确认与发放的账务处理,涉及的科目有(　　)。

A. 利润分配　　B. 应付股利　　C. 其他应付款　　D. 银行存款

三、判断题

1. 各种长期负债科目所记的数额,在资产负债表中不一定都作为长期负债列示。(　　)

2. 企业向银行或其他金融机构借入的各种款项所发生的利息均应记入"财务费用"科目。(　　)

3. 企业股东大会通过的利润分配方案中拟分配的现金股利或利润,不应确认为负债,但应在附注中披露。(　　)

4. 企业长期借款所发生的利息支出,应在实际支付时计入在建工程成本或计入当期损益。(　　)

5. 企业发行债券所发生的交易费用,计入财务费用或在建工程。(　　)

6. 企业为取得债权投资发生的交易费用应计入当期损益,不应计入其初始确认金额。(　　)

7. 收到购买交易性金融资产时支付的价款中包含的已到付息期尚未领取的利息,应计入当期损益。(　　)

8. 企业持有交易性金融资产期间取得的债券利息或现金股利应当冲减该金融资产的账面价值。（　　）

9. 处置交易性金融资产时，应将公允价值变动累计额转入投资收益。（　　）

10. 处置债权投资时，应将所取得的价款与该投资账面价值之间的差额计入资本公积。（　　）

11. 长期股权投资采用成本法核算，应按被投资企业实现的净利润中投资企业应当分享的份额确认投资收益。（　　）

12. 长期股权投资采用权益法核算，应按被投资企业报告净收益中投资企业应当分享的份额确认投资收益，分得的现金股利应冲减投资的账面价值。（　　）

13. 短期借款利息在预提或实际支付时均应通过"短期借款"科目核算。（　　）

14. 企业短期借款利息一定通过预提方式进行会计核算。（　　）

四、实务题

1. 国泰公司 2×20 年发生有关经济业务如下。

（1）年初向银行借入 6 个月期限的短期借款 100 万元，年利率 9%，按季度支付利息，借款收到存入银行账户。

（2）月末计提短期借款利息。

（3）季末，用银行存款支付短期借款利息。

（4）借款到期，用银行存款支付借款本金及最后三个月利息。

要求：编制相关会计分录。

2. 双鸽企业 2×20 年 1 月 1 日向银行借入期限为 2 年的长期借款 5 000 000 元，用于扩建厂房，借款年利率 8%，每年付息一次，到期还本。该工程于第一年末完工交付使用（利息按单利计算，假设款项借入后即全部用于厂房建造）。

要求：编制借款、付息、还本的会计分录。

3. 利欧股份公司 2×20 年 1 月 1 日发行 5 年期、面值 100 元的债券 100 000 张，按面值发行，债券年利率 9%，每年的 1 月 1 日为付息日。该债券所筹资金全部用于厂房的建设，该厂房从债券发行日起至第 2 年 6 月底完工交付使用，债券到期后一次归还本金。该债券发行时用银行存款支付发行费用及手续费 50 000 元（利息按单利计算）。

要求：编制债券发行、付息、到期还本的会计分录。

4. 捷克股份公司 2×20 年度发生下列相关业务。

（1）委托证券公司发行股票 2 000 万股，每股面值 1 元，发行价 5 元，股票发行冻结期间取得的银行存款利息收入 20 万元，股票发行完毕后，证券公司扣除股票发行费 30 万元，其余款划入公司银行存款账户。

（2）企业持有的交易性金融资产，原账面价值为 33 万元，年末该资产的市场价值为 35 万元。

（3）以资本公积 2 000 万元转增股本。

要求：

（1）计算该公司发行股票时应记入"资本公积"账户的金额；

(2) 编制相关会计分录。

5. 某企业每年6月30日和12月31日对外提供财务报告,现发生的有关交易性金融资产业务如下。

(1) 2×19年5月企业以银行存款450万元购入甲公司股票50万股作为交易性金融资产,另支付手续费10万元。

(2) 2×19年6月30日,该股票每股公允价值为7.2元。

(3) 2×19年8月10日,甲公司宣告分派现金股利,每股0.2元。

(4) 2×19年8月20日,企业收到分派的现金股利。

(5) 2×19年12月31日,该股票的公允价值每股为8元。

(6) 2×20年1月2日,企业以500万元出售该股票。

要求:根据资料编制相关的会计分录,计算该项交易性金融资产的累计损益。

6. A公司2×16年年初购买了一项债券,剩余年限为5年,每年付息一次,到期还本,划分为债权投资,债券本金1 100万元,公允价值950万元,交易费用11万元,次年1月1日按票面利率3%支付利息,实际利率为6%。该债券在第五年兑付(不得提前兑付)本金和最后一期利息。

要求:编制相关会计分录。

7. XY公司2×19年1月1日以800万元投资于MN公司,占MN公司表决权的70%,采用成本法核算,MN公司有关资料如下。

(1) 2×19年3月20日宣告分配现金股利15万元。

(2) 2×19年实现净利润50万元。

(3) 2×20年3月20日宣告分配现金股利60万元。

要求:编制相关会计分录。

8. 甲公司有关经济业务如下。

(1) 2×20年1月10日,以900万元(含交易费用1万元)购入乙公司股票400万股作为长期股权投资,股票面值1元,占该公司有表决权股份的30%,对该公司财务和经营决策具有重大影响。当日,乙公司所有者权益的账面价值(与其公允价值不存在差异)为3 500万元。

(2) 2×20年度,乙公司实现净利润600万元。

(3) 2×21年3月10日,乙公司宣告分派现金股利150万元。

(4) 2×21年3月15日,收到乙公司的现金股利。

(5) 2×21年,乙公司实现净利润450万元。

(6) 2×22年3月10日乙公司因股份支付业务,产生资本公积150万元。

(7) 2×22年,乙公司亏损250万元。

(8) 2×23年1月4日,将持有的公司股票全部出售,取得价款1 400万元。

要求:

(1) 编制甲公司2×20年1月10日投资的会计分录。

(2) 编制甲公司2×20年12月31日甲公司享有净利润的会计分录。

(3) 编制甲公司2×21年甲公司相关的会计分录。

(4) 编制甲公司2×22年甲公司相关的会计分录。

(5) 编制甲公司 2×23 年甲公司相关的会计分录。(答案中的金额用万元表示)

9. 某企业 2×20 年发生的长期借款和仓库建造业务如下。

(1) 2×20 年 1 月 1 日,为建造一幢仓库从银行取得长期借款 800 万元,期限 3 年,合同年利率 6‰(合同利率等于实际利率),不计复利,每年末计提并支付利息一次,到期一次还本。

(2) 2×20 年 1 月 1 日,开始建造仓库,当日用该借款购买工程物资 500 万元(不考虑增值税),全部用于工程建设,同时支付工程款 300 万元。

(3) 2×20 年 12 月 31 日,仓库工程完工并验收合格,达到预定可使用状态。仓库达到预定可使用状态前发生的借款利息全部予以资本化。该仓库预计使用年限为 20 年,预计净残值为 8 万元,采用年限平均法计算折旧。

假定未发生其他建造支出。

要求:

(1) 编制取得长期借款的会计分录。

(2) 编制 2×20 年 12 月 31 日计提长期借款利息的会计分录。

(3) ① 计算仓库完工交付使用时的入账价值。

② 编制结转仓库成本的会计分录。

(4) ① 计算仓库 2×21 年应计提的折旧额。

② 编制计提仓库 2×21 年折旧额的会计分录。

(5) 编制 2×21 年 12 月 31 日计提长期借款利息的会计分录。

(答案中的金额单位用万元表示)

项目七试题库

项目八 税务岗位核算

知识目标

1. 了解税务会计岗位工作职责和工作程序。
2. 掌握应交增值税、应交消费税的核算。
3. 掌握应交企业所得税、应交个人所得税的核算。
4. 熟悉其他应交税费的核算。

能力目标

1. 能进行应纳税款的计算、申报、缴纳和账务处理。
2. 能进行应交增值税、应交消费税、应交所得税等账户的总账和明细账的登记。

学习重难点

1. 重点是一般纳税人应交增值税、应交消费税、应交所得税的计算和账务处理。
2. 难点是应交增值税、应交消费税、应交所得税的计算和账务处理。

任务准备 税务岗位的核算任务与工作流程

准备一 熟悉税务岗位的核算任务

税务岗位是企业办理税务登记,计算和缴纳企业增值税、消费税、所得税等各种税的专职部门。税务岗位的职责主要有以下几方面。

（1）认真学习相关法律法规，积极与税务部门沟通，了解国家最新税收政策。

（2）负责企业税务登记和税务登记证件的使用和管理，负责发票的领购、管理和回收。

（3）准确计算企业应纳税额，正确进行相关账务处理。

（4）及时进行纳税申报，负责税款的缴纳及有关免、抵、退、返等事宜。

（5）进行纳税筹划，解决纳税争议。

准备二　熟悉税务岗位的工作流程

税务岗位的日常工作流程，以增值税实务为例。

（1）月初的增值税抄报税。

（2）发票的领购及使用。

（3）增值税发票认证。

（4）月末计提及结转相关税金。

① 计提及结转当月税金及附加（各种地方税费）。

② 结转当月增值税。结转当月未交增值税；转出当月多交的增值税。

③ 计提及结转预缴的企业所得税。

（5）申报税款。

（6）出口退税的申报及退税。

（7）税款缴纳。

① 申报月度资金计划。

② 税款缴纳。

任务一　流转税会计实务

根据税法规定，企业应交纳的各种税费包括增值税、消费税、关税、所得税、城市维护建设税、教育费附加、房产税、车船使用税、印花税等。

企业应设置"应交税费"账户，总括反映各种税费的交纳情况，并按照应交税费项目进行明细核算。该账户贷方登记应缴纳的各种税费，借方登记实际缴纳的税费；期末余额一般在贷方，反映企业尚未缴纳的税费，期末余额如在借方，反映企业多交或尚未抵扣的税费。企业缴纳的印花税、耕地占用税等不需要预计应交的税金数额，不通过"应交税费"账户核算。

流转税是以流转额为课税对象的一类税，包括增值税、消费税、资源税等。

学习情境一 应交增值税

一、增值税概述

1. 基本概念

增值税是以商品(含应税劳务、应税服务)在流转过程中产生的增值额作为计税依据而征收的一种流转税。

2. 计税办法

按照纳税人经营规模及会计核算的健全程度,增值税纳税人分为一般纳税人和小规模纳税人。一般纳税人应缴纳的增值税税额,适用增值税税率,应当根据当期销项税额减去当期进项税额计算确定,此为一般计税办法;小规模纳税人应缴纳的增值税税额,适用征收率,按照销售额和规定的征收率计算确定,不得扣除进项税额,此为简易计税办法。

3. 税率

增值税的税率有三档:基本税率13%,低税率9%、6%,零税率适用于出口服务等。
采用简易办法计征增值税,按征收率计缴,征收率有3%、5%。简易计税办法适用于小规模纳税人及一般纳税人简易计税计缴增值税时。
增值税是在价格以外另外收取的,所以称为"价外税",价外税的特点是其缴纳多少并不会影响企业当期损益。

4. 有关抵扣规定

一般纳税人购入货物或接受应税劳务、应税服务支付的增值税(即进项税额),准予从销项税额中抵扣的通常包括以下内容。
(1)从销售方取得的增值税专用发票上注明的增值税税额。
(2)从海关取得的进口增值税专用缴款书上注明的增值税税额。
(3)购进免税农产品,以农产品销售发票或收购发票上注明的农产品买价和规定的扣除率计算进项税额,并以此作为扣税和记账的依据。
不得从销项税额中抵扣的进项税额包括以下内容。
(1)用于非应税项目的购进货物或者应税劳务。
(2)用于免税项目的购进货物或者应税劳务。
(3)用于集体福利或者个人消费的购进货物或者应税劳务。
(4)非正常损失的购进货物。
(5)非正常损失的在产品、产成品所耗用的购进货物或者应税劳务。

二、一般纳税人应纳增值税的核算

(一)账户设置

增值税一般纳税人应当在"应交税费"科目下设置"应交增值税"(T 型账户如图 8-1 所示)"未交增值税""简易计税""预交增值税""待认证进项税额""待转销项税额"等明细科目。

图 8-1 "应交税费——应交增值税"账户

(1)"应交增值税"科目。设置如下专栏进行明细核算。

"进项税额",借方栏目,反映购进货物或接受劳务负担的增值税。

"已交税金",借方栏目,反映本月实际缴纳的增值税。

"销项税额抵减",借方栏目,反映一般纳税人按照现行增值税制度规定因扣减销售额而减少的销项税额。

"减免税款",借方栏目,反映一般纳税人按现行增值税制度规定准予减免的增值税税额。

"销项税额",贷方栏目,反映销售货物或提供应税劳务应缴纳的增值税。

"进项税额转出",贷方栏目,反映一般纳税人购进货物、加工修理修配劳务、服务、无形资产或不动产等发生非正常损失以及其他原因而不应从销项税额中抵扣、按规定转出的进项税额;以及"出口退税""转出未交增值税"等明细账户。

(2)"未交增值税"明细科目。核算一般纳税人月度终了从"应交增值税"或"预交增值税"明细科目转入当月应交未交、多交或预缴的增值税税额,以及当月缴纳以前期间未交的增值税税额。

(3)"预交增值税"明细科目。核算一般纳税人转让不动产、提供不动产经营租赁服务、提供建筑服务、采用预收款方式销售自行开发的房地产项目等,按现行增值税制度规定应预交的增值税税额。

(4)"待抵扣进项税额"明细科目。核算一般纳税人已取得增值税扣税凭证并经税务机关认证,按照现行增值税制度规定准予以后期间从销项税额中抵扣的进项税额。

(5)"待认证进项税额"明细科目。核算一般纳税人由于未经税务机关认证而不得从当期销项税额中抵扣的进项税额。包括:一般纳税人已取得增值税扣税凭证、按照现行增值税制度规定准予从销项税额中抵扣,但尚未经税务机关认证的进项税额;一般纳税人已申请稽核但尚未取得稽核相符的海关缴款书进项税额。

（6）"待转销项税额"明细科目。核算一般纳税人销售货物、加工修理修配劳务、服务、无形资产或不动产，已确认相关收入（或利得）但尚未发生增值税纳税义务而需于以后期间确认为销项税额的增值税税额。

（7）"简易计税"明细科目。核算一般纳税人采用简易计税方法发生的增值税计提、扣减、预交、缴纳等业务。

（8）"转让金融商品应交增值税"明细科目。核算增值税纳税人转让金融商品发生的增值税税额。

（9）"代扣代交增值税"明细科目。核算纳税人购进在境内未设经营机构的境外单位或个人在境内的应税行为代扣代缴的增值税。

（二）财务处理

1. 增值税的进项税额

企业从国内采购物资或接受应税劳务等，根据增值税专用发票上记载的应计入采购成本或应计入加工、修理修配等物资成本的金额，做如下账务处理。

借：原材料、库存商品、生产成本、制造费用、工程物资等
　　应交税费——应交增值税（进项税额）
　贷：应付账款/应付票据/银行存款等

已购入货物发生的退货，做相反的账务处理。

【做中学8-1】 甲企业购入原材料一批，增值税专用发票上注明货款20 000元，增值税税额2 600元，材料尚未到达，款项已用银行存款支付。该企业采用计划成本对原材料进行核算。

借：材料采购　　　　　　　　　　　　　　　20 000
　　应交税费——应交增值税（进项税额）　　2 600
　贷：银行存款　　　　　　　　　　　　　　22 600

税法规定，对于企业购进的免税农产品，可以按照农产品收购凭证或者销售发票上注明的农产品买价和9%的扣除率计算进项税额；购进用于生产销售或者委托加工13%税率货物的农产品，按照10%的扣除率计算进项税额。

进项税额计算公式：

$$进项税额 = 买价 \times 扣除率$$

账务处理如下。

借：材料采购、原材料、库存商品等
　　应交税费——应交增值税（进项税额）
　贷：应付账款/银行存款等

【做中学8-2】 某粮食加工厂购入免税农产品一批，价款50 000元，规定的扣除率为9%，货物已验收入库，款项已支付。

借：材料采购　　　　　　　　　　　　　　　45 500

　　　　应交税费——应交增值税（进项税额）　　　　　4 500
　　　贷：银行存款　　　　　　　　　　　　　　　　　　　50 000
　　　　进项税额＝购买价款×扣除率＝50 000×9％＝4 500（元）

2. 增值税的进项税额转出

企业购进的货物、在产品、产成品等发生非常损失，或者将购进货物改变用途（如用于非应税项目、集体福利或个人消费等），则这部分预计未来用于抵扣销项税额的进项税额部分不准抵扣，应当从进项税额中转出，贷记"应交税费——应交增值税（进项税额转出）"账户。账务处理如下。

　　借：待处理财产损溢等
　　　贷：库存商品、原材料
　　　　　应交税费——应交增值税（进项税额转出）

属于转作待处理财产损溢的进项税额，应与遭受非常损失的购进货物、在产品或库存商品的成本一并处理。

购进货物改变用途通常是指购进的货物在没有经过任何加工的情况下，改变用途的内部领用，如免税项目或福利部门领用原材料等。

【做中学8-3】 A企业产成品因意外火灾毁损一批，实际成本为60 000元，所耗购进货物的进项税额为6 200元。

　　借：待处理财产损溢——待处理流动资产损溢　　　　66 200
　　　贷：库存商品　　　　　　　　　　　　　　　　　　　60 000
　　　　　应交税费——应交增值税（进项税额转出）　　　 6 200

3. 增值税的销项税额

（1）企业销售货物或者提供应税劳务、应税服务，计算确定需缴纳的增值税税额。

　　　　　　销项税额＝销售额（不含税）×税率

按照营业收入和应收取的增值税税额，做如下账务处理。

　　借：应收账款、应收票据、银行存款等
　　　贷：主营业务收入、其他业务收入
　　　　　应交税费——应交增值税（销项税额）

微课：一般纳税人应纳增值税的核算——销项税额的核算

【做中学8-4】 E企业销售产品一批，价款100 000元，按规定应收取增值税税额13 000元，提货单和增值税专用发票已交给买方，款项尚未收到。

　　借：应收账款　　　　　　　　　　　　　　　　　113 000
　　　贷：主营业务收入　　　　　　　　　　　　　　　100 000
　　　　　应交税费——应交增值税（销项税额）　　　　13 000

【做中学8-5】 F加工厂为外单位加工电脑桌400个，每个收取加工费100元，适用的增值税税率为13％，加工完成，款项已收存银行。

　　借：银行存款　　　　　　　　　　　　　　　　　 45 200

```
    贷：主营业务收入                              40 000
        应交税费——应交增值税(销项税额)         5 200
```

【做中学 8-6】 2×20 年 1 月，北京 A 物流企业，本月提供交通运输取得收入 100 万元，按照适用税税率开具增值税专用发票，款项已收。当月委托上海 B 企业一项运输业务，取得 B 企业开具的运费增值税专用发票，注明的价款为 20 万元，增值税税额为 1.8 万元。

① 取得运输收入。

```
借：银行存款                                   1 090 000
    贷：主营业务收入                            1 000 000
        应交税费——应交增值税(销项税额)           90 000
```

② 取得 B 公司发票。

```
借：主营业务成本                                 200 000
    应交税费——应交增值税(进项税额)              18 000
    贷：银行存款                                  218 000
```

(2) 企业将自产或委托加工的货物用于免税项目、集体福利或个人消费等，税法上视同销售行为，计算确认销项税额。

① 个人消费。

```
借：应付职工薪酬
    贷：主营业务收入
        应交税费——应交增值税(销项税额)
```

同时做以下账务处理。

```
借：主营业务成本
    贷：库存商品
```

② 集体福利。

```
借：应付职工薪酬
    贷：库存商品(成本价)
        应交税费——应交增值税(销项税额)
```

③ 对外投资。

```
借：长期股权投资
    贷：主营业务收入
        应交税费——应交增值税(销项税额)
```

同时做以下账务处理。

```
借：主营业务成本
    贷：库存商品
```

④ 支付(分配)股利(实物)。

```
借：应付股利
    贷：主营业务收入
        应交税费——应交增值税(销项税额)
```

同时做以下账务处理。

借：主营业务成本
　　贷：库存商品
⑤ 对外捐赠。
借：营业外支出
　　贷：库存商品（成本价）
　　　　应交税费——应交增值税（销项税额）（计税价×13％等）

实务技能：视同销售的会计处理

如生产经营用设备、不动产等增值税在建项目领用原材料、产成品，则不需要计算缴纳增值税。

提示：如果企业销售货物或者提供劳务采用销售额和销项税额合并定价方法的，按公式"不含税销售额＝含税销售额÷（1＋税率）"还原为不含税销售额，并按不含税销售额计算销项税额。

4. 增值税的出口退税

出口退税通过"其他应收款"和"应交税费——应交增值税（出口退税）"科目核算。
借：其他应收款
　　贷：应交税费——应交增值税（出口退税）

5. 缴纳增值税

（1）本月缴纳以前期间未交的增值税。
借：应交税费——未交增值税
　　贷：银行存款
（2）缴纳本月的增值税。
借：应交税费——应交增值税（已交税金）
　　贷：银行存款

6. 月末转出多交增值税和未交增值税

（1）月末结转当月未交增值税。
借：应交税费——应交增值税（转出未交增值税）
　　贷：应交税费——未交增值税
（2）当月多交的增值税。
借：应交税费——未交增值税
　　贷：应交税费——应交增值税（转出多交增值税）

【做中学 8-7】 某企业以银行存款缴纳本月增值税 100 000 元。
借：应交税费——应交增值税（已交税金）　　100 000
　　贷：银行存款　　　　　　　　　　　　　　　　100 000

【做中学 8-8】 某企业本月发生销项税额合计 84 770 元，进项税额转出 24 578 元，进项税额 20 440 元，已交增值税 60 000 元。

该企业本月"应交税费——应交增值税"科目的余额为

$$84\ 770+24\ 578-20\ 440-60\ 000=28\ 908(元)$$

该科目余额在贷方,表示企业尚未缴纳增值税 28 908 元。

月末,该企业的有关账务处理如下。

借:应交税费——应交增值税(转出未交增值税)　　28 908
　　贷:应交税费——未交增值税　　　　　　　　　　　　28 908

三、小规模纳税人应纳增值税的核算

小规模纳税人是指年销售额在规定的数额以下、会计核算不健全的纳税义务人,其购进货物或劳务、服务的进项税额不进行抵扣,而是计入购入货物等的成本。小规模纳税人销售货物或提供劳务、服务或转让无形资产、不动产的应纳税额,实行简易征收办法,按照销售额的一定比例计算缴纳。小规模纳税企业只需在"应交税费"科目下设"应交增值税"明细科目,不需在"应交增值税"二级科目中设置上述专栏。

小规模纳税人销售货物、服务、转让无形资产的征收率为 3%,销售不动产、出租不动产的征收率为 5%。

小规模纳税人自一般纳税人处购买货物不得抵扣进项税,其销售的货物一般纳税人也不得抵扣进项税(取得增值税专用发票除外)。

【做中学 8-9】　某小规模纳税企业购入材料一批,取得的专用发票中注明货款 20 000 元,增值税 2 600 元,款项以银行存款支付,材料已验收入库(该企业以实际成本计价核算)。

借:原材料　　　　　　　　　　　　　　22 600
　　贷:银行存款　　　　　　　　　　　　　　22 600

【做中学 8-10】　某小规模纳税企业销售产品一批,所开具的普通发票中注明的货款(含税)为 20 600 元,增值税征收率为 3%,款项已存入银行。

借:银行存款　　　　　　　　　　　　　　20 600
　　贷:主营业务收入　　　　　　　　　　　　20 000
　　　　应交税费——应交增值税　　　　　　　　600

不含税销售额=含税销售额÷(1+征收率)=20 600÷(1+3%)=20 000(元)

应纳增值税=不含税销售额×征收率=20 000×3%=600(元)

【做中学 8-11】　承做中学 8-9,该小规模纳税企业月末以银行存款上交增值税 600 元。

借:应交税费——应交增值税　　　　　　　　600
　　贷:银行存款　　　　　　　　　　　　　　　600

此外,一般纳税企业购入材料不能取得增值税专用发票的,比照小规模纳税企业进行处理,发生的增值税计入材料采购成本,借记"材料采购""在途物资"等账户,贷记"银行存款"等账户。

四、差额征税的会计处理

增值税差额征税是指纳税人提供增值税应税服务,以取得的全部价款和价外费用扣除支付给规定范围纳税人、规定项目价款后不含税余额缴纳增值税。

(一)企业按规定相关成本费用允许扣减销售额的账务处理

1. 一般纳税人差额征税的会计处理

借:主营业务成本
　　应交税费——应交增值税(销项税额抵减)
　贷:银行存款等

或

借:应交税费——应交增值税(销项税额抵减)
　贷:主营业务成本(月末一次处理)

【做中学 8-12】 某旅行社为增值税一般纳税人,应交增值税采用差额征税方式核算。2×19年7月,该旅行社为乙公司提供职工境内旅游服务,向乙公司收取含税价款318 000元,其中增值税18 000元,全部款项已收妥入账。旅行社以银行存款支付其他接团旅游企业的旅游费用和其他单位相关费用共计254 400元,其中,因允许扣减销售额而减少的销项税额14 400元。

(1)支付住宿费等旅游费用。

借:主营业务成本　　　　　　　　　　　　　　　240 000
　　应交税费——应交增值税(销项税额抵减)　　　14 400
　贷:银行存款　　　　　　　　　　　　　　　　254 400

(2)确认旅游服务收入。

借:银行存款　　　　　　　　　　　　　　　　　318 000
　贷:主营业务收入　　　　　　　　　　　　　　300 000
　　　应交税费——应交增值税(销项税额)　　　　18 000

2. 小规模纳税人差额征税的会计处理

小规模纳税人提供应税服务,按照有关规定允许从销售额中扣除其支付给其他纳税人价款的,因此减少的应交增值税直接冲减"应交税费——应交增值税"科目。

借:主营业务成本
　　应交税费——应交增值税
　贷:银行存款等

或

借:应交税费——应交增值税
　贷:主营业务成本(月末一次处理)

（二）企业转让金融商品按规定以盈亏相抵后的余额作为销售额

（1）企业实际转让金融商品，月末，如产生转让收益，则按应纳税额。

借：投资收益
　　贷：应交税费——转让金融商品应交增值税

（2）如产生转让损失，则按可结转下月抵扣税额。

借：应交税费——转让金融商品应交增值税
　　贷：投资收益

（3）缴纳增值税。

借：应交税费——转让金融商品应交增值税
　　贷：银行存款

（4）年末，"应交税费——转让金融商品应交增值税"科目如有借方余额，则做如下会计处理。

借：投资收益
　　贷：应交税费——转让金融商品应交增值税

五、增值税税控系统专用设备和技术维护费用抵减增值税税额

1. 企业初次购买增值税税控系统专用设备时全额抵减

借：固定资产（价税合计）
　　贷：银行存款
借：应交税费——应交增值税（减免税款）
　　　　　　——应交增值税（小规模纳税人）
　　贷：管理费用

2. 企业发生增值税税控系统专用设备技术维护费

借：管理费用
　　贷：银行存款
借：应交税费——应交增值税（减免税款）
　　　　　　——应交增值税（小规模纳税人）
　　贷：管理费用

随堂测：增值税核算

【做中学 8-13】某公司为增值税一般纳税人，初次购买数台增值税税控系统专用设备作为固定资产核算，取得增值税专用发票上注明的价款为 38 000 元，增值税税额为 4 940 元，价款和税款以银行存款支付。

（1）取得设备，支付价款和税款。

借：固定资产　　　　　　　　　　　　　　　　42 940
　　贷：银行存款　　　　　　　　　　　　　　　　42 940

(2) 按规定抵减增值税应纳税额。

借：应交税费——应交增值税(减免税款)　　　　42 940
　　贷：管理费用　　　　　　　　　　　　　　　　　42 940

小微企业在取得销售收入时，应当按照现行增值税制度的规定计算应交增值税，并确认为应交税费，在达到增值税制度规定的免征增值税条件时，将有关应交增值税转入当期损益。

学习情境二　应交消费税

一、消费税概述

消费税是指在我国境内生产、委托加工和进口应税消费品的单位和个人，就其销售额或销售数量，在特定环节征收的一种税。简单地说，消费税是对特定的消费品和消费行为征收的一种税。

消费税是在普遍征收增值税的基础上，选择烟、酒及酒精、化妆品、贵重首饰、鞭炮焰火等特定消费品，再征收一道消费税。消费税是在销售收入中包含的税款，所以称为"价内税"，价内税的特点是会影响企业当期的损益。

具体计税方法包括从价定率、从量定额、从价定率与从量定额复合计算三种。

采用从价定率办法计算的应纳消费税＝销售额×税率

采用从量定额办法计算的应纳消费税＝销售数量×单位税额

采用复合计算办法计算的应纳消费税＝销售额×税率＋销售数量×单位税额

二、消费税的核算

企业应在"应交税费"账户下设置"应交消费税"明细账户，核算应交消费税的发生、缴纳情况。

1. 销售应税消费品

企业将生产的应税消费品直接对外销售的，其应缴纳的消费税，做如下账务处理。

借：税金及附加
　　贷：应交税费——应交消费税

【做中学 8-14】某企业销售所生产的化妆品，价款 2 000 000 元(不含增值税)，适用的消费税税率为 30%。

借：税金及附加　　　　　　　　　　　　　　　　　600 000
　　贷：应交税费——应交消费税　　　　　　　　　　　600 000

　　　应纳消费税税额＝2 000 000×30%＝600 000(元)

2. 自产自用应税消费品

企业将生产的应税消费品用于在建工程等非生产机构时,按规定应缴纳的消费税,借记"在建工程"等科目,贷记"应交税费——应交消费税"科目;将自产应税消费品用于对外投资、分配给职工等,应该借记"税金及附加",贷记"应交税费——应交消费税"科目。

【做中学 8-15】 某企业在建工程(不动产)领用自产柴油 50 000 元(成本价),应纳消费税 6 000 元。

借:在建工程　　　　　　　　　　　　　　　　56 000
　　贷:库存商品　　　　　　　　　　　　　　　　50 000
　　　　应交税费——应交消费税　　　　　　　　 6 000

3. 企业委托加工应税消费品,一般应由受托方代收代缴消费税税款

(1) 委托加工物资收回后,直接用于销售的,应将受托方代收代缴的消费税计入委托加工物资的成本。

借:委托加工物资
　　贷:应付账款
　　　　银行存款等

(2) 委托加工物资收回后用于连续生产应税消费品的,按规定准予抵扣的,应按已由受托方代收代缴的消费税。

借:应交税费——应交消费税
　　贷:应付账款
　　　　银行存款等

【做中学 8-16】 甲企业委托乙企业代为加工一批烟丝。甲企业的材料成本为 1 000 000 元,加工费为 200 000 元,增值税专用发票上注明税额 26 000 元。由乙企业代收代缴的消费税为 80 000 元。材料已经加工完成,并由甲企业收回验收入库,加工费尚未支付。甲企业采用实际成本法进行原材料的核算。

(1) 如果甲企业收回的烟丝用于继续生产卷烟,甲企业的有关账务处理如下。

借:委托加工物资　　　　　　　　　　　　　　1 000 000
　　贷:原材料　　　　　　　　　　　　　　　　1 000 000
借:委托加工物资　　　　　　　　　　　　　　　 200 000
　　应交税费——应交增值税　　　　　　　　　　 26 000
　　　　　　——应交消费税　　　　　　　　　　 80 000
　　贷:应付账款　　　　　　　　　　　　　　　　 306 000
借:原材料　　　　　　　　　　　　　　　　　 1 200 000
　　贷:委托加工物资　　　　　　　　　　　　　 1 200 000

(2) 如果甲企业收回的烟丝直接用于对外销售,甲企业的有关账务处理如下。

借:委托加工物资　　　　　　　　　　　　　　1 000 000
　　贷:原材料　　　　　　　　　　　　　　　　1 000 000

借:委托加工物资　　　　　　　　　　　　280 000
　　应交税费——应交增值税　　　　　　　26 000
　　贷:应付账款　　　　　　　　　　　　　　　306 000
借:原材料　　　　　　　　　　　　　　1 280 000
　　贷:委托加工物资　　　　　　　　　　　　1 280 000

(3)乙企业对应收取的受托加工代收代缴消费税的账务处理如下。
借:应收账款　　　　　　　　　　　　　 80 000
　　贷:应交税费——应交消费税　　　　　　　 80 000

实务技能:委托加工应税消费税的会计处理　　　　随堂测:应交消费税的会计处理

任务二　所得税会计实务

学习情境一　企业所得税

一、企业所得税概述

企业所得税是指对在中华人民共和国境内,企业和其他取得收入的组织(以下统称企业)就其来源于中国境内、境外的所得所征收的税。

企业所得税的计税依据是企业的应纳税所得额。应纳税所得额是指企业的每一纳税年度的收入总额减去不征税收入、免税收入、各项扣除以及允许弥补的以前年度亏损后的余额。

二、应交所得税的计算

纳税人在计算应纳税所得额时,按照税法规定计算出的应纳税所得额与企业依据会计准则、会计制度计算的会计利润,往往不一致,企业必须按照税法的规定进行必要的调整后,才能确定应纳税所得额。

应纳税所得额＝会计利润＋纳税调整增加额－纳税调整减少额

纳税调整增加额,主要包括税法规定允许扣除项目中,企业已计入当期费用但超过税法规定扣除标准的数额(如超过税法规定标准的职工福利费、工会经费、业务招待费、广告费和业务宣传费、公益性捐赠支出等),以及企业已计入当期损失但税法规定不允许扣除项目的金额(如税收滞纳金、罚款、罚金等)。

纳税调整减少额,主要包括按税法规定允许弥补的亏损、不征税的收入和准予免税的项目,如可在税前扣除的前五年内的未弥补亏损和国债利息收入等。

企业当期所得税的计算公式:

$$应交所得税=应纳税所得额×所得税税率$$

【做中学8-17】 甲公司2×19年度按企业会计准则计算的税前会计利润为19 830 000元。所得税税率为25%。甲公司全年实发工资、薪金为2 000 000元,实际列支职工福利费300 000元,工会经费50 000元,职工教育经费180 000元;经查,甲公司当年营业外支出中有120 000元为税收滞纳罚金。假定甲公司全年无其他纳税调整事项。

税法规定,企业发生的合理的工资、薪金支出准予据实扣除;企业发生的职工福利费支出、拨缴的工会经费和职工教育经费支出分别不超过工资、薪金总额的14%、2%和8%的部分准予扣除。其中,职工经费支出,超过部分准予结转以后纳税年度扣除。

本例中,可以税前扣除工资、薪金支出2 000 000元,扣除职工福利费支出280 000(2 000 000×14%)元、工会经费支出40 000(2 000 000×2%)元和职工教育经费支出160 000(2 000 000×8%)元。

纳税调整数=已计入当期费用但超过税法规定扣除标准的费用支出
　　　　　＋已计入营业外支出但税法规定不允许扣除的税收滞纳金
　　　　　=(300 000－280 000)+(50 000－40 000)
　　　　　　＋(180 000－160 000)+120 000
　　　　　=170 000(元)

应纳税所得额=19 830 000+170 000=20 000 000(元)

当期应交所得税=20 000 000×25%=5 000 000(元)

【做中学8-18】 甲公司2×19年全年利润总额为10 200 000元,其中包括本年收到的国债利息收入200 000元,所得税税率25%。假定甲公司全年无其他纳税调整因素。

税法规定,企业购买国债的利息收入免交所得税,即在计算应纳税所得额时可将其扣除。

应纳税所得额=10 200 000－200 000=10 000 000(元)

当期应交所得税=10 000 000×25%=2 500 000(元)

三、所得税费用

企业根据会计准则的规定,计算确定的当期所得税和递延所得税之和,即为应从当期利润总额中扣除的所得税费用。

$$所得税费用=当期所得税+递延所得税$$

或　　所得税费用(或收益)=当期所得税+递延所得税费用(-递延所得税收益)

其中　　递延所得税费用=递延所得税负债增加额+递延所得税资产减少额

递延所得税收益＝递延所得税负债减少额＋递延所得税资产增加额

企业应通过"所得税费用"科目,核算企业所得税费用的确认及其结转情况。

(1) 企业计算出应缴纳的所得税。

借：所得税费用
　　贷：应交税费——应交所得税

(2) 企业实际上交所得税。

借：应交税费——应交所得税
　　贷：银行存款

(3) 计算确定递延所得税。

借：所得税费用
　　贷：递延所得税负债

借：递延所得税资产
　　贷：所得税费用

(4) 期末,应将"所得税费用"账户的借方余额,转入"本年利润"账户。

借：本年利润
　　贷：所得税费用

【做中学 8-19】 承做中学 8-17,甲公司递延所得税负债年初数为 400 000 元,年末数为 500 000 元;递延所得税资产年初数为 250 000 元,年末数为 200 000 元。

甲公司所得税费用的计算如下。

递延所得税＝递延所得税负债增加额＋递延所得税资产减少额
　　　　　＝(500 000－400 000)＋(250 000－200 000)
　　　　　＝150 000(元)

所得税费用＝当期所得税＋递延所得税费用
　　　　　＝5 000 000＋150 000＝5 150 000(元)

甲公司应做如下会计处理。

借：所得税费用　　　　　　　　　　　　　　　　5 150 000
　　贷：应交税费——应交所得税　　　　　　　　　　5 000 000
　　　　递延所得税负债　　　　　　　　　　　　　　100 000
　　　　递延所得税资产　　　　　　　　　　　　　　50 000

随堂测：所得税费用的核算

学习情境二　个人所得税

个人所得税是对个人(自然人)取得的各项应税所得征收的一种税。

个人所得税的征税对象,是个人取得的应税所得。具体包括：工资、薪金所得；劳务报酬所得；稿酬所得；特许权使用费所得(此前 4 项合称"综合所得")；个体工商户的生产、经营所得；对企事业单位的承包、承租经营所得；利息、股息、红利所得等 9 项。

1. 企业按规定计算的代扣代缴的职工个人所得税

借：应付职工薪酬
　　贷：应交税费——应交个人所得税

2. 企业缴纳个人所得税

借：应交税费——应交个人所得税
　　贷：银行存款

【做中学 8-20】 某企业结算本月应付职工工资总额 200 000 元，代扣职工个人所得税共计 2 000 元，实发工资 198 000 元。

借：应付职工薪酬——工资　　　　　　　　　　　2 000
　　贷：应交税费——应交个人所得税　　　　　　　　　　2 000

任务三　其他应交税费会计实务

其他应交税费是指除增值税、消费税、所得税等以外的应交税费，包括应交城市维护建设税、教育费附加、土地增值税、关税、房产税、城镇土地使用税、车船税、印花税、车辆购置税、耕地占用税、契税、环境保护税及船舶吨税等。企业应当在"应交税费"账户下设置相应的明细账户进行核算，贷方登记应缴纳的有关税费，借方登记已缴纳的有关税费，期末贷方余额表示尚未缴纳的有关税费。

一、应交城市维护建设税

城市维护建设税是以增值税、消费税为计税依据征收的一种税。其计税依据是纳税人"实缴"的增值税和消费税两税税额＋出口货物、劳务或者跨境销售服务、无形资产增值税免抵税额。纳税人为缴纳增值税、消费税的单位和个人，税率因纳税人所在地不同从 1‰ 到 7‰ 不等。其计算公式为

应纳税额＝（应交增值税税额＋应交消费税税额）×适用税率

借：税金及附加
　　贷：应交税费——应交城市维护建设税

【做中学 8-21】 某企业本期实际应上交增值税 400 000 元，消费税 241 000 元。该企业适用的城市维护建设税税率为 7%。

（1）计算应交的城市维护建设税。

借：税金及附加　　　　　　　　　　　　　　　　44 870
　　贷：应交税费——应交城市维护建设税　　　　　　　　44 870

应交的城市维护建设税=(400 000+241 000)×7%=44 870(元)

(2) 用银行存款上交城市维护建设税。

借：应交税费——应交城市维护建设税　　　　44 870
　　贷：银行存款　　　　　　　　　　　　　　　　　　44 870

二、应交教育费附加

教育费附加是为了发展教育事业而向企业征收的附加费用。

教育费附加也是对缴纳增值税、消费税的单位和个人，以其实际缴纳的"二税"为依据征收的一种税，计算方法与企业应交的城市维护建设税相同，比例由相关部门规定。企业应交的教育费附加，借记"税金及附加"等账户，贷记"应交税费——应交教育费附加"账户。

【做中学8-22】　某企业按税法规定计算，2×19年度第四季度应缴纳教育费附加300 000元。款项已经用银行存款支付。

借：税金及附加　　　　　　　　　　　　　　　300 000
　　贷：应交税费——应交教育费附加　　　　　　　　　300 000
借：应交税费——应交教育费附加　　　　　　　300 000
　　贷：银行存款　　　　　　　　　　　　　　　　　　300 000

三、应交其他税费

企业按规定计算应交的房产税、土地使用税、车船使用税等时，借记"税金及附加"科目，贷记"应交税费"科目；实际缴纳时，借记"应交税费"科目，贷记"银行存款"科目。印花税直接缴纳，借记"税金及附加"科目，贷记"银行存款"科目，不通过应交税费核算。

土地增值税是对"转让"国有土地使用权、地上建筑物及其附着物"并取得收入"的单位和个人，就其转让房地产所取得的增值额征收的一种税。

房产税是以房产为征税对象，按照房产的计税价值或房产租金收入向房产所有人或经营管理人等征收的一种税。

城镇土地使用税是国家在"城市、县城、建制镇和工矿区"范围内，对使用土地的单位和个人，以其实际占用的土地面积为计税依据，按照规定的税额计算征收的一种税。

车船税是指对在中国境内车船管理部门登记的车辆、船舶依法征收的一种税。

资源税是对在我国境内开采矿产品或者生产盐的单位和个人征收的税。

账务处理归纳如表8-1所示。

项目八　税务岗位核算

表 8-1　　　　　　　　　各种税费的费用归属

税费种类	费用归属
资源税	(1) 将应税资源作为产品销售时,资源税记入"税金及附加"科目; 借:税金及附加 　　贷:应交税费——应交资源税 (2) 将应税资源自产自用时,资源税计入:①生产成本;②制造费用 (3) 收购未税矿产品时,代扣代缴的资源税记入"材料采购"等科目
土地增值税	根据不同行业、不同核算方法,分别借记不同科目。 (1) 税金及附加(房地产业)。 (2) 固定资产清理(连同土地使用权一并清理房屋建筑物)。 借:固定资产清理 　　贷:应交税费——应交土地增值税 (3) 记入"资产处置损益"科目(处置土地使用权)。 借:银行存款 　　累计摊销 　　无形资产减值准备 　　贷:无形资产 　　　　应交税费——应交土地增值税 　　　　资产处置损益
房产税、车船税、印花税、城镇土地使用税	记入"税金及附加"科目 注意:只有"印花税"通常不通过"应交税费"核算
城市维护建设税和教育费附加的比较	作为流转税的附加税记入"税金及附加"科目
耕地占用税	在建工程 注意:不通过"应交税费"核算
代扣代缴个人所得税	借:应付职工薪酬——工资 　　贷:应交税费——应交个人所得税 借:应交税费——应交个人所得税 　　贷:银行存款

课后练习题

一、单选题

1. 某企业收购免税农产品,实际支付的价款为 20 000 元,则购进存货的成本是(　　)元。

　　A. 20 000　　　B. 18 200　　　C. 22 000　　　D. 16 600

2. 企业购进货物用于非应税项目时,不论是否取得专用发票,该货物负担的增值税税额均应计入(　　)。

　　A. 应交税费——应交增值税　　　B. 货物的采购成本

　　C. 营业外支出　　　　　　　　　D. 管理费用

3. 某企业本期应交房产税3万元,应交土地使用税2万元,应交印花税1万元,因扩建占地应交耕地占用税10万元,则本期影响"应交税费"科目的金额是(　　)万元。
　　A. 5　　　　　B. 6　　　　　C. 15　　　　　D. 16

4. 月份终了,企业计算本月应交未交的增值税税额,应在(　　)科目的贷方反映。
　　A. "应交税费——应交增值税"
　　B. "应交税费——未交增值税"
　　C. "应交税费——应交增值税(转出未交增值税)"
　　D. "应交税费——应交增值税(转出多交增值税)"

5. 委托加工应税消费品收回后,用于继续加工生产应纳消费税产品的,受托代扣代缴的消费税,应记入(　　)。
　　A. "生产成本"账户　　　　　B. "应交税费"账户
　　C. "委托加工物资"账户　　　D. "主营业务成本"账户

6. 企业福利部门自用应税产品计算出的应交消费税和增值税,应借记(　　)科目。
　　A. "制造费用"　　　　　　　B. "生产成本"
　　C. "应付职工薪酬"　　　　　D. "税金及附加"

7. 工业企业销售不动产,按销售额计算的增值税,应借记(　　)科目,贷记"应交税费——应交增值税"科目。
　　A. "税金及附加"　　　　　　B. "管理费用"
　　C. "其他业务支出"　　　　　D. "固定资产清理"

8. 缴纳城镇土地使用税的单位,年终计算应交城镇土地使用税时,账务处理为(　　)。
　　A. 借:制造费用
　　　　贷:应交税费——应交土地使用税
　　B. 借:管理费用
　　　　贷:应交税费——应交土地使用税
　　C. 借:固定资产
　　　　贷:应交税费——应交土地使用税
　　D. 借:税金及附加
　　　　贷:应交税费——应交土地使用税

9. 某企业在建工程领用自产柴油50 000元,应纳消费税6 000元,增值税税率为13%。则企业计入在建工程中的金额为(　　)元。
　　A. 50 000　　B. 60 200　　C. 66 200　　D. 56 000

10. 委托加工的应税消费品收回后准备直接出售的,由受托方代收代缴的消费税,委托方应借记的会计科目是(　　)。
　　A. 在途物资　　　　　　　　B. 委托加工物资
　　C. 应交税费——应交消费税　D. 税金及附加

11. A公司为增值税一般纳税人,委托M公司加工B材料(非金银首饰),发出材料价款20 000元,支付加工费10 000元,取得增值税专用发票上注明增值税税额为1 300元,由受托方代收代缴的消费税为1 000元,材料已加工完成,委托方收回后的B材料用于继续生产应税消费品,该B材料收回时的成本为(　　)元。

　　　　　A. 30 000　　　B. 31 000　　　C. 32 700　　　D. 22 700

12. 某企业适用的城市维护建设税税率为7%，2×20年8月该企业应缴纳增值税200 000元、土地增值税30 000元、消费税50 000元、资源税20 000元，8月该企业应记入"应交税费——应交城市维护建设税"科目的金额为（　　）元。
　　　　　A. 16 100　　　B. 17 500　　　C. 26 600　　　D. 28 000

13. 某企业为增值税一般纳税人，2×20年应交各种税金为：增值税420万元，消费税180万元，城市维护建设税42万元，房产税10万元，车船使用税5万元，个人所得税150万元。上述各项税金应计入税金及附加的金额为（　　）万元。
　　　　　A. 820　　　B. 237　　　C. 670　　　D. 655

14. 某酒类生产企业年底为奖励销售部门，欲将企业自产白酒200箱发放给销售部门员工。该批白酒成本为每箱600元，市场售价为800元。假定该企业适用13%的增值税税率，不考虑其他税费，本年度该企业应该据此确认的"销售费用"的金额为（　　）元。
　　　　　A. 180 800　　　B. 140 400　　　C. 160 000　　　D. 120 000

二、多选题

1. 下列支付的税金中，应计入所购货物成本的有（　　）。
　　A. 小规模纳税人购入生产用原材料所支付的增值税
　　B. 一般纳税人购入固定资产时，增值税专用发票上注明的增值税
　　C. 购入货物时所支付的价款中包含的消费税
　　D. 一般纳税人购入材料未取得专用发票，所支付的增值税
　　E. 进口货物所支付的增值税

2. 下列各项业务核算中，涉及"进项转出"的有（　　）。
　　A. 购入免税农产品　　　　　　B. 购进的货物发生非常损失
　　C. 在产品发生非常损失　　　　D. 购进原材料改变用途

3. "应交税费"应设置的明细账户有（　　）。
　　A. 进项税额　　　B. 已交税金　　　C. 转出未交增值税
　　D. 应交增值税　　　E. 未交增值税

4. 根据《增值税暂行条例》规定，下列项目的进项税额不得从销项税额中抵扣的有（　　）。
　　A. 购进固定资产
　　B. 用于非应税项目的购进货物或者应税劳务
　　C. 非正常损失的购进货物
　　D. 非正常损失的在产品、产成品所耗用的购进货物

5. 计算城市维护建设税的基数包括的流转税有（　　）。
　　A. 应交增值税　　B. 应交消费税　　C. 应交资源税　　D. 应交土地使用税

6. 下列各项税金中，构成相关资产成本的有（　　）。
　　A. 用于直接销售的委托加工应税消费品由受托方代收代缴的消费税
　　B. 用于连续生产应税消费品的委托加工应税消费品由受托方代收代缴的消费税
　　C. 非正常损失在产品所耗用原材料已支付的增值税进项税

D. 全面营改增后用于在建工程库存材料已支付的增值税进项税

7. 企业应缴纳的下列各种税,应计入税金及附加的有( )。
   A. 房产税　　　B. 车船使用税　　C. 消费税　　D. 所得税

8. 企业销售商品缴纳的下列各项税费,记入"税金及附加"科目的有( )。
   A. 消费税　　　B. 增值税　　　C. 教育费附加　　D. 城市维护建设费

9. 下列属于应交税费的有( )。
   A. 应交教育费附加　　　　　　B. 代扣代缴的个人所得税
   C. 应交矿产资源补偿费　　　　D. 计提工会经费
   E. 应补交的土地出让金

10. 企业缴纳的下列税金中,不通过"应交税费"科目核算的有( )。
    A. 印花税　　　B. 耕地占用税　　C. 房产税　　D. 土地增值税

11. 下列各项业务中所支付的增值税,按规定能够作为进项税额予以抵扣的是( )。
    A. 一般纳税人采购生产用原材料,取得的增值税专用发票中注明的增值税税额
    B. 小规模纳税人采购生产用原材料,取得的增值税专用发票中注明的增值税税额
    C. 一般纳税人购入生产用设备,取得的增值税专用发票中注明的增值税税额
    D. 营改增后一般纳税人支付工程物资(构建房屋),取得的增值税专用发票中注明的增值税税额

12. 企业自产自用的应税矿产品应交资源税,应计入( )。
    A. 制造费用　　　B. 生产成本　　C. 主营业务成本　　D. 税金及附加

13. 下列各项中,应交增值税的有( )。
    A. 在我国境内销售货物和进口货物　　B. 提供加工、修理修配劳务
    C. 转让无形资产　　　　　　　　　　D. 销售不动产

14. 下列关于小规模纳税人的说法中,正确的有( )。
    A. 小规模纳税人销售货物时,只能开具普通发票,不能开具增值税专用发票
    B. 小规模纳税人购进货物时支付的增值税直接计入有关货物的成本
    C. 小规模纳税人企业通过"应交税费——应交增值税"科目来反映与增值税有关的事项,不需要在"应交增值税"明细科目中设置专栏
    D. 改征增值税试点中,允许从小规模纳税人销售额中扣除其支付给非试点纳税人价款的,按规定扣减销售额而减少的应交增值税应直接冲减"应交税费——应交增值税"科目

15. 下列关于消费税的说法或会计处理中,正确的有( )。
    A. 企业销售应税消费品应交的消费税,应借记"税金及附加"科目,贷记"应交税费——应交消费税"科目
    B. 委托加工物资收回后直接销售的,借记"委托加工物资",贷记"银行存款"等
    C. 委托加工物资收回后用于连续生产的,应借记"应交税费——应交消费税",贷记"银行存款"等
    D. 企业的销售收入中含有增值税的,计算消费税时不需要换算为不含增值税的销售额

三、判断题

1. 应交的教育费附加、矿产资源补偿费通过"应交税费"科目核算。（　　）

2. 小规模纳税企业购进货物时，如果取得了增值税专用发票，其支付的增值税可以计入进项税额用以抵扣销项税额。（　　）

3. 印花税和车船使用税在发生时都记入"税金及附加"科目，但车船使用税通过应交税费核算，而印花税直接通过银行存款或库存现金核算。（　　）

4. 加工、修理修配劳务属于工业性劳务，应当征收增值税，记入"税金及附加"账户核算。（　　）

5. 一般纳税人购入原材料时无法取得增值税专用发票的，经企业确认后，可将购入原材料时缴纳的增值税记入"应交税费——应交增值税（进项税额）"科目。（　　）

6. 一般纳税人企业购进货物支付或负担的增值税税额，均可列为进项税额，从销项税额中抵扣。（　　）

7. 企业代扣代缴的个人所得税属于代交性质，应作为其他应付款处理，不应通过"应交税费"账户核算。（　　）

8. 增值税是价外税，所以，企业购入存货支付的增值税，均不计入购入存货的成本。（　　）

9. 一般纳税企业用产成品或原材料对外投资时，因会计核算中不作为销售处理，故不存在计算缴纳增值税的问题。（　　）

10. 增值税小规模纳税人购进货物支付的增值税直接计入有关货物的成本。（　　）

11. 企业出售无形资产缴纳的增值税最终计入的是税金及附加。（　　）

12. 进口原材料缴纳的关税应该计入管理费用中。（　　）

13. 因自然灾害导致货物发生损失需要将进项税额予以转出。（　　）

14. 消费税是指在我国境内生产、委托加工和进口应税消费品的单位和个人，按其流转额缴纳的一种税。（　　）

15. 企业将生产的应税消费品用于在建工程等非生产机构时，按规定应缴纳的消费税，借记"固定资产"等科目，贷记"应交税费——应交消费税"科目。（　　）

四、实务题

1. A公司为增值税一般纳税企业，增值税税率为13%，存货按实际成本计价核算，2×20年7月发生有关增值税（不考虑应交的其他税费）业务如下。

（1）购进生产用材料一批，取得的增值税专用发票注明其买价400 000元，增值税52 000元，同时支付对方代垫运输费15 000元，增值税专用发票上注明税额为1 350元。材料已验收入库，价税款以银行存款支付。

（2）收购免税农产品一批，用于产品生产，收购价100 000元，产品尚未入库，收购款以现金支票给付。

（3）购进多功能厅装潢工程用物资一批，增值税专用发票注明其价款为300 000元，增值税39 000元，价税款尚未支付。

（4）向学校捐赠产成品1 000箱，成本100 000元，计税售价140 000元。

(5) 销售产成品一批,销售收入 1 200 000 元,增值税 156 000 元,价税款收存银行。

(6) 医务福利部门领用库存原材料一批 80 000 元,应负担进项增值税税额 10 400 元。

(7) 发生委托加工材料加工费 15 000 元,增值税 1 950 元,取得增值税专用发票,款项尚未支付。

(8) 以银行存款上交增值税 80 000 元。

(9) 计算月末未交或多交增值税,进行结转。

要求:根据以上业务编制会计分录。

2. A 企业本月发生以下经济业务。

(1) 出售旧厂房一幢,共得价款 630 000 元,增值税征收率为 5%,价款收存银行,计算应交增值税。

(2) 出售一处闲置土地,原始成本 2 000 000 元,出售收入 3 000 000 元,土地使用权账面摊余价值 1 500 000 元,未计提过无形资产减值准备,增值税税率 9%,预征率 5%。款项尚未收到,出售手续已办妥。

(3) 购入生产用原材料,价款为 86 000 元,取得的增值税专用发票上注明的税额为 11 180 元;已通过银行支付。

(4) 向 B 公司销售产品,开出普通发票,金额为 146 900 元,已办妥托收承付手续。

(5) 该产品消费税税率 10%,计算应交消费税。

(6) 企业的城市维护建设税税率 7%,教育费附加征收率 4%,计算结转企业本月应交城市维护建设税和应交教育费附加。

要求:根据以上业务编制会计分录。

3. 某企业为增值税一般纳税人,增值税税率为 13%,2×20 年 11 月发生如下主要业务。

(1) 委托外单位加工材料(非金银首饰),原材料价款 80 万元,加工费用 20 万元,消费税税率为 10%,材料已经加工完毕验收入库,加工费用等尚未支付。该委托加工材料收回后直接销售。

(2) 出售一自建厂房,厂房原价 1 500 万元,已提折旧 600 万元。出售所得收入 1 050 万元存入银行,用银行存款支付清理费用 5 万元。厂房已清理完毕,增值税征收率 5%。

要求:对上述业务进行相关的账务处理。(金额单位用万元表示)

4. 乙公司本月发生有关经济业务如下。

(1) 以现金一次性购买印花税票 1 800 元。

(2) 企业本年度应纳房产税(厂房)余值为 50 万元,按房产税税率 1.2% 计算应纳的房产税为 6 000 元,该企业全年应纳房产税一次列入费用。

(3) 以银行存款缴纳房产税 6 000 元。

要求:对上述业务进行相关的账务处理。

项目八试题库

项目九 财务成果岗位核算

知识目标

1. 熟悉财务成果岗位的核算任务和工作流程,掌握成本、费用、利润及利润分配的核算。
2. 掌握营业成本、期间费用业务和所得税、利润、利润分配业务的计算和核算。

能力目标

1. 能进行营业收入、营业成本、期间费用、利润、利润分配业务的核算。
2. 能计算所得税费用、利润及利润的分配。
3. 能编制相关业务的会计凭证、能登记有关总账、明细账簿。

学习重难点

1. 重点是收入、营业成本、期间费用、利润、利润分配业务和所得税的核算。
2. 难点是收入、利润分配业务。

任务准备 财务成果岗位的核算任务

财务成果岗位是企业反映销售收入和单位利润的实现情况,计算和缴纳所得税,并进行利润分配等账务处理的专职部门。核算任务如下。

(1) 负责编制收入、利润计划。
(2) 做好收入制证前各项票据的核对工作。
(3) 办理销售款项结算业务。
(4) 建立投资台账,按期计算收益。
(5) 负责收入和利润的明细核算。

(6) 负责利润分配的明细核算。
(7) 编制收入和利润报表。
(8) 会同有关部门定期对产成品进行盘点清查。
(9) 按月进行产品销售收入、产品销售成本升降原因分析。

任务一 收入的确认与核算

收入是指企业在日常活动中形成的、会导致所有者权益增加的、与所有者投入资本无关的经济利益的总流入。

收入按经济内容不同,可分为销售商品收入、提供服务收入。

收入按企业经营业务的主次不同,可分为主营业务收入和其他业务收入。

收入因源自于企业日常经营活动,所以也称为营业收入。

本项目的收入,不涉及企业对外出租资产收取的租金、进行债权投资收取的利息、进行股权投资取得的现金股利以及保费收入等。

学习情境一 收入的确认和计量

一、收入确认的原则

企业应当在履行了合同中的履约义务,即在客户取得相关商品控制权时确认收入。

此处的"商品",包括商品或服务(以下简称"商品")。

取得相关商品控制权包括三个要素:①客户有能力主导该商品的使用,即客户在其活动中有权使用该商品,或者能够允许或阻止其他方使用该商品。②客户能够获得商品几乎全部的经济利益。商品的经济利益是指商品的潜在现金流量,既包括现金流入的增加,也包括现金流出的减少。③客户必须拥有现时权利,能够主导该商品的使用并从中获得几乎全部经济利益;如果客户只能在未来的某一期间主导该商品的使用并从中获益,则表明其尚未取得该商品的控制权。

二、收入确认的前提条件

当企业与客户之间的合同同时满足下列条件时,企业应当在客户取得相关商品控制权时确认收入。

(1) 合同各方已批准该合同并承诺将履行各自义务。
(2) 该合同明确了合同各方与所转让商品相关的权利和义务。
(3) 该合同有明确的与所转让商品相关的支付条款。

(4) 该合同具有商业实质,即履行该合同将改变企业未来现金流量的风险、时间分布或金额。

(5) 企业因向客户转让商品而有权取得的对价很可能收回。

在合同开始日即满足前款条件的合同,企业在后续期间无须对其进行重新评估,除非有迹象表明相关事实和情况发生重大变化。合同开始日通常是指合同生效日。

三、收入确认和计量的步骤

根据《企业会计准则第14号——收入》(2018),收入确认和计量大致分为如下五个步骤。

第一步,识别与客户订立的合同。合同是指双方或多方之间订立有法律约束力的权利和义务的协议,包括书面形式、口头形式以及其他可验证的形式。合同的存在是企业确认客户合同收入的前提,企业与客户之间的合同一经签订,企业即享有从客户处取得与转移商品和服务对价的权利,同时负有向客户转移商品和服务的履约义务。

第二步,识别合同中的单项履约义务。合同开始日,企业应当对合同进行评估,识别该合同包含的各单项履约义务,并确定各单项履约义务是在某一时段内履行,还是在某一时点履行,然后,在履行了各单项履约义务时分别确认收入。

履约义务是指合同中企业向客户转让可明确区分商品的承诺。

企业应当将向客户转让可明确区分商品(或者商品或服务的组合)的承诺以及向客户转让一系列实质相同且转让模式相同的、可明确区分商品的承诺作为单项履约义务。

第三步,确定交易价格。交易价格是指企业因向客户转让商品而预期有权收取的对价金额,不包括企业代第三方收取的款项(如增值税)以及企业预期将退还给客户的款项。合同条款所承诺的对价,可能是固定金额、可变金额或两者兼有。例如,甲公司与客户签订合同为其建造一栋厂房,约定的价款为100万元,4个月完工,交易价格就是固定金额100万元;假如合同中约定若提前1个月完工,客户将额外奖励甲公司10万元,甲公司对合同估计工程提前1个月完工的概率为95%,则甲公司预计有权收取的对价为110万元,因此交易价格包括固定金额100万元和可变金额10万元,总计为110万元。

第四步,将交易价格分摊至各单项履约义务。当合同中包含两项或多项履约义务时,需要将交易价格分摊至各单项履约义务。分摊的方法是在合同开始日,按照各单项履约义务所承诺商品的单独售价(企业向客户单独销售商品的价格)的相对比例,将交易价格分摊至各单项履约义务。通过分摊交易价格,使企业分摊至各单项履约义务的交易价格能够反映其因向客户转让已承诺的相关商品而有权收取的对价金额。例如,企业与客户签订合同,向其销售A、B、C三件产品,不含增值税的合同总价款为10 000元。A、B、C产品的不含增值税单独售价分别为5 000元、3 500元和7 500元,合计16 000元。按照交易价格分摊原则,A产品应当分摊的交易价格为3 125(5 000÷16 000×10 000)元,B产品应当分摊的交易价格为2 187.5(3 500÷16 000×10 000)元,C产品应当分摊的交易价格为4 687.5(7 500÷16 000×10 000)元。

第五步,履行每一单项履约义务时确认收入。当企业将商品转移给客户,客户取得了相关商品的控制权,意味着企业履行了合同中的履约义务,此时,企业应确认收入。企业将商品控制权转移给客户,可能是在某一时段内(即履行履约义务的过程中)发生,也可能在某一时点(即履约义务完成时)发生。企业应当根据实际情况,首先判断履约义务是否满足在某一时段内履行的条件,如不满足,则该履约义务属于在某一时点履行的履约义务。

对于在某一时段内履行的履约义务,企业应当选取恰当的方法来确定履约进度;对于在某一时点履行的履约义务,企业应当综合分析控制权转移的迹象,判断其转移时点。

收入确认和计量五个步骤中,第一步、第二步和第五步主要与收入的确认有关,第三步和第四步主要与收入的计量有关。

需要说明的是,一般而言,确认和计量任何一项合同收入应考虑全部的五个步骤。但履行某些合同义务确认收入不一定都经过五个步骤,如企业按照第二步确定某项合同仅为单项履约义务时,可以从第三步直接进入第五步确认收入,不需要第四步(分摊交易价格)。

四、收入核算应设置的会计科目

为了核算企业与客户之间的合同产生的收入及相关的成本费用,一般需要设置"主营业务收入""其他业务收入""主营业务成本""其他业务成本""合同取得成本""合同履约成本""合同资产""合同负债"等科目。

(1)"主营业务收入"科目。核算企业确认的销售商品、提供服务等主营业务的收入。该科目贷方登记企业主营业务活动实现的收入,借方登记期末转入"本年利润"科目的主营业务收入,结转后本科目应无余额;本科目可按主营业务的种类进行明细核算。

(2)"其他业务收入"科目。核算企业确认的除主营业务活动以外的其他经营活动实现的收入,包括出租固定资产、出租无形资产、出租包装物和商品、销售材料、用材料进行非货币性交换等实现的收入。该科目贷方登记企业其他业务活动实现的收入,借方登记期末转入"本年利润"科目的其他业务收入,结转后本科目应无余额;本科目可按其他业务的种类进行明细核算。

(3)"主营业务成本"科目。核算企业确认销售商品、提供服务等主营业务收入时应结转的成本。该科目借方登记企业应结转的主营业务成本,贷方登记期末转入"本年利润"科目的主营业务成本,结转后本科目应无余额;本科目可按主营业务的种类进行明细核算。

(4)"其他业务成本"科目。核算企业确认的除主营业务活动以外的其他经营活动所形成的成本,包括出租固定资产的折旧额、出租无形资产的摊销额、出租包装物的成本或摊销额、销售材料的成本等。该科目借方登记企业应结转的其他业务成本,贷方登记期末转入"本年利润"科目的其他业务成本,结转后本科目应无余额;本科目可按其他业务的种类进行明细核算。

(5)"合同取得成本"科目。核算企业取得合同发生的、预计能够收回的增量成本。该科目借方登记发生的合同取得成本,贷方登记摊销的合同取得成本,期末借方余额,反映企业尚未结转的合同取得成本。该科目可按合同进行明细核算。

(6)"合同履约成本"科目。核算企业为履行当前或预期取得的合同所发生的、不属于其他企业会计准则规范范围且按照收入准则应当确认为一项资产的成本。该科目借方登记发生的合同履约成本,贷方登记摊销的合同履约成本,期末借方余额,反映企业尚未结转的合同履约成本。该科目可按合同分别进行"服务成本""工程施工"等明细核算。

(7)"合同资产"科目。核算企业已向客户转让商品而有权收取对价的权利,且该权利取决于时间流逝之外的其他因素(如履行合同中的其他履约义务)。该科目借方登记因已转让商品而有权收取的对价金额,贷方登记取得无条件收款权利的金额,期末借方余额,反映企业已向客户转让商品而有权收取的对价金额。该科目按合同进行明细核算。

(8)"合同负债"科目。核算企业已收或应收客户对价而应向客户转让商品的义务。该科目贷方登记企业在向客户转让商品之前,已经收到或已经取得无条件收取合同对价权利的金额;借方登记企业向客户转让商品时冲销的金额;期末贷方余额,反映企业在向客户转让商品之前,已经收到的合同对价或已经取得的无条件收取合同对价权利的金额。该科目按合同进行明细核算。

随堂测:收入确认

此外,企业发生减值的,还应当设置"合同履约成本减值准备""合同取得成本减值准备""合同资产减值准备"等科目进行核算。

学习情境二 在某一时点履行履约义务的收入账务处理

一、在某一时点履行履约义务的确认收入

对于在某一时点履行的履约义务,企业应当在客户取得相关商品控制权时点确认收入。在判断客户是否已取得商品控制权时,企业应当综合考虑下列迹象。

(1)企业就该商品享有现时收款权利,即客户就该商品负有现时付款义务。例如,甲企业与客户签订销售商品合同,约定客户有权定价且在收到商品无误后10日内付款。在客户收到甲企业开具的发票、商品验收入库后,客户能够自主确定商品的销售价格或商品的使用情况,此时甲企业享有收款权利,客户负有现时付款义务。

(2)企业已将该商品的法定所有权转移给客户,即客户已拥有该商品的法定所有权。例如,房地产企业向客户销售商品房,在客户付款后取得房屋产权证时,表明企业已将该商品房的法定所有权转移给客户。

(3)企业已将该商品实物转移给客户,即客户已占有该商品实物。例如,企业与客户签订交款提货合同,在企业销售商品并送货到客户指定地点,客户验收合格并付款,表明企业已将该商品实物转移给客户,即客户已占有该商品实物。

(4)企业已将该商品所有权上的主要风险和报酬转移给客户,即客户已取得该商品所有权上的主要风险和报酬。例如,甲房地产公司向客户销售商品房办理产权转移手续后,该商品房价格上涨或下跌带来的利益或损失全部属于客户,表明客户已取得该商品房所有权上的主要风险和报酬。

(5)客户已接受该商品。例如,企业向客户销售为其定制生产的节能设备,客户收到并验收合格后办理入库手续,表明客户已接受该商品。

(6) 其他表明客户已取得商品控制权的迹象。

涉及单一履约义务合同、在某一时点履行履约义务产生的收入，其账务处理主要涉及一般销售商品业务、已经发出但不符合收入确认条件的商品的处理、销售折让、销售退回、采用预收款方式销售商品、委托代销商品让渡资产使用权收入等情况。

二、一般销售商品业务

在进行销售商品的账务处理时，首先要考虑销售商品收入确定条件。符合收入准则所规定的五项确认条件的，应及时确认收入并结转相关销售成本。

企业销售商品满足收入确认条件时，应当按已收或应收合同或协议价款的公允价值确定收入金额。根据不同的收款方式，做如下账务处理。

借：银行存款、应收账款、应收票据
　　贷：主营业务收入
　　　　应交税费——应交增值税（销项税额）

同时结转相关销售成本。

借：主营业务成本
　　贷：库存商品

同时或在资产负债表日，按应缴纳的消费税、资源税、城市维护建设税、教育费附加等税费，做如下账务处理。

借：税金及附加
　　贷：应交税费——应交消费税（应交资源税、城市维护建设税等）

【做中学 9-1】 甲公司采用托收承付方式销售一批商品，开出的增值税专用发票注明售价为 600 000 元，增值税税额为 78 000 元，商品已经发出，并已向银行办妥托收手续，该批商品的成本为 420 000 元。

(1) 借：应收账款　　　　　　　　　　　　　　　678 000
　　　贷：主营业务收入　　　　　　　　　　　　　　600 000
　　　　　应交税费——应交增值税（销项税额）　　 78 000

(2) 借：主营业务成本　　　　　　　　　　　　　420 000
　　　贷：库存商品　　　　　　　　　　　　　　　420 000

【做中学 9-2】 甲公司向乙公司销售一批商品，开出的增值税专用发票上注明售价为 300 000 元，增值税税额为 39 000 元，甲公司已收到乙公司支付的货款 339 000 元，并将提货单送交乙公司，该批商品成本为 240 000 元。

(1) 借：银行存款　　　　　　　　　　　　　　　339 000
　　　贷：主营业务收入　　　　　　　　　　　　　　300 000
　　　　　应交税费——应交增值税（销项税额）　　 39 000

(2) 借：主营业务成本　　　　　　　　　　　　　240 000
　　　贷：库存商品　　　　　　　　　　　　　　　240 000

本例为交款提货方式销售商品。交款提货销售商品是指购买方已根据企业开出的发票账单支付货款并取得提货单的销售方式。在这种方式下,购买方取得提货单,企业尚未交付商品,但客户已经取得该商品的控制权,通常应在开出发票账单收到货款时确认收入。

【做中学 9-3】 甲公司向乙公司销售商品一批,开出的增值税专用票上注明售价为 400 000 元,增值税税额为 52 000 元,甲公司已收到乙公司开出的一张商业承兑汇票一张 454 000 元;该批商品已发出,并将提货单送交乙公司,甲公司以银行存款代垫运杂费 2 000 元;该批商品成本为 320 000 元。

(1) 借:应收票据　　　　　　　　　　　　　　454 000
　　　贷:主营业务收入　　　　　　　　　　　　　400 000
　　　　　应交税费——应交增值税(销项税额)　　52 000
　　　　　银行存款　　　　　　　　　　　　　　　2 000

(2) 借:主营业务成本　　　　　　　　　　　　320 000
　　　贷:库存商品　　　　　　　　　　　　　　320 000

【做中学 9-4】 计算本月销售商品承担的税金及附加共 4 800 元。其中:消费税为 4 000 元,城市维护建设税为 600 元,教育费附加为 200 元。

借:税金及附加　　　　　　　　　　　　　　4 800
　　贷:应交税费——应交消费税　　　　　　　4 000
　　　　　　　　——应交城市维护建设税　　　600
　　　　　　　　——教育费附加　　　　　　　200

随堂测:一般商品销售

三、已经发出但不符合收入确认条件的商品的处理

如果售出商品不符合销售商品确认条件,则不应确认收入,已经发出的商品,应当通过"发出商品"来核算。

需要注意的是,尽管发出的商品不符合收入确认条件,但如果销售该商品的纳税义务已经发生,例如已经开出增值税专用发票,则应确认应交的增值税销项税额。

【做中学 9-5】 A 公司于 2×21 年 3 月 3 日采用托收承付方式向 B 公司销售一批商品,开出的增值税专用发票注明售价为 100 000 元,增值税税额为 13 000 元;该批商品的成本为 60 000 元。A 公司在销售商品时已得知 B 公司资金流转发生暂时困难,但为了减少存货积压,同时为了维持与 B 公司长期以来建立的商业关系,A 公司仍将商品发出,并办妥托收手续。

(1) 发出商品。

借:发出商品　　　　　　　　　　　　　　　60 000
　　贷:库存商品　　　　　　　　　　　　　　60 000

(2) 同时,A 公司销售商品时纳税义务已发生,确认应交的增值税。

借:应收账款　　　　　　　　　　　　　　　13 000
　　贷:应交税费——应交增值税(销项税额)　　13 000

注意:如果销售该商品时纳税义务尚未发生,则不做此会计处理。

假定 2×21 年 10 月 A 公司得知 B 公司经营情况逐渐好转,B 公司承诺近期付款,A

公司应在B公司承诺付款时确认收入。
   借：应收账款   100 000
       贷：主营业务收入   100 000
   借：主营业务成本   60 000
       贷：发出商品   60 000

四、商业折扣、现金折扣和销售折让的处理

(1) 商业折扣是指企业为促进商品销售而给予的价格扣除。

(2) 现金折扣是指债权人为鼓励债务人在规定的期限内付款而向债务人提供的债务扣除。具体来讲，企业采用赊销方式销售商品时，为鼓励购货方在一定的信用期限内尽快付款而给予的优惠条件，即购货方可从应付货款总额中扣除一定比例的金额。(以上两部分的具体账务处理见"项目三 任务一 应收及预付款项的核算")

(3) 销售折让是指企业因售出商品质量不符合要求等原因而在售价上给予的减让。企业将商品销售给买方后，如买方发现商品在质量、规格等方面不符合要求，可能要求卖方在价格上给予一定的减让。

销售折让如发生在确认销售收入之前，则应在确认销售收入时直接按扣除销售折让后的金额确认；已确认销售收入的售出商品发生销售折让，且不属于资产负债表日后事项的，则应在实际发生时冲减当期的营业收入，如按规定允许扣减增值税税额的，还应冲减已确认的应交增值税的销项部分，用红字冲减"应交税费——应交增值税(销项税额)"。

【做中学9-6】甲公司销售一批商品，增值税发票上的商品售价100 000元，增值税税额13 000元。该批商品的成本为70 000元。货到后买方发现商品质量不合格，要求在价格上给予5%的折让。甲公司同意了买方的要求，开具了增值税专用发票(红字)。

(1) 销售实现。
   借：应收账款   113 000
       贷：主营业务收入   100 000
           应交税费——应交增值税(销项税额)   13 000
   借：主营业务成本   70 000
       贷：库存商品   70 000

(2) 发生销售折让。
   借：主营业务收入   5 000
       应交税费——应交增值税(销项税额)   650
       贷：应收账款   5 650

(3) 实际收到款项。
   借：银行存款   107 350
       贷：应收账款   107 350

本例中，假定发生销售折让前，因该项销售在货款收回上存在不确定性，甲公司未确认该批商品的销售收入，纳税义务也未发生；发生销售折让后2个月，买方承诺按期付款。

则甲公司应做如下处理。

(1) 发出商品。

借：发出商品　　　　　　　　　　　　　　　70 000
　　贷：库存商品　　　　　　　　　　　　　　　70 000

(2) 买方承诺付款，甲公司确认销售。

借：应收账款　　　　　　　　　　　　　　　107 350
　　贷：主营业务收入　　　　　　　　　　　　　95 000（100 000－100 000×5%）
　　　　应交税费——应交增值税（销项税额）　　12 350

借：主营业务成本　　　　　　　　　　　　　　70 000
　　贷：发出商品　　　　　　　　　　　　　　　70 000

(3) 实际收到款项。

借：银行存款　　　　　　　　　　　　　　　107 350
　　贷：应收账款　　　　　　　　　　　　　　　107 350

实务技能：商业折扣与现金折扣的比较

随堂测：商业折扣与现金折扣销售

五、销售退回的处理

销售退回是指企业售出的商品，由于质量、品种不符合要求等原因而发生的退货。销售退回如果发生在企业确认收入之前，应当冲减"发出商品"科目，同时增加"库存商品"账户；如果企业已经确认收入，又发生销售退回的，不论是当年销售的，还是以前年度销售的（除属于资产负债表日后事项外），均应冲减退回当月的销售收入，同时冲减退回当月的销售成本。

会计处理原则如下。

(1) 退货当月冲减收入。

借：主营业务收入
　　应交税费——应交增值税（销项税额）
　　贷：银行存款
　　　　财务费用（当初有现金折扣的还需回调当初的财务费用）

(2) 退货当月冲减成本。

借：库存商品
　　贷：主营业务成本

(3) 退货当月冲减税金及附加（涉及应税消费品时）。

借：应交税费——应交消费税

贷：税金及附加

【做中学 9-7】 甲公司 2×21 年 3 月 1 日收到乙公司因质量问题而退回的商品 10 件。每件成本 200 元。该批商品是甲公司 2×20 年 12 月 30 日销售给乙公司的，每件售价 300 元。货款尚未收到，甲公司尚未确认销售收入。甲公司同意退货要求，并开具了红字专用发票。

借：库存商品	2 000
贷：发出商品	2 000
借：应交税费——应交增值税（销项税额）	390
贷：应收账款	390

【做中学 9-8】 某企业 2×20 年 12 月 26 日销售商品一批，售价 400 000 元，增值税税额 52 000 元，成本 220 000 元。2×21 年 6 月 8 日，该批商品因质量严重不合格被退回，货款已退回购货方，并按规定向购货方开具了增值税专用发票（红字）。

借：主营业务收入	400 000
应交税费——应交增值税（销项税额）	52 000
贷：银行存款	452 000

同时

借：库存商品	220 000
贷：主营业务成本	220 000

【做中学 9-9】 甲公司在 2×21 年 2 月 2 日向乙公司销售一批商品，增值税发票上的商品售价 50 000 元，增值税税额 6 500 元。该批商品的成本为 25 000 元。为及早收回货款，甲公司和乙公司约定的现金折扣条件为：2/10,1/20,n/30。乙公司在 2 月 11 日付款。20×21 年 6 月 20 日，该批商品因质量问题被乙公司退回，甲公司当日支付有关退货款。假定计算现金折扣时不考虑增值税。

(1) 2×21 年 2 月 2 日销售实现。

借：应收账款	56 500
贷：主营业务收入	50 000
应交税费——应交增值税（销项税额）	6 500
借：主营业务成本	25 000
贷：库存商品	25 000

(2) 2×21 年 2 月 11 日收到货款时，发生现金折扣 1 000 元（50 000×2%），实际收款 55 500 元。

借：银行存款	55 500
财务费用	1 000
贷：应收账款	56 500

(3) 2×21 年 6 月 20 日发生销售退回。

借：主营业务收入	50 000
应交税费——应交增值税（销项税额）	6 500
贷：银行存款	55 500

财务费用	1 000

同时

借：库存商品　　　　　　　　　　　　　　　　　25 000
　　贷：主营业务成本　　　　　　　　　　　　　　　25 000

六、采用预收款方式销售商品的处理

预收款销售方式下，销售方在发出商品时确认收入，在此之前预收的货款应确认为负债。

随堂测：销货退回处理

【做中学 9-10】 甲公司采用预收款方式向乙公司销售一批商品，不含税售价 600 000 元，增值税税率为 13%，成本 400 000 元。商品发出前预收乙公司 60% 货款，商品发出后收到乙公司余款。

(1) 预收货款。

借：银行存款　　　　　　　　　　　　　　　　406 800
　　贷：合同负债　　　　　　　　　　　　　　　406 800

(2) 发出商品时，确认销售收入。

借：合同负债　　　　　　　　　　　　　　　　678 000
　　贷：主营业务收入　　　　　　　　　　　　　600 000
　　　　应交税费——应交增值税(销项税额)　　　 78 000

借：主营业务成本　　　　　　　　　　　　　　400 000
　　贷：库存商品　　　　　　　　　　　　　　　400 000

(3) 收回余款。

借：银行存款　　　　　　　　　　　　　　　　271 200
　　贷：合同负债　　　　　　　　　　　　　　　271 200

七、委托代销商品的处理

委托代销商品是指委托方和受托方签订代销合同或协议，委托受托方向终端客户销售商品。受托方获得对该商品控制权的，企业应当按销售商品进行会计处理，这种安排不属于委托代销安排(即为包销形式的视同买断)；受托方没有获得对该商品控制权的，企业通常应当在受托方售出商品后，按合同或协议约定的方法计算确定手续费并确认收入。

委托代销商品通常分为非包销视同买断方式和支付手续费方式。

1. 非包销视同买断方式

非包销视同买断方式是由委托方和受托方签订协议，委托方按协议价收取所代销的货款，实际售价可由受托方自定，实际售价与协议价之间的差额归受托方所有的销售方式。委托方在交付商品时不确认收入，受托方也不做购进商品处理。受托方将商品销售后,按实际售价确认收入,按协议价确认为商品销售成本,并向委托方开具代销清单。委托方收到代销清单时,再确认本企业的销售收入。

【做中学 9-11】 甲公司委托乙公司销售某批商品 200 件,协议价为 100 元/件,该商品成本为 60 元/件,增值税税率为 13%。假定商品已经发出,根据代销协议,乙公司能够将没有代销出去的商品退回甲公司;甲公司将该批商品交付乙公司时没有发生增值税纳税义务。乙公司对外销售该批商品的售价为 120 元/件,并收到款项存入银行。

(1) 甲公司账务处理如下。

① 发出商品。

借:发出商品　　　　　　　　　　　　　　　12 000
　　贷:库存商品　　　　　　　　　　　　　　　　12 000

② 受托方实际销售商品,委托方收到代销清单(全部销售),开具增值税专用发票。

借:应收账款　　　　　　　　　　　　　　　22 600
　　贷:主营业务收入　　　　　　　　　　　　　　20 000
　　　　应交税费——应交增值税(销项税额)　　　2 600
借:主营业务成本　　　　　　　　　　　　　12 000
　　贷:发出商品　　　　　　　　　　　　　　　　12 000

③ 结算货款。

借:银行存款　　　　　　　　　　　　　　　22 600
　　贷:应收账款　　　　　　　　　　　　　　　　22 600

(2) 乙公司账务处理如下。

① 收到该批商品。

借:受托代销商品　　　　　　　　　　　　　20 000
　　贷:受托代销商品款　　　　　　　　　　　　　20 000

② 对外销售该批商品。

借:银行存款　　　　　　　　　　　　　　　27 120
　　贷:主营业务收入　　　　　　　　　　　　　　24 000
　　　　应交税费——应交增值税(销项税额)　　　3 120
借:主营业务成本　　　　　　　　　　　　　20 000
　　贷:受托代销商品　　　　　　　　　　　　　　20 000

③ 开具代销清单后,收到委托方销售发票。

借:受托代销商品款　　　　　　　　　　　　20 000
　　应交税费——应交增值税(进项税额)　　　2 600
　　贷:应付账款　　　　　　　　　　　　　　　　22 600

④ 按协议价将款项付给甲公司。

借:应付账款——甲公司　　　　　　　　　　22 600
　　贷:银行存款　　　　　　　　　　　　　　　　22 600

2. 支付手续费方式

在这种方式下,委托方在发出商品时通常不应确认销售收入,而应在收到受托方开出的代销清单时确认销售商品收入;受托方在商品销售后,按合同或协议约定的方法计算确定的手续费确认收入,不确认商品销售收入。

【做中学 9-12】 甲公司委托丙公司销售商品 200 件,商品已经发出,成本为 60 元/件。合同约定丙公司应按 100 元/件销售,甲公司按不含增值税的销售价格的 10%向丙公司支付手续费。丙公司对外实际售出 100 件,开出的增值税专用发票上注明价款 10 000 元,增值税税额 1 300 元,款项已经收到。甲公司收到丙公司开具的代销清单时,向丙公司开具一张相同金额的增值税专用发票。假定甲公司发出商品时增值税纳税义务尚未发生,不考虑其他因素。

(1) 甲公司账务处理如下。

① 发出商品。

借:发出商品	12 000	
贷:库存商品		12 000

② 收到代销清单,同时发生增值税纳税义务。

借:应收账款——丙公司	11 300	
贷:主营业务收入		10 000
应交税费——应交增值税(销项税额)		1 300
借:主营业务成本	6 000	
贷:发出商品		6 000
借:销售费用——代销手续费	1 000	
贷:应收账款——丙公司		1 000

③ 收到丙公司支付的货款净额 10 300 元。

借:银行存款	10 300	
贷:应收账款——丙公司		10 300

(2) 丙公司的账务处理如下。

① 收到商品。

借:受托代销商品	20 000	
贷:受托代销商品款		20 000

② 对外销售。

借:银行存款	11 300	
贷:应付账款		10 000
应交税费——应交增值税(销项税额)		1 300

③ 收到增值税专用发票。

借:应交税费——应交增值税(进项税额)	1 300	
贷:应付账款——甲公司		1 300
借:受托代销商品款	10 000	
贷:受托代销商品		10 000

④ 支付商品代销款给甲公司并计算代销手续费。

借:应付账款——甲公司	11 300	

贷：银行存款　　　　　　　　　　　　　　　　　10 300
　　　　其他业务收入——代销手续费　　　　　　　　1 000

实务技能：收取手续费方式的委托
代销业务会计处理

随堂测：收取手续费方式的
委托代销业务核算

八、销售材料等存货的处理

企业在日常活动中还可能发生对外销售不需用的原材料、随同商品对外销售单独计价的包装物等业务。企业销售原材料、包装物等存货也视同商品销售，其收入确认和计量原则比照商品销售。

　　借：银行存款/应收账款/应收票据等
　　　　贷：其他业务收入
　　　　　　应交税费——应交增值税（销项税额）
同时结转相关销售成本编制会计分录如下。
　　借：其他业务成本
　　　　贷：原材料/周转材料等

【做中学 9-13】　甲公司销售一批原材料，开出的增值税专用发票上注明的售价为 10 000 元，增值税税额为 1 300 元，款项已收存银行。该批材料实际成本为 9 000 元。

　　借：银行存款　　　　　　　　　　　　　　　　　11 300
　　　　贷：其他业务收入　　　　　　　　　　　　　10 000
　　　　　　应交税费——应交增值税（销项税额）　　 1 300
同时结转相关销售成本编制会计分录如下。
　　借：其他业务成本　　　　　　　　　　　　　　　 9 000
　　　　贷：原材料　　　　　　　　　　　　　　　　 9 000

九、提供服务收入的确认与核算

企业提供的服务收入，如旅游、运输、饮食、广告、咨询、代理、培训等，有的服务一次就能完成，如饮食、照相、理发等；有的服务需要花费一段较长的时间才能完成，如旅游、安装、培训、远洋运输等。

对于一次就能完成的服务，应在提供服务交易完成时确认收入，确认的金额通常为从接受服务方已收或应收的合同或协议价款。

【做中学 9-14】　甲公司于 2×20 年 4 月 1 日接受一项设备安装任务，该安装任务可一次完成。合同总价款为8 000元,实际发生安装成本6 000元。假定安装业务属于甲公司的主营业务,不考虑相关税费。甲公司在安装完成时做如下处理。

借:应收账款(或银行存款)　　　　　　　　　　　　8 000
　贷:主营业务收入　　　　　　　　　　　　　　　　　8 000
借:主营业务成本　　　　　　　　　　　　　　　　　6 000
　贷:银行存款等　　　　　　　　　　　　　　　　　　6 000

十、让渡资产使用权收入的确认与核算

让渡资产使用权收入主要是指让渡无形资产等资产使用权的使用费收入,出租固定资产取得的租金,进行债权投资收取的利息,进行股权投资取得的现金股利等。本部分主要介绍让渡无形资产等资产使用权的使用费收入的核算等。

随堂测:提供服务收入的核算(1)

1. 一次性收费且不提供后续服务

让渡资产使用权的使用费收入金额,应按照有关合同或协议约定的收费时间和方法计算确定。如果合同或协议规定一次性收取使用费,且不提供后续服务的,应当视同销售该项资产一次性确认收入。

企业让渡资产使用权的使用费收入,一般通过"其他业务收入"科目核算;所让渡资产计提的摊销额等,一般通过"其他业务成本"科目核算。

【做中学9-15】　甲公司向乙公司转让某软件的使用权,一次性收取使用费50 000元,不提供后续服务,款项已经收回。假定不考虑相关税费,甲公司确认使用费收入的账务处理如下。

借:银行存款　　　　　　　　　　　　　　　　　　　50 000
　贷:其他业务收入　　　　　　　　　　　　　　　　　50 000

2. 提供后续服务或分期收费

如果合同或协议规定一次性收取使用费,提供后续服务的,应在合同或协议规定的有效期内分期确认收入;如果合同或协议规定分期收取使用费的,应按合同或协议规定的收款时间和金额或规定的收费方法计算确定的金额分期确认收入。

【做中学9-16】　甲公司于2×21年1月1日向丙公司转让某专利权的使用权,协议约定转让期为5年,每年年末收取使用费212 000元。2×20年该专利权计提的摊销额为120 000元,每月计提金额为10 000元。增值税税率6%。假定不考虑其他因素。甲公司应做如下处理。

(1) 2×21年年末确认使用费收入。

借:应收账款(或银行存款)　　　　　　　　　　　　212 000
　贷:其他业务收入　　　　　　　　　　　　　　　　　200 000
　　　应交税费——应交增值税(销项税额)　　　　　　　12 000

(2) 2×21年每月计提专利权摊销额。

借：其他业务成本　　　　　　　　　　　　　　10 000
　　贷：累计摊销　　　　　　　　　　　　　　　　10 000

【做中学 9-17】　甲公司向丁公司转让某商品的商标使用权,约定丁公司每年年末按年销售收入的 10% 支付使用费,使用期 10 年。第一年,丁公司实现销售收入 1 200 000 元;第二年,丁公司实现销售收入 1 800 000 元;假定甲公司均于每年末收到使用费,不考虑相关税费,甲公司应做如下处理。

(1) 第一年年末确认使用费收入。
借：银行存款　　　　　　　　　　　120 000(1 200 000×10%)
　　贷：其他业务收入　　　　　　　　　　　　　120 000
(2) 第二年年末确认使用费收入。
借：银行存款　　　　　　　　　　　180 000(1 800 000×10%)
　　贷：其他业务收入　　　　　　　　　　　　　180 000

学习情境三　在某一时段内履行履约义务的收入账务处理

对于在某一时段内履行的履约义务,企业应当在该段时间内按照履约进度确认收入,履约进度不能合理确定的除外。满足下列条件之一的,属于在某一时段内履行的履约义务:①客户在企业履约的同时即取得并消耗企业履约所带来的经济利益。②客户能够控制企业履约过程中在建的商品。③企业履约过程中所产出的商品具有不可替代用途,且该企业在整个合同期间内有权就累计至今已完成的履约部分收取款项。

微课：在某一时段内履行的履约义务收入核算——能够确定履约进度的收入核算

企业应当考虑商品的性质,采用实际测量的完工进度、评估已实现的结果、时间进度、已完工或交付的产品等产出指标,或采用投入的材料数量、花费的人工工时、机器工时、发生的成本和时间进度等投入指标确定恰当的履约进度,并且在确定履约进度时,应当扣除那些控制权尚未转移给客户的商品和服务。资产负债表日,企业按照合同的交易价格总额乘以履约进度扣除以前会计期间累计已确认的收入后的金额,确认当期收入。

一、能够确定履约进度的收入确认

履约进度确认后,据此确认销售商品或提供服务的收入和费用,即按照合同的交易价格总额乘以履约进度扣除以前会计期间累计已确认的收入后的金额,确认为当期收入。用公式表示如下。

本期确认的收入＝收入总额×履约进度－以前会计期间累计已确认的收入
本期确认的成本＝预计成本总额×履约进度－以前会计期间累计已确认的成本
(1) 确认收入时,企业应按计算确定的金额。
借：应收账款、银行存款等
　　贷：主营业务收入

贷：应交税费——应交增值税

(2) 结转提供服务成本。

借：主营业务成本
　　贷：合同履约成本

【做中学 9-18】 甲公司于 2×20 年 12 月 1 日接受一项设备安装任务,安装期为 3 个月,合同总收入 200 000 元,至年底已预收安装费 150 000 元,实际发生安装费用 120 000 元(假定均为安装人员薪酬),估计还会发生 30 000 元。假定甲公司按实际发生的成本占估计总成本的比例确定服务的履约进度,不考虑其他因素。

履约进度＝120 000÷(120 000＋30 000)＝80%

2×20 年 12 月 31 日确认的提供服务收入＝200 000×80%－0＝160 000(元)

2×20 年 12 月 31 日结转的提供服务成本＝(120 000＋30 000)×80%－0
　　　　　　　　　　　　　　　　　　＝120 000(元)

(1) 实际发生服务成本。

借：合同履约成本　　　　　　　　　　　　120 000
　　贷：应付职工薪酬　　　　　　　　　　　120 000

(2) 预收安装款。

借：银行存款　　　　　　　　　　　　　　150 000
　　贷：合同负债　　　　　　　　　　　　　150 000

(3) 2020 年 12 月 31 日,确认提供服务收入,并结转服务成本。

借：合同负债　　　　　　　　　　　　　　160 000
　　贷：主营业务收入　　　　　　　　　　　160 000
借：主营业务成本　　　　　　　　　　　　120 000
　　贷：合同履约成本　　　　　　　　　　　120 000

【做中学 9-19】 甲公司于 2×20 年 11 月 1 日与丙公司签订合同,为丙公司定制一项软件,工期大约为 5 个月,合同总收入为 4 000 000 元。2×20 年 12 月 31 日,甲公司已发生成本 2 200 000 元(假定均为开发人员薪酬),预收账款 2 500 000 元。甲公司预计开发该软件还将发生成本 800 000 元。2×20 年 12 月 31 日,经专业测量师测量,该软件的履约进度为 60%。假定甲公司按季度编制财务报表,不考虑其他因素。

2×20 年 12 月 31 日确认提供服务收入＝4 000 000×60%－0＝2 400 000(元)

2×20 年 12 月 31 日确认提供服务成本＝(2 200 000＋800 000)×60%－0
　　　　　　　　　　　　　　　　　＝1 800 000(元)

(1) 实际发生服务成本。

借：合同履约成本　　　　　　　　　　　　2 200 000
　　贷：应付职工薪酬　　　　　　　　　　　2 200 000

(2) 预收服务款项。

借：银行存款　　　　　　　　　　　　　　2 500 000
　　贷：合同负债　　　　　　　　　　　　　2 500 000

(3) 2×20年12月31日，确认服务收入，并结转服务成本。

借：合同负债　　　　　　　　　　　　　　　　　　2 400 000
　　贷：主营业务收入　　　　　　　　　　　　　　　2 400 000
借：主营业务成本　　　　　　　　　　　　　　　　　1 800 000
　　贷：合同履约成本　　　　　　　　　　　　　　　1 800 000

对于持续一段时间但在同一会计年度内开始并完成的服务，企业应在为提供服务发生相关支出时通过"合同履约成本"科目归集，服务完成确认收入时，将此科目金额转入"主营业务成本"或"其他业务成本"科目。

【做中学9-20】 甲公司于2×20年3月1日接受一项设备安装任务，时间为2个月。合同总价款为90 000元（不含增值税），实际发生安装成本50 000元。假定安装业务属于甲公司的主营业务，符合收入确认条件。甲公司在安装完成时做如下处理。

(1) 为安装设备而发生的有关支出。

借：合同履约成本（根据每次支出金额填列）
　　贷：银行存款等

(2) 待安装完成确认所提供服务的收入并结转该项服务总成本。

借：应收账款（或银行存款）　　　　　　　　　　　　98 100
　　贷：主营业务收入　　　　　　　　　　　　　　　90 000
　　　　应交税费——应交增值税（销项税额）　　　　　8 100
借：主营业务成本　　　　　　　　　　　　　　　　　50 000
　　贷：合同履约成本　　　　　　　　　　　　　　　50 000

二、不能确定履约进度的收入确认

当履约进度不能合理确定时，企业已经发生的成本预计能够得到补偿的，应当按照已经发生的成本金额确认收入，直到履约进度能够合理确定为止。

随堂测：提供服务收入的核算(2)

【做中学9-21】 甲公司于2×20年12月25日接受乙公司委托，为其培训一批学员，培训期为6个月，2×21年1月1日开学。协议约定，乙公司应向甲公司支付的培训费总额为90 000元，分三次等额支付，第一次在开学时预付，第二次在2×21年3月1日支付，第三次在培训结束时支付。开学当日，乙公司预付第一次培训费。

2×21年2月28日，甲公司发生培训成本35 000元（假定均为培训人员薪酬）。2×21年3月1日，甲公司得知乙公司经营发生困难，后两次培训费能否收回难以确定。因此，甲公司只将已经发生的培训成本35 000元中能够得到补偿的部分（即30 000元）确认为收入，将发生的35 000元成本全部确认为当年费用。假定不考虑相关税费。

(1) 2×21年1月1日，收到乙公司预付的培训费。

借：银行存款　　　　　　　　　　　　　　　　　　30 000
　　贷：合同负债　　　　　　　　　　　　　　　　30 000

(2) 实际发生培训支出。

借：合同履约成本　　　　　　　　　　　　　　　　35 000
　　贷：应付职工薪酬　　　　　　　　　　　　　　　　35 000

(3) 2×21年2月28日，确认提供服务收入，并结转服务成本。

借：合同负债　　　　　　　　　　　　　　　　　　30 000
　　贷：主营业务收入　　　　　　　　　　　　　　　　30 000
借：主营业务成本　　　　　　　　　　　　　　　　35 000
　　贷：合同履约成本　　　　　　　　　　　　　　　　35 000

学习情境四　合同成本

企业在与客户之间建立合同关系过程中发生的成本主要有合同取得成本和合同履约成本。

一、合同取得成本

企业为取得合同发生的增量成本预期能够收回的，应当作为合同取得成本确认为一项资产。增量成本是指企业不取得合同就不会发生的成本，也就是企业发生的与合同直接相关，但又不是所签订合同的对象或内容（如建造商品或提供服务）本身所直接发生的费用，例如销售佣金，若预期可通过未来的相关服务收入予以补偿，该销售佣金（即增量成本）应在发生时确认为一项资产，即合同取得成本。

企业取得合同发生的增量成本已经确认为资产的，应当采用与该资产相关的商品收入确认相同的基础进行摊销，计入当期损益。为简化实务操作，该资产摊销期限不超过一年的，可以在发生时计入当期损益。

企业取得合同发生的、除预期能够收回的增量成本之外的其他支出，例如，无论是否取得合同均会发生的差旅费、投标费、为准备投标资料发生的相关费用等，应当在发生时计入当期损益，除非这些支出明确由客户承担。

【做中学9-22】甲公司是一家咨询公司，通过竞标赢得一个服务期为5年的客户，该客户每年末支付含税咨询费1 908 000元。为取得与该客户的合同，甲公司聘请外部律师进行尽职调查支付相关费用15 000元，为投标而发生的差旅费10 000元，支付销售人员佣金60 000元。甲公司预期这些支出未来均能够收回。此外，甲公司根据其年度销售目标、整体盈利情况及个人业绩等，向销售部门经理支付年度奖金10 000元。

在本例中，甲公司因签订该客户合同而向销售人员支付的佣金属于取得合同发生的增量成本，应当将其作为合同取得成本确认为一项资产；甲公司聘请外部律师进行尽职调查发生的支出、为投标发生的差旅费以及向销售部门经理支付的年度奖金（不能直接归属于可识别的合同）不属于增量成本，应当于发生时直接计入当期损益。甲公司应编制如下会计分录。

(1) 支付与取得合同相关的费用。

借：合同取得成本　　　　　　　　　　　　　　　　60 000

　　　　　管理费用　　　　　　　　　　　　　　　　25 000
　　　贷：银行存款　　　　　　　　　　　　　　　　　　　85 000
(2) 每月确认服务收入，摊销销售佣金。
　　　　　服务收入＝1 908 000÷(1＋6%)÷12＝150 000(元)
　　　　　销售佣金摊销额＝60 000÷5÷12＝1 000(元)
　　借：应收账款　　　　　　　　　　　　　　　159 000
　　　　销售费用　　　　　　　　　　　　　　　　　1 000
　　　贷：合同取得成本　　　　　　　　　　　　　　　　1 000
　　　　　主营业务收入　　　　　　　　　　　　　　　150 000
　　　　　应交税费——应交增值税(销项税额)　　　　　9 000

二、合同履约成本

　　合同履约成本是指企业为履行当前或预期取得的合同所发生的、属于《企业会计准则第 14 号——收入》(2018)规范范围并且按照该准则应当确认为一项资产的成本。

　　企业为履行合同可能会发生各种成本，企业在确认收入的同时应当对这些成本进行分析，属于《企业会计准则第 14 号——收入》(2018)准则规范范围且同时满足下列条件的，应当作为合同履约成本确认为一项资产。

　　(1) 该成本与一份当前或预期取得的合同直接相关。

　　① 与合同直接相关的成本。包括：a. 直接人工(如支付给直接为客户提供所承诺服务的人员的工资、奖金等)；b. 直接材料(如为履行合同耗用的原材料、辅助材料、构配件、零件、半成品的成本和周转材料的摊销及租赁费用等)；c. 制造费用或类似费用(如组织和管理相关生产、施工、服务等活动发生的费用，包括车间管理人员的职工薪酬、劳动保护费、固定资产折旧费及修理费、物料消耗、取暖费、水电费、办公费、差旅费、财产保险费、工程保修费、排污费、临时设施摊销费等)。

　　② 明确由客户承担的成本以及仅因该合同而发生的其他成本(如支付给分包商的成本、机械使用费、设计和技术援助费用、施工现场二次搬运费、生产工具和用具使用费、检验试验费、工程定位复测费、工程点交费用、场地清理费等)。

　　(2) 该成本增加了企业未来用于履行(或持续履行)履约义务的资源。

　　(3) 该成本预期能够收回。企业应当在下列支出发生时，将其计入当期损益。

　　① 管理费用，除非这些费用明确由客户承担。

　　② 非正常消耗的直接材料、直接人工和制造费用(或类似费用)，这些支出为履行合同发生，但未反映在合同价格中。

　　③ 与履约义务中已履行(包括已全部履行或部分履行)部分相关的支出，即该支出与企业过去的履约活动相关。

　　④ 无法在尚未履行的与已履行(或已部分履行)的履约义务之间区分的相关支出。

　　企业发生合同履约成本。

借：合同履约成本
　　贷：银行存款、应付职工薪酬、原材料等
摊销合同履约成本。
借：主营业务成本、其他业务成本等
　　贷：合同履约成本

【做中学 9-23】 甲公司为增值税一般纳税人，经营一家酒店，该酒店是甲公司的自有资产。2×19 年 12 月甲公司计提与酒店经营直接相关的酒店、客房以及客房内的设备家具等折旧 120 000 元、酒店土地使用权摊销费用 65 000 元。经计算，当月确认房费、餐饮等服务含税收入 424 000 元，全部存入银行。

本例中，甲公司经营酒店主要是通过提供客房服务赚取收入，而客房服务的提供直接依赖于酒店物业（包括土地）以及家具等相关资产，这些资产折旧和摊销属于甲公司为履行与客户的合同而发生的合同履约成本。已确认的合同履约成本在收入确认时予以摊销，计入营业成本。甲公司应编制如下会计分录。

(1) 确认资产的折旧费、摊销费。

借：合同履约成本　　　　　　　　　　　　185 000
　　贷：累计折旧　　　　　　　　　　　　120 000
　　　　累计摊销　　　　　　　　　　　　 65 000

(2) 12 月确认酒店服务收入，并摊销合同履约成本。

借：银行存款　　　　　　　　　　　　　　424 000
　　贷：主营业务收入　　　　　　　　　　400 000
　　　　应交税费——应交增值税（销项税额）24 000
借：主营业务成本　　　　　　　　　　　　185 000
　　贷：合同履约成本　　　　　　　　　　185 000

学习情境五　政府补助收入的确认与核算

一、政府补助收入的概念和特征

政府补助是指企业从政府无偿取得货币性资产或非货币性资产，但不包括政府作为企业所有者投入的资本。

政府补助具有以下特征。

1. 政府补助是无偿的

政府向企业提供补助属于非互惠交易。无偿性是政府补助的基本特征。

2. 政府补助通常附有条件

政府补助通常附有一定的条件，主要包括政策条件和使用条件。

微课：政府补助收入的确认与核算——与资产相关的政府补助处理

(1) 政策条件。政府补助是政府为了鼓励或扶持某个行业、区域或领域的发展而给予企业的一种财政支持,具有很强的政策性。企业只有符合相关政府补助政策的规定,才有资格申报政府补助。例如,政府向企业提供的产业技术研究与开发资金补助,其政策条件为企业申报的产品或技术必须是符合国家产业政策的新产品、新技术。

(2) 使用条件。企业已获批准取得政府补助的,应当按照政府相关文件等规定的用途使用政府补助。例如,企业从政府无偿取得的农业产业化资金,必须用于相关政策文件中规定的农业产业化项目。

3. 政府补助不包括政府的资本性投入

政府以企业所有者身份向企业投入资本,享有企业相应的所有权,企业有义务向投资者分配利润,政府与企业之间是投资者与被投资者的关系,属于互惠交易。

财政拨入的投资补助等专项拨款中,相关政策明确规定作为"资本公积"处理的部分,也属于资本性投入的性质。

此外,政府代第三方支付给企业的款项,对于收款企业而言不属于政府补助,因为这项收入不是企业无偿取得的。例如,政府代农民交付供货企业的农机具购买资金,属于供货企业的产品销售收入,不属于政府补助。

二、政府补助的主要形式

政府补助通常为货币性资产形式,最常见的就是通过银行转账的方式。

(1) 财政拨款。财政拨款是政府为了支持企业而无偿拨付的款项。这类拨款通常具有严格的政策条件,只有符合申报条件的企业才能申请拨款;同时附有明确的使用条件,政府在批准拨款时就规定了资金的具体用途。

(2) 财政贴息。财政贴息是指政府为支持特定领域或区域发展,根据国家宏观经济形势和政策目标,对承贷企业的银行贷款利息给予的补贴。例如,针对农业产业化项目、中小企业技术创新项目等。

目前,财政贴息主要有两种方式:一是财政将贴息资金直接支付给受益企业;二是财政将贴息资金直接拨付贷款银行,由贷款银行以低于市场利率的政策性优惠利率向企业提供贷款。

(3) 税收返还。税收返还是政府向企业返还的税款,属于以税收优惠形式给予的一种政府补助。税收返还主要包括先征后返的所得税和先征后退、即征即退的流转税,其中,流转税包括增值税、消费税等。实务中,还存在税收奖励的情况,若采用先据实征收、再以现金返还的方式,在本质上也属于税收返还。增值税出口退税本质上是退还企业垫付的税款,不属于政府补助。

(4) 无偿划拨非货币性资产。

三、政府补助的会计处理

政府补助准则规定,与企业日常活动相关的政府补助,应当按照经济业务实质,计入其他收益或冲减相关成本费用。与企业日常活动无关的政府补助,应当计入营业外收支。

政府补助有两种会计处理方法:总额法和净额法。总额法是在确认政府补助时,将其全额一次或分次确认为收益,而不是作为相关资产账面价值或者成本费用等的扣减。净额法是将政府补助确认为对相关资产账面价值或者所补偿成本费用等的扣减。

本小节仅介绍总额法。

1. 与资产相关的政府补助的处理

与资产相关的政府补助是指企业取得的、用于购建或以其他方式形成长期资产的政府补助。

企业取得与资产相关的政府补助,不能直接确认为当期收益,应当确认为递延收益,自相关资产可供使用时起,在该资产使用寿命内平均分配,分次计入以后各期的损益(其他收益)。

需要注意的是:①递延收益分配的起点是"相关资产可供使用时",对于应计提折旧或摊销的长期资产,即为资产开始折旧或摊销的时点。②递延收益分配的终点是"资产使用寿命结束或资产被处置时(孰早)"。相关资产在使用寿命结束前被处置(出售、转让、报废等),尚未分配的递延收益余额应当一次性转入资产处置当期的收益,不再予以递延。

(1) 收到款项。

借:银行存款
　　贷:递延收益

(2) 在该资产使用寿命内平均分配。

借:递延收益
　　贷:其他收益

(3) 相关资产在使用寿命结束前被出售、转让、报废或发生毁损的,应将尚未分配的递延收益余额一次性转入资产处置当期的损益(资产处置损益或营业外收入)。

【做中学 9-24】 2×11 年 1 月 1 日,政府拨付甲企业 500 万元财政拨款(同日到账),要求用于购买大型科研设备 1 台;并规定若有结余,留归企业自行支配。2×11 年 2 月 1 日,甲企业购入 1 台大型科研设备,实际成本为 480 万元,使用寿命为 10 年。2×19 年 2 月 1 日,甲企业出售了这台设备,假定该设备预计净残值为零,甲企业采用直线法计提折旧。

(1) 2×11 年 1 月 1 日实际收到财政拨款,确认政府补助。

借:银行存款　　　　　　　　　　　　　　　5 000 000
　　贷:递延收益　　　　　　　　　　　　　　5 000 000

(2) 2×11 年 2 月 1 日购入设备。

借:固定资产　　　　　　　　　　　　　　　4 800 000
　　贷:银行存款　　　　　　　　　　　　　　4 800 000

(3) 自 2×11 年 3 月起每个资产负债表日(月末)计提折旧,同时分摊递延收益。

① 计提折旧。

借:管理费用　　　　　　　　　　　　　　　40 000
　　贷:累计折旧　　　　　　　　　　　　　　40 000

② 分摊递延收益(月末)。
借：递延收益　　　　　　　　　　　　　41 667(5 000 000÷10÷12)
　贷：其他收益　　　　　　　　　　　　　41 667

(4) 2×19年2月出售设备，同时转销递延收益余额。
① 出售设备。
借：固定资产清理　　　　　　　　　　　960 000
　　累计折旧　　　　　　　　　　　　　3 840 000
　贷：固定资产　　　　　　　　　　　　　4 800 000
② 转销递延收益余额。
借：递延收益　　　　　　　　　　　　　1 000 000
　贷：资产处置损益　　　　　　　　　　　1 000 000

【做中学9-25】 2×20年1月1日，B企业为建造一项环保工程向银行贷款500万元，期限2年，年利率为6%。2×20年12月31日，B企业向当地政府提出财政贴息申请。经审核，当地政府批准按照实际贷款额500万元给予B企业年利率3%的财政贴息，共计30万元，分2次支付。2×21年1月15日，第一笔财政贴息资金12万元到账。2×21年7月1日，工程完工，第二笔财政贴息资金18万元到账，该工程预计使用寿命10年。

(1) 2×21年1月15日实际收到财政贴息，确认政府补助。
借：银行存款　　　　　　　　　　　　　120 000
　贷：递延收益　　　　　　　　　　　　　120 000

(2) 2×21年7月1日实际收到财政贴息，确认政府补助。
借：银行存款　　　　　　　　　　　　　180 000
　贷：递延收益　　　　　　　　　　　　　180 000

(3) 2×21年7月1日工程完工，开始分配递延收益，自2×21年8月1日起，每个资产负债表日(月末)账务处理如下。
借：递延收益　　　　　　　　　　　　　2 500
　贷：其他收益　　　　　　　　　　　　　2 500

2. 与收益相关的政府补助的处理

与收益相关的政府补助是指与资产相关的政府补助之外的政府补助。这类补助通常以银行转账的方式拨付，应当在实际收到款项时按照到账的实际金额确认和计量。

处理原则：与收益相关的政府补助，应当在其补偿的相关费用或损失发生的期间计入当期损益。

实际按规定用途使用补助资金。
借：递延收益
　贷：其他收益/费用(日常活动)
　　　营业外收入/营业外支出(非日常活动)

(1) 用于补偿以后期间的相关成本费用或损失的会计处理。在取得时先确认为递延收益，然后在确认相关费用的期间计入当期损益。

【做中学 9-26】 乙企业为一家粮食储备企业,2×20 年实际粮食储备量 1 亿斤。根据国家有关规定,财政部门按照企业的实际储备量给予每季度每斤 0.039 元的粮食保管费补贴,于每个季度初支付。

① 2×20 年 1 月初,乙企业收到财政补贴。

借：银行存款　　　　　　　　　　　　　　　3 900 000
　　贷：递延收益　　　　　　　　　　　　　　　　　3 900 000

② 2×20 年 1 月末,将补偿 1 月保管费的补贴计入当期收益。

借：递延收益　　　　　　　　　　　　　　　1 300 000
　　贷：其他收益　　　　　　　　　　　　　　　　　1 300 000

(2) 用于补偿企业已发生的相关成本费用或损失的会计处理。取得时直接计入当期损益。

【做中学 9-27】 甲企业生产一种先进的模具产品,按照国家相关规定,该企业的这种产品适用增值税先征后返政策,即先按规定征缴增值税,然后按实际缴纳增值税税额返还 70%。2×20 年 1 月,甲企业实际缴纳增值税税额 120 万元。2×20 年 2 月,甲企业实际收到返还的增值税税额 84 万元。

借：银行存款　　　　　　　　　　　　　　　　840 000
　　贷：其他收益　　　　　　　　　　　　　　　　　840 000

3. 与资产和收益均相关的政府补助的处理

与资产和收益均相关的政府补助的对象通常是综合性项目,既包括设备等长期资产的购置,也包括人工费、购买服务费、管理费等费用化支出的补偿。

企业取得这类政府补助时,需要将其分解为与资产相关的部分和与收益相关的部分,分别进行会计处理。若无法区分,则可以将整项政府补助归类为与收益相关的政府补助。

【做中学 9-28】 A 公司 2×16 年 12 月申请某国家级研发补贴。申报书中的有关内容如下:本公司于 2×16 年 1 月启动数字印刷技术开发项目,预计总投资 360 万元、为期 3 年,已投入资金 120 万元。项目还需新增投资 240 万元(其中,购置固定资产 80 万元、场地租赁费 40 万元、人员费 100 万元、市场营销 20 万元),计划自筹资金 120 万元、申请财政拨款 120 万元。

随堂测：政府补助的核算

2×17 年 1 月 1 日,主管部门批准了 A 公司的申报,签订的补贴协议规定：批准 A 公司补贴申请,共补贴款项 120 万元,分两次拨付。合同签订日拨付 60 万元,结项验收时支付 60 万元(如果不能通过验收,则不支付第二笔款项)。

(1) 2×17 年 1 月 1 日,实际收到拨款 60 万元。

借：银行存款　　　　　　　　　　　　　　　　600 000
　　贷：递延收益　　　　　　　　　　　　　　　　　600 000

(2) 自 2×17 年 1 月 1 日至 2×19 年 1 月 1 日,每个资产负债表日,分配递延收益(假设按年分配)。

借：递延收益　　　　　　　　　　　　　　　　300 000

  贷：其他收益   300 000

（3）2×19年项目完工，假设通过验收，于5月1日实际收到拨款60万元。

借：银行存款   600 000

  贷：其他收益   600 000

任务二　费用的确认与核算

学习情境一　费用的概念与分类

一、费用的概念、特点

  费用是指企业在日常活动中发生的、会导致所有者权益减少的、与向所有者分配利润无关的经济利益的总流出。费用有以下特点。

  1. 费用发生在企业日常活动中

  日常活动中所产生的费用包括销售成本、职工薪酬、折旧费、无形资产摊销费等。费用与损失均可导致企业经济利益的流出，两者的区别在于：费用形成于企业日常活动，损失产生于企业非日常活动。

  2. 费用会导致所有者权益的减少

  费用可表现为银行存款、库存商品等资产的减少，也可表现为应付职工薪酬、应交税费等负债的增加，最终导致所有者权益的减少。

  但是，并不是所有的支出都会减少企业的所有者权益。如以银行存款偿债，只是一项资产和一项负债的等额减少，对所有者权益没有影响，因此不构成费用。

  3. 费用与向所有者分配利润无关

  费用会导致企业经济利益的流出，体现在企业资产的减少或负债的增加，最终减少企业的资源。企业向所有者分配利润也会导致经济利益的流出，体现在所有者权益的直接减少，不构成企业的费用。

二、费用的分类

  按不同的分类标准，费用可分为不同的类别。

1. 按经济内容不同

费用可分为劳动对象耗费、劳动手段耗费和人工费三大类。

（1）劳动对象耗费。它包括消耗的原材料、燃料、动力等。

（2）劳动手段耗费。它包括折旧费、修理费、无形资产摊销等。

（3）人工费。人工费是指职工薪酬。

2. 按经济用途不同

费用可分为成本费用和期间费用两大类。

（1）成本费用。企业为生产一定种类和数量的产品所发生的费用，即直接材料、直接人工和制造费用的总和，构成产品的生产成本（或称成本）。这些也称为产品的成本项目。

① 直接材料费。直接材料费是指企业在生产产品和提供服务过程中所消耗的、直接用于产品生产，构成产品实体的原料及主要材料、外购半成品、修理用备件、包装物等有助于产品形成的材料以及辅助材料。

② 直接人工费。直接人工费是指企业在生产产品和提供服务过程中，直接从事产品生产的工人薪酬。

③ 制造费用。制造费用是指企业为生产产品和提供服务而发生的间接费用，包括车间管理人员薪酬、折旧费、修理费、办公费、水电费、机物料消耗、劳动保护费、季节性大修理期间的停工损失等。

核算生产过程中发生的主要经济业务，采用"生产成本""制造费用""应付职工薪酬""库存商品"等科目。

当确认销售商品收入、提供服务收入等时，应将已销售商品、已提供服务的成本结转成销售成本（或称营业成本），计入当期损益。此时，生产成本转化为营业成本。

（2）期间费用。期间费用是指企业当期发生的、必须从当期收入得到补偿的费用，包括销售费用、管理费用和财务费用。期间费用不能归属于某个特定产品的生产成本，在发生时直接计入当期损益。

三、费用与成本

费用与成本是两个并行使用的概念，两者之间既有联系又有区别。两者之间的联系主要表现在：成本是按一定对象所归集的费用，是对象化了的费用。即生产成本是相对于一定的产品而言所发生的费用，是按照产品品种等成本计算对象对当期发生的费用进行归集而形成的。两者之间的区别主要表现在：费用是资产的耗费，它与一定的会计期间相联系，而与生产哪一种产品无关；成本与一定种类和数量的产品相联系，而不管发生在哪一个会计期间。企业的产品销售后，其生产成本就转化为营业成本，即销售当期的产品销售成本。

学习情境二　营业成本的核算

营业成本是指企业为生产产品、提供服务等发生的可归属于产品成本、服务成本等的费用,应当在确认销售商品收入、提供服务收入等时,将已销售商品、已提供服务的成本等计入当期损益。营业成本由主营业务成本与其他业务成本共同构成。

一、主营业务成本

主营业务成本是指企业销售商品、提供服务等经常性活动所发生的成本。企业一般在确认销售商品收入、提供服务等主营业务收入时,或在月末,将已销售商品、已提供服务的成本转入主营业务成本。

为了完整地反映商品销售成本的核算,需要设置"主营业务成本"账户。该账户为损益类账户,借方登记已销售的商品成本,贷方登记月末结转到"本年利润"的商品成本,结转后月末应无余额;本账户应按主营业务的种类进行明细核算。

企业根据计算应结转的主营业务成本,借记本科目,贷记"库存商品""合同履约成本"等科目;本期发生的销售退回时,按已结转的销售成本,借记"库存商品"等科目,贷记本科目。

有关成本结转核算举例,参见本项目中"任务一　收入的确认与核算"内容。

二、其他业务成本

其他业务成本是指企业除主营业务活动以外的其他经营活动所发生的成本。包括销售材料的成本、出租固定资产的折旧额、出租无形资产的摊销额、出租包装物的成本或摊销额等。

为了完整地反映其他业务成本的核算,需要设置"其他业务成本"账户。该账户为损益类账户,可按其他业务的种类进行明细核算。

企业发生的其他业务成本,借记本科目,贷记"原材料""周转材料""累计折旧""累计摊销""应付职工薪酬""银行存款"等科目;期末,应将本科目余额结转到"本年利润"科目,结转后月末应无余额。

【做中学 9-29】 2×20 年 1 月 1 日,甲公司将自行开发完成的非专利技术出租给另一家公司,该专利技术成本为 120 000 元,双方约定的租赁期限为 10 年,甲公司每月应摊销 1 000 元。

(1) 每月摊销。

借:其他业务成本　　　　　　　　　　　　　　　　1 000
　　贷:累计摊销　　　　　　　　　　　　　　　　　　1 000

(2) 期末结转成本。

借:本年利润　　　　　　　　　　　　　　　　　　1 000

　　　　贷：其他业务成本　　　　　　　　　　　　　　　1 000

【做中学 9-30】 甲公司出租一幢办公楼给乙公司使用,已确认为投资性房地产,采用成本模式进行后续计量。假设出租的办公楼成本为 1 200 万元,按直线法计提折旧,使用寿命为 40 年,预计净残值为零。

甲公司计提折旧时的会计处理如下。

　　　　借：其他业务成本　　　　　　　　　　　25 000（12 000 000÷40÷12）
　　　　贷：投资性房地产累计折旧　　　　　　　25 000

学习情境三　税金及附加的核算

一、税金及附加的概念

税金及附加是指企业经营活动应负担的相关税费,包括消费税、城市维护建设税、资源税和教育费附加等相关税费。

二、税金及附加的核算

1. 需要设置的账户

为了正确反映税金及附加的核算,企业应设置"税金及附加"科目。该账户为损益类账户。借方登记应缴纳的各项税金及附加,贷方登记月末结转到"本年利润"的税金及附加,结转后本科目应无余额。

企业日常经营活动应负担的房产税、车船税、土地使用税、印花税均在本科目核算。

2. 税金及附加的账务处理

【做中学 9-31】 某企业 10 月销售小轿车 15 辆,气缸容量为 2 200mL,出厂价 20 万元/辆,价外收取有关费用 11 000 元/辆(不含税)。有关的计算公式如下。

　　　　应纳消费税税额＝(200 000＋11 000)×9％×15＝284 850(元)
　　　　应纳增值税税额＝(200 000＋11 000)×13％×15＝411 450(元)
　　　　应纳城建税税额＝(284 850＋411 450)×7％＝48 741(元)
　　　　应纳教育费附加＝(284 850＋411 450)×3％＝20 889(元)

该企业的有关会计处理如下。

　　　借：银行存款　　　　　　　　　　　　　　　3 576 450
　　　　贷：主营业务收入　　　　　　　　　　　　3 165 000
　　　　　　应交税金——应交增值税(销项税额)　　411 450
　　　借：税金及附加　　　　　　　　　　　　　　354 480

```
贷：应交税费——应交消费税                    284 850
            ——应交城市维护建设税              48 741
            ——应交教育费附加                  20 889
```

学习情境四　期间费用的核算

一、期间费用的概念

期间费用是指企业日常活动发生的不能计入特定核算对象的成本，而应计入发生当期损益的费用。

期间费用是企业日常活动中所发生的经济利益的流出。之所以不计入一定的成本核算对象，主要是因为期间费用是为组织和管理企业整个经营活动所发生的费用，与可以确定一定成本核算对象的材料采购、产成品生产等支出没有直接关系，因而期间费用不计入有关核算对象的成本，而是直接计入当期损益。

二、期间费用的分类

期间费用项目包括销售费用、管理费用和财务费用。

（1）销售费用。销售费用是指企业销售商品和材料、提供服务的过程中发生的各种费用，包括保险费、包装费、展览费和广告费、商品维修费、预计产品质量保证损失、运输费、装卸费等，专设的销售机构（含销售网点、售后服务网点等）的职工薪酬、业务费、折旧费等经营费用，以及专设销售机构的固定资产修理费用等后续支出。

销售费用是与企业销售商品活动有关的费用，但不包括销售商品本身的成本和服务成本。

（2）管理费用。管理费用是指企业为组织和管理企业生产经营所发生的各种费用，包括企业在筹建期间内发生的开办费、公司经费、董事会费、聘请中介机构费、咨询费（含顾问费）、诉讼费、业务招待费、技术转让费、研究费用、排污费、行政管理部门承担的工会经费等，以及生产车间（部门）和行政管理部门等发生的固定资产修理费用等。

（3）财务费用。财务费用是指企业为筹集生产经营所需资金等而发生的筹资费用，包括利息支出（减利息收入）、汇兑损益以及相关的手续费（包括票据贴现息）、企业发生或收到的现金折扣等。

三、期间费用的确认

企业应当按照权责发生制原则和配比原则确认当期费用。对于应属本期的各项费用，不论其是否实际支付款项，均应确认为本期的费用；对于不属于本期的费用，即使款项已经在本期付出，也不应确认为本期费用。

在实际工作中，确认费用的方法主要有以下几种。

(1) 按其与营业收入的直接联系确认。即判断其与收入是否存在直接联系,凡是与本期收入有直接联系的耗费,都应确认为本期的费用,销售成本的确认采用的就是这种方法。

(2) 按一定的分配方式确认。如果一项资产能够在若干会计期间为企业带来经济利益的流入(即创造收入),企业就应采用一定的分配方法将该项资产的成本分摊计入各个会计期间。例如,固定资产的价值,就是采用一定的折旧方法,分配确定各期的折旧费用。

(3) 在支出发生时直接确认。有些支出在发生时直接确认为当期费用,例如,管理人员的工资,其支出的效益仅涉及本会计期间,因而,当支出发生时即确认为当期费用。

四、期间费用的核算

(一)账户的设置

为核算和监督企业的期间费用的发生,应设置"销售费用""管理费用"和"财务费用"账户。

(1)"销售费用"账户。核算企业销售费用的发生和经转情况。该科目借方登记本期发生的各项销售费用,贷记登记期末转入"本年利润"的销售费用,结转后该账户应无余额。本账户应按销售费用的费用项目设置明细账。

销售的商品的成本属于"主营业务成本",提供服务的成本属于服务成本。

(2)"管理费用"账户。核算企业管理费用的发生和结转情况。该账户一般为多栏式明细账户,按费用项目分项记录。企业发生的各项管理费用借记该账户,期末,将本账户借方归集的管理费用全部由本账户的贷方转入"本年利润"账户的借方,结转后该账户应无余额。

商品流通企业管理费用不多的,可不设本科目,相关核算内容可并入"销售费用"科目核算。

(3)"财务费用"账户。核算企业财务费用的发生和结转情况。该账户借方登记本期发生的各项筹资费用,贷方登记期末转入"本年利润"的本期各项筹资费用,以及应冲减财务费用的利息收入等,结转后该账户应无余额。本账户应按费用的种类设置明细账。

(二)期间费用的核算

企业发生的期间费用大部分容易确定其发生的期间,而难以判别其所归属的产品,因而在发生的当期从损益中扣除。

1. 销售费用的核算

销售费用发生时,借记"销售费用"账户,贷记"库存现金""银行存款""应付职工薪酬"等账户。

【做中学9-32】 企业用银行存款支付产品保险费5 000元。

借:销售费用——保险费　　　　　　　　　　　　5 000
　　贷:银行存款　　　　　　　　　　　　　　　　　　　5 000

【做中学9-33】 某公司销售部2×20年9月共发生费用200 000元,其中:销售人员薪酬 100 000 元，销售部专用办公设备折旧费 40 000 元，业务费 60 000 元（用银行存款支付）。

  借：销售费用（销售人员薪酬、折旧费、业务费） 200 000
    贷：应付职工薪酬   100 000
      累计折旧   40 000
      银行存款   60 000

【做中学 9-34】　某公司 2×20 年 9 月 30 日将本月发生的"销售费用"160 000 元，结转到"本年利润"科目。

  借：本年利润   160 000
    贷：销售费用   160 000

2. 管理费用的核算

管理费用发生时，借记"管理费用"账户，贷记"库存现金""银行存款""原材料""应付职工薪酬""累计折旧""累计摊销""应付职工薪酬"等账户。

【做中学 9-35】　企业用库存现金支付业务招待费 800 元。

  借：管理费用——业务招待费   800
    贷：库存现金   800

【做中学 9-36】　企业计提本月办公用房的折旧费 3 500 元。

  借：管理费用   3 500
    贷：累计折旧   3 500

3. 财务费用的核算

财务费用发生时，借记"财务费用"账户，贷记"银行存款""应付利息"等账户，企业发生利息收入、汇兑收益时，借记"银行存款"等账户，贷记"财务费用"账户。

【做中学 9-37】　企业支付金融机构手续费 300 元。

  借：财务费用——手续费   300
    贷：银行存款   300

随堂测：费用的核算

任务三　利润和利润分配的核算

学习情境一　利润的核算

利润是指企业在一定会计期间的经营成果。利润包括收入减去费用后的净额、直接计入当期利润的利得和损失。未计入当期利润的利得和损失扣除所得税影响后的净额计入其他综合收益项目。净利润与其他综合收益的合计金额为综合收益总额。利得是指由企业非日常活动所形成的、会导致所有者权益增加的、与所有者投入资本无关的经济利益

的流入。损失是指由企业非日常活动所形成的、会导致所有者权益减少的、与向所有者分配利润无关的经济利益的流出。

一、利润的构成

利润是收入与成本费用相抵后的差额,如果收入大于成本费用为利润;反之为亏损。企业的利润一般分为营业利润、利润总额和净利润三个层次。

1. 营业利润

营业利润＝营业收入－营业成本－税金及附加－销售费用－管理费用
　　　　－研发费用－财务费用－资产减值损失－信用减值损失
　　　　＋公允价值变动收益(－公允价值变动损失)
　　　　＋投资收益(－投资损失)＋其他收益
　　　　＋资产处置收益(损失以"－"号填列)

其中,营业收入是指企业经营业务所确认的收入总额,包括主营业务收入和其他业务收入。

营业成本是指企业经营业务所发生的实际成本总额,包括主营业务成本和其他业务成本。

资产减值损失是指企业计提各项资产减值准备所形成的损失。

信用减值损失是指按照金融工具准则的要求计提的各项金融工具信用减值准备所确认的信用损失。

公允价值变动收益(或损失)是指企业交易性金融资产等公允价值变动形成的应计入当期损益的利得(或损失)。

投资收益(或损失)是指企业以各种方式对外投资所取得的收益(或发生的损失)。

其他收益是指计入其他收益的政府补助,以及其他与日常活动相关且计入其他收益的利得。

资产处置收益主要反映企业出售非流动资产(金融工具、长期股权投资和投资性房地产除外)等时确认的处置利得或损失。

研发费用反映企业进行研究与开发过程中发生的费用化支出,以及计入管理费用的自行开发无形资产的摊销。

2. 利润总额

利润总额＝营业利润＋营业外收入－营业外支出

其中,营业外收入是指企业发生的与其日常活动无直接关系的各项利得。
营业外支出是指企业发生的与其日常活动无直接关系的各项损失。

3. 净利润

净利润＝利润总额－所得税费用

其中,所得税费用是指企业确认的应从当期利润总额中扣除的所得税费用。具体核算内容见项目七中"任务二 所有者权益的核算"。

二、账户的设置

为核算和监督企业经营成果的情况,应设置如下账户。

(1)"营业外收入"账户。它是损益类账户,核算营业外收入的取得及结转情况。贷方登记已确认发生的营业外收入,借方登记期末结转入"本年利润"的本期营业外收入,结转后,该账户应无余额。本账户应按营业外收入项目设置明细账。

(2)"营业外支出"账户。它是损益类账户,核算营业外支出的发生及结转情况。借方登记本期发生的营业外支出,贷方登记期末结转"本年利润"的本期营业外支出,结转后,该账户应无余额。本账户应按支出项目设置明细账。

(3)"所得税费用"账户。它是损益类账户,核算企业所得税费用的确认及结转情况,借方登记本期计算确认的所得税费用,贷方登记期末结转"本年利润"的本期所得税费用,结转后,该账户应无余额。

(4)"投资收益"账户。它是损益类账户,核算企业根据长期股权投资等准则确认的投资收益或投资损失。企业处置交易性金融资产、交易性金融负债、其他债权投资实现的损益、企业的债权投资在持有期间取得的投资收益和处置损益,都在"投资收益"账户进行核算。

(5)"资产减值损失"账户。它是损益类账户,核算企业根据资产减值等准则计提各项资产减值准备所形成的损失。按应减记的金额,借记本账户,贷记"存货跌价准备""长期股权投资减值准备""固定资产减值准备""在建工程减值准备"等账户。企业计提存货跌价准备后,相关资产的价值又得以恢复,应在原已计提的减值准备金额内,按恢复增加的金额,做相反账务处理。期末,应将本账户余额转入"本年利润"账户,结转后本账户无余额。

(6)"信用减值损失"账户。它是损益类账户,核算企业根据金融工具准则的要求计提的各项金融工具信用减值准备所确认的信用损失。按应减记的金额,借记本账户,贷记"坏账准备""债权投资减值准备""其他债权投资减值准备"等账户。企业计提坏账准备、债权投资减值准备、其他债权投资减值准备后,相关资产的价值又得以恢复,应在原已计提的减值准备金额内,按恢复增加的金额,做相反账务处理。期末,应将本账户余额转入"本年利润"账户,结转后本账户无余额。

(7)"本年利润"账户。它是所有者权益类账户,核算企业本年度实现的净利润(或发生的净亏损)。贷方登记期末各收益类账户的转入数额,借方登记期末成本费用或支出类账户的转入数额,结转后,本账户如为贷方余额,表示当年实现的净利润;如为借方余额,表示当年发生的净亏损。年度终了,企业还应将"本年利润"账户的累计余额转入"利润分配——未分配利润"账户,结转后"本年利润"账户应无余额。

三、资产处置损益与营业外收支的核算

"资产处置损益"科目的核算,见项目五资产岗位核算固定资产处置部分。

营业外收入和营业外支出是指与企业正常生产经营活动没有直接联系的各项收支。

1. 营业外收入的核算

营业外收入,并不是企业经营资金耗费所产生的,实际上是经济利益的净流入,不需要与有关的费用进行配比。主要包括非货币性资产交换利得、罚没利得、捐赠利得、与企业日常活动无关的政府补助、确实无法支付而按规定程序经批准后转作营业外收入的应付款项等。

营业外收入发生时,应借记"待处理财产损溢""银行存款""应付账款"等账户,贷记"营业外收入"账户。期末应将"营业外收入"账户的金额转入"本年利润"账户,借记"营业外收入"账户,贷记"本年利润"账户。

【做中学 9-38】 某公司取得罚款收入 10 000 元,存入银行。

借:银行存款　　　　　　　　　　　　　　　　　10 000
　　贷:营业外收入——罚没利得　　　　　　　　　　　10 000

【做中学 9-39】 2×20 年 4 月,甲企业接受乙企业捐赠的搅拌机一台,收到的增值税专用发票上注明设备价款 20 万元,配套模具价款 8 000 元,增值税税额分别为 26 000 万元和 1 040 元。甲企业同时用银行存款支付搅拌机的运杂费为 2 万元。甲、乙企业都为增值税一般纳税人。

借:固定资产　　　　　　　　　　　220 000(200 000+20 000)
　　周转材料　　　　　　　　　　　　8 000
　　应交税费——应交增值税(进项税额)　　27 040
　　贷:营业外收入——捐赠利得　　　　　235 040
　　　　银行存款　　　　　　　　　　20 000

【做中学 9-40】 某企业本期营业外收入总额为 150 000 元,期末结转本年利润。

借:营业外收入　　　　　　　　　　　150 000
　　贷:本年利润　　　　　　　　　　　150 000

2. 营业外支出的核算

营业外支出主要包括公益性捐赠支出、非常损失、盘亏损失、非流动资产毁损报废损失、非货币性资产交换损失、罚款支出等。

其中,非常损失是指企业对于因客观因素(如自然灾害等)造成的损失,扣除保险公司赔偿后应计入营业外支出的净损失。

营业外支出发生时,借记"营业外支出"账户,贷记"待处理财产损溢""银行存款""固定资产清理"等账户。期末应将本账户余额转入"本年利润"账户,借记"本年利润"账户,贷记"营业外支出"账户。

【做中学 9-41】 企业未按合同约定时间交货，支付违约金 3 000 元。

借：营业外支出　　　　　　　　　　　　　　3 000
　　贷：银行存款　　　　　　　　　　　　　　　　3 000

【做中学 9-42】 某企业发生原材料意外灾害损失 200 000 元，经批准全部转作营业外支出，不考虑相关税费。

借：待处理财产损溢　　　　　　　　　　　200 000
　　贷：原材料　　　　　　　　　　　　　　　　200 000
借：营业外支出　　　　　　　　　　　　　200 000
　　贷：待处理财产损溢　　　　　　　　　　　　200 000

【做中学 9-43】 某企业本期营业外支出总额为 320 000 元，期末结转本年利润。

借：本年利润　　　　　　　　　　　　　　320 000
　　贷：营业外支出　　　　　　　　　　　　　　320 000

四、本年利润的核算

本年利润是企业本年度实现的最终经营成果。

会计期末结转本年利润的方法有表结法和账结法两种。

1. 表结法

表结法下，各损益类科目每月月末只需结计出本月发生额和月末累计余额，不结转到"本年利润"科目，只有在年末时，才将全年累计余额结转入"本年利润"科目。但每月月末要将损益类科目的本月发生额合计数填入利润表的本月数栏，同时将本月末累计余额填入利润表的本年累计数栏，通过利润表计算反映各期的利润（或亏损）。表结法下，年底前不做结转损益的分录，损益类科目无须结转入"本年利润"科目，从而减少了转账环节和工作量，同时并不影响利润表的编制及有关损益指标的利用。

2. 账结法

账结法下，每月月末均需结转损益，将在账上结计出的各损益类科目的余额结转入"本年利润"科目。结转后"本年利润"科目的本月余额反映当月实现的利润或发生的亏损，"本年利润"科目的本年余额反映本年累计实现的利润或发生的亏损。账结法在各月均可通过"本年利润"科目提供当月及本年累计的利润（或亏损）额，但增加了转账环节和工作量。

会计期末，企业应将各收益类账户的余额转入"本年利润"账户的贷方，借记有关收益类账户，贷记"本年利润"账户；并应将计入当期损益的费用或支出类账户的余额转入"本年利润"账户的借方，借记"本年利润"账户，贷记各有关费用或支出类账户。

【做中学 9-44】 企业 2×20 年损益类账户的年末余额（该企业采用表结法年末一次结转损益类账户，所得税税率为 25%）见表 9-1。

表 9-1　　　　　　　2×20 年损益类账户的年末余额　　　　　　　单位：元

账户名称	借或贷	结账前余额
主营业务收入	贷	6 000 000
其他业务收入	贷	500 000
公允价值变动损益	贷	80 000
投资收益	贷	400 000
其他收益	贷	100 000
营业外收入	贷	30 000
资产处置损益	贷	10 000
主营业务成本	借	4 200 000
其他业务成本	借	380 000
税金及附加	借	55 000
销售费用	借	400 000
管理费用	借	630 000
财务费用	借	150 000
资产减值损失	借	160 000
营业外支出	借	150 000

根据表 9-1 资料，编制会计分录如下。

(1) 结转各项收入与收益。

借：主营业务收入	6 000 000	
其他业务收入	500 000	
公允价值变动损益	80 000	
投资收益	400 000	
其他收益	100 000	
营业外收入	30 000	
资产处置损益	10 000	
贷：本年利润	7 120 000	

(2) 结转各项成本、费用或支出。

借：本年利润	6 125 000	
贷：主营业务成本	4 200 000	
其他业务成本	380 000	
税金及附加	55 000	
销售费用	400 000	
管理费用	630 000	
财务费用	150 000	
资产减值损失	160 000	
营业外支出	150 000	

(3) 经过上述结转后，"本年利润"账户的贷方发生额合计 7 120 000 元减去借方发生额合计 6 125 000 元即为税前会计利润 995 000 元，假设无纳税调整项目，应纳税所得额为 995 000 元，则应交所得税额＝995 000×25％＝248 750(元)，假设将该应交所得税按

照会计准则进行调整后计算确认的所得税费用仍是 248 750 元。

① 确认所得税费用。

借：所得税费用　　　　　　　　　　　　　　248 750
　　贷：应交税费——应交所得税　　　　　　　　　　248 750

② 将所得税费用结转入"本年利润"账户。

借：本年利润　　　　　　　　　　　　　　　248 750
　　贷：所得税费用　　　　　　　　　　　　　　　　248 750

（4）将"本年利润"账户余额 746 250（7 120 000－6 125 000－248 750）元转入"利润分配——未分配利润"账户。

借：本年利润　　　　　　　　　　　　　　　746 250
　　贷：利润分配——未分配利润　　　　　　　　　　746 250

学习情境二　利润分配的核算

一、利润分配的顺序

利润分配是指企业按照国家规定的政策和企业章程的规定，对已实现的净利润在企业和投资者之间进行分配。

可供分配利润＝当年实现的净利润（或净亏损）
　　　　　　＋年初未分配利润（或一年初未弥补亏损）
　　　　　　＋其他转入

企业取得利润，应该按照企业会计准则规定的利润分配顺序进行分配，具体规定为：①弥补以前年度亏损；②提取法定盈余公积金；③提取任意盈余公积金；④向股东或投资者分配股利或利润。

1. 弥补以前年度亏损

即弥补超过用所得税的利润抵补期限，按规定用税后利润弥补的亏损。具体计算方法：将本年净利润与年初未分配利润（或亏损）加总，计算出可供分配的利润。

2. 提取法定盈余公积

法定盈余公积金按照企业当年税后利润的 10% 提取。当企业法定盈余公积金累计额达到其注册资本的 50% 以上时可以不再提取。法定盈余公积金可以用于弥补亏损、转增资本、发放股利。但法律规定，用法定盈余公积金转增资本时，转增资本后所留存的该项盈余公积金不得少于转增前公司注册资本的 25%。

3. 提取任意盈余公积

任意盈余公积金，可根据企业自身情况提取。对是否提取任意盈余公积、提取任意盈余公积的比例以及用任意盈余公积转增资本的规定,在法律上没有限制。

4. 向股东或投资者分配现金股利或利润

向股东或投资者分配现金股利或利润是指企业按照利润分配方案分配给股东的现金股利或投资者的利润。

企业如果发生亏损,可用以后年度实现的利润弥补,也可用以前年度提取的盈余公积弥补。企业以前年度亏损未弥补完,不能提取法定盈余公积,在提取法定盈余公积前,不得向投资者分配利润。

5. 转作股本的股利

转作股本的股利是指企业按照利润分配方案以分派股票股利的形式转作的股本。

企业利润经过上述分配后为未分配利润(或未弥补亏损)。企业未分配利润(或未弥补亏损)应在资产负债表的所有者权益项目中单独列示。

二、账户的设置

(1)"利润分配"账户(T型账户见图9-1)。它是所有者权益类账户,核算企业利润的分配(或亏损的弥补)和历年分配(或弥补)后的余额。年度终了,企业应将全年实现的净利润自"本年利润"账户转入本账户,借记"本年利润"账户,贷记"利润分配——未分配利润"账户,如为净亏损,做相反账务处理。同时,将"利润分配"账户下的其他明细账户的余额转入本账户的"未分配利润"明细账户。本账户年末余额,反映企业历年积存的未分配利润(或未弥补亏损)。本科目应当按企业会计准则规定的利润分配顺序和内容设置明细账进行明细核算。

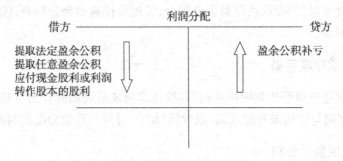

图 9-1 "利润分配"账户

(2)"盈余公积"账户。它是所有者权益类账户,核算企业从净利润中提取的盈余公积。贷方登记企业从净利润中提取的法定盈余公积、任意盈余公积;借方登记以盈余公积弥补亏损或转增的资本数。期末余额在贷方,表示盈余公积的结余数。

(3)"应付股利"账户。它是负债类账户,核算企业确定或宣告支付但尚未实际支付的现金股利或利润。贷方登记应支付的现金股利或利润;借方登记实际支付的现金股利或利润。期末余额在贷方,表示应付未付的现金股利或利润。

三、利润分配的核算

采用"利润分配"账户。该账户期末贷方余额反映历年滚存的未分配利润;如为借方余额,则反映未弥补的亏损额。本账户应设置下列明细账,进行明细核算。

(1)"盈余公积补亏",核算企业用盈余公积弥补的亏损。

(2)"提取法定盈余公积",核算企业按规定提取的法定盈余公积。

(3)"应付优先股股利",核算企业分配给优先股股东的股利。

(4)"提取任意盈余公积",核算企业提取的任意盈余公积。

(5)"应付现金股利或利润",核算企业分配给投资者的利润。

(6)"未分配利润",核算企业全年实现的净利润(或净亏损)、利润分配和尚未分配的利润(或尚未弥补的亏损)。年度终了,企业将全年实现的净利润(或净亏损)自"本年利润"账户转入"未分配利润"明细账户;同时,将"利润分配"账户下的其他明细账户的余额转入"未分配利润"明细账户。

年度终了后,除"利润分配"账户中的"未分配利润"明细账户外,其他明细账户无余额。"利润分配"账户中的"未分配利润"明细账户如为贷方余额,反映企业历年积存的尚未分配的利润;如为借方余额,则反映企业累积尚未弥补的亏损。

【做中学 9-45】 承做中学 9-44,该企业董事会决议,经股东大会批准,按税后利润的 10%提取法定盈余公积,按可供投资者分配利润的 80%向投资者分配现金股利(假定该企业以前年度没有未分配利润)。

(1) 提取法定盈余公积。

借:利润分配——提取法定盈余公积　　　　74 625
　　贷:盈余公积——法定盈余公积　　　　　　　　74 625

(2) 向投资者分配利润 537 300 元[(746 250－74 625)×80%]。

借:利润分配——应付现金股利　　　　　537 300
　　贷:应付股利　　　　　　　　　　　　　　　537 300

(3) 将"利润分配"账户下的其他明细账户的余额转入本账户的"未分配利润"明细账户。

借:利润分配——未分配利润　　　　　　611 925
　　贷:利润分配——提取法定盈余公积　　　　74 625
　　　　　　　　——应付现金股利　　　　　　537 300

知识拓展:税后利润补亏　　　　　　　随堂测:利润分配的核算

课后练习题

一、单选题

1. 企业在确认商品销售收入时,对销售折让的处理是(　　)。
   A. 在确认商品销售收入时加以预计,作为商品销售收入的减项
   B. 在实际发生时作为当期销售收入的减项
   C. 在实际发生时计入发生当期的财务费用
   D. 在实际发生时计入发生当期的销售费用

2. 企业的净利润是(　　)后的余额。
   A. 利润总额减去所得税费用　　　　B. 利润总额减去利润分配总额
   C. 营业利润总额减去所得税费用　　D. 利润分配

3. 下列各项属于工业企业主营业务收入的是(　　)。
   A. 出租固定资产取得的收入　　　　B. 出售固定资产取得的收入
   C. 转让无形资产使用权取得的收入　D. 工业性劳务收入

4. 对于服务的开始和完成分属不同会计期间的服务收入,在提供服务交易的结果能够可靠估计的情况下,下列收入确认中正确的是(　　)。
   A. 按完成合同法确认收入　　　　　B. 按完工百分比法确认收入
   C. 按收款情况确认收入　　　　　　D. 按照实际发生的成本确认收入

5. 企业发生以前年度的销售退回时(非资产负债表日后事项),其冲减的销售收入应在退回当期计入(　　)。
   A. 以前年度损益调整　　　　　　　B. 营业外收入
   C. 营业外支出　　　　　　　　　　D. 主营业务收入

6. 下列项目中,按照现行会计制度的规定,销售企业应当作为财务费用处理的是(　　)。
   A. 购货方获得的现金折扣　　　　　B. 购货方获得的商业折扣
   C. 购货方获得的销售折让　　　　　D. 购货方放弃的现金折扣

7. 下列项目中,通常列为管理费用的是(　　)。
   A. 广告费　　　　　　　　　　　　B. 固定资产盘亏损失
   C. 借款利息　　　　　　　　　　　D. 无形资产摊销

8. 某企业1月发生下列支出:①支付本年度负担的保险费2 400元;②支付已预提的去年第四季度借款利息3 000元;③支付本月办公开支800元。则本月费用为(　　)元。
   A. 1 000　　　B. 800　　　C. 3 200　　　D. 3 000

9. 在委托其他单位代销商品的情况下,企业应在(　　)确认销售收入的实现。
   A. 代销商品发出时　　　　　　　　B. 代销商品售出时
   C. 代销商品售出并收到代销清单时　D. 收到代销商品销售货款时

10. 在出借包装物采用一次摊销的情况下,出借包装物报废时收回的残料价值应冲减的是(　　)

A. 管理费用　　　B. 其他业务成本　　　C. 包装物成本　　　D. 销售费用
11. 出租管理用固定资产应提取的折旧额应通过(　　)科目核算。
　　　A. 销售费用　　　B. 制造费用　　　C. 管理费用　　　D. 其他业务成本
12. 某企业年初未分配利润贷方余额900万元,本年净利润1 000万元,若按10%提取法定盈余公积为(　　)万元。
　　　A. 190　　　B. 100　　　C. 150　　　D. 200
13. 用法定盈余公积10 000元弥补亏损的账务处理为(　　)
　　A. 借：利润分配——盈余公积补亏　　　　　10 000
　　　　　贷：盈余公积——法定盈余公积　　　　　　10 000
　　B. 借：盈余公积——盈余公积补亏　　　　　10 000
　　　　　贷：利润分配——盈余公积补亏　　　　　　10 000
　　C. 借：盈余公积——法定盈余公积　　　　　10 000
　　　　　贷：利润分配——盈余公积补亏　　　　　　10 000
　　D. 借：盈余公积——盈余公积补亏　　　　　10 000
　　　　　贷：利润分配——未分配利润　　　　　　　10 000
14. 企业取得与资产相关的政府补助,应当首先确认并记入的会计科目是(　　)。
　　　A. 营业外收入　　　B. 递延收益　　　C. 其他业务收入　　　D. 资本公积
15. 下列不属于政府补助的特征是(　　)。
　　A. 政府补助具有无偿性　　　　　　B. 政府补助通常附有条件
　　C. 政府补助具有强制性　　　　　　D. 政府补助不包括政府的资本性投入

二、多选题

1. 下列各项中,作为当期营业利润扣除项目的有(　　)。
　　A. 销售价款中包含的增值税　　　　B. 本期无形资产摊销额
　　C. 实际发生的广告费支出　　　　　D. 出售无形资产发生的净损失
2. 某工业企业本期发生的下列各项支出中,应记入"销售费用"科目的有(　　)。
　　A. 广告费和展览费　　　　　　　　B. 购入原材料过程中发生的运输费
　　C. 销售产品过程中发生的运输费　　D. 售后服务网点工作人员的工资
3. 下列税金中,通过"税金及附加"核算的有(　　)。
　　A. 增值税　　　　　　　　　　　　B. 消费税
　　C. 资源税　　　　　　　　　　　　D. 城市维护建设税
4. 下列费用中,属于企业管理费用的有(　　)。
　　A. 工会经费　　　　　　　　　　　B. 董事会费
　　C. 聘请中介机构费用　　　　　　　D. 业务招待费
5. 下列各项中,需调整减少企业纳税所得的项目有(　　)。
　　A. 已计入投资收益的国库券利息收入
　　B. 未超过5年的未弥补的亏损
　　C. 超过税法规定扣除标准支付的业务招待费支出

D. 支付并且计入当期费用的各种税收滞纳金

6. 资产减值损失核算的内容有（　　）。
   A. 坏账准备
   B. 存货跌价准备
   C. 固定资产减值准备
   D. 无形资产减值准备

7. 下列各项属于营业外收入的有（　　）。
   A. 罚款收入
   B. 经批准转销的存货盘盈
   C. 没收押金收入
   D. 固定资产盘盈

8. 下列科目中，期末结转后应无余额的有（　　）。
   A. 主营业务成本　B. 本年利润　C. 利润分配　D. 资产减值损失

9. 需要通过"利润分配"科目进行核算的内容包括（　　）。
   A. 应交所得税　B. 提取盈余公积　C. 向投资者分配利润
   D. 盈余公积补亏　E. 盈余公积转增资本

10. 财务费用是企业筹集资金而发生的费用，包括（　　）。
    A. 利息支出（减利息收入）
    B. 汇兑净损失
    C. 筹资人员差旅费
    D. 金融机构手续费
    E. 筹资人员工资

11. 账结法下，下列费用应在发生的当期全部转入损益的有（　　）。
    A. 制造费用　B. 财务费用　C. 管理费用　D. 销售费用
    E. 辅助生产费用

12. 下列项目中，通常应确认收入的有（　　）。
    A. 预计不可收回货款的材料在发出时
    B. 委托代销材料在材料发出时
    C. 订货销售在材料发出时
    D. 预收款销售在材料发出时

13. 下列各项中，属于政府补助的有（　　）。
    A. 直接减免的税款
    B. 财政拨款
    C. 税收返款
    D. 行政划拨的土地使用权

14. 企业在（　　）情况下，可以将与资产和收益均相关的政府补助归类为与收益相关的政府补助。
    A. 确实难以区分政府补助中哪些与资产相关，哪些与收益相关
    B. 将政府补助区分为与资产相关的部分和与收益相关的部分不符合重要性原则
    C. 将政府补助区分为与资产相关的部分和与收益相关的部分比较麻烦
    D. 将政府补助区分为与资产相关的部分和与收益相关的部分不符合成本效益原则

15. 下列各项中不满足收入确认条件，不应当确认企业收入的有（　　）。
    A. 寄存本单位的已售商品
    B. 售后回购的商品
    C. 售出商品后得知对方公司已破产清算
    D. 已售商品成本无法可靠取得

三、判断题

1. 企业发生的销售折让作为主营业务收入的减项处理，如根据税法规定允许扣减当期销项税额时，也可冲减"应交税费——应交增值税（销项税额）"账户。（　　）

2. 企业应对营业外收入和营业外支出分别核算，不得以营业外收入直接冲减营业外支出，也不得以营业外支出冲减营业外收入。（　）

3. 年终结账后，"利润分配——未分配利润"账户的余额等于"利润分配"总分类账户的余额。（　）

4. 企业应在将所有权凭证或实物交给对方时确认收入。（　）

5. 企业以前年度亏损未弥补完时，不得向投资者分配利润，但可以提取法定盈余公积金。（　）

6. 营业外收入、管理费用和销售费用都会影响企业的营业利润。（　）

7. 收入一定表现为企业资产的增加。（　）

8. 同一会计期间内开始并完成的服务，应在服务完成时确认收入。（　）

9. 企业发生的各项费用最终均构成产品的成本。（　）

10. 所得税是企业的一项费用支出，而非利润分配。（　）

11. 企业支付的税收滞纳金和罚款，属于费用项目。（　）

12. 为了均衡成本，凡是数额较大的费用，均应分月摊销。（　）

13. 资产负债表日，提供服务结果不能可靠估计，且已经发生的服务成本预计部分能够得到补偿的，应按能够得到部分补偿的服务成本金额确认服务收入，并结转已经发生的服务成本。（　）

14. 企业资产负债表日提供服务交易结果不能可靠估计，且已发生的服务成本预计全部不能得到补偿的，应按已发生的服务成本金额确认收入。（　）

15. 企业让渡资产使用权，如果合同或协议规定一次性收取使用费，且不提供后续服务的，应当视同销售该资产一次性确认收入。（　）

16. 购买商品支付货款取得的现金折扣列入利润表"财务费用"项目。（　）

17. 年度终了，无论企业盈利或亏损，都需要将"本年利润"科目的本年累计余额转入"利润分配——未分配利润"科目。（　）

18. 企业年末资产负债表中的未分配利润金额一定等于"本年利润"科目的年末余额。（　）

四、实务题

1. 某企业于2×20年10月10日销售甲产品一批，售价420 000元，增值税税率13%，成本280 000元。销售合同规定现金折扣为2/10、1/20、n/30。购货方于2×20年10月18日付款。2×20年12月18日，该批产品因质量问题被全部退回。

要求：请据此进行相关的账务处理。

2. 乙企业为增值税一般纳税企业，适用的增值税税率为13%。

乙企业委托D公司销售商品300件，商品已经发出，每件成本为900元。合同约定D公司应按每件1 200元对外销售，乙企业按售价的10%向D公司支付手续费。D公司对外实际销售160件，开出的增值税专用发票上注明的销售价格为192 000元，增值税税额为24 960元，以托收承付方式收到款项。乙企业收到D公司开具的代销清单时，向D公司开具一张相同金额的增值税专用发票。假设乙企业采用实际成本核算，D公司采用进

价核算代销商品。

要求：对乙公司和D公司分别进行会计处理。

3. 甲企业2×20年9月10日与B公司签订服务合同,为B公司设计开发A产品。合同规定的设计开发期间为4个月,合同总收入1 200 000元;设计开发工作自10月1日开始。设计开发开始前B公司预付500 000元合同价款。不考虑相关税费。

甲企业10月1日收到B公司预付的合同价款500 000元,并按合同规定如期开始A产品的设计开发。

2×20年12月31日,甲企业设计开发A产品累计发生合同费用800 000元,均用银行存款支付。预计整个设计开发工程的总成本为900 000元。2×20年12月31日,A产品的设计开发完工程度为80%。

2×21年1月30日,甲企业完成A产品的设计开发工作,并经B公司验收合格。该服务合同共发生服务成本850 000元。

2×21年2月3日,收到B公司支付的合同余款。

要求：根据以上经济业务进行会计处理。

4. 某企业本月发生下列经济业务。

(1) 采购员预借差旅费1 500元,以现金支付。

(2) 本月应付管理人员工资为50 000元,销售人员工资80 000元。

(3) 本月业务招待费1 860元,以转账支票付讫。

(4) 购买印花税票500元,以银行存款支付。

(5) 以银行存款支付广告费2 400元。

(6) 摊销本月分别由管理部门、生产车间使用的无形资产2 750元、15 000元。

(7) 计算本月应付管理部门、销售机构和生产车间的水电费分别为1 380元、1 400元和5 400元。

(8) 计提本月固定资产折旧费6 500元,其中管理部门4 100元,销售机构2 400元。

(9) 计提本月坏账准备3 300元。

(10) 以银行存款支付本月固定资产修理费7 500元,其中管理部门3 000元,销售机构1 000元,生产车间3 500元。

(11) 确认本期应交的房产税800元、车船使用税300元。

(12) 支付银行承兑汇票的手续费80元。

(13) 计提本月短期借款利息4 800元。

(14) 计提本月职工基本养老保险8 000元,其中,生产工人占40%,销售人员占25%,管理部门占35%。

(15) 计提长期借款利息4 600元(分期付息),该借款全部用于厂房在建工程。

(16) 将上述的期间费用转入"本年利润"科目。

要求：根据上述经济业务编制会计分录。

5. 甲公司系工业一般纳税企业,适用的增值税税率为13%,所得税税率为25%。销售价格为不含税的价格。按10%提取法定盈余公积。2020年年初未分配利润为80万元。2×20年发生下列经济业务。

(1) 销售产品的售价800万元,其中赊销100万元,未收到款项,其余款项收到存入银行。该产品的实际成本为500万元。

(2) 采用分期收款销售方式销售产品,售价为50万元,实际成本为30万元,分五次等额收款。本年应收货款10万元,已收存银行。最后一次收款时开具增值税专用发票。该批商品现销的情况下价格为379 080元。当时的市场利率为10%。

(3) 出口产品一批,售价折合人民币为80万元,实际成本50万元。款项尚未收到。

(4) 转让一项专利技术,取得收入21 200元存入银行。转让专利技术的增值税税率为6%。

(5) 计提本期债权投资(一次还本付息)利息30 000元。

(6) 2×18年12月购入一项管理用设备,原价910 000元,预计净残值10 000元,预计使用年限5年,按年数总和法计提折旧。计算本年设备折旧费用。

(7) 委托丙公司销售产品一批,销售价格100 000元,产品成本70 000元。甲公司本年收到丙公司开来的代销清单,丙公司已将代销的产品全部售出,价款尚未收到。

(8) 收到上半年销售退回的产品,销售收入为400 000元,销售成本250 000元,同时冲减应收账款,商品已入库。

(9) 以银行存款支付管理费用56万元,支付销售费用30万元,支付财务费用169 988元。采购原材料等产生增值税进项税额共计91万元。本年应交城建税28 000元,应交教育费附加12 000元。

(10) 计算本年各项损益,并结转到"本年利润"账户。

(11) 计算本年应交所得税,并结转本年损益(假定企业无纳税调整事项)。

(12) 年末股东大会,按税后利润的10%提取法定盈余公积,按20%分配现金股利。

(13) 结转并计算年末未分配利润。

要求:根据上述经济业务编制会计分录。

6. 某企业2×20年发生下列政府补助业务。

(1) 2×20年1月1日收到一笔用于补偿企业以后5年期间的因与治理环境相关的费用1 000万元。

(2) 2×20年6月10日,收到一笔用于补偿企业已发生的相关费用400万元。

(3) 2×20年6月15日收到国家2 400万元的政府补助用于购买一台生产设备,6月20日,企业用2 400万元购买了一台生产设备。假定该设备按5年、采用直线法计提折旧,无残值,设备预计使用年限为5年。

(4) 收到增值税返还200万元。

要求:根据上述资料,编制该企业2×20年度与政府补助有关的会计分录,涉及固定资产,编制2×20年固定资产计提折旧的会计分录。(答案中的金额单位用万元表示)

项目九试题库

项目十 会计主管岗位核算

Xiangmu 10

知识目标

1. 熟悉会计主管岗位的核算任务与业务流程。
2. 掌握会计稽核的内容。
3. 掌握编制会计报表的方法。

能力目标

1. 具备会计凭证、账簿、报表的稽核能力。
2. 编制会计报表的能力。
3. 主要财务指标的计算能力。

学习重难点

1. 重点是编制资产负债表、利润表。
2. 难点是资产负债表的编制。

任务准备 会计主管岗位的核算任务

会计主管是单位会计机构的负责人或主管单位会计工作的技术负责人,是会计工作的具体领导者和组织者。其核算任务一般包括以下几方面。

(1) 根据《企业会计准则》《企业会计制度》和企业的需要设置会计科目、审核各项经济业务的会计处理。

(2) 根据企业设置的会计科目,设置和登记总账,对公司的全部经营活动,财产物资如实进行全面的记录、反映和监督。

(3) 组织人员进行财产清查,并按照规定程序进行账务处理;及时清理债权、债务,每季形成调查、处理报告,报公司总经理审批。

(4) 负责和督促有关人员计算和缴纳各种税金。

(5) 及时准确编制资产负债表、利润表和现金流量表等财务报表,并按时报送有关部门。

(6) 组织本部门会计人员进行业务学习及其他管理工作。

任务一 会计科目设置原则、账户的开设和启用、总账登记技术

一、会计科目的设置

会计科目的设置原则如下。

(1) 合法性原则。合法性原则是指所设置的会计科目应当符合国家统一会计制度的规定。

(2) 相关性原则。相关性原则是指所设置的会计科目应当为提供各有关方面所需要的会计信息服务,满足对外报告和对内管理的要求。

(3) 实用性原则。实用性原则是指所设置的会计科目应符合本单位自身特点,满足单位实际需要。

二、账户的开设、启用及总账的登记

工业企业建账主要涉及以下几种类型的账户。

(一) 现金日记账和银行存款日记账

为了加强对货币资金的监督和控制,各单位应设置现金、银行存款日记账各一本。账本的需要量,可视企业具体情况确定。

账簿的启用按照以下要求进行。

(1) 填写启用日期和启用账簿的起止页数。如启用的是订本式账簿,起止页数已经印好不需再填;启用活页式账簿,起止页数可等到装订成册时再填。

(2) 填写记账人员姓名和会计主管人员姓名并加盖印章。

(3) 加盖单位财务公章。

(4) 当记账人员或会计主管人员工作变动时,应办好账簿移交手续,并在启用表上明确记录交接日期及接办人、监交人的姓名,并加盖公章。

(二) 总分类账

1. 设置

(1) 常用账户。根据所涉及的业务和常用的会计科目设置总账。企业常用的总账账

户有库存现金、银行存款、其他货币资金、交易性金融资产、应收票据、应收账款、其他应收款、库存商品、长期股权投资、债权投资、固定资产、累计折旧、无形资产、长期待摊费用、短期借款、应付票据、应付账款、其他应付款、应付职工薪酬、应交税费、长期借款、应付债券、长期应付款、实收资本(股本)、资本公积、盈余公积、利润分配、本年利润、主营业务收入、主营业务成本、税金及附加、销售费用、资产处置损益、营业外收入、营业外支出、以前年度损益调整和所得税费用等。

(2) 工业企业特有账户。工业企业的存货核算业务较多,需设置有关账户如原材料、材料采购、委托加工物资、周转材料等。有关成本计算账户包括生产成本、制造费用等。

2. 启用

根据账簿的启用要求,填制账簿扉页。

总账账页的排列,按资产、负债、所有者权益、收入和费用的顺序分页。

总账账页的数量,根据每一种业务的估计业务量大小,对每一个总账科目预设账页数。并在账户目录中,写明该账户预计所占用的页数,如"库存现金……1~10","银行存款……11~12"。

3. 总账的登记

总账的登记依据有记账凭证、科目汇总表、汇总记账凭证等。具体根据企业所采用的账务处理程序。

(三) 明细分类账

1. 设置

(1) 常用账户。一般根据总账的设置情况设置明细账。常见的明细账有交易性金融资产(根据投资种类和对象设置)、应收账款(根据客户名称设置)、其他应收款(根据应收部门、个人、项目来设置)、长期股权投资(根据投资对象设置)、固定资产(根据固定资产的类别设置)、短期借款(根据短期借款的种类设置)、应付账款(根据应付账款对象设置)、其他应付款(根据应付的内容设置)、应付职工薪酬(根据结算项目设置)、应交税费(根据税费的种类设置)、销售费用、管理费用、财务费用(均按照费用的构成设置)。

企业可根据自身的需要增减明细账的设置。

(2) 工业企业特有账户。在工业企业,实际成本计价下,需设置"在途物资"明细账;计划成本计价下,需设置"材料采购"明细账。材料采购明细账,可采用横线登记法,按材料的各类规格、型号登记材料采购的实际成本和发出材料的计划成本,并根据实际成本和计划成本的差异反映材料成本差异;同时设置"材料成本差异"明细账,此账户为原材料的备抵调整账户,可按材料的品种、规格设置,反映各种材料实际成本与计划成本的差异,计算材料成本差异分配率。

为计算产品成本,在"生产成本"账户下,需设置的明细账有:①"基本生产成本"明细账,根据企业选择的成本计算方法,按产品品种、批别、类别、生产步骤设置明细账;②"辅助生产成本"明细账,用于反映归集的辅助生产费用或辅助生产成本及分配或完工转出的辅助生产成本,按辅助生产部门设置辅助生产成本明细账;③"制造费用"明细账,根据制造费用核算内容如职工薪酬、折旧费、低值易耗品摊销费、劳保费等来设置。

损益类明细账有主营业务收入、主营业务成本、销售费用、管理费用、财务费用、资产处置损益、营业外收入、营业外支出、投资收益等。"主营业务收入"与"主营业务成本"明细账可根据产品的品种、批别、类别来设置,"销售费用""管理费用"和"财务费用"按照费用的种类设置,"营业外收入"和"营业外支出"根据收入与支出的种类设置,"投资收益"则根据投资的性质与投资的种类来设置。

另外,因工业企业的成本计算比较复杂,通常需要设计一些表单,如材料费用分配表、领料单、工资费用计算表、折旧费用分配表、废品损失计算表、辅助生产费用分配表、产品成本计算单等。

2. 启用

根据账簿的启用要求,填制账簿扉页。

任务二　会计稽核

一、会计稽核业务概述

会计稽核是会计机构本身对于会计核算工作进行的一种自我检查或审核工作。建立会计机构内部稽核制度,其目的在于防止会计核算工作上的差错和有关人员的舞弊。

1. 会计稽核对象

各会计岗位业务包括出纳核算岗位、往来核算岗位、存货核算岗位、资产核算岗位、职工薪酬核算岗位、资金核算岗位、纳税会计岗位和财务成果核算岗位等。

2. 会计稽核要求

(1) 各级财务部门必须设立稽核岗位。有条件的单位需设立专职稽核员,会计人员较少的单位,由主管会计兼任稽核员,但出纳人员不得兼管稽核工作。

(2) 稽核人员必须具备较高的政治素质和业务素质,且需由会计师以上职称的人员担任。

(3) 稽核人员必须依据国家有关政策、法律及单位规章制度等有关规定对所发生的会计事项进行稽核,严把稽核关。对不合法、内容不真实、手续不完备、数字不准确的原始凭证予以退回,要求更正、补充。对内容不完整、数字不准确、会计科目使用不当的记账凭

证要求更正。

(4) 所有会计凭证必须经过稽核人员稽核后,才能据以记账;所有支出,必须经稽核人员稽核后,出纳人员才能付款。对于无计划或超计划的项目开支,稽核人员有权拒绝支付。对不符合规定的收入项目应提出意见或拒绝办理。

(5) 稽核人员在对经济业务进行审核和监督过程中,若发现异常情况必须及时处理,并向领导汇报。

二、会计稽核的内容

会计稽核的内容主要包括原始凭证的稽核、记账凭证的稽核、会计账簿的稽核和会计报表的稽核。这里仅介绍稽核内容及要求,相关案例,可见分岗位实训教材。

1. 原始凭证的稽核

(1) 真实性和完整性。即审核经济业务事项的实质是否与企业经营范围相符,相关手续和凭据内容是否齐全。

(2) 合法性和合理性。看有没有违反国家法律法规的规定,收支是否符合单位的各项管理制度。

(3) 及时性和正确性。取得凭据的时效是否符合规定,有没有超过会计结算期,凭证各项的填写是否规范,数量单价金额的计算是否正确。

2. 记账凭证的稽核

(1) 是否根据审核无误的原始凭证填制的,是否内容齐全、填写规范。
(2) 会计科目的运用及其对应关系是否正确。
(3) 所附原始凭证的张数和金额是否相符,借贷金额是否平衡。
(4) 相关责任人是否签章。

3. 会计账簿的稽核

(1) 账簿的设置是否合法、适用。
(2) 是否根据审核无误的会计凭证记账,是否符合记账规则。
(3) 运用更正错误的方法是否规范。
(4) 账证、账账、账表是否相符。

4. 会计报表的稽核

(1) 是否根据完整无误的会计账簿及有关资料编制,报表格式是否统一。
(2) 账表是否相符,表与表之间的钩稽关系是否衔接。
(3) 审核报表是否数字真实,计算准确,内容完整,说明清楚。
(4) 相关责任人的签字和盖章是否齐全。

任务三 会计报表的编制

学习情境一 财务会计报告概述

一、财务会计报告及其目标

财务会计报告是指企业对外提供的反映企业某一特定日期的财务状况和某一会计期间的经营成果、现金流量等会计信息的文件。财务报告包括财务报表和其他应当在财务报告中披露的相关信息和资料。

企业财务报告的目标是向财务报告使用者提供与企业财务状况、经营成果和现金流量等有关的会计信息,反映企业管理层受托责任履行情况,有助于财务报告使用者做出经济决策。财务报告使用者通常包括投资者、债权人、政府及其有关部门和社会公众等。

二、财务报表的组成

财务报告由财务报表、财务情况说明书组成。财务报表是财务会计报告的主要内容之一,由报表本身及其附注两部分构成,附注是财务报表的有机组成部分。

财务报表是对企业财务状况、经营成果和现金流量的结构性表述。一套完整的财务报表至少应当包括下列组成部分:资产负债表、利润表、现金流量表、所有者权益(或股东权益)变动表以及附注,简称"四表一附注"。小企业编制的财务报表可以不包括现金流量表。

三、财务报表的种类

财务报表可以根据需要,按照不同的标准进行分类。

(1) 按照财务报表编报的时间,可分为年度财务报表和中期财务报表。年度财务报表是指按日历年度所涵盖的会计期间所编报的报表,即从1月1日—12月31日的报表。中期财务报表是指短于一年的财务报表,包括季报、半年报和月报。我国上市公司的中期报告主要编制季报和半年报。月度报表是按月编报的报表,要求简明扼要、及时编报;年度报表要求揭示完整、反映全面;季度报表和半年度报表的详细程度介于年度报表与月度报表之间。

(2) 按照财务报表反映财务活动方式的不同,可以分为静态财务报表和动态财务报

表。静态财务报表是指反映企业特定时点上有关资产、负债和所有者权益情况的财务报表,一般应根据有关账户的"期末额"填列,如资产负债表;动态财务报表是指反映企业一定时期内资金耗费和收回情况以及经营成果的财务报表,一般应根据有关账户的"发生额"填列,如利润表。

(3)按照财务报表的服务对象,可以分为外部报表和内部报表。外部报表是企业定期向外部报表使用者(如政府部门、投资者、债权人)报送的财务报表,这类报表是按企业会计准则和会计制度编制的,它有统一的格式和指标体系;内部报表又称管理报表,是企业为了适应内部经营管理的需要,自行设计、编制的报表,它没有统一的格式和指标体系。

(4)按照财务报表编制范围的不同,可以分为个别财务报表和合并财务报表。个别财务报表是独立核算的企业编制的用来反映其本身经营活动和财务状况的财务报表;例如,母公司自身的财务报告与子公司自身的财务报告都是个别财务报告。合并财务报表则是由母公司编制的,综合了所有控股子公司财务报表的有关内容,反映整个企业集团经营成果和财务状况的财务报表。

四、财务报表的编制原则

企业编制财务报表,应在报表的显著位置至少披露以下内容:①编报企业的名称;②资产负债表日或财务报表涵盖的会计期间;③人民币金额单位;④财务报表是合并报表的,应当予以标明。

为了使财务报表能够最大限度地满足有关方面的需要,充分发挥财务报表的作用,企业会计准则规定,企业在编制财务报表时应遵循如下基本原则。

1. 公允列报

企业在列报财务报表时,应严格遵守基本准则对资产、负债、所有者权益、收入和费用的定义和确认标准,如实反映企业的交易与其他经济事项,真实而公允地反映企业的财务状况、经营成果和现金流量。在必要的情况下,企业还可以通过附注的形式来补充说明财务报表的内容以及财务报表不能反映的内容,进一步提高财务报表的真实性和公允性。

2. 持续经营

企业应以持续经营为编制财务报表的基础。企业管理当局应对是否能够持续经营进行评估,当某些重大不确定因素可能导致对企业持续经营产生重大怀疑时,应对不确定因素充分加以披露。若财务报表不是以持续经营为基础编制,应说明原因。

3. 权责发生制

除现金流量表外,企业应该按权责发生制原则编制财务报表。

4. 信息列报的一致性

财务报表中的列报和分类,应在各个会计期间之间保持一致性,不得随意变动。但下列情况例外:①企业会计准则要求改变财务报表项目的列报;②企业经营业务的性质发生变化后,变更财务报表项目的列报能够提供更可靠、更相关的会计信息。

5. 重要性

重要性是指财务报表某项目的省略或错报会影响使用者据此做出经济决策的,该项目就具有重要性。重要性应该根据企业所处环境,从项目的性质到金额大小方面予以判断。性质或功能不同的项目,应该在财务报表中单独列报,但不具有重要性的项目除外;性质或功能相似的项目,其所属类别具有重要性的,应当按其类别在财务报表中单独列报。

6. 信息列报的可比性

当期财务报表的列报,至少应当提供所有列报项目上期可比会计期间的比较数据,以及与理解当期财务报表相关的说明,但其他会计准则另有规定的除外。财务报表项目的列报发生变更的,应当对上期比较数据按照当期的列报要求进行调整,并在附注中披露调整的原因和性质,以及调整的各项目的金额。对于上期比较数据进行调整不切实可行的,应在附注中披露不能调整的原因,这里的不切实可行是指企业在做出所有合理努力后仍然无法采用某项规定。

7. 抵销原则

财务报表中的资产项目和负债项目的金额、收入项目和费用项目的金额必须单独列报,不得相互抵销。单独列报资产和负债、收入和费用项目,是便于使用者更容易理解已发生的交易、其他事项的情况,以及评估主体未来的现金流量。资产项目按扣除减值准备后的净额列示,不属于抵销。非日常活动中产生的损益,以收入扣除费用后的净额列示,也不属于抵销。如存货跌价准备与应收账款的坏账准备,非流动资产处置产生的利得和损失等。若这些项目非常重要,则应在资产负债表中单独列示。

五、财务报表附注

附注是财务报表不可或缺的组成部分,报表使用者了解企业的财务状况、经营成果和现金流量,应当全面阅读附注。

附注并非将报表以外的项目不分先后地简单罗列。实际上,就像资产负债表等四张主要报表有其特定的构成和内容一样,附注也是按照一定的结构进行系统合理的排列和分类,并进行有顺序的披露。

附注按照先后顺序主要包括以下内容。

(1)企业的基本情况。

(2) 财务报表的编制基础。
(3) 遵循企业会计准则的申明。
(4) 重要会计政策和重要会计估计的说明。
(5) 会计政策、估计变更和差错更正说明。
(6) 重要报表项目的说明。
(7) 或有事项。
(8) 资产负债表日后事项。
(9) 关联方关系及其交易。

学习情境二　资产负债表的编制

一、资产负债表的概念及结构

1. 资产负债表的概念

资产负债表是指反映企业在某一特定日期财务状况的会计报表。它是根据"资产＝负债＋所有者权益"这一会计恒等式，按照一定的分类标准和一定的顺序，把企业在特定日期的资产、负债、所有者权益等项目予以适当编排，并对日常工作中形成的大量数据进行高度浓缩整理后编制而成的。资产负债表集中反映了企业在该特定日期所拥有或控制的经济资源，所承担的现有义务和所有者对净资产的要求权。资产负债表是企业的主要财务报表之一，每个独立核算的企业必须按期限编制资产负债表。

2. 资产负债表的结构与内容

资产负债表的结构，包括表首标题、报表主体和附注三部分。表首标题列示资产负债表的名称、编制单位、编制日期、货币单位等；报表主体包括资产、负债和所有者权益各项目的期初和期末数，是资产负债表的主要部分，反映企业在一定日期的资产、负债和所有者权益的状况；附注则用于进一步说明报表的主要项目和编制基础。

3. 资产负债表的格式

资产负债表的格式包括账户式和报告式两种。账户式在报表左方列示资产类项目，右方列示负债和所有者权益项目，从而使资产负债表左右两方平衡。其格式参见表10-1。

另一种格式为报告式，即按上下顺序依次排列资产、负债和所有者权益项目，故又称垂直式资产负债表。其格式大致如表10-2所示。

我国一般企业采用账户式（表10-1）的资产负债表，报告式（表10-2）的资产负债表多见于英、美等国家。在上市公司的年报中，为提供三期及以上的比较数据，通常需采用上下结构的报告式资产负债表。

表 10-1　　　　　　　　　　　资产负债表（账户式）　　　　　　　　会企 01 表

编制单位：　　　　　　　　　　　　年　月　日　　　　　　　　　　　单位：元

资产	期末余额	上年年末余额	负债和所有者权益	期末余额	上年年末余额
流动资产：			流动负债：		
			非流动负债：		
非流动资产：			所有者权益（或股东权益）：		
资产总计			负债和所有者权益总计		

（表体）

补充资料
1.
2.

（补充资料）

表 10-2　　　　　　　　　　　资产负债表（报告式）

项　　目	金　　额
一、资产	
1.……	
2.……	
……	
二、负债	
1.……	
2.……	
……	
三、所有者权益	
1.……	
2.……	
……	

二、编制资产负债表前的准备工作

编制资产负债表前，要认真清查财产物资，处理各种悬账悬案，核对账簿记录，调整和结转有关账项，做到账账相符和账实相符，才能保证会计报表的质量。例如，资产发生了盘盈盘亏的，要及时清理，一方面调整账实相符，另一方面及时将待处理项目结转；编表前，对于本期应进行摊提的各项目均应按规定比例、规定计提基数、规定期限计算摊提。如各项资产减值准备的计提、无形资产的摊销等。

在实务中,编制资产负债表前,一般先要进行试算平衡,编制试算平衡表,格式见表 10-3。

表 10-3　　　　　　　　　　　　总分类账试算平衡表

账户名称	期初余额		本期发生额		期末余额	
	借方	贷方	借方	贷方	借方	贷方
合计						

试算平衡不是编表必不可少的步骤,但先试算平衡后再编表有利于报表的准确。

三、资产负债表的编制方法

资产负债表的表样见表 10-4。

表 10-4　　　　　　　　　　资产负债表　　　　　　　　　会企 01 表
编制单位:　　　　　　　　　　年　月　日　　　　　　　　　单位:元

资产	期末余额	上年年末余额	负债和所有者权益	期末余额	上年年末余额
流动资产:			流动负债:		
货币资金			短期借款		
交易性金融资产			交易性金融负债		
衍生金融资产			衍生金融负债		
应收票据			应付票据		
应收账款			应付账款		
应收款项融资			预收款项		
预付款项			合同负债		
其他应收款			应付职工薪酬		
存货			应交税费		
合同资产			其他应付款		
持有待售资产			持有待售负债		
一年内到期的非流动资产			一年内到期的非流动负债		
其他流动资产			其他流动负债		
流动资产合计			流动负债合计		
非流动资产:			非流动负债:		
债权投资			长期借款		
其他债权投资			应付债券		
长期应收款			其中:优先股		

续表

资　产	期末余额	上年年末余额	负债和所有者权益	期末余额	上年年末余额
长期股权投资			永续债		
其他权益工具投资			租赁负债		
其他非流动金融资产			长期应付款		
投资性房地产			预计负债		
固定资产			递延收益		
在建工程			递延所得税负债		
生产性生物资产			其他非流动负债		
油气资产			非流动负债合计		
使用权资产			负债合计		
无形资产			所有者权益(或股东权益):		
开发支出			实收资本(或股本)		
商誉			其他权益工具		
长期待摊费用			其中：优先股		
递延所得税资产			永续债		
其他非流动资产			资本公积		
非流动资产合计			减：库存股		
			其他综合收益		
			专项储备		
			盈余公积		
			未分配利润		
			所有者权益(或股东权益)合计		
资产总计			负债和所有者权益(或股东权益)总计		

(一) 资产负债表"上年年末余额"栏的填列方法

资产负债表"年初数"栏内各项数字，应根据上年年末资产负债表"期末余额"栏内所列数字填列。如果上年度资产负债表规定的各个项目的名称和内容同本年度不相一致，应对上年年末资产负债表各项目的名称和数额按照本年度的规定进行调整，填入资产负债表"年初余额"栏内。

(二) 资产负债表"期末数"栏的填列方法

资产负债表"期末数"栏各项数据，主要通过以下几种方式取得。

1. 根据总账账户余额直接填列

资产负债表中的大部分项目,都可以根据相应的总账账户余额直接填列。如"短期借款""应付票据""实收资本""资本公积""盈余公积"等项目。

2. 根据几个总账账户的余额计算填列

资产负债表中有些项目需要根据若干个总账账户的期末余额计算填列。

如"货币资金"项目,需要根据"库存现金""银行存款"和"其他货币资金"三个总账账户的期末余额的合计数填列。

"存货"项目需要根据"原材料""委托加工物资""周转材料""材料采购""在途物资""发出商品""材料成本差异"等总账科目期末余额的分析汇总数,再减去"存货跌价准备"科目余额后的净额填列。

3. 根据明细账户的余额分析计算填列

资产负债表中某些项目需要根据有关账户所属的相关明细账户的期末余额计算填列,如"应付账款"项目,应根据"应付账款"和"预付账款"科目所属的相关明细科目的期末贷方余额合计数填列。"应收账款"项目,应根据"应收账款"科目的期末余额,减去"坏账准备"科目中相关坏账准备期末余额后的金额分析填列。

4. 根据总账账户和明细账户余额分析计算填列

资产负债表中的某些项目需要根据总账账户和明细账户的余额分析计算填列,如"长期借款"项目需要根据"长期借款"总账账户的余额扣除"长期借款"账户下的明细账户中反映的将于一年内到期,且企业不能自主地将清偿义务展期的长期借款部分的余额填列。

5. 根据账户余额减去其备抵项目后的净额填列

资产负债表中的有些项目,需要根据该账户的期末余额,减去其所计提的减值准备后的净额填列。主要有"应收账款""存货""其他债权投资""债权投资""投资性房地产""长期股权投资""固定资产""在建工程""无形资产""长期应收款"等。而"长期应收款",其备抵科目为未实现融资收益,"长期应付款",其备抵科目为未确认融资费用。如"固定资产"项目,应当根据"固定资产"账户的期末余额,减去"累计折旧"和"固定资产减值准备"科目的期末余额后的金额,以及"固定资产清理"科目的期末余额填列;"无形资产"项目,应当根据"无形资产"账户的期末余额减去"累计摊销""无形资产减值准备"备抵账户余额后的净额填列。

6. 综合运用以上各种方法分析填列

例如,"存货"项目的填列,要考虑各个总账科目余额,还应减去"存货跌价准备"账户余额。

(三)"期末余额"各项目的具体内容和填列方法

(1)"货币资金"项目。反映企业库存现金、银行基本存款户存款、银行一般存款户存款、外埠存款、银行汇票存款等的合计数。本项目应根据"库存现金""银行存款""其他货币资金"账户期末余额的合计数填列。

(2)"交易性金融资产"项目。反映企业分类为以公允价值计量且其变动计入当期损益的为交易目的所持有的金融资产,以及企业持有的指定为以公允价值计量且其变动计入当期损益的金融资产的期末账面价值。本项目应根据"交易性金融资产"账户的相关明细科目期末余额分析填列。自资产负债表日起超过一年到期且预期持有超过一年的以公允价值计量且其变动计入当期损益的非流动金融资产的期末账面价值,在"其他非流动金融资产"项目反映。

(3)"应收票据"项目。反映资产负债表日以摊余成本计量的、企业因销售商品、提供服务等而收到的商业汇票,包括银行承兑汇票和商业承兑汇票。本项目应根据"应收票据"账户的期末余额减去"坏账准备"账户中有关应收票据计提的坏账准备期末余额后的金额分析填列。

(4)"应收账款"项目。反映资产负债表日以摊余成本计量的、企业因销售商品、提供服务等经营活动应收取的款项。该项目应根据"应收账款"科目的期末余额,减去"坏账准备"科目中相关坏账准备期末余额后的金额分析填列。

(5)"应收款项融资"项目,反映资产负债表日以公允价值计量且其变动计入其他综合收益的应收票据和应收账款等。

(6)"预付款项"项目。反映企业按照购货合同规定预付给供应单位的款项等。本项目根据"预付账款"和"应付账款"账户所属各明细账户的期末借方余额合计,减去"坏账准备"账户中有关预付账款计提的坏账准备期末余额后的金额填列。如"预付账款"账户所属明细账户期末有贷方余额的,应在资产负债表"应付账款"项目内填列。

(7)"其他应收款"项目。反映企业除应收票据、应收账款、预付账款等经营活动以外的其他各种应收、暂付的款项。应根据"应收利息""应收股利"和"其他应收款"科目的期末余额合计数,减去"坏账准备"科目中相关坏账准备期末余额后的金额填列。其中的"应收利息"仅反映相关金融工具已到期可收取但于资产负债表日尚未收到的利息。基于实际利率法计提的金融工具的利息应包含在相应金融工具的账面余额中。

(8)"存货"项目。反映企业期末在库、在途和在加工中的各项存货的可变现净值或成本(成本与可变现净值孰低)。包括各种材料、商品、在产品、半成品、包装物、低值易耗品、委托代销商品和发出商品等。本项目应根据"在途物资(材料采购)""原材料""库存商品""周转材料""受托代销商品""委托加工物资""生产成本"和"劳务成本"等账户的期末余额合计数,减去"存货跌价准备""受托代销商品款"账户期末余额后的金额填列。材料采用计划成本核算以及库存商品采用计划成本或售价核算的企业,还应按加或减材料成本差异、商品进销差价后的金额填列。

(9)"合同资产"项目。企业应按照收入准则的相关规定,根据本企业履行履约义务与客户付款之间的关系在资产负债表中列示的合同资产。"合同资产"项目应根据"合同资产"科目的相关明细科目的期末余额分析填列,同一合同下的合同资产和合同负债应当以净额列示,其中净额为借方余额的,应当根据其流动性在"合同资产"或"其他非流动资产"项目中填列,已计提减值准备的,还应减去"合同资产减值准备"科目中相关的期末余额后的金额填列。

(10)"持有待售资产"项目。反映资产负债表日划分为持有待售类别的非流动资产及划分为持有待售类别的处置组中的流动资产和非流动资产的期末账面价值。该项目应根据"持有待售资产"科目的期末余额,减去"持有待售资产减值准备"科目的期末余额后的金额填列。

(11)"一年内到期的非流动资产"项目。通常反映预计自资产负债表日起一年内变现的非流动资产。本项目应根据有关账户分析计算后填列。

(12)"其他流动资产"项目。反映企业除以上流动资产项目外的其他流动资产,本项目应根据有关账户的期末余额填列。

(13)"债权投资"项目。反映资产负债表日企业以摊余成本计量的长期债权投资的期末账面价值。该项目应根据"债权投资"科目的相关明细科目期末余额,减去"债权投资减值准备"科目中相关减值准备的期末余额后的金额分析填列。自资产负债表日起一年内到期的长期债权投资的期末账面价值,在"一年内到期的非流动资产"项目反映。企业购入的以摊余成本计量的一年内到期的债权投资的期末账面价值,在"其他流动资产"项目反映。

(14)"其他债权投资"项目。反映资产负债表日企业分类为以公允价值计量且其变动计入其他综合收益的长期债权投资的期末账面价值。该项目应根据"其他债权投资"科目的相关明细科目的期末余额分析填列。自资产负债表日起一年内到期的长期债权投资的期末账面价值,在"一年内到期的非流动资产"项目反映。企业购入的以公允价值计量且其变动计入其他综合收益的一年内到期的债权投资的期末账面价值,在"其他流动资产"项目反映。

(15)"其他权益工具投资"项目。反映资产负债表日企业指定为以公允价值计量且其变动计入其他综合收益的非交易性权益工具投资的期末账面价值。该项目应根据"其他权益工具投资"科目的期末余额填列。

(16)"长期应收款"项目。反映企业租赁资产产生的应收款项和采用递延方式分期收款、实质上具有融资性质的销售商品和提供劳务等经营活动产生的应收款项。本项目根据"长期应收款"期末余额,减去一年内到期的部分、"未实现融资收益"账户期末余额、"坏账准备"账户中按长期应收款计提的坏账准备后的金额填列。

(17)"长期股权投资"项目。反映企业持有的对子公司、联营企业和合营企业的长期股权投资。本项目应根据"长期股权投资"账户的期末余额,减去"长期股权投资减值准备"账户期末余额后填列。

(18)"固定资产"项目。反映资产负债表日企业固定资产的期末账面价值和企业尚未清理完毕的固定资产清理净损益。该项目应根据"固定资产"科目的期末余额,减去"累计折旧"和"固定资产减值准备"科目的期末余额后的金额,以及"固定资产清理"科目的期末余额填列。

(19)"在建工程"项目。反映资产负债表日企业尚未达到预定可使用状态的在建工程的期末账面价值和企业为在建工程准备的各种物资的期末账面价值。该项目应根据"在建工程"科目的期末余额,减去"在建工程减值准备"科目的期末余额后的金额,以及"工程物资"科目的期末余额,减去"工程物资减值准备"科目的期末余额后的金额填列。

(20)"生产性生物资产"项目。它是指为产出农产品、提供劳务或出租等目的而持有的生物资产。该项目应根据"生产性生物资产"科目的期末余额,减去"生产性生物资产折旧"和"生产性生物资产减值准备"科目的期末余额后的金额填列。

(21)"使用权资产"项目。反映资产负债表日承租人企业持有的使用权资产的期末账面价值。该项目应根据"使用权资产"科目的期末余额,减去"使用权资产累计折旧"和"使用权资产减值准备"科目的期末余额后的金额填列。

(22)"无形资产"项目。反映企业持有的各项无形资产的净值。本项目应根据"无形资产"账户的期末余额,减去"累计摊销"和"无形资产减值准备"账户期末余额后的金额填列。

(23)"开发支出"项目。反映企业开发无形资产过程中能够资本化形成无形资产成本的支出部分。本项目应根据"研发支出"账户中所属的"资本化支出"明细账户期末余额填列。

(24)"长期待摊费用"项目。反映企业已经发生但应由本期和以后各期负担的分摊期限在一年以上的各项费用。但长期待摊费用的摊销年限只剩一年或不足一年的,或预计在一年内(含一年)进行摊销的部分,不得归类为流动资产,仍在各该非流动资产项目中填列,不转入"一年内到期的非流动资产"项目。

(25)"商誉"项目。反映企业商誉的价值。本项目根据"商誉"账户期末余额填列。

(26)"递延所得税资产"项目。反映企业根据所得税准则确认的可抵扣暂时性差异产生的所得税资产。本项目根据"递延所得税资产"账户期末余额填列。

(27)"其他非流动资产"项目。反映企业除上述非流动资产以外的其他非流动资产。本项目应根据有关账户的期末余额填列。

(28)"短期借款"项目。反映企业向银行或其他金融机构等借入的期限在一年以下(含一年)的借款。本项目应根据"短期借款"账户的期末余额填列。

(29)"交易性金融负债"项目。反映资产负债表日企业承担的交易性金融负债,以及企业持有的指定为以公允价值计量且其变动计入当期损益的金融负债的期末账面价值。本项目根据"交易性金融负债"账户期末余额填列。

(30)"应付票据"项目。反映资产负债表日以摊余成本计量的、企业因购买材料、商品和接受劳务供应等而开出、承兑的商业汇票,包括银行承兑汇票和商业承兑汇票。本项目应根据"应付票据"账户的期末余额填列。

(31)"应付账款"项目。反映资产负债表日以摊余成本计量的、企业因购买材料、商品和接受劳务供应等经营活动应支付的款项。本项目应根据"应付账款"和"预付账款"账户所属各明细账户的期末贷方余额合计填列;如"应付账款"账户所属明细账户期末有借方余额的,应在资产负债表"预付款项"项目内填列。

(32)"预收款项"项目。反映企业按合同规定预收供应单位的款项。本项目根据"预收账款"和"应收账款"账户所属各明细账户的期末贷方余额合计数填列;如"预收账款"账户所属明细账户期末有借方余额的,应在资产负债表"应收账款"项目内填列。

(33)"合同负债"项目。企业应按照收入准则的相关规定,根据本企业履行履约义务与客户付款之间的关系在资产负债表中列示合同负债。"合同负债"项目,应根据"合同负债"科目的相关明细科目的期末余额分析填列,同一合同下的合同资产和合同负债应当以净额列示,其中净额为贷方余额的,应当根据其流动性在"合同负债"或"其他非流动负债"项目中填列。

(34)"应付职工薪酬"项目。反映企业为获得职工提供的服务或解除劳动关系而给予的各种形式的报酬或补偿。本项目应根据"应付职工薪酬"账户的期末贷方余额分析填列,如"应付职工薪酬"账户期末为借方余额,以"一"号填列。外商投资企业按规定从净利润中提取的职工奖励及福利基金,也在本项目列示。

(35)"应交税费"项目。反映企业按照税法规定计算应缴纳的各种税费,包括增值税、消费税、所得税、资源税、土地增值税、城市维护建设税、房产税、土地使用税、车船使用税、教育费附加等。企业代扣代缴的个人所得税,也通过本项目列示。企业所缴纳的税金不需要预计应交数的,如印花税、耕地占用税等,不在本项目列示。本项目应根据"应交税费"账户的期末贷方余额填列。需要注意的是,"应交税费"账户下的"应交增值税""未交增值税""待抵扣进项税额""待认证进项税额""增值税留抵税额"等明细科目期末借方余额应根据情况,在资产负债表中的"其他流动资产"或"其他非流动资产"项目列示;"应交税费——待转销项税额"等科目期末贷方余额应根据情况,在资产负债表中的"其他流动负债"或"其他非流动负债"项目列示;"应交税费"账户下的"未交增值税""简易计税""转让金融商品应交增值税""代扣代缴增值税"等明细科目期末贷方余额应在资产负债表中的"应交税费"项目列示。

(36)"其他应付款"项目。反映除应付票据、应付账款、预收账款、应付职工薪酬、应交税费等经营活动以外的其他各项应付、暂收的款项。本项目应根据"应付利息""应付股利"和"其他应付款"科目的期末余额合计数填列。其中的"应付利息"仅反映相关金融工具已到期应支付但于资产负债表日尚未支付的利息。基于实际利率法计提的金融工具的利息应包含在相应金融工具的账面余额中。

(37)"持有待售负债"项目。反映资产负债表日处置组中与划分为持有待售类别的资产直接相关的负债的期末账面价值。该项目应根据"持有待售负债"科目的期末余额填列。

(38)"一年内到期的非流动负债"项目。反映企业非流动负债中将于资产负债表日后一年内到期部分的金额,包括一年内到期的长期借款、长期应付款和应付债券。本项目应根据上述账户分析计算后填列。

(39)"其他流动负债"项目。反映企业除以上流动负债以外的其他流动负债。本项目应根据有关账户的期末余额填列。"应交税费——待转销项税额"等科目期末贷方余额应根据情况,在"其他流动负债"或"其他非流动负债"项目列示。

(40)"长期借款"项目。反映企业向银行或其他金融机构等借入的期限在一年以上(不含一年)的各项借款。本项目应根据"长期借款"账户的期末余额减去一年内到期部分的金额填列。

(41)"应付债券"项目。反映企业为筹集长期资金而发行的债券本金和利息。本项目应根据"应付债券"账户期末余额减去一年内到期部分的金额填列。对于优先股和永续债,还应在本项目下的"优先股"项目和"永续债"项目分别填列。

(42)"租赁负债"项目,反映资产负债表日承租人企业尚未支付的租赁付款额的期末账面价值。该项目应根据"租赁负债"科目的期末余额填列。自资产负债表日起一年内到期应予以清偿的租赁负债的期末账面价值,在"一年内到期的非流动负债"项目反映。

(43)"长期应付款"项目。反映资产负债表日企业除长期借款和应付债券以外的其他各种长期应付款项的期末账面价值。该项目应根据"长期应付款"科目的期末余额,减去相关的"未确认融资费用"科目的期末余额后的金额,以及"专项应付款"科目的期末余额填列。

(44)"预计负债"项目。反映企业根据或有事项等相关准则确认的各项预计负债,包括对外提供担保、未决诉讼、产品质量保证、重组义务以及固定资产和矿区权益弃置义务等产生的预计负债。本项目根据"预计负债"账户期末余额填列。对贷款承诺等项目计提的损失准备,应当在本项目中列示。

(45)"递延收益"项目。反映企业尚待确认的收入或收益,也可以说是暂时未确认的收益,它是权责发生制在收益确认上的运用。本项目核算包括企业根据政府补助准则确认的应在以后期间计入当期损益的政府补助金额、售后租回形成融资租赁的售价与资产账面价值差额等其他递延性收入。本项目根据"递延收益"账户期末余额填列。"递延收益"摊销期限只剩一年或不足一年的,或预计在一年内(含一年)进行摊销的部分,不得归类为流动负债,仍在该项目中填列,不转入"一年内到期的非流动负债"项目。

(46)"递延所得税负债"项目。反映企业根据应纳税暂时性差异确认的所得税负债。本项目根据"递延所得税负债"账户期末余额填列。

(47)"其他非流动负债"项目。反映企业除以上长期负债项目以外的其他非流动负债。本项目应根据有关账户的期末余额减去将于一年内(含一年)到期偿还数后的余额分析填列。将于一年内(含一年)到期的非流动负债,应在"一年内到期的非流动负债"项目内单独反映。

(48)"实收资本(或股本)"项目。反映企业各投资者实际投入的资本(或股本)总额。本项目应根据"实收资本(或股本)"账户的期末余额填列。

(49)"其他权益工具"项目。反映资产负债表日企业发行在外的除普通股以外分类为权益工具的金融工具的期末账面价值。对于优先股和永续债,还应在本项目下的"优先股"项目和"永续债"项目分别填列。

(50)"资本公积"项目。反映企业收到投资者出资超出其在注册资本或股本中所占的份额以及直接计入所有者权益的利得和损失等。本项目应根据"资本公积"账户的期末余额填列,其中"库存股"按"库存股"账户余额填列。

(51)"其他综合收益"项目。反映企业其他综合收益的期末余额。本项目应根据"其他综合收益"科目的期末余额填列。

(52)"专项储备"项目。反映高危行业企业按国家规定提取的安全生产费的期末账面价值。该项目应根据"专项储备"科目的期末余额填列。

(53)"盈余公积"项目。反映企业盈余公积的期末余额。本项目应根据"盈余公积"账户的期末余额填列。

(54)"未分配利润"项目。反映企业尚未分配的利润。本项目应根据"本年利润"账户和"利润分配"账户的期末余额计算填列。如为未弥补的亏损,在本项目内以"一"号填列。

四、资产负债表编制举例

【做中学 10-1】精工公司 2×20 年 12 月 31 日各账户的期末余额如表 10-5 所示。

表 10-5　　　　　　　　　　科目余额表
2×20 年 12 月 31 日　　　　　　　　　　单位：万元

科目名称	借贷	上年年末余额	期末余额
库存现金	借	5	8
银行存款	借	1 420	1 809
其他货币资金	借	25	48
交易性金融资产	借	520	840
应收票据	借	115	105
应收账款	借	481	782
坏账准备(仅为应收账款所提)	贷	6	12
预付账款	借	25	45
其他应收款	借	10	16
材料采购	借	39	46
原材料	借	1 580	1 248
材料成本差异	贷	71	68
周转材料	借	133	144
库存商品	借	1 428	1 360
生产成本	借	2 160	2 018
存货跌价准备	贷	124	107
债权投资	借	565	848
其中：一年内到期部分	借	50	80
债权投资减值准备	贷	15	18
其他债权投资	借	400	500

续表

科 目 名 称	借贷	上年年末余额	期 末 余 额
长期股权投资	借	2 020	2 600
长期股权投资减值准备	贷	20	50
投资性房地产	借	800	900
投资性房地产累计折旧(成本模式)	贷		
投资性房地产减值准备	贷		
长期应收款	借	150	110
未实现融资收益	贷	20	10
固定资产	借	3 600	4 850
累计折旧	贷	2 170	1 850
固定资产减值准备	贷	20	0
在建工程	借	2 618	2 370
在建工程减值准备	贷	58	30
固定资产清理	借	120	120
无形资产	借	2 000	2 008
无形资产减值准备	贷	215	215
递延所得税资产	借	70	100
短期借款	贷	1 590	960
交易性金融负债	贷	120	150
应付票据	贷	680	280
应付账款	贷	1 250	680
预收账款	贷	50	30
应付职工薪酬	贷	650	515
应交税费	贷	890	620
应付股利	贷	160	120
应付利息	贷	80	50
其他应付款	贷	25	10
长期借款	贷	1 950	4 000
其中:一年内到期的本息	贷	130	30
应付债券	贷	500	560
长期应付款	贷	1 000	1 200
未确认融资费用	借	40	50
专项应付款	贷	210	220

续表

科目名称	借贷	上年年末余额	期末余额
实收资本	贷	5 200	5 220
资本公积	贷	100	100
盈余公积	贷	500	900
利润分配	贷	2 650	4 950

说明：以上账户余额中存在如下情况。

(1)"应收账款"总账账户借方余额782万元由两部分构成：所有借方有余额的明细账户合计882万元；所有贷方有余额的明细账户合计100万元。

(2)"预付账款"总账账户借方余额45万元由两部分构成：所有借方有余额的明细账户合计50万元；所有贷方有余额的明细账户合计5万元。

(3)"应付账款"总账账户贷方余额680万元由两部分构成：所有借方有余额的明细账户合计120万元；所有贷方有余额的明细账户合计800万元。

根据上述数据，精工公司2×20年12月31日编制的资产负债表，如表10-6所示。

表10-6　　　　　　　　　　资产负债表　　　　　　　　　　会企01表
编制单位：精工公司　　　　　2×20年12月31日　　　　　　　单位：万元

资产	期末余额	上年年末余额	负债和所有者权益	期末余额	上年年末余额
流动资产：			流动负债：		
货币资金	1 865	1 450	短期借款	960	1 590
交易性金融资产	840	520	交易性金融负债	150	120
衍生金融资产			衍生金融负债		
应收票据	105	115	应付票据	280	680
应收账款	870	475	应付账款	805	1 250
应收款项融资			预收款项	130	50
预付款项	170	25	合同负债		
其他应收款	16	10	应付职工薪酬	515	650
存货	4 641	5 145	应交税费	620	890
合同资产			其他应付款	180	265
持有待售资产			持有待售负债		
一年内到期的非流动资产	80	50	一年内到期的非流动负债	30	130
其他流动资产			其他流动负债		
流动资产合计	8 587	7 790	流动负债合计	3 670	5 625
非流动资产：			非流动负债：		
债权投资	750	500	长期借款	3 970	1 820

续表

资产	期末余额	上年年末余额	负债和所有者权益	期末余额	上年年末余额
其他债权投资	500	400	应付债券	560	500
长期应收款	100	130	其中：优先股		
长期股权投资	2 550	2 000	永续债		
其他权益工具投资			租赁负债		
其他非流动金融资产			长期应付款	1 150	960
投资性房地产	900	800	预计负债		
固定资产	3 120	1 530	递延收益		
在建工程	2 340	2 560	递延所得税负债		
生产性生物资产			其他非流动负债	220	210
油气资产			非流动负债合计	5 900	3 490
使用权资产			负债合计	9 570	9 115
无形资产	1 793	1 785	所有者权益（或股东权益）：		
开发支出			实收资本（或股本）	5 220	5 200
商誉			其他权益工具		
长期待摊费用			其中：优先股		
递延所得税资产	100	70	永续债		
其他非流动资产			资本公积	100	100
非流动资产合计	12 153	9 775	减：库存股		
			其他综合收益		
			专项储备		
			盈余公积	900	500
			未分配利润	4 950	2 650
			所有者权益（或股东权益）合计	11 170	8 450
资产总计	20 740	17 565	负债和所有者权益（或股东权益）总计	20 740	17 565

本例中，资产负债表有关项目的数据计算说明如下。

（1）"应收账款"项目金额＝"应收账款"所属明细账户的借方余额之和＋"预收账款"所属明细账户的借方余额之和－"坏账准备"账户的余额＝882＋0－12＝870(万元)。

（2）"预收款项"项目金额＝"预收账款"所属明细账户的贷方余额之和＋"应收账款"所属明细账户的贷方余额之和＝30＋100＝130(万元)。

（3）"应付账款"项目金额＝"应付账款"所属明细账户的贷方余额之和＋"预付账款"所属明细账户的贷方余额之和＝800＋5＝805(万元)。

（4）"预付款项"项目金额＝"预付账款"所属明细账户的借方余额之和＋"应付账款"所属明细账户的借方余额之和＝50＋120＝170(万元)。

学习情境三 利润表的编制

随堂测：资产负债表的编制

一、利润表的概念及结构

（一）利润表的概念和内容

利润表是指反映企业在一定会计期间的经营成果的会计报表。

利润表可以反映企业在一定会计期间收入、费用、利润（或亏损）的数额及构成情况，帮助财务报表使用者全面了解企业的经营成果，分析企业的获利能力及盈利增长趋势，从而为其做出经济决策提供依据。

利润表属于动态会计报表，主要依据会计的收入实现原则和配比原则，即把一定会计期间的营业收入与同一会计期间的营业费用（成本）相配比，以"收入－费用＝利润"的会计等式为基础，按照各项收入、费用以及构成利润的各个项目分类分项编制而成的、反映企业经营成果的会计报表。

根据《企业会计准则第30号——财务报表列报》的规定：在利润表中，费用应当按照功能分类，分为从事经营业务发生的成本、管理费用、销售费用和财务费用等。利润表至少应当单独列示反映下列信息的项目：营业收入、营业成本、营业税金、管理费用、销售费用、财务费用、投资收益、公允价值变动损益、信用减值损失、资产减值损失、资产处置损益、所得税费用和净利润。在合并利润表中，企业应当在净利润项目之下单独列示归属于母公司的损益和归属于少数股东的损益。

（二）利润表的结构

利润表常见的格式有如下两种。

1. 单步式利润表

单步式利润表是将本期发生的所有收入集中在一起列示，将所有的成本、费用支出类也集中在一起列示，然后将收入类合计减去成本费用类合计，计算出本期净利润（或亏损）。

在单步式下，利润表分为营业收入和收益、营业费用和损失、净利润三部分。营业收入和收益包括营业收入、营业外收入和投资收益等；营业费用和损失包括营业成本、销售费用、管理费用、财务费用、营业外支出、投资损失等；净利润是两者计算的结果。单步式利润表对于营业收入和一切费用支出一视同仁，不分彼此先后，不像多步式利润表中必须区分费用和支出与收入配比的先后层次。由于单步式利润表所表示的都是未经加工的原始资料，所以便于会计报表使用者的理解，但不能反映利润的形成过程及一些有意义的中间信息，如营业利润等无法直接反映出来，在一定程度上降低了利润表的有用性。

2. 多步式利润表

多步式利润表中的当期净利润，是通过多步式计算确定的，通常分为以下几步。

第一步,计算营业利润。以营业收入为基础,减去营业成本、税金及附加,减去销售费用、管理费用、财务费用、信用减值损失、资产减值损失、公允价值变动损失(加收益)和投资损失(加收益),计算出营业利润。

第二步,计算利润总额。在营业利润的基础上,加上营业外收入,减去营业外支出,计算出本期实现的利润总额,即税前会计利润。

第三步,计算净利润。从税前会计利润中减去所得税费用,计算出本期的净利润(或净亏损)。

第四步,计算每股收益,分为基本每股收益和稀释的每股收益。

第五步,以净利润(或净亏损)和其他综合收益为基础,计算综合收益总额。

多步式利润表将收入和费用项目加以归类,列示一些中间性收益指标,分步反映净利润的构成内容,可以明显地看出利润的形成过程,能提供丰富的会计信息。这样,既有利于对企业的生产经营情况进行分析,也有利于预测企业今后的盈利能力。

我国企业会计准则规定要求企业采用多步式利润表,其基本格式如表10-7所示。

表10-7 利 润 表 会企02表

编制单位: 年 月 单位:元

项　　目	本期金额	上期金额
一、营业收入		
减:营业成本		
税金及附加		
销售费用		
管理费用		
研发费用		
财务费用		
其中:利息费用		
利息收入		
加:其他收益		
投资收益(损失以"-"号填列)		
其中:对联营企业和合营企业的投资收益		
以摊余成本计量的金融资产终止确认收益(损失以"-"号填列)		
净敞口套期收益(损失以"-"号填列)		
公允价值变动收益(损失以"-"号填列)		
信用减值损失(损失以"-"号填列)		
资产减值损失(损失以"-"号填列)		
资产处置收益(损失以"-"号填列)		
二、营业利润(亏损以"-"号填列)		
加:营业外收入		

续表

项　　目	本期金额	上期金额
减：营业外支出		
三、利润总额（亏损总额以"－"号填列）		
减：所得税费用		
四、净利润（净亏损以"－"号填列）		
（一）持续经营净利润（净亏损以"－"号填列）		
（二）终止经营净利润（净亏损以"－"号填列）		
五、其他综合收益的税后净额		
（一）不能重分类进损益的其他综合收益		
1.重新计量设定受益计划变动额		
2.权益法下不能转损益的其他综合收益		
3.其他权益工具投资公允价值变动		
4.企业自身信用风险公允价值变动		
……		
（二）将重分类进损益的其他综合收益		
1.权益法下可转损益的其他综合收益		
2.其他债权投资公允价值变动		
3.金融资产重分类计入其他综合收益的金额		
4.其他债权投资信用减值准备		
5.现金流量套期储备		
6.外币财务报表折算差额		
……		
六、综合收益总额		
七、每股收益		
（一）基本每股收益		
（二）稀释每股收益		

二、利润表的编制方法

（一）"上期金额"栏的填列

利润表中的"上期金额"栏内各项数字，应根据上年度利润表"本期金额"栏内所列数字填列。如果上年度利润表规定的各个项目的名称和内容同本年度不相一致，应对上年度利润表各项目的名称和数字按照本年度的规定进行调整，填入本表"上期金额"栏内。

微课：利润表的
编制方法

(二)"本期金额"栏的填列

利润表中的"本期金额"栏反映各项目的本期实际发生数,主要根据各损益类账户的发生额填列,见表 10-8。

表 10-8   "本期金额"栏填列

项 目	填列方法
一、营业收入	="主营业务收入"+"其他业务收入"
减:营业成本	="主营业务成本"+"其他业务成本"
税金及附加	="税金及附加"
销售费用	="销售费用"
管理费用	="管理费用"
研发费用	="管理费用"科目下相关明细科目的发生额
财务费用	="财务费用"
其中:利息费用	="财务费用"科目下相关明细科目
利息收入	="财务费用"科目下相关明细科目
信用减值损失	="信用减值损失"
资产减值损失	="资产减值损失"
加:其他收益	="其他收益"
投资收益(损失以"-"号填列)	="投资收益"
公允价值变动收益(损失以"-"号填列)	="公允价值变动损益"
资产处置收益	="资产处置损益"
二、营业利润(亏损以"-"号填列)	推算认定
加:营业外收入	="营业外收入"
减:营业外支出	="营业外支出"
三、利润总额(亏损以"-"号填列)	推算认定
减:所得税费用	="所得税费用"
四、净利润(净亏损以"-"号填列)	推算认定
五、其他综合收益的税后净额	
六、综合收益总额	
七、每股收益:	
(一)基本每股收益	
(二)稀释每股收益	

1. 根据损益类账户的本期发生净额直接填列

利润表中的项目绝大部分均与损益类账户名称相同,这些项目均可根据损益类账户

的本期发生净额直接填列。这些项目有税金及附加、销售费用、管理费用、财务费用、公允价值变动损益、其他收益、投资收益、资产处置收益、营业外收入、营业外支出、所得税费用。

2. 根据损益类账户的本期发生额合并填列

利润表中的"营业收入"项目,根据损益类账户中的"主营业务收入"与"其他业务收入"发生额相加后的金额填列;"营业成本"项目,根据损益类账户中的"主营业务成本"与"其他业务成本"发生额相加后的金额填列。

3. 根据表内项目计算填列

利润表中的"营业利润""利润总额"和"净利润"项目是根据表内项目的加减计算结果填列的。"每股收益""基本每股收益""稀释每股收益"项目是根据平均计算结果填列的。

(三) 本期金额栏各项目的具体填列

(1)"营业收入"项目。反映企业经营主要业务和其他业务所确认的收入总额。本项目应根据"主营业务收入"和"其他业务收入"账户的贷方发生额扣除借方发生额后的净额计算填列。

(2)"营业成本"项目。反映企业经营主要业务和其他业务发生的实际成本总额。本项目应根据"主营业务成本"和"其他业务成本"账户的借方发生额扣除贷方发生额后的净额计算填列。

(3)"税金及附加"项目。反映企业经营业务应负担的消费税、城市维护建设税、资源税和教育费附加等。本项目应根据"税金及附加"账户的发生额分析填列。

(4)"销售费用"项目。反映企业在销售商品过程中发生的包装费、广告费等费用和为销售本企业商品而专设的销售机构的职工薪酬、业务费等经营费用。本项目应根据"销售费用"账户的发生额分析填列。

(5)"管理费用"项目。反映企业为组织和管理生产经营发生的管理费用。本项目应根据"管理费用"账户的发生额分析填列。

(6)"研发费用"项目。反映企业进行研究与开发过程中发生的费用化支出,以及计入管理费用的自行开发无形资产的摊销。该项目应根据"管理费用"科目下的"研究费用"明细科目的发生额,以及"管理费用"科目下的"无形资产摊销"明细科目的发生额分析填列。

(7)"财务费用"项目。反映企业筹集生产经营所需资金等而发生的筹资费用。本项目应根据"财务费用"账户的发生额分析填列。

"财务费用"项目下的"利息费用"项目,反映企业为筹集生产经营所需资金等而发生的应予费用化的利息支出。该项目应根据"财务费用"科目的相关明细科目的发生额分析填列。该项目作为"财务费用"项目的其中项,以正数填列。

"财务费用"项目下的"利息收入"项目,反映企业按照相关会计准则确认的应冲减财务费用的利息收入。该项目应根据"财务费用"科目的相关明细科目的发生额分析填列。

该项目作为"财务费用"项目的其中项，以正数填列。

(8)"其他收益"项目。反映计入其他收益的政府补助，以及其他与日常活动相关且计入其他收益的项目。该项目应根据"其他收益"科目的发生额分析填列。企业作为个人所得税的扣缴义务人，根据《中华人民共和国个人所得税法》收到的扣缴税款手续费，应作为其他与日常活动相关的收益在该项目中填列。

(9)"投资收益"项目。反映企业以各种方式对外投资所取得的收益。本项目应根据"投资收益"账户的发生额分析填列，如为投资损失，本项目以"—"号填列。

其中，"对联营企业和合营企业的投资收益"，反映投资方对联营企业和合营企业持有长期股权投资过程中产生的投资收益。该项目应根据"投资收益"科目的相关明细科目的发生额分析填列；如为损失，以"—"号填列。

其中："以摊余成本计量的金融资产终止确认收益"，反映企业因转让等情形导致终止确认以摊余成本计量的金融资产而产生的利得或损失。该项目应根据"投资收益"科目的相关明细科目的发生额分析填列；如为损失，以"—"号填列。

(10)"公允价值变动收益"项目。反映企业应当计入当期损益的资产或负债公允价值变动收益。本项目应根据"公允价值变动损益"账户的发生额分析填列，如为净损失，本项目以"—"号填列。

(11)"信用减值损失"项目。反映企业按照金融工具准则的要求计提的各项金融工具信用减值准备所确认的信用损失。该项目应根据"信用减值损失"科目的发生额分析填列。

(12)"资产减值损失"项目。反映企业各项资产发生的减值损失。本项目应根据"资产减值损失"账户的发生额分析填列。

(13)"资产处置收益"项目。反映企业出售划分为持有待售的非流动资产（金融工具、长期股权投资和投资性房地产除外）或处置组（子公司和业务除外）时确认的处置利得或损失，以及处置未划分为持有待售的固定资产、在建工程、生产性生物资产及无形资产而产生的处置利得或损失。债务重组中因处置非流动资产（金融工具、长期股权投资和投资性房地产除外）产生的利得或损失和非货币性资产交换中换出非流动资产（金融工具、长期股权投资和投资性房地产除外）产生的利得或损失也包括在本项目内。该项目应根据"资产处置损益"科目的发生额分析填列；如为处置损失，以"—"号填列。

(14)"营业利润"项目。反映企业实现的营业利润。如为亏损，本项目以"—"号填列。

(15)"营业外收入"项目。反映企业发生的除营业利润以外的收益，主要包括与企业日常活动无关的政府补助、盘盈利得、捐赠利得（企业接受股东或股东的子公司直接或间接的捐赠，经济实质属于股东对企业的资本性投入的除外）等。该项目应根据"营业外收入"科目的发生额分析填列。

(16)"营业外支出"项目。反映企业发生的除营业利润以外的支出，主要包括公益性捐赠支出、非常损失、盘亏损失、非流动资产毁损报废损失等。该项目应根据"营业外支出"科目的发生额分析填列。"非流动资产毁损报废损失"通常包括因自然灾害发生毁损、已丧失使用功能等原因而报废清理产生的损失。

企业在不同交易中形成的非流动资产毁损报废利得和损失不得相互抵销,应分别在"营业外收入"项目和"营业外支出"项目进行填列。

(17)"利润总额"项目。反映企业实现的利润,如为亏损,本项目以"一"号填列。

(18)"所得税费用"项目。反映企业根据所得税准则确认的应从当期利润总额中扣除的所得税费用。

(19)"净利润"项目。反映企业实现的净利润。如为亏损,本项目以"一"号填列。

(20)"其他综合收益的税后净额"项目。反映企业根据企业会计准则规定未在损益中确认的各项利得和损失(即直接计入所有者权益的利得和损失)扣除所得税影响后的净额。

(21)"综合收益总额"项目。反映企业净利润与其他综合收益的合计金额。

(22)"基本每股收益"项目。应当按照归属于普通股股东的当期净利润(如存在优先股,则净利润减去优先股股利后余额为归属于普通股股东的当期净利润),除以发行在外的普通股的加权平均数计算填列。

(23)"稀释每股收益"项目。企业存在稀释性潜在普通股的,则应分别调整归属于普通股股东的当期净利润和发行在外的普通股的加权平均股数,然后再根据调整后的归属于普通股股东的当期净利润除以发行在外的普通股的加权平均股数计算填列。

三、利润表编制举例

【做中学 10-2】 精工公司 2×20 年 12 月 31 日,有关损益类账户的资料如表 10-9 所示。

表 10-9　　　　　　　　　精工公司损益科目发生额　　　　　　　　单位:万元

会计科目	借贷	本年数	上年数
主营业务收入	贷	55 050	33 035
其他业务收入	贷	890	1 385
主营业务成本	借	38 500	22 383
其他业务成本	借	690	1 087
税金及附加	借	2 750	1 650
销售费用	借	1 820	895
管理费用	借	3 750	2 250
财务费用	借	820	655
资产减值损失	借	300	200
公允价值变动损益	贷	200	140
投资收益	贷	120	120
营业外收入	贷	40	30
营业外支出	借	60	50
所得税费用	借	2 570	1 828

根据上述数据,精工公司 2×20 年 12 月 31 日编制的利润表,如表 10-10 所示。

表 10-10 利润表 会企 02 表

编制单位:精工公司　　　2×20 年 12 月　　　单位:万元

项　目	本期金额	上期金额
一、营业收入	55 940	34 420
减:营业成本	39 190	23 470
税金及附加	2 750	1 650
销售费用	1 820	895
管理费用	3 750	2 250
研发费用		
财务费用	820	655
其中:利息费用		
利息收入		
加:其他收益		
投资收益(损失以"-"号填列)	120	120
其中:对联营企业和合营企业的投资收益		
以摊余成本计量的金融资产终止确认收益(损失以"-"号填列)		
净敞口套期收益(损失以"-"号填列)		
公允价值变动收益(损失以"-"号填列)	200	140
信用减值损失(损失以"-"号填列)		
资产减值损失(损失以"-"号填列)	300	200
资产处置收益(损失以"-"号填列)		
二、营业利润(亏损以"-"号填列)	7 630	5 560
加:营业外收入	40	30
减:营业外支出	60	50
三、利润总额(亏损总额以"-"号填列)	7 610	5 540
减:所得税费用	2 570	1 828
四、净利润(净亏损以"-"号填列)	5 040	3 712
(一)持续经营净利润(净亏损以"-"号填列)		
(二)终止经营净利润(净亏损以"-"号填列)		

续表

项　　目	本期金额	上期金额
五、其他综合收益的税后净额		
（一）不能重分类进损益的其他综合收益		
1.重新计量设定受益计划变动额		
2.权益法下不能转损益的其他综合收益		
3.其他权益工具投资公允价值变动		
4.企业自身信用风险公允价值变动		
……		
（二）将重分类进损益的其他综合收益		
1.权益法下可转损益的其他综合收益		
2.其他债权投资公允价值变动		
3.金融资产重分类计入其他综合收益的金额		
4.其他债权投资信用减值准备		
5.现金流量套期储备		
6.外币财务报表折算差额		
……		
六、综合收益总额	5 040	3 712
七、每股收益		
（一）基本每股收益		
（二）稀释每股收益		

学习情境四　现金流量表的主要内容

一、现金流量表概述

随堂测：利润表的编制

现金流量表是反映企业在一定会计期间现金和现金等价物流入和流出的报表。

通过现金流量表可以为报表使用者提供企业一定会计期间内现金和现金等价物流入和流出的信息，便于使用者了解和评价企业获取现金和现金等价物的能力，并据以预测企业未来现金流量。

现金流量是指一定会计期间内企业现金和现金等价物的流入和流出。企业从银行提取现金、用现金购买短期到期的国库券等现金和现金等价物之间的转换不属于现金流量。

现金是指企业库存现金以及可以随时用于支付的存款,包括库存现金、银行存款和其他货币资金(如外埠存款、银行汇票存款、银行本票存款等)等。不能随时用于支付的存款不属于现金。

现金等价物是指企业持有的期限短、流动性强、易于转换为已知金额现金、价值变动风险很小的投资。期限短,一般是指从购买日起三个月内到期。现金等价物通常包括三个月内到期的债券投资等,如划分为交易性金融资产的债券。权益性投资变现的金额通常不确定,因而不属于现金等价物。企业应当根据具体情况,确定现金等价物的范围,一经确定不得随意变更。

企业产生的现金流量分为以下三类。

1. 经营活动产生的现金流量

经营活动是指企业投资活动和筹资活动以外的所有交易和事项。经营活动主要包括销售商品或提供劳务、购买商品、接受劳务、支付工资和缴纳税款等流入和流出现金和现金等价物的活动或事项。

2. 投资活动产生的现金流量

投资活动是指企业长期资产的购建和不包括在现金等价物范围内的投资及其处置活动。投资活动主要包括购建固定资产、处置子公司及其他营业单位等流入和流出的现金和现金等价物的活动或事项。

3. 筹资活动产生的现金流量

筹资活动是指导致企业资本及债务规模和构成发生变化的活动。筹资活动主要包括吸收投资、发行股票、分配利润、发行债券、偿还债务等流入和流出现金和现金等价物的活动或事项。偿付应付账款、应付票据等商业应付款项属于经营活动,不属于筹资活动。

二、现金流量表的结构

我国企业现金流量表采用报告式结构,分类反映经营活动产生的现金流量、投资活动产生的现金流量和筹资活动产生的现金流量,最后汇总反映企业某一期间现金及现金等价物的净增加额。

我国企业现金流量表正表及补充资料的格式如表 10-11 和表 10-12 所示。

表 10-11　　　　　　　　　　现金流量表　　　　　　　　会企 03 表
编制单位:　　　　　　　　　　年　月　　　　　　　　　　单位:元

项　目	行次	本期金额	上期金额
一、经营活动产生的现金流量			
销售商品、提供劳务收到的现金			
收到的税费返还			

续表

项　　目	行次	本期金额	上期金额
收到其他与经营活动有关的现金			
经营活动现金流入小计			
购买商品、接受劳务支付的现金			
支付给职工以及为职工支付的现金			
支付的各项税费			
支付其他与经营活动有关的现金			
经营活动现金流出小计			
经营活动产生的现金流量净额			
二、投资活动产生的现金流量			
收回投资收到的现金			
取得投资收益收到的现金			
处置固定资产、无形资产和其他长期资产收回的现金净额			
处置子公司及其他营业单位收到的现金净额			
收到其他与投资活动有关的现金			
投资活动现金流入小计			
购建固定资产、无形资产和其他长期资产支付的现金			
投资支付的现金			
取得子公司及其他营业单位支付的现金净额			
支付其他与投资活动有关的现金			
投资活动现金流出小计			
投资活动产生的现金流量净额			
三、筹资活动产生的现金流量			
吸收投资收到的现金			
取得借款收到的现金			
收到其他与筹资活动有关的现金			
筹资活动现金流入小计			
偿还债务支付的现金			
分配股利、利润或偿付利息支付的现金			
支付其他与筹资活动有关的现金			
筹资活动现金流出小计			
筹资活动产生的现金流量净额			
四、汇率变动对现金及现金等价物的影响			

续表

项　目	行次	本期金额	上期金额
五、现金及现金等价物净增加额			
加：期初现金及现金等价物余额			
六、期末现金及现金等价物余额			

表 10-12　　　　　　　　　现金流量表补充资料

补 充 资 料	本期金额	上期金额
1. 将净利润调节为经营活动现金流量		
净利润		
加：资产减值准备		
固定资产折旧、油气资产损耗、生产性生物资产折旧		
无形资产摊销		
长期待摊费用摊销		
处置固定资产、无形资产和其他长期资产的损失（减：收益）		
固定资产报废损失		
公允价值变动损失（减：收益）		
财务费用（减：收益）		
投资损失（减：收益）		
递延所得税资产减少（减：增加）		
递延所得税负债增加（减：减少）		
存货的减少（减：增加）		
经营性应收项目的减少（减：增加）		
经营性应付项目的增加（减：减少）		
其他		
经营活动产生的现金流量净额		
2. 不涉及现金收支的投资和筹资活动		
债务转为资本		
一年内到期的可转换公司债券		
融资租入固定资产		
3. 现金及现金等价物净变动情况		
现金的期末金额		
减：现金的期初余额		

续表

补 充 资 料	本期金额	上期金额
加：现金等价物的期末余额		
减：现金等价物的期初余额		
现金及现金等价物净增加额		

三、现金流量表的编制介绍

（一）现金流量表的编制方法

在具体编制现金流量表时，企业可根据业务量的大小及复杂程度，采用工作底稿法、T型账户法，或直接根据有关科目的记录分析填列。

企业应当采用直接法列示经营活动产生的现金流量。直接法是指通过现金收入和现金支出的主要类别列示经营活动的现金流量。采用直接法编制的经营活动的现金流量时，一般以利润表中的营业收入为起算点，调整与经营活动有关的项目的增减变动，然后计算出经营活动的现金流量。采用直接法具体编制现金流量表时，可以采用工作底稿法或T型账户法，也可以根据有关科目记录分析填列。

（二）现金流量表各项目的内容和填列方法

1. 经营活动产生的现金流量各项目的内容和填列方法

（1）"销售商品、提供劳务收到的现金"项目。反映企业本期销售商品、提供劳务收到的现金，以及前期销售商品、提供劳务本期收到的现金（包括应向购买者收取的增值税销项税额）和本期预收的款项，减去本期销售本期退回商品和前期销售本期退回商品支付的现金。企业销售材料和代购代销业务收到的现金，也在本项目反映。计算公式为

销售商品、提供劳务收到的现金＝当期销售商品或提供劳务收到的现金收入
　　　　　　　　　　　　　　　＋当期收到前期的应收账款
　　　　　　　　　　　　　　　＋当期收到前期的应收票据＋当期的预收账款
　　　　　　　　　　　　　　　－当期因销售退回而支付的现金
　　　　　　　　　　　　　　　＋当期收回前期核销的坏账损失

或（使用报表项目资料情况下）
　　　　　　　　　　　　　　　＝营业收入＋本期收到的增值税销项税额
　　　　　　　　　　　　　　　＋（应收账款期初余额－应收账款期末余额）
　　　　　　　　　　　　　　　＋（应收票据期初余额－应收票据期末余额）
　　　　　　　　　　　　　　　＋（预收账款期末余额－预收账款期初余额）
　　　　　　　　　　　　　　　－本期计提的坏账准备－票据贴现的利息
　　　　　　　　　　　　　　　±其他特殊调整业务

(2)"收到的税费返还"项目。包括收到返还的增值税、消费税、营业税、关税、所得税、教育费附加等各种税费返还款。

(3)"收到其他与经营活动有关的现金"项目。反映企业经营租赁收到的租金、罚款收入、逾期未退还出租和出借包装物没收的押金收入、流动资产损失中由个人赔偿的现金收入等其他与经营活动有关的现金流入,金额较大的应当单独列示。本项目可以根据"营业外收入""其他应收款"等科目的记录分析填列。其计算公式为

收到其他与经营活动有关的现金＝"营业外收入"(处理固定资产收益等除外)
　　　　　　　　　　　　　　　＋"其他应收款"(备用金、租金除外)的减少净额
　　　　　　　　　　　　　　　＋"其他应付款"(押金、现金溢余)的增加净额

(4)"购买商品、接受劳务支付的现金"项目。反映企业本期购买商品、接受劳务实际支付的现金(包括增值税进项税额),以及本期支付前期购买商品、接受劳务的未付款项和本期预付款项,减去本期发生的购货退回收到的现金。企业购买材料和代购代销业务支付的现金,也在本项目反映。其计算公式为

购买商品、接受劳务支付的现金＝当期购买商品、接受劳务支付的现金
　　　　　　　　　　　　　　＋当期支付前期的应付账款
　　　　　　　　　　　　　　＋当期支付前期的应付票据
　　　　　　　　　　　　　　＋当期预付的账款－当期因购货退回收到的现金

或

　　　　　　　　　　　　　　＝购买商品、接受劳务产生的销售成本和进项税
　　　　　　　　　　　　　　＋应付账款本期减少额(期初－期末)
　　　　　　　　　　　　　　＋应付票据本期减少额(期初－期末)
　　　　　　　　　　　　　　＋预付款项本期增加额(期末－期初)
　　　　　　　　　　　　　　＋存货本期增加额(期末－期初)
　　　　　　　　　　　　　　±特殊调整业务

(5)"支付给职工以及为职工支付的现金"项目。为职工支付的工资包括本期实际支付给职工的工资、奖金、各种津贴和补贴等;其他为职工支付的现金包括为职工支付的养老保险、待业保险等社会保险基金、为职工支付的商业保险基金、支付给职工的住房困难补助等。不包括支付给在建工程人员的工资。其计算公式为

支付给职工以及为职工支付的现金＝"应付职工薪酬"账户借方发生额(不包括支付
　　　　　　　　　　　　　　　　给在建工程人员的工资、福利费用)

或

　　　　　　　　　　　　　　＝生产成本、制造费用、管理费用中职工薪酬
　　　　　　　　　　　　　　＋应付职工薪酬期初余额
　　　　　　　　　　　　　　－应付职工薪酬期末余额
　　　　　　　　　　　　　　－应付职工薪酬在建工程期初余额
　　　　　　　　　　　　　　－应付职工薪酬在建工程期末余额

(6)"支付的各项税费"项目。本项目反映企业实际支付的各种税费,包括本期发生并支付的税费,以及本期支付以前各期发生的税费和预交的税金,如支付的营业税、增值

税、消费税、所得税、教育费附加、印花税、房产税、土地增值税、车船使用税等。不包括本期退回的增值税、所得税。本期退回的增值税、所得税等，在"收到的税费返还"项目中反映。本项目可以根据"应交税费""库存现金""银行存款"等科目分析填列。

(7)"支付其他与经营活动有关的现金"项目。反映企业经营租赁支付的租金、支付的差旅费、业务招待费、保险费、罚款支出等其他与经营活动有关的现金流出，金额较大的应当单独列示。

2. 投资活动产生的现金流量各项目的内容和填列方法

(1)"收回投资收到的现金"项目。反映企业出售、转让或到期收回除现金等价物以外的交易性金融资产、可供出售金融资产、长期股权投资以及收回持有至到期投资本金而收到的现金，但处置子公司及其他营业单位收到的现金净额除外。

(2)"取得投资收益收到的现金"项目。反映企业除现金等价物以外的对其他企业的权益工具、债务工具和合营中的权益投资分回的现金股利和利息等。

(3)"处置固定资产、无形资产和其他长期资产收回的现金净额"项目。反映企业处置固定资产、无形资产和其他长期资产收到的现金（包括因资产毁损收到的赔偿款），减去处置资产而支付的有关费用后的净额。

(4)"处置子公司及其他营业单位收到的现金净额"项目。反映处置子公司及其他营业单位收到的现金，减去相关处置费用以及子公司及其他营业单位持有的现金和现金等价物后的净额。

(5)"收到其他与投资活动有关的现金"项目。除上述各项目外，收到的其他与投资活动有关的现金流入。包括收回购买股票和债券时支付的已宣告但尚未领取的现金股利或已到付息期但尚未领取的债券的利息。

(6)"购建固定资产、无形资产和其他长期资产支付的现金"项目。反映企业购建固定资产、无形资产和其他长期资产实际支付的现金（含增值税款等），以及用现金支付的应由在建工程和无形资产负担的职工薪酬。不包括资本化借款利息费用、融资租赁租入固定资产支付的租赁费。

(7)"投资支付的现金"项目。反映企业取得除现金等价物以外的对其他企业的权益工具、债务工具和合营中的权益投资所支付的现金，以及佣金、手续费等。但取得子公司及其他营业单位支付的现金净额除外。

(8)"取得子公司和其他营业单位支付的现金净额"项目。反映企业购买子公司及其他营业单位购买出价中以现金支付的部分，减去子公司及其他单位持有的现金等价物后的净额。

(9)"支付其他与投资活动有关的现金"项目。反映企业除上述各项目外，支付的其他与投资活动有关的现金。还包括企业购买股票和债券时，实际支付的价款中包含的已宣告但尚未领取的现金股利或已到付息期但尚未领取的债券的利息。

3. 筹资活动产生的现金流量各项目的内容和填列方法

(1)"吸收投资收到的现金"项目。反映企业以发行股票、债券等方式筹集资金收到的款项,减去直接支付给金融企业的佣金、手续费、宣传费、咨询费、印刷费等发行费用后的净额(发行收入减去支付的佣金等发行费用后的净额)。

(2)"取得借款收到的现金"项目。反映企业举借各种短期、长期借款实际收到的现金。

(3)"收到其他与筹资活动有关的现金"项目。反映企业除上述(1)、(2)项目外,收到的其他与筹资活动有关的现金流入,金额较大的应当单独列示,如接受现金捐赠等。

(4)"偿还债务支付的现金"项目。反映企业偿还债务本金所支付的现金。

(5)"分配股利、利润或偿付利息支付的现金"项目。反映企业实际支付的现金股利、支付给其他投资单位的利润和支付的借款利息、债券利息。包括为构建固定资产支付的借款利息。

(6)"支付其他与筹资活动有关的现金"项目。反映企业除上述各项目外,支付的其他与筹资活动有关的现金。如对外捐赠现金支出、支付的融资租赁费、为购建固定资产支付的借款利息费用(不区分资本化或费用化)、分期付款购建固定资产除第一期外其他各期支付的款项。

【做中学 10-3】 甲股份有限公司 2×20 年度发生以下业务。

(1)当期销售商品实现收入 100 000 元,应收账款期初余额 20 000 元,期末余额 50 000 元;预收账款期初余额 10 000 元,期末余额 30 000 元。假定不考虑坏账准备和增值税因素。

(2)当期用银行存款支付购买原材料货款 48 000 元;当期支付前期的应付账款 12 000 元;当期购买原材料预付账款 15 000 元;当期因购货退回现金 6 000 元。

(3)当期实际支付职工工资及各种奖金 44 000 元。其中:生产经营人员工资及奖金 35 000 元,在建工程人员工资及奖金 9 000 元。另外,用现金支付离退休人员退休金 7 000 元。

(4)当期购买工程物资预付货款 22 000 元;向承包商支付工程款 16 000 元。

(5)当期购入某公司股票 1 000 股,实际支付全部价款 14 500 元。其中,相关税费 200 元,已宣告但尚未领取的现金股利 300 元。

(6)当期发行面值为 80 000 元的企业债券,扣除支付的佣金等发行费用 8 000 元后,实际收到款项 72 000 元。另外,为发行企业债券实际支付审计费用 3 000 元。

(7)当期用银行存款偿还借款本金 60 000 元,偿还借款利息 6 000 元。

(8)当期用银行存款支付分配的现金股利 30 000 元。

要求:根据上述资料,计算甲股份公司现金流量表中下列有关项目的金额。

①销售商品、提供劳务收到的现金;②购买商品、接受劳务支付的现金;③支付给职工以及为职工支付的现金;④购建固定资产、无形资产和其他长期资产支付的现金;⑤投资支付的现金;⑥吸收投资收到的现金;⑦偿还债务支付的现金;⑧分配股利、利润或偿付利息支付的现金。

解:① 销售商品、提供劳务收到的现金=100 000+(20 000−50 000)+(30 000−10 000)=90 000(元)。

② 购买商品、接受劳务支付的现金=48 000+12 000+15 000−6 000=69 000(元)。

③ 支付给职工以及为职工支付的现金＝44 000－9 000＝35 000(元)。

④ 购建固定资产、无形资产和其他长期资产支付的现金＝9 000＋22 000＋16 000＝47 000(元)。

⑤ 投资支付的现金＝14 500－300＝14 200(元)。

⑥ 吸收投资收到的现金＝72 000(元)。

⑦ 偿还债务支付的现金＝60 000(元)。

⑧ 分配股利、利润或偿付利息支付的现金＝30 000＋6 000＝36 000(元)。

4. "汇率变动对现金及现金等价物的影响"项目内容和填列方法

(1) 企业外币现金流量折算为记账本位币时,采用现金流量发生日的即期汇率或按照系统合理的方法确定的、与现金流量发生日即期汇率近似的汇率折算的金额(编制合并现金流量表时还包括折算境外子公司的现金流量,应当比照处理)。

(2) "现金及现金等价物净增加额"中外币现金净增加额按期末汇率折算的金额。

在编制现金流量表时,可逐笔计算外汇业务所发生的汇率变动对现金的影响,也可不必逐笔计算,而采用简化的计算方法,即通过报表补充资料中的"现金及现金等价物净增加额"数额与正表中的"经营活动产生的现金流量净额""投资活动产生的现金净额""筹资活动产生的现金净额"三项之和比较,其差额即为"汇率变动对现金的影响"项目的金额。

(三) 采用工作底稿法编制现金流量表

采用工作底稿法编制现金流量表(见表 10-13),就是以工作底稿为手段,以利润表和资产负债表数据为基础,结合有关的账簿资料(主要是有关的明细资料和备查账簿),对利润表项目和资产负债表项目逐一进行分析,并编制调整分录,进而编制出现金流量表。

表 10-13　　　　　　　　工作底稿的设计格式

项　目	本期数	调整分录	
		借方	贷方
一、利润表项目			
二、资产负债表项目			

续表

项目	本期数	调整分录	
		借方	贷方
三、现金流量表项目			
调整分录合计			

（四）现金流量表补充资料各项目的内容和填列方法

现金流量表采用直接法反映经营活动产生的现金流量，同时，企业还应采用间接法反映经营活动产生的现金流量。间接法是指以本期净利润为起点，调整不涉及现金的收入、费用、营业外收支、经营性应收应付项目，调整不属于经营活动的现金收支项目，据以计算经营活动产生的现金流量。

随堂测：现金流量表的主要内容

学习情境五 所有者权益变动表的主要内容

一、所有者权益变动表概述

所有者权益变动表是指反映构成所有者权益各组成部分当期增减变动情况的报表。

通过所有者权益变动表，既可以为报表使用者提供所有者权益总量增减变动的信息，也能为其提供所有者权益增减变动的结构性信息，特别是能够让报表使用者理解所有者权益增减变动的根源。所有者权益增减变动表包括在年度会计报表中。

二、所有者权益变动表的内容与结构

在所有者权益变动表上，企业至少应当单独列示反映下列信息的项目：①综合收益总额；②会计政策变更和差错更正的累积影响金额；③所有者投入资本和向所有者分配利润等；④提取的盈余公积；⑤实收资本、其他权益工具、资本公积、其他综合收益、专项储备、盈余公积、未分配利润的期初和期末余额及其调节情况。

所有者权益变动表以矩阵的形式列示：一方面，列示导致所有者权益变动的交易或事项，即所有者权益变动的来源，对一定时期所有者权益的变动情况进行全面反映；另一方面，按照所有者权益各组成部分（即实收资本、其他权益工具、资本公积、其他综合收益、专项储备、盈余公积、未分配利润和库存股）列示交易或事项对所有者权益各部分的影响。

我国企业所有者权益变动表的格式如表10-14所示。

表 10-14

所有者权益变动表

编制单位： 年度 会企 04 表 单位：元

项 目	本年金额										上年金额									
	实收资本（或股本）	其他权益工具			资本公积	减：库存股	其他综合收益	专项储备	盈余公积	未分配利润	所有者权益合计	实收资本（或股本）	其他权益工具			资本公积	减：库存股	其他综合收益	专项储备	盈余公积	未分配利润	所有者权益合计
		优先股	永续债	其他									优先股	永续债	其他							
一、上年末余额																						
加：会计政策变更																						
前期差错更正																						
其他																						
二、本年初余额																						
三、本年增减变动金额（减少以"-"号填列）																						
（一）综合收益总额																						
（二）所有者投入和减少资本																						
1.所有者投入的普通股																						
2.其他权益工具持有人投入资本																						
3.股份支付计入所有者权益的金额																						
4.其他																						
（三）利润分配																						
1.提取盈余公积																						
2.对所有者（或股东）的分配																						
3.其他																						
（四）所有者权益内部结转																						
1.资本公积转增资本（或股本）																						
2.盈余公积转增资本（或股本）																						
3.盈余公积弥补亏损																						
4.设定受益计划变动额结转留存收益																						
5.其他综合收益结转留存收益																						
6.其他																						
四、本年末余额																						

三、所有者权益变动表的编制介绍

（一）所有者权益变动表项目的填列方法

所有者权益变动表各项目均需填列"本年金额"和"上年金额"两栏。

所有者权益表变动表"上年金额"栏内各项数字,应根据上年度所有者权益变动表"本年金额"内所列数字填列。上年度所有者权益变动表规定的各个项目的名称和内容同本年度不一致的,应对上年度所有者权益变动表各项目的名称和数字按照本年度的规定进行调整,填入所有者权益变动表的"上年金额"栏内。

所有者权益变动表"本年金额"栏内各项数字一般应根据"实收资本（或股本）""其他权益工具""资本公积""其他综合收益""专项储备""盈余公积""利润分配""库存股"科目的发生额分析填列。

（二）所有者权益变动表主要项目的列报说明

(1)"上年年末余额"项目,反映企业上年资产负债表中实收资本、其他权益工具、资本公积、其他综合收益、专项储备、盈余公积、未分配利润和库存股的年末余额。

(2)"会计政策变更"和"前期差错更正"项目,分别反映企业采用追溯调整法处理的会计政策变更的累积影响金额和采用追溯重述法处理的会计差错更正的累积影响金额。

为了体现会计政策变更和前期差错更正的影响,企业应当在上期期末所有者权益余额的基础上进行调整得出本期期初所有者权益,根据"盈余公积""利润分配""以前年度损益调整"等科目的发生额分析填列。

(3)"本年增减变动金额"项目。

①"综合收益总额"项目,反映企业当年实现的净利润（或净亏损）金额与当年发生的其他综合收益的增减变动金额合计。

②"所有者投入和减少资本"项目,反映企业当年所有者投入的资本和减少的资本。

"所有者投入的普通股"项目,反映企业接受投资者投入形成的实收资本（或股本）和资本溢价或股本溢价,并对应列在"实收资本"和"资本公积"栏。

"其他权益工具持有者投入资本"项目,反映企业发行的除普通股以外分类为权益工具的金融工具的持有者投入资本的金额。该项目应根据金融工具类科目的相关明细科目的发生额分析填列。

"股份支付计入所有者权益的金额"项目,反映企业处于等待期中的权益结算的股份支付当年计入资本公积的金额,并对应列在"资本公积"栏。

③"利润分配"下各项目,反映当年的利润分配金额,并对应列在"未分配利润"和"盈余公积"栏。

"提取盈余公积"项目,反映企业按照规定提取的盈余公积。

"对所有者（或股东）的分配"项目,反映对所有者（或股东）分配的利润（或股利）金额。

④"所有者权益内部结转"下各项目,反映不影响当年所有者权益总额的所有者权益

各组成部分之间当年的增减变动。

"资本公积转增资本(或股本)"项目,反映企业以资本公积转增资本或股本的金额。

"盈余公积转增资本(或股本)"项目,反映企业以盈余公积转增资本或股本的金额。

"盈余公积弥补亏损"项目,反映企业以盈余公积弥补亏损的金额。

四、所有者权益变动表的编制案例

编制案例略。

实务技能:所有者权益变动表的编制方法一览表

实务技能:所有者权益变动表的主要内容

随堂测:所有者权益变动表的主要内容

学习情境六 附注的主要内容

一、附注的概念与作用

附注是对资产负债表、利润表、现金流量表和所有者权益变动表等报表中列示项目的文字描述或明细资料,以及对未能在这些报表中列示项目的说明等。附注与资产负债表、利润表、现金流量表、所有者权益变动表等报表具有同等的重要性,是财务报表不可或缺的组成部分。

通过附注与上述各报表列示项目的相互参照关系,以及对未能在报表中列示项目的说明,可以使报表使用者全面了解企业的财务状况、经营成果和现金流量。

二、附注的主要内容

财务报表附注一般包括如下项目。

(一)企业的基本情况

(1)企业注册地、组织形式和总部地址。

(2)企业的业务性质和主要经营活动,如企业所处的行业、所提供的主要产品或服务、客户的性质、销售策略、监管环境的性质等。

(3)母公司以及集团最终母公司的名称。

(4)财务报告的批准报出者和财务报告批准报出日。

(二) 财务报表编制基础

财务报表编制基础即财务报表是在持续经营基础上还是非持续经营基础上编制的。

(三) 遵循企业会计准则的声明

企业应当声明编制的财务报表符合企业会计准则的要求,真实、完整地反映了企业的财务状况、经营成果和现金流量等有关信息。以此明确企业编制财务报表所依据的制度基础。

如果企业编制的财务报表只是部分地遵循了企业会计准则,附注中不得做出这种表述。

(四) 重要会计政策和会计估计

企业应当披露采用的重要会计政策和会计估计,不重要的会计政策和会计估计可以不披露。

1. 重要会计政策的说明

由于企业经济业务的复杂性和多样化,某些经济业务可以有多种会计处理方法,也即存在不止一种可供选择的会计政策。例如,存货的计价可以有先进先出法、加权平均法、个别计价法等;固定资产的折旧,可以有平均年限法、工作量法、双倍余额递减法、年数总额法等。企业在发生某项经济业务时,必须从允许的会计处理方法中选择适合本企业特点的会计政策,企业选择不同的会计处理方法,可能极大地影响企业的财务状况和经营成果,进而编制出不同的财务报表。为了有助于报表使用者理解,有必要对这些会计政策加以披露。

需要特别指出的是,说明会计政策时还需要披露下列两项内容。

(1) 财务报表项目的计量基础。会计计量属性包括历史成本、重置成本、可变现净值、现值和公允价值,这直接显著影响报表使用者的分析,这项披露要求便于使用者了解企业财务报表中的项目是按何种计量基础予以计量的,如存货是按成本还是可变现净值计量等。

(2) 会计政策的确定依据。主要是指企业在运用会计政策过程中所做的对报表中确认的项目金额最具影响的判断。例如,企业如何判断持有的金融资产是持有至到期的投资而不是交易性投资;对于拥有的持股不足 50% 的关联企业,企业为何判断企业拥有控制权因此将其纳入合并范围;企业如何判断与租赁资产相关的所有风险和报酬已转移给企业,从而符合融资租赁的标准;以及投资性房地产的判断标准是什么等,这些判断对在报表中确认的项目金额具有重要影响。因此,这项披露要求有助于使用者理解企业选择和运用会计政策的背景,增加财务报表的可理解性。

2. 重要会计估计的说明

财务报表列报准则强调了对会计估计不确定因素的披露要求,企业应当披露会计估计中所采用的关键假设和不确定因素的确定依据,这些关键假设和不确定因素在下一会计期间内很可能导致对资产、负债账面价值进行重大调整。

在确定报表中确认的资产和负债的账面金额过程中,企业有时需要对不确定的未来事项在资产负债表日对这些资产和负债的影响加以估计。例如,固定资产可收回金额的计算需要根据其公允价值减去处置费用后的净额与预计未来现金流量的现值两者之间的较高者确定,在计算资产预计未来现金流量的现值时需要对未来现金流量进行预测,并选择适当的折现率,应当在附注中披露未来现金流量预测所采用的假设及其依据、所选择的折现率为什么是合理的等。又如,为正在进行中的诉讼提取准备时最佳估计数的确定依据等。这些假设的变动对这些资产和负债项目金额的确定影响很大,有可能会在下一个会计年度内做出重大调整。因此,强调这一披露要求,有助于提高财务报表的可理解性。

(五)会计政策和会计估计变更及差错更正的说明

企业应当按照《企业会计准则第28号——会计政策、会计估计变更和差错更正》及其应用指南的规定,披露会计政策和会计估计变更以及差错更正的有关情况。

(六)报表重要项目的说明

企业应当以文字和数字描述相结合、尽可能以列表形式披露报表重要项目的构成或当期增减变动情况,并且报表重要项目的明细金额合计,应当与报表项目金额相衔接。在披露顺序上,一般应当按照资产负债表、利润表、现金流量表、所有者权益变动表的顺序及其项目列示的顺序。

随堂测:报表附注的主要内容

课后练习题

一、单选题

1. 年末资产负债表中的"未分配利润"项目,其填列依据是(　　)。
   A. "利润分配"账户年末余额　　　　B. "应付利润"账户年末余额
   C. "本年利润"账户借方余额　　　　D. "盈余公积"账户年末余额

2. 能够提供有关资金流动性和偿债能力的资料,有助于预计企业履行支付承诺的能力的报表是(　　)。
   A. 资产负债表　　　　　　　　　　B. 利润表
   C. 所有者权益变动表　　　　　　　D. 现金流量表

3. 损益表的各项目基本上是根据有关科目的(　　)填列的。
   A. 本期实际发生额　　　　　　　　B. 本期借方发生额
   C. 期末余额　　　　　　　　　　　D. 期初余额

4. 利润表中,需要根据多个总账科目的发生额汇总填列的项目是(　　)。
   A. "营业收入"项目　　　　　　　　B. "管理费用"项目

C. "税金及附加"项目　　　　D. "投资收益"项目

5. 某企业"应付账款"科目月末贷方余额40 000元,其中:"应付甲公司账款"明细科目贷方余额25 000元,"应付乙公司账款"明细科目贷方余额25 000元,"应付丙公司账款"明细科目借方余额10 000元;"预付账款"科目月末贷方余额20 000元,其中:"预付A工厂账款"明细科目贷方余额40 000元,"预付B工厂账款"明细科目借方余额20 000元。该企业月末资产负债表中"预付款项"项目的金额为(　　)元。

  A. 20 000　　　B. 30 000　　　C. −30 000　　　D. −10 000

6. 甲企业2×18年10月31日生产成本借方余额50 000元,原材料借方30 000元,材料成本差异贷方余额500元,委托代销商品借方余额40 000元,工程物资借方余额10 000元,存货跌价准备贷方余额3 000元,则资产负债表"存货"项目的金额为(　　)元。

  A. 116 500　　　B. 117 500　　　C. 119 500　　　D. 126 500

7. 某企业2×18年11月主营业务收入为500万元,主营业务成本为300万元,管理费用为60万元,资产减值损失为50万元,公允价值变动损失为25万元,投资收益为15万元。假定不考虑其他因素,该企业当月的营业利润为(　　)万元。

  A. 50　　　B. 40　　　C. 30　　　D. 80

8. 资产负债表中的"短期借款"项目填制的依据是(　　)。

  A. "短期借款"账户所属明细账户的期末余额

  B. "短期借款"和"长期借款"两账户的期末余额

  C. "短期借款"总分类账户的期末余额

  D. "短期借款"总分类账户期末余额和所属明细账户期末余额

9. 资产负债表结构设置的依据是(　　)。

  A. 资产=负债+所有者权益+(收入−费用)

  B. 资产+费用=负债+所有者权益+收入

  C. 资产=负债+所有者权益

  D. 资产−负债=所有者权益

10. 下列不应直接计入利润表的是(　　)。

  A. 管理费用　　　B. 财务费用　　　C. 所得税费用　　　D. 制造费用

11. "应收账款"账户所属明细账户期末如果出现贷方余额,应填入资产负债表的项目是(　　)。

  A. 应收账款　　　B. 预收款项　　　C. 应付账款　　　D. 预付款项

12. 下列各项中,关于资产负债表"预收款项"项目填列方法表述正确的是(　　)。

  A. 根据"预收账款"科目的期末余额填列

  B. 根据"预收账款"和"应收账款"科目所属各明细科目的期末贷方余额合计数填列

  C. 根据"预收账款"和"预付账款"科目所属各明细科目的期末借方余额合计数填列

  D. 根据"预收账款"和"应付账款"科目所属各明细科目的期末贷方余额合计数填列

13. 2×20年12月初某企业"应收账款"科目借方余额为300万元,相应的"坏账准备"科目贷方余额为20万元,本月实际发生坏账损失6万元。2×20年12月31日经减值测试,该企业应补提坏账准备11万元。假定不考虑其他因素,2×20年12月31日该企业资产负债表"应收账款"项目的金额为( )万元。

A. 269　　　　B. 274　　　　C. 275　　　　D. 280

14. 下列各项中,应列入资产负债表"其他应付款"项目的是( )。

A. 应付租入包装物租金

B. 应付融资租入固定资产租金

C. 结转到期无力支付的应付票据

D. 应付由企业负担的职工社会保险费

15. 甲公司为房地产开发企业,现有存货商品房一栋,实际开发成本为9 000万元,2×20年3月31日,甲公司将该商品房以经营租赁方式提供给乙公司使用,租赁期为10年。甲公司对该商品房采用成本模式进行后续计量并按年限平均法计提折旧,预计使用寿命为50年,预计净残值为零。假定不考虑其他因素,下列关于甲公司2×20年12月31日资产负债表项目列报正确的是( )。

A. 存货为9 000万元　　　　　　　　B. 固定资产8 865万元

C. 投资性房地产为8 820万元　　　　D. 投资性房地产为8 865万元

二、多选题

1. 《企业会计准则第30号——财务报表列报》规定了企业财务报表列报的一般要求,按照不同类型企业,对其财务报表列报的结构和内容等做出了规定,其规定适用于( )。

A. 个别财务报表　　　　　　　　　　B. 合并财务报表

C. 中期财务报表　　　　　　　　　　D. 年度财务报表

2. 资产负债表中"应付职工薪酬"项目,反映企业应付职工各种薪酬的结余,包括( )等。

A. 工资　　　　B. 职工福利　　　　C. 社会保险费　　　　D. 住房公积金

E. 辞退福利　　　F. 股份支付

3. 资产负债表中"应收账款"项目的期末数包括( )。

A. "应收账款"账户所属明细账户的期末借方余额

B. "预收账款"账户所属明细账户的期末借方余额

C. "其他应收款"账户所属明细账户的期末借方余额

D. "预付账款"账户所属明细账户的期末借方余额

E. "应付账款"所属明细账户的期末借方余额

4. 本月发生的下列各项支出或损失中,影响企业本月净利润的有( )。

A. 计提坏账准备　　　　　　　　　　B. 处理固定资产盘亏损失

C. 支付固定资产安装费　　　　　　　D. 预交所得税

E. 支付投资人现金股利

5. 下列各项中,影响利润表中营业利润的有( )。

A. 营业外收入　　　　　　　　　　　B. 管理费用

C. 投资收益　　　　　　　　　　　　D. 公允价值变动收益

E. 资产减值损失　　　　　　　　　　F. 所得税费用

6. 下列各项中,应列入资产负债表"应收账款"项目的有(　　)。
   A. 预付职工差旅费　　　　　　　　B. 代购货单位垫付的运杂费
   C. 销售产品应收取的款项　　　　　D. 对外提供劳务应收取的款项

7. 下列各项中,影响当期营业利润的有(　　)。
   A. 所得税费用　　　　　　　　　　B. 固定资产减值损失
   C. 销售商品收入　　　　　　　　　D. 交易性金融资产公允价值变动收益

8. 资产负债表中的"一年内到期的非流动负债"项目应当根据下列(　　)科目贷方余额分析填列。
   A. 长期借款　　　　　　　　　　　B. 长期应付款
   C. 应付账款　　　　　　　　　　　D. 应付债券

9. 下列各项中,影响营业利润项目的有(　　)。
   A. 已销商品成本　　　　　　　　　B. 原材料销售收入
   C. 出售固定资产净收益　　　　　　D. 转让股票所得收益

10. 下列会计科目中,其期末余额应列入资产负债表"存货"项目的有(　　)。
    A. 库存商品　　　　　　　　　　　B. 材料成本差异
    C. 生产成本　　　　　　　　　　　D. 委托加工物资

11. 下列资产负债表项目中,其"期末余额"应根据有关总账科目和明细科目余额分析计算填列的有(　　)。
    A. 长期借款　　　　　　　　　　　B. 货币资金
    C. 资本公积　　　　　　　　　　　D. 其他非流动资产

12. 下列各项中,导致企业资产负债表"存货"项目期末余额发生变动的有(　　)。
    A. 计提存货跌价准备
    B. 收到受托代销的商品
    C. 已经发出但不符合收入确认条件的商品
    D. 用银行存款购入的修理用备件(备品备件)

13. 下列各项中,关于利润表项目本期金额填列方法表述正确的有(　　)。
    A. "税金及附加"项目应根据"应交税费"科目的本期发生额分析填列
    B. "营业利润"项目应根据"本年利润"科目的本期发生额分析填列
    C. "营业收入"项目应根据"主营业务收入"和"其他业务收入"科目的本期发生额分析填列
    D. "管理费用"项目应根据"管理费用"科目的本期发生额分析填列

14. 下列各项中,属于在"所有者权益变动表"中单独列示的项目有(　　)。
    A. 会计估计变更　　　　　　　　　B. 会计政策变更
    C. 综合收益　　　　　　　　　　　D. 所有者投入资本

15. 资产负债表是(　　)。
    A. 反映企业财务状况的报表
    B. 反映企业报告期末财务状况的报表

C. 反映企业报告期间财务状况的报表

D. 反映企业财务状况的静态报表

16. 资产负债表中各项目的填列方法有（　　）。

    A. 直接根据总账科目余额填列

    B. 直接根据明细科目余额填列

    C. 根据若干个总账科目余额计算填列

    D. 根据若干个明细科目余额计算填列

17. 下列账户的余额可能影响资产负债表中的"无形资产"项目金额的有（　　）。

    A. 无形资产　　B. 累计摊销　　C. 累计折旧　　D. 在建工程

三、判断题

1. 如"预付账款"科目所属有关明细科目期末有贷方余额的，应在资产负债表"应付账款"项目内填列。（　　）

2. "交易性金融资产"项目，包括为交易目的所持有的债券投资、股票投资、基金投资、权证投资等和直接指定为以公允价值计量且其变动计入当期损益的金融资产。（　　）

3. 企业各项资产发生的损失均在利润表中的"营业外支出"项目集中反映。（　　）

4. 利润表中的"公允价值变动收益"项目，反映企业交易性金融资产、交易性金融负债，以及采用公允价值模式计量的投资性房地产等公允价值变动形成的应计入当期损益的利得或损失。（　　）

5. 资产负债表中"开发支出"项目应根据"研发支出"科目中所属的"资本化支出"明细科目期末余额填列。（　　）

6. 利润表中的"综合收益总额"项目，可以为财务报表使用者提供企业实现净利润和其他综合收益（税后净额）的信息。（　　）

7. 企业年报中所有者权益变动表中，"未分配利润"项目本年年末余额应与资产负债表中"未分配利润"项目年末余额相一致。（　　）

8. 资产负债表、利润表和现金流量表属于向企业外部提供会计信息的报表。（　　）

9. 企业可以根据需要不定期编制财务会计报告。（　　）

10. 由于财务会计报告是对外报告，所以其提供的信息对企业的管理者和职工没有用。（　　）

11. 企业对外编报的财务报告有固定的格式，也有编报要求，企业一定要根据企业会计准则的要求来编报会计报告。（　　）

12. 在现金流量表中，如果本期有购货退回的，其实际收到的现金应当在销售商品收到的现金中反映。（　　）

13. 企业股东大会审议批准的利润分配方案中应分配的现金股利，在支付前不做账务处理，但应在报表附注中披露。（　　）

14. 企业采用"表结法"结转本年利润的，年度内每月月末损益类科目发生额合计数和月末累计余额无须转入"本年利润"科目，但要将其填入利润表，在年末时将损益类科目全年累计余额转入"本年利润"科目。（　　）

15. 企业取得的拟在近期出售的股票投资视为现金等价物。（ ）

16. 企业购置的固定资产是其从事生产经营活动的物质基础,因此购置固定资产支付的资金应在现金流量表"经营活动产生的现金流量"项目列示。（ ）

17. 现金流量表中"销售商品、提供劳务收到的现金"项目,反映本企业自营销售商品或提供劳务收到的现金,不包括委托代销商品收到的现金。（ ）

四、实务题

1. 甲公司为增值税一般纳税人,适用的增值税税率为13%,2×20年11月30日的科目余额表如表10-15所示。

表10-15　　　　　2×20年11月30日科目余额表　　　　　单位：元

科目名称	借方余额	贷方余额	科目名称	借方余额	贷方余额
库存现金	800		短期借款		35 000
银行存款	54 000		应付账款		20 000
应收账款	40 000		预付账款		51 200
坏账准备——应收账款		160	应交税费	2 500	
预付账款	7 000		应付利息		7 840
原材料	20 000		实收资本		80 800
库存商品	90 000		资本公积		18 000
交易性金融资产	55 000		盈余公积		11 000
长期待摊费用	600		利润分配		9 900
固定资产	128 000		本年利润		250 000
累计折旧		26 000			
投资性房地产	50 000				
在建工程	42 000				
无形资产	60 000				
累计摊销		30 000			
无形资产减值准备		10 000			
合计	547 400	66 160	合计	2 500	483 740

注："应付利息"科目余额7 840元为预提的短期借款利息。

甲公司12月有关资料如下。

(1) 本月销售商品共计售价50 000元,增值税税额6 500元,款项尚未收到。商品成本为42 000元(不考虑城市维护建设税和教育费附加)。

(2) 收回以前年度已核销的坏账140元。

(3) 向承包商支付工程款13 000元,该工程采用出包方式。

(4) 计提本月固定资产折旧2 500元,摊销长期待摊费用300元,均计入管理费用。另用银行存款支付其他管理费用4 000元。

(5) 本月支付已预提的短期借款利息7 840元。

(6) 用银行存款偿还短期借款11 000元。

(7) 发生财务费用566元,均以银行存款支付。

(8) 将专利权出售,该专利权的成本为60 000元,累计摊销30 000元,计提减值准备10 000元,实际取得转让价款74 200元,适用的增值税税率为6%。

(9) 对外转让一栋厂房,根据税法规定计算的应交土地增值税为2 000元,简易办法应交增值税40 000元,其他税费略。

(10) 在建工程(厂房)领用自产柴油成本为5 000元,计税价格为6 000元,适用的消费税税率为10%。

(11) 年末按应收账款余额的4‰计提坏账准备。

(12) 期末投资性房地产的公允价值为80 000元。

(13) 本月应付工资总额为55 000元,工资费用分配表中列示的产品生产人员工资为32 000元,车间管理人员工资为7 000元,企业行政管理人员工资为6 000元,销售人员工资为10 000元。

(14) 该企业收到财政补助资金15 000元。

(15) 在现金清查中盘盈200元,按管理权限报经批准后转入营业外收入。

(16) 出售交易性金融资产售价为16 000元,出售时交易性金融资产成本为14 000元,公允价值变动1 000元。

要求:

(1) 根据上述资料编制甲公司有关业务的会计分录(应交税费、投资性房地产和交易性金融资产要求写出明细科目,金额单位为元,假定不考虑其他交易和事项)。

(2) 计算甲公司12月31日资产负债表中下列项目的金额。

①应收账款;②存货;③长期待摊费用;④交易性金融资产;⑤在建工程;⑥应付利息;⑦应交税费。

2. 乙公司属于工业企业,为增值税一般纳税人,适用13%的增值税税率。售价中不含增值税。商品销售时,同时结转成本。本年利润采用表结法结转。

2×20年11月30日损益类有关科目的余额如表10-16所示。

表10-16　　　　　　　　　损益类科目余额　　　　　　　　　单位:万元

科目名称	贷方余额	科目名称	借方余额
主营业务收入	2 000	主营业务成本	1 500
其他业务收入	150	税金及附加	15
投资收益	50.52	其他业务成本	120
营业外收入	50	销售费用	80
		管理费用	40
		财务费用	30
		营业外支出	20

2×20年12月乙公司发生如下经济业务。

(1) 1日,销售商品一批,增值税专用发票上注明的售价300万元,增值税税额39万元,为了及时收回货款给予对方现金折扣为2/10,1/20,n/30,假定现金折扣考虑增值税。该批商品的实际成本为240万元。

(2) 3日,销售材料一批,增值税专用发票上注明的售价20万元,增值税税额2.6万元,收回货款存入银行。该批材料的实际成本为18万元。

(3) 8日,收到本月1日销售商品的货款存入银行。

(4) 本月发生应付职工薪酬165万元,其中生产工人薪酬120万元,行政管理人员薪酬15万元,销售人员薪酬30万元。

(5) 本月摊销管理部门自用无形资产成本50万元。

(6) 本月主营业务应交城市维护建设税5万元、教育费附加0.5万元。

(7) 12月31日交易性金融资产的公允价值变动增加100万元。

(8) 该公司适用所得税税率为25%,2×20年应纳税所得额为800万元,递延所得税负债贷方发生额为25万元,假定不考虑其他交易和事项。

要求:

(1) 编制乙公司2×20年12月业务(1)至业务(7)相关的会计分录。

(2) 编制乙公司2×20年确认所得税费用的会计分录。

(3) 编制乙公司2×20年度利润表(见表10-17)。

("应交税费"科目要求写出明细科目和专栏名称;答案中的金额单位用万元表示)

表10-17　　　　　　　　　利润表(简表)

编制单位:乙公司　　　　　　2×20年度　　　　　　　　单位:万元

项　　目	本期金额
一、营业收入	
减:营业成本	
税金及附加	
销售费用	
管理费用	
研发费用	
财务费用	
其中:利息费用	
利息收入	
加:其他收益	
投资收益(损失以"-"号填列)	
公允价值变动收益(损失以"-"号填列)	
信用减值损失(损失以"-"号填列)	
资产减值损失(损失以"-"号填列)	

续表

项 目	本期金额
资产处置收益(损失以"-"号填列)	
二、营业利润(亏损以"-"号填列)	
加：营业外收入	
减：营业外支出	
三、利润总额(亏损总额以"-"号填列)	
减：所得税费用	
四、净利润(净亏损以"-"号填列)	

3. 丙公司 2×20 年 12 月 31 日的有关资料如下。

(1) 科目余额表如表 10-18 所示。

表 10-18　　　　　　　　科目余额表　　　　　　　　单位：元

科目名称	借方余额	贷方余额
库存现金	10 000	
银行存款	57 000	
应收票据	60 000	
应收账款	80 000	
坏账准备——应收账款		5 000
预付账款		30 000
原材料	70 000	
发出商品	90 000	
材料成本差异		5 000
周转材料	10 000	
库存商品	100 000	
存货跌价准备		10 000
应收股利	1 000	
固定资产	800 000	
累计折旧		340 000
在建工程	40 000	
无形资产	150 000	
累计摊销		20 000
长期待摊费用	10 000	
短期借款		10 000

科目名称	借方余额	贷方余额
应付账款		70 000
预收账款		10 000
应付职工薪酬		4 000
应交税费		13 000
应付利息		1 000
长期借款		80 000
实收资本		500 000
盈余公积		180 000
未分配利润		200 000
合计	1 478 000	1 478 000

(2) 债权债务明细科目余额。

应收账款——A公司　　借方余额 100 000 元

应收账款——B公司　　贷方余额 20 000 元

预付账款——C公司　　借方余额 20 000 元

预付账款——D公司　　贷方余额 50 000 元

应付账款——E公司　　贷方余额 100 000 元

应付账款——F公司　　借方余额 30 000 元

预收账款——G公司　　贷方余额 40 000 元

预收账款——H公司　　借方余额 30 000 元

(3) 长期待摊费用共2笔，金额及期限如下。

① 经营租入固定资产改良支出 7 000 元，期限从 2×19 年 10 月 1 日起 2 年摊销完毕。

② 其他长期待摊费用 3 000 元，期限从 2×20 年 7 月 1 日起 5 年摊销完毕。

(4) 长期借款共2笔，均为到期一次性还本付息。金额及期限如下。

① 从工商银行借入 30 000 元，期限从 2×19 年 6 月 1 日至 2×21 年 6 月 1 日。

② 从建设银行借入 50 000 元，期限从 2×19 年 8 月 1 日至 2×22 年 8 月 1 日。

要求：编制该公司 2×20 年 12 月 31 日的资产负债表（表 10-19）。

表 10-19　　　　　　　　　　　资产负债表（简表）

编制单位：丙公司　　　　　　　　年 月 日　　　　　　　　　　单位：元

资产	期末余额	上年年末余额	负债和所有者权益	期末余额	上年年末余额
流动资产：			流动负债：		
货币资金			短期借款		
交易性金融资产			交易性金融负债		

续表

资产	期末余额	上年年末余额	负债和所有者权益	期末余额	上年年末余额
衍生金融资产			衍生金融负债		
应收票据			应付票据		
应收账款			应付账款		
应收款项融资			预收款项		
预付款项			合同负债		
其他应收款			应付职工薪酬		
存货			应交税费		
合同资产			其他应付款		
持有待售资产			持有待售负债		
一年内到期的非流动资产			一年内到期的非流动负债		
其他流动资产			其他流动负债		
流动资产合计			流动负债合计		
非流动资产:			非流动负债:		
债权投资			长期借款		
其他债权投资			应付债券		
长期应收款			其中:优先股		
长期股权投资			永续债		
其他权益工具投资			租赁负债		
其他非流动金融资产			长期应付款		
投资性房地产			预计负债		
固定资产			递延收益		
在建工程			递延所得税负债		
生产性生物资产			其他非流动负债		
油气资产			非流动负债合计		
使用权资产			负债合计		
无形资产			所有者权益(或股东权益):		
开发支出			实收资本(或股本)		
商誉			其他权益工具		
长期待摊费用			其中:优先股		
递延所得税资产			永续债		
其他非流动资产			资本公积		

续表

资产	期末余额	上年年末余额	负债和所有者权益	期末余额	上年年末余额
非流动资产合计			减：库存股		
			其他综合收益		
			专项储备		
			盈余公积		
			未分配利润		
			所有者权益(或股东权益)合计		
资产总计			负债和所有者权益(或股东权益)总计		

要求：根据上述资料，编制丙公司 2×20 年度资产负债表。

项目十试题库

参 考 文 献

[1] 管玲芳. 财务会计实务[M]. 北京：北京大学出版社，2013.
[2] 中华人民共和国财政部. 企业会计准则(合订本)[M]. 北京：经济科学出版社，2019.
[3] 财政部会计资格评价中心. 初级会计实务[M]. 北京：经济科学出版社，2020.
[4] 财政部会计资格评价中心. 中级会计实务[M]. 北京：经济科学出版社，2020.
[5] 财政部会计资格评价中心. 经济法基础[M]. 北京：经济科学出版社，2020.
[6] 财政部会计资格评价中心. 经济法[M]. 北京：经济科学出版社，2020.